两晋

纷争的乱世

茅庐小生 著

新世界出版社
NEW WORLD PRESS

图书在版编目（CIP）数据

两晋：纷争的乱世 / 茅庐小生著 . -- 北京：新世界出版社，2021.6（2021.11 重印）
（白话正史）
ISBN 978-7-5104-7265-7

Ⅰ . ①两… Ⅱ . ①茅… Ⅲ . ①中国历史－晋代－通俗读物 Ⅳ . ① K237.09

中国版本图书馆 CIP 数据核字（2021）第 041396 号

两晋：纷争的乱世

作　　者：茅庐小生
责任编辑：董晶晶
装帧设计：主语设计
责任校对：宣　慧
责任印制：王宝根　苏爱玲
出　　版：新世界出版社
网　　址：http://www.nwp.com.cn
社　　址：北京西城区百万庄大街 24 号（100037）
发 行 部：（010）6899 5968（电话）　（010）6899 0635（电话）
总 编 室：（010）6899 5424（电话）　（010）6832 6679（传真）
版 权 部：+8610 6899 6306（电话）　nwpcd@sina.com（电邮）
印　　刷：三河市骏杰印刷有限公司
经　　销：新华书店
开　　本：710mm × 1000mm　1/16　尺寸：170mm × 240mm
字　　数：362 千字　印张：28
版　　次：2021 年 6 月第 1 版　2021 年 11 月第 2 次印刷
书　　号：ISBN 978-7-5104-7265-7
定　　价：68.00 元

目录

第一部 狼顾

1. 风疾

公元234年，曹魏青龙二年。

秦岭北麓的五丈原（今陕西宝鸡岐山南），枯黄的草木在秋风中瑟瑟发抖，漫天的繁星在凄清的夜空中寂静地悬挂着，仿佛在张望着平原上密布的军营。

魏蜀两国军队已经在这里对峙了近半年的时间。魏军主帅司马懿此时正安静地站在营中的空地上仰望着星空，他虽然神情看起来十分轻松，但内心却十分地焦灼。对面的蜀军在丞相诸葛亮的指挥下，连续六年北伐，长期袭扰魏国，杀伤了众多魏国将士，还掳走不少魏国的粮食和百姓。魏国在东线要应对吴国的进攻，在西线还要防御蜀国，压力甚大。

司马懿在三年前被任命为都督，全权负责对蜀军的防御。数年来，他与诸葛亮交手数回，深知蜀军人数虽少，但却是极为棘手的敌人。诸葛亮善于使用弓弩和阵法，喜欢设置埋伏，魏军与之野战胜少败多，就连大将张郃都被蜀军弓弩射死。这令司马懿十分头疼。

久而久之，司马懿终于摸清了蜀军的弱点：蜀军因为蜀道艰险，粮草后勤极其不便，且连续作战一两个月，往往就粮草不济，不得不放弃战果撤退；而且蜀军人少，只擅长野战，不敢进行攻坚作战。至于诸葛亮这个人，司马懿也颇为了解，这位蜀汉丞相多顾虑而少决断，为人谨慎，不敢冒险。

司马懿根据诸葛亮和蜀军的弱点改变了策略，据点固守，只进行跟踪监视，不贸然出击。每到一地，魏军必须掘营自守，加强工事，不让诸葛亮找到破绽。等到蜀军粮尽，诸葛亮自然会撤退，届时魏军再出兵追击。

司马懿保守的战法受到了魏国一些将领嘲笑，被认为“畏蜀如畏虎”，但司马懿不以为意。魏明帝曹叡则对司马懿报以十分的信任，全力支持他的策略。

为了增加粮草，司马懿在都督关中的任上仍不忘兴修水利，挖通了成国渠，使关中一带粮食充足，甚至有余粮供应都城洛阳。魏军在兵力和粮草数量上早已压倒蜀军，诸葛亮已然无计可施。

公元234年，诸葛亮领十万蜀军出斜谷（今陕西宝鸡眉县西南），再次入侵魏国。司马懿担心诸葛亮会沿渭河东进袭击长安，便在长安按兵不动。但谨慎的诸葛亮不敢孤军深入，生怕被魏军前后夹击，因而他选择了最保险的路线，西上五丈原，准备攻取陇东一带，并夺取粮草。

得知情报的司马懿长舒了一口气，说道：“诸军无事矣！”

他随即率领大军奔赴五丈原，堵住了蜀军的去路。并且，他按照以往的战术，深壁固垒，坚守不战，与蜀军展开对峙。

司马懿的固守令诸葛亮无可奈何，身体衰病、自感时日无多的诸葛亮迫切需要与魏军决一胜负，尽可能为蜀国清除司马懿这个强敌。于是，诸葛亮破天荒地命人给司马懿送去女人的衣裳以示羞辱，希望能激怒司马懿出战。

收到衣服的司马懿果然大怒，不过数十年的政治经验让他很快就冷静了下来，对此不以为意。但魏军中的其他将领感觉受到了奇耻大辱，纷纷请求出战。为了平息军中的愤怒情绪，司马懿故意上表魏明帝曹叡请求出战，暗中却又指使在朝中的亲信向曹叡陈明利害。曹叡便下旨拒绝了司马懿出战的请求，并派人手持符节到军中严禁出战。魏军的骚动渐渐平息了下来。

诸葛亮求战不得，只好做长远打算，命蜀军在占领区屯田务农，缓解粮草问题。蜀军迟迟不退，再次让司马懿的神经紧绷起来。如果战事旷日持久、久拖不决，自己难免会被魏国君臣猜疑和斥责；但如果贸然出击，又会正中诸葛亮的下怀。

正好，诸葛亮再次派来使者向司马懿下达挑战书。司马懿命令款待使者，并向他询问诸葛亮饮食、睡眠和工作的情况。使者回答："诸葛公夙兴夜寐，凡是二十杖以上的责罚都亲自审核，所吃的饭食不到几升。"

司马懿便说："诸葛孔明进食少而事务烦，他还能活多久呢！"

司马懿觉得诸葛亮已经病入膏肓，应该没有多少时间了，所以，他决定还是继续忍耐下去。再坚持坚持，诸葛亮或许就会病死，届时蜀军必定生变。

司马懿的这场"等待"居然足足持续了半年之久，从春天等到了秋天，然而蜀军依旧毫无动静。司马懿忍受着内心的焦躁，经受着朝廷和军中的不满言论，每个晚上都辗转难眠。

又是一个不眠之夜，司马懿望着五丈原凄清的星空，忽然间看见一颗巨大的彗星从天而降，一直往蜀军兵营的方向坠落而去。熟解天象的司马懿感觉到，蜀军中有大事发生了，说不定诸葛亮已死。但是为了保险起见，司马懿没有出兵。

几天之后，诸将来报，说蜀军拆毁了营地，悄悄地往南撤退了。附近的百姓传言，诸葛亮前几日病死在了五丈原军中。司马懿大喜过望，立马带领骑兵追击，很快就追上了蜀军的殿后部队。

指挥蜀军的是诸葛亮的助手——蜀国长史杨仪。杨仪在诸葛亮去世后秘不发丧，全权负责蜀军的行动。他深知司马懿惧怕蜀军的埋伏和野战，便依旧树立诸葛亮的旗号，并派兵鸣鼓布阵，做出伏击魏军的样子。司马懿不敢确定诸葛亮已死，见状不妙，便立刻领兵撤退。

附近的百姓得知此事，嘲笑说：“死诸葛能走生仲达。”

司马懿听后笑道：“这是因为我能料其生，不能料其死啊。”

回到五丈原，司马懿特意亲自来观察蜀军遗留的营地，看见蜀军遗弃了许多粮草和文件。他翻阅了诸葛亮的文书和布阵安防图，确定诸葛亮已死，但仍称赞这位对手说：“真是天下奇才也！”

旁人不解，认为诸葛亮的生死还不能确定。司马懿解释道：“粮草、文件是兵家所看重的，蜀军丢弃了这么重要的东西，难道还能作战吗？”

司马懿派兵追击到蜀国境内，确定了诸葛亮已死的消息。在得知蜀国杨仪和魏延内讧后，他又上表请求讨伐。但曹叡没有同意。

失去灵魂人物的蜀国至此难有作为，司马懿悬着的心终于放了下来。两年后，司马懿进献给曹叡一只稀世白鹿，以示祥瑞。曹叡嘉奖说：“从前周公旦辅佐周成王，曾进献白雉。如今司马懿管理山西（指崤山以西），进献白鹿，这难道不是忠诚不二，共治邦国，使国家吉祥万年的表现吗？”

司马懿笑了，曹魏的皇帝还是那么一如既往地信任他，倚重他。身为曹魏的三朝元老，他的声望已经如日中天，几乎可以与曹魏的皇帝相提并论。

三十多年来，他的勤恳、忍耐和付出，终于没有白费。

司马懿觉得，时代的天平已经向他倾斜，他似乎看见了一条可以攫取天下的道路。

三十多年前，东汉建安六年（公元201年），年仅二十二岁的司马懿还是河内温县孝敬里（今河南焦作温县）的一名士族子弟。父亲司马防曾担任京兆尹，在地方上颇有声望。年轻时的司马懿器宇不凡，聪慧博学，为不少人看重。

当时的河内处于曹操的势力范围。曹操上一年在官渡（今河南郑州中牟东北）击败了袁绍，当年又在汝南（今河南驻马店上蔡西南）击败了刘备，势头正盛。他听闻司马懿的名声，便派人征召他来任职。然而，史书上记载，司马懿见汉朝国运衰微，不想屈节在阉宦之后曹操手下，便谎称自己患了风痹，行动不便，拒绝了曹操的征辟。曹操不相信，过了几天后派人在夜里暗中刺探司马懿的病情。司马懿早就知道曹操会派人来，一动不动地在床上躺了好几天。曹操的耳目看不出破绽，只好回去复命说司马懿确实病了。

然而，奸雄曹操是没有这么容易被骗的，他不相信自己想请的人偏偏在这个时候生了大病，就让人在司马家附近长期监视，看看司马懿这个小狐狸能装病多久。

司马懿也料到曹操不会善罢甘休，如果不把装病的戏码演到底，被拆穿了是没好果子吃的。于是，他干脆闭门宅家潜心看书，做出一副真的瘫痪在家的样子，就连身边的奴婢都瞒骗了过去。但是某一天，突然天降暴雨，司马懿惊得从床上跳起来，连忙把晒在院子里的书抱进屋内。这个情景被一位婢女看到了。司马懿的夫人张春华唯恐婢女向外泄露司马懿装病一事，便悄悄地杀人灭口，并在窗边亲自为司马懿做饭。夫唱妇随之下，这场表演秀总算没有穿帮。

司马懿这一演，就是七年。

在这七年的时间里，曹操消灭了袁氏子弟，占领了黄河以北，完成了对北方的统一，他也荣升大汉丞相，登上了权力最高峰。

这个时候，又有人向曹操推荐了司马懿。曹操这才想起，河内还有一个叫司马懿的年轻人跟他玩了七年的装病游戏，之前军务繁忙，都把这事儿给忘了。这次我不管他是不是真的生病，抬也要给我抬过来上班！

于是，曹操对招募的官员下令说：“他如果再找理由推辞，就把他收监入狱！”

这一次，曹操的使者走进司马府中，居然发现司马懿“奇迹般”地痊愈了。司马懿接受了曹操的征召，来到了邺城（今河北临漳西）的丞相府。

然而，这段司马懿年轻时拒绝出仕的记载并不合常理。司马家族其实与曹操素有来往，司马懿的父亲司马防早年举荐过曹操为洛阳北部尉，堪比曹操的伯乐，而司马懿的哥哥司马朗也已经为曹操政权服务多年。从家族利益出发，他们是不太可能允许司马懿如此“任性”的。而且，万一曹操对司马懿失去了兴趣，司马懿岂不是一辈子没有工作？这绝对不是一个聪明人会做的事情。再者，司马懿装病七年之久，一直在床上躺着没有运动，身体健康一定会出问题。

因此，这段历史记载很有可能是晋朝史官的杜撰，目的是把司马懿刻画成一开始就并非真心追随曹操，而是被迫出仕的英雄人物，为后来司马家族篡魏提供合理性。

类似的记载还出现在司马懿出仕之后。

《晋书》中记载，曹操认为司马懿有豪杰之志，他听闻司马懿有“狼顾”之相，可以身子不动，正脸转向后面，于是他特意去检验，在背后叫住司马懿，发现司马懿果然可以像狼一样回头看人。曹操又曾梦见三马同槽而食，认为可能是司马家族要篡夺曹氏政权的预兆。

曹操由此推测司马懿有狼子野心，并告诫儿子曹丕说：“司马懿不是久居人下的人，将来必会敢于国家大事！”

这些史料记载实际上都含有夸张和迷信的成分，目的是渲染司马懿和曹氏家族之间的对立，体现曹操的不信任和猜忌，为司马懿后来篡权提供“迫于无奈”的道德借口。

所以，历史的真实情况很有可能是司马懿爽快地接受了征召，而曹操日理万机，没空关注这个年轻人上不上班的问题。司马懿出仕不仅是因为家族与曹魏的关系，他本人也迫切希望一展才华。从其后面的一系列表现就可以看出，司马懿绝对是一位渴望建立功业的人。

司马懿出仕后，曹操任命给他的职务是文学掾，只是一个负责文化教育的低级官员。这挺合乎情理的，毕竟司马懿还很年轻，资历尚浅，那时能拿得出手的才能就是文化知识了。他负责“教育”的对象是曹丕。

那时曹操还没有确立世子，而曹丕身为长子，却在许多方面表现不如弟弟曹植和曹彰亮眼。曹操总是对曹植和曹彰大加赞扬，却很少关注曹丕，这让曹丕自卑到了极点，以为自己注定是与世子之位无缘了。

司马懿的到来让曹丕看到了希望。

司马懿当时身为“讲师”，主要的工作是陪曹丕读书，长期的陪伴让他看出曹丕内心因不受父亲重视而产生的苦闷。敏锐的司马懿立刻察觉到，曹丕奇货可居，他如果能帮助曹丕取得世子之位，只要曹丕将来顺利登极，他司马懿就能凭借拥立之功获得无可匹敌的地位。

所以，司马懿把自己的前途全部押在了曹丕身上。他利用职务之便，指引曹丕积极结纳朝中重臣和少壮派新人。根据史书记载，老臣荀彧、荀攸、钟繇等人都在曹丕的拉拢之列，而新人陈群、吴质、朱铄也被曹丕深自结纳。这三个新人后来和司马懿一起，被称为“太子四友”。

关于司马懿的作用，史书只留下了一句话：“每与大谋，辄有奇策。”即是说，曹丕即位前后的策略奇谋大多出自司马懿。至于有哪些奇策，未见史书记载，说明都是“出我之口，入君之耳”，已然烂在了司马懿和曹丕的肚子里。

而司马懿，其实也深知参与夺嫡之争的凶险，万一被人发觉，很容易被扣上离间曹操父子三人的罪名。因此，他在外人面前仍积极认真地处理好本职工作，就连养马的小事都亲自过问，把自己伪装成胸无大志、只爱管小事的小人物。靠着这份勤恳敬业和为人低调，再加上曹丕一力保举，他很快由文学掾转为黄门侍郎，又升议郎、丞相府东曹属，最后成为丞相府主簿。

随着地位的上升，司马懿开始有了向曹操进言、参谋军国大事的权力。如建安二十年（公元215年），曹操伐张鲁、取汉中，随军的司马懿就大胆提议拿下汉中后继续进攻刘备。曹操则引用“得陇望蜀”的典故，并未听其建议。又如孙权上表请求曹操称帝，司马懿也及时奉承说，孙权称臣是顺应天意的举动。只不过那时的曹操并不看重司马懿，大多没有听从。

不过，司马懿在曹丕身上的努力最终没有白费。建安二十二年（公元217年），曹丕击败了其弟曹植，被立为魏王世子。司马懿也一举高升，成为太子中庶子，相当于东宫的首席秘书。建安二十五年（公元220年）曹操去世时，司马懿又以丞相府军司马的身份得到了主持丧事的殊荣。

曹丕称帝后，任命司马懿为尚书，不久转督军、御史中丞，封安国乡侯。这期间的司马懿主要活动于政治中枢尚书台，历任尚书、尚书右仆射、尚书左仆射、抚军大将军、录尚书事诸职，负责魏国中央行政工作。

曹丕对司马懿的信任是自始至终的。他亲征吴国时，任命司马懿留守国都，全权负责内政和后勤事务，他把司马懿比作自己的萧何，并说道：“曹参虽有战功，但萧何更为重要，能让我没有后顾之忧的，只有你了！”曹丕临终前还特意命司马懿为辅政大臣，与陈群、曹真一起辅佐太子曹叡，并交代曹叡说：“若有毁谤这三位大人的话，你千万不要相信。”

但自有想法的曹叡并未谨遵父亲的嘱咐，他即位之后为了独揽大权，将曹丕嘱托的四位辅政大臣中除陈群之外全部授以方镇之任，将他们调离洛阳。曹休出镇对吴作战前线的淮南，曹真出镇对蜀汉作战前线的关中，司马懿则出镇宛县（今河南南阳），被全权委任荆州、豫州的军事管辖权，应对吴蜀两国的侵袭。

曹叡让辅政大臣外任方镇，反而给了司马懿执掌兵权、锻炼军事谋略的契机。司马懿上任不久，便完美处置了孟达的叛乱。三年之后，即太和五年（公元231年），都督关中的曹真病重在洛阳去世，而诸葛亮北伐急迫，战事紧张，司马懿得以调任关中，并最终击败了诸葛亮这个强大的对手。

此时的司马懿前有文功，后有战功，已经站在了权势的巅峰上。他俯视曹魏皇族和同僚，竟然发现已没有一个人可以与他比肩了。

曹氏家族历经三代发展，当年跟随曹操征战天下的功臣武将们基本上都去世了，个别在世的也是垂垂老矣、行将就木，难以对政事产生影响。而曹魏皇帝为了防止皇族、外戚和宦官干权，对三者进行了严厉的限制。尤其是皇族成员几乎与软禁无异，他们虽然有封地，但没有丝毫的权位，更不被允许结交朝臣，诸王只能在王府中生活，并且受到特派官员的监控。因此，大部分曹氏子弟碌碌无为，没能留下可以记述的事迹。

唯一被寄予厚望的是曹氏的远支宗亲，如曹休和曹真，及夏侯氏家族。他们大多执掌兵权，为曹魏王朝南征北战。尤其是曹真，与司马懿同为曹丕遗命的辅政大臣，在司马懿之前都督陕西，与张郃一同在街亭击败了诸葛亮。后来担任大司马，与司马懿一起领兵伐蜀，却因为大雨而无功而返。

曹真病逝后，曹魏宗亲中再也找不到合适的大将人选了，不得不将都督一职授予司马懿。司马懿凭借多年负责对抗诸葛亮的军功，逐渐成了曹魏王朝资历最老、经验最多的军事将领。他还曾经录尚书事，负责最高政治决策。如此文武双全，俨然曹魏王朝里首屈一指的风云人物。

曹魏王朝自以为对政治制度的设计万无一失，可确保江山千秋无虞。然而，他们完全没有料到，以司马懿为首的士族集团会成为王朝政治体系中难以弥补的漏洞。

士族这一历史群体活跃于汉代到初唐时期，其渊源可以追溯到先秦时期的“士”阶层，他们属于贵族中的最下层，通常依靠自己的一技之长，例如文化、智谋和武艺来为政府和上层贵族服务，因而有“学士”“策士”和“武士”之称。“士”阶层后来演变为一定知识和技能之人的泛称。

战国以来，由于各国君主要压制卿大夫的实力，集中王权应对战争，便大量提拔士人阶层来组成官僚以统治整个国家。秦汉时期，随着国家实现统一，政府规模的扩大使官僚机构愈来愈复杂而庞大，形成了官僚集团。为了拉拢官僚集团以保障帝国运转，朝廷允许官员的子弟恩荫仕官，一些家族因而世代为官，逐渐建立了族望，形成官僚世家。

自汉武帝“罢黜百家，独尊儒术”之后，儒学成为王朝的治国思想，政府官员多以通晓儒家经典（即经学）起家。他们授徒讲学，弟子门生往往成千上万，形成一种社会力量；他们的子孙通常继承家学，继续被征召为官，从而形成文化世家。

而在地方乡村，一些富人大量购置和兼并土地，成了大地主。他们拥有大片庄园和负责耕种的佃农和奴婢，并且豢养部曲（即私兵），控制了农村地区的经济命脉和社会秩序，形成豪强世家。

这些乡间豪强有经济实力，可以供子弟读书，子弟学习经书后有了文化，得以进入士人阶层，接着进入官场。他们获得的政治权势反过来又加强了他们在乡里的势力。东汉之后，官僚世家、文化世家和豪强世家互相转化，逐渐合而为一，发展成贵族化的官僚家族，即所谓“士族”。相对应地，那些没能形成贵族世家、不能顺利入仕的中小地主则被称为“庶族”或“寒族”。

士族当中势力较大、名望较高的家族被称作“门阀”或“世家大族”（简称“世族”），成为把持帝国经济、政治和文化的强大力量，王朝的统治者不得不倚仗于他们。为了尽可能让士族人才为己所用，曹丕采用陈群等人的建议，用九品中正制选拔官吏。具体办法是，在朝廷选择贤能与有识鉴的官员担任其所在州、郡的中正官，负责查访散居各地的同籍贯的人，依据其德行与才能评定优劣，定为九品，作为任命官员的标准。

九品中正制的初衷是唯才是举，不分门第高卑。但因为中正官多由世家大族的成员担任，无法避免他们出于维护门阀利益的考虑，把那些出身高贵的世族子弟列为上品。制度实行久了，势必造成“上品无寒门，下品无世族”的现象，重要官职基本被门阀垄断，世家大族的权势愈发强大，这让曹魏皇族感受到了巨大的压力。

出于对世族的防备，曹魏依旧保留了察举制，发掘和提拔寒族人才。对于重要的军政大权，他们也把世族排除在外（只有司马懿是例外），尽量倚重曹氏和夏侯氏宗亲。世族在曹魏朝廷中只能担任无关紧要的文官职务，这让他们大失所望。

在曹魏的外部威胁基本都被消除后，曹氏家族和世族集团的矛盾也就不可避免地公开化了，位高权重的司马懿便成了这场风暴的中心。

司马懿的“上司”魏明帝曹叡，行事机敏果断，已经感觉到了司马懿的权势需要加以限制。所以，诸葛亮去世后，他立刻明升暗降，把司马懿调回洛阳担任太尉，剥夺了他直接接触军队的权力。

但是很快，司马懿重新出山的机会来了。

景初元年（公元237年），原本依附曹魏的辽东太守公孙渊叛乱，自立为燕王，建年号绍汉。曹叡派幽州刺史毌丘俭前往讨伐，但公孙渊据险固守，使得毌丘俭无功而返。

不得已，曹叡只好重新起用老将司马懿，命他远征辽东。司马懿领兵后，用了一年的时间攻下了襄平（今辽宁辽阳），斩杀了叛乱的辽东太守公孙渊。入城之后，司马懿为了严惩辽东人不服曹魏，一改往日宽厚的形象，下令屠城，将全城所有文武官员和十五岁以上的男子全部处死，并将尸体堆积成山丘。

一面残酷屠城，司马懿另一面仍不忘收买人心。他释放了被公孙渊囚禁的叔叔、原辽东太守公孙恭，又派人给伦直和贾范修建墓园，表彰他们的后人，因为这两人在公孙渊叛乱时曾苦劝阻拦而惨遭杀害。

司马懿对此强调说：“古代讨伐一个国家，要杀掉恶人，表彰忠臣，宽恕被连累的人。”

在从辽东凯旋的路途中，司马懿又上表朝廷，遣散了一千多名老兵，批准有亲人阵亡的将士回家治丧。魏军上下对司马懿感激涕零。

但还没走完一半归程，司马懿就收到了魏帝曹叡病重的消息。原来，从景初二年（公元238年）腊月开始，曹叡便卧病在床，此时的他才三十多岁，就因身体虚弱而早早逼近了生命尽头。

病重之际，曹叡下诏命司马懿速回接受遗命。诏书说：“最近常常惶恐不安地盼望你来，到了之后直接推门进来找我就是了。”

司马懿收到诏书，连忙轻车日夜兼程赶往洛阳，进了皇宫见到了奄奄一息的曹叡。只不过，在曹叡的身边，还有新进的大红人曹爽。

曹叡拉住司马懿的手，说道：“把后事托付给你了。死原来是可以忍受的，我忍死等你，终于得以相见，已经没有什么遗憾了！”

而后，曹叡将养子曹芳和曹询叫到跟前。他们都不过六七岁的年纪，曹叡无子，将他们作为后嗣秘密养于深宫之中。曹叡让二人拜会司马懿，并指着齐王曹芳对司马懿说：“就是他了，您仔细看看，不要看错！”

说完，他让曹芳上前抱住司马懿的脖子。司马懿连忙流着眼泪叩头致意。

这一天是景初三年（公元239年）正月初一，曹叡册立曹芳为太子后便驾崩了。曹芳即位为皇帝。郭皇后称皇太后，不久移居永宁宫。

按照曹叡的遗诏，辅政大臣曹爽与司马懿同加侍中、假节钺、都督中外诸军事、录尚书事，共掌文武大权。这样的人事决定其实并不是曹叡的本意，曹叡最初拟定的辅政名单上只有曹宇、夏侯献、曹爽、曹肇、秦朗五人，并没有司马懿。因为他知道司马懿权势太重，不可不防，便大力提拔宗室成员。然而，担任中书机构的官员与夏侯献、曹肇二人有仇，他们以先帝（曹丕）颁布有藩王不得辅政的敕书为由，极力反对这个辅政名单，并推荐司马懿加入辅臣行列。病重的曹叡禁不住他们的一再劝说，在恍惚之中同意了，并让中书省官员帮他书写手诏。最终，辅政大臣的名单变成了只有曹爽和司马懿两个人。没人知道，在这番暗箱操作的背后是否有司马懿的势力搞鬼。

此时的司马懿已年过六旬，而曹爽还只是一位三十出头的年轻人，两个人平起平坐在外人看来甚是奇特。更何况，曹爽的资历、经验和才能都远远不及司马懿。

经验不足的曹爽起先对司马懿尚怀有敬畏之心，凡事都与司马懿商量，不敢专断。司马懿也对曹爽以礼相待，因为无论如何，曹爽都是先帝的顾命大臣，即使对方年轻愚笨，司马懿也没有理由怠慢和欺侮他。

然而，曹爽温和的表面之下暗藏着别样的打算。

曹爽是曹真的儿子。司马懿曾是父亲的同僚，因此曹爽对这个老头是相当熟悉的。从他懂事起，他就看见司马懿一点点地爬升到现在的位置，而且依靠长寿，熬死了一批又一批能臣猛将。司马懿的资历和威望在朝中已经无人可及，并且他与前朝老臣编织了严密的关系网，如果再让他长期位居高位，与老臣们一唱一和，哪儿还有他曹爽这个后辈发挥的空间？

为了与司马懿的势力抗衡，曹爽也招揽了一批亲信党羽，其中包括丁谧、邓飏、何晏、毕轨、李胜等人。这些人有一个大致的共同点，就是和曹爽年纪相仿，但在之前都仕途不顺，因为行为放荡而遭到朝中大臣的排斥。例如丁谧为人傲慢无礼，邓飏贪财好色，何晏举止阴柔，终日涂脂抹粉犹如女人。曹爽年少时就和这三人交好，得势后便将他们引为心腹，安排在尚书台任职。他们在朝中放纵无礼，为曹爽出头排斥其他老臣。当时就有人形容说："台中有三狗，二狗崖柴不可当，一狗凭默作疽囊。"意思是尚书台有三只狗（指丁谧、何晏和邓飏）要咬人，其中丁谧恃着有曹爽做靠山而最为凶恶（"三狗皆欲啮人，而谧尤甚也。"）。

丁谧为曹爽出谋划策，将司马懿明升暗降，上表幼帝曹芳升司马懿为太傅，可以"剑履上殿，入朝不趋，赞拜不名"，司马家族的婚丧费用由朝廷支付，司马懿的子孙全部授予官职，然而，司马懿不再录尚书事，不能任命官员和处理政务，最多只有议政的权力，国家大事一并由曹爽负责。

为了进一步掌控大权，丁谧又为曹爽设计，将朝中的重要职务全部交给曹爽家人和亲信担任：曹爽二弟曹羲任禁军统领；表弟夏侯玄任中护军，负责武官的任命；亲信何晏任尚书，负责文官的选拔；其余亲信也各有任命，凡事只向曹爽汇报。

曹爽摇身一变，成了魏国的实际领导人。司马懿则被排挤出了决策中枢，没有太多实质性的权力，只有一个荣誉性的职务，在朝中养老而已。司马懿自然很是生气，但愤怒永远只会存留在他的内心，而不会表现在他的脸上。他表面上平静地接受了这一切，依旧做好自己的本职工作，积极对朝政发表建议和看法，不管曹爽是不是会接受。

他奏请曹芳停止洛阳宫殿的扩建工程，放归一万多名民夫回家务农。他又多次建议疏通漕渠，扩大屯田，提升粮食产量。吴国入侵时，他也及时出谋划策，帮助前线军队击退敌人。

但在朝中，司马懿继续保持着低调忠厚的形象，见到长者都要下拜行礼。他同时要求自己的子孙也保持谦卑的姿态，说：“骄傲自满是道家所忌讳的，春夏秋冬还有四季更替呢，我又怎么可能占据高位而不变呢？谦逊再谦逊，才有可能免于灾祸！”

司马懿的谦卑在许多人看来不能理解，因为他完全有和曹爽针锋相对的能力。他统领魏军多年，在军中颇有威望；在朝中和地方，他人脉广泛，与许多世族元老和军队将领关系要好；更不用说还有多年的政治经验和过人的智谋了。只要司马懿想办法，曹爽万万不是他的对手。

然而，司马懿还是要忍。

几十年的经验告诉他，要想取得权力斗争的胜利，决不能冲动莽撞，一定要找一个恰当的机会一招就置对手于死地，令其毫无还手之力。而且出手的理由一定要名正言顺，让天下舆论都站在自己这一边，让对手得不到任何人的帮助。

如今，虽然曹爽擅权，但是他有曹氏皇族支持，亲信又掌管要职，自己贸然出手胜算不大。而且曹爽掌权不久，还没有犯下大的错误，司马懿也没有理由发难。所以司马懿决定忍一时风平浪静，继续谦卑低调，先不让自己和家人有把柄落在曹爽的手上。

但是，司马懿的谦卑不能让曹爽完全放心。曹爽深知司马懿在朝中有威望，有人脉，要想击败他，自己必须在朝中积攒下更多的威望与人脉。

在亲信的怂恿下，曹爽在正始五年（公元244年）统兵伐蜀，一方面想以战功立威，另一方面试图控制司马懿亲信众多的关中地区。但无奈不擅长军事，统领几十万大军仍然被蜀国大将军费祎击败，损失巨大。曹爽不死心，在吴国侵扰边境时又带兵抵抗，仍是大败而回。这两次战斗不仅使魏国丢城失地，而且耗费了大量钱粮物资，魏国军民无不怨声载道，关中地区的将领也对他貌恭而心不服。

立功不成，曹爽干脆加紧在朝中夺权，不断修改法律制度，扩大自己的权力，排挤异己。他让何晏主持官员选举工作，“附会者升进，违忤者罢退”，大规模起用新人，排挤老臣，试图掌控朝政大权。就连不满曹爽擅权的郭太后也被曹爽囚禁在永宁宫，不许出来。

司马懿见曹爽夺权的目的越来越明显，担心自己作为首要政敌会被曹爽重点“关照”。恰好此时，他的原配夫人张春华去世，司马懿便趁此机会以退为进，静观其变，上奏说自己难忍丧妻之痛，无法参与朝政，请求告病回家休养。

曹爽同意了，毕竟司马懿年近七旬，确实应该退休了。

但司马懿告病回乡并没有让曹爽放心，他担心这个老狐狸会暗中搞些小动作，便派亲信李胜以探望为由，前去刺探司马懿的病情。这李胜恰逢要去荆州任职，进门就向司马懿表示拜别之意。

听闻李胜来探望，司马懿立刻就猜出曹爽的心思：他这是想斩草除根啊，要是自己活得好好的，曹爽肯定还会用别的办法来整垮我司马家。

既然曹爽希望我死，那我就装出一副要死的样子给他看吧。

司马懿便假装重病卧床，需要两个侍女服侍才能强撑着身体起来面见李胜。他故意表现出四肢无力，想穿衣服，却把衣服掉在地上；侍女给他喝粥喝水，他假装咽不下去，粥水都流在胸口上。

李胜见此情景，叹息说："大家都说您中风的老毛病又发作了，没想到明公竟然病重到这个程度了！"

司马懿上气不接下气，用微弱的声音说道："我年老卧病，命不久了！你刚刚说你要去并州任职了，并州靠近胡人，你可要多加小心啊！我担心以后不能与你相见了，我的两个儿子就拜托给你照顾了。"

李胜说道："我是要去本家的荆州，不是并州。"（"当还忝本州，非并州。"）

司马懿假装耳聋，问："你刚到并州？"

李胜又说："是去荆州！"

司马懿道："我年纪大了，神志恍惚，听不清你说的话。这次你回荆州，正当年富力强，建立功勋的时机啊！"

李胜笑了笑，他觉得司马懿确实是快不行了，就辞别了司马家，回去向曹爽做了禀报。曹爽听信了李胜的描述，认定司马懿已经不足为虑了。

放下戒备的曹爽更加肆无忌惮，他把自己衣食住行的标准提高到和皇帝一样，截留各地进贡的财物给自己使用，甚至勾结太监夺取宫中的乐器和宫女供自己享受。而他身边的亲信也跟着狐假虎威，大肆侵占洛阳周边的田产，向地方官员索贿，有胆敢得罪他们的官员都被免职或者下狱。

曹爽一伙人声名狼藉，自己把自己推向了火坑。暗中观察的司马懿觉得，时机成熟了。

他没有必要再隐藏了。

2. 政变

曹魏正始十年（公元249年）正月的一天晚上，司马懿的府上一片寂静，似乎所有的人都入睡了。但在一个不起眼的小房间里，亮起了一盏微弱的烛火。

在这个小房间里，司马懿正和自己最年长的两个儿子秘密商讨事情。司马懿有记载的儿子一共有九人，其中长子司马师，字子元；次子司马昭，字子上。司马师和司马昭都已成年而且继承了父亲的聪慧，司马懿将这两个儿子视作自己的左膀右臂，时常让他们帮助自己处理事务，各种大事也都会与他们商量。

长子司马师已年过四旬，他眼上长了一颗瘤子，使他的面貌畸形，看起来十分骇人。司马师跟随父亲多年，深受司马懿的影响，性格冷静残忍，行事果断机敏。虽然司马懿一直没有明说，但是司马师与父亲心有灵犀，配合默契。司马懿韬光养晦，但暗中一直努力为两个儿子争取军职。司马师便成功获得中护军一职，掌握了一部分禁军兵权。司马师在任上广泛结交，选举人才，把许多军中将领笼络到司马家门下。而且，他为了弥补手中禁军人数的不足，又暗中豢养了三千名死士，作为将来起事的资本。

次子司马昭比司马师小三岁，外表宽厚沉稳，看起来与世无争，平和友善。因为较少表现自己，就连父亲司马懿都觉得他的才能不如兄长司马师。但司马昭继承了父亲的狡猾和世故，平日里不以真面目示人，实际行事却阴险狡诈、睿智干练，颇有奸雄的风格。曹爽征讨蜀国时，司马懿让司马昭以征蜀将军一职随行，作为一次军事指挥的历练，为他将来统兵作战打下基础。

司马懿把两个儿子叫到跟前，小声说出了自己的政变计划。之前他已经获知消息，曹爽和曹羲兄弟将在明天带幼帝曹芳前往城外的高平陵祭扫曹氏先人，那时国都空虚。司马懿计划召集麾下的禁军和死士，亲自统领，抢先攻占武库；然后以武库的兵械装备麾下人马，由司马师和司马昭兄弟带领，控制皇宫。他再趁机入宫拜见郭太后，让郭太后下懿旨罢免曹爽兄弟，并封锁洛阳各大城门。郭太后与曹爽有仇，必会同意。随后，司马懿统领大军屯驻洛水浮桥，防止曹爽反扑。

听到父亲条理清晰的安排，司马师连连点头，并且还出点子帮父亲完善政变计划。司马昭却没有料到政变行动这么快就要开展了，居然蒙住了，很长时间说不出话来。

一切都安排妥当，司马师像往常一样回房间安睡了。司马昭回房之后，却紧张得睡不着觉。

未来的十几个时辰，将决定司马家族的生死。

第二天，清晨的太阳升起，虽然倒春寒的冷风还让人有些不舒服，但洛阳城的大街小巷已开始忙碌起来。

早餐时间刚过，皇宫里就走出一队车驾。全副武装的禁军在前面开道，众多的侍卫和宦官簇拥着一辆又一辆华贵的马车跟在后面。其中最大的一辆马车上面端坐着年幼的皇帝曹芳，紧随其后的是大将军曹爽和禁军统领曹羲兄弟的车驾。

曹爽坐在高大的车辇上，得意洋洋地看着街道两旁跪拜的百姓。这两天，他要带着小皇帝去高平陵扫墓，顺便去郊外游玩和狩猎，好好地放松一下。在这之前，有人曾建议他不要带那么多官员同往，至少不要把弟弟曹羲带去，以免国都发生变乱而无人镇守，但是曹爽觉得，自己大权在握，有谁敢搞事情？就算是司马懿，他都快进棺材了，还能折腾出什么事儿来？

所以，曹爽没有听从建议，按照既定计划带走了皇帝和弟弟以及众多亲信高官，一同出城前往高平陵了。他并不知道，在街道的某个角落里有一双眼睛在紧紧地盯着他们。等曹爽的队伍全部出城，渐渐远去，那个黑影立刻就跑进了司马懿的府中。

没过多久，数千名隐藏在百姓当中的司马懿家兵在司马家门口聚集起来。他们都是司马师豢养的死士，平日里伪装成百姓，从来没有被发现过。司马师在确定政变计划当晚就派人召集他们，这几千人待曹爽等人出城后立马集合至此，仿佛是突然间出现的一样。

早早起来的司马师指挥这些人整齐排队，保持安静，等待司马懿出来下达命令。司马懿出门看到门口整齐的队伍，笑着说："这孩子真行啊！"

按照魏晋时期的法令，除了担负巡逻和守卫任务的禁军将士之外，其余部队平日里不准携带武器。而司马家暗中豢养那么多死士已属重罪，更不敢私藏太多的兵器。所以，武库的战略位置非常关键，事关政变的成败。

为了确保武库万无一失，司马懿亲自带领人马直奔武库，但曹爽的府邸正好位于去武库的路上。司马懿路过曹爽府门口时，曹爽府的卫士惊恐之下试图开弓朝他射击，所幸有人以局势不明为由阻止了射箭。司马懿就在曹爽府卫士的犹豫和争论之中，迅速经过了曹爽府邸。

史书上没有记载司马懿占领武库的经过，他似乎没有遭遇什么抵抗就顺利接管了。其中的原因，可能是司马懿矫太后诏，也可能是他得到了某些重要将领的合作。总之，拿下武库之后，司马家的死士立刻装备兵器甲胄向皇宫进发。

进攻皇宫的人马由司马师、司马昭两兄弟以及司马懿的弟弟司马孚带领。司马师凭借自己中护军的官职和在禁军中积攒的威望，很快就打开了皇宫大门。随后，司马昭领兵冲入后宫，司马懿紧随其后，穿着朝服去拜见郭太后。

一大早听到宫外吵闹不休，郭太后起先有些诧异。当她见到司马懿带着几名武士急匆匆地赶来，跪在她的面前请求她下懿旨废除曹爽的职权，顿时明白了事情的缘由。

司马懿这是在政变啊！

郭太后虽然十分不喜欢曹爽，但在这个时候还是犹豫了起来。如果自己允准了司马懿的请求，就是在协助司马懿发动政变，且不论政变成功后司马懿会不会变成第二个曹爽，万一政变失败，自己必会受到曹爽报复。

看郭太后一脸为难的样子，司马懿觉得不容拖延，万一消息走漏，曹爽突然杀回来就危险了。于是他让身边的武士拔出刀剑威胁郭太后，郭太后不敢多说什么，只好在司马懿事先拟好的诏书上签字盖章。

司马懿拿到了郭太后的懿旨，立刻召集当朝官员，让人宣读了诏书——曹爽兄弟的职位全部废除，权力和军队尽数收归司马懿所有，相关的军队指挥权也安排给了司马懿的老友和亲信。同时，洛阳全城戒严，关闭所有城门，不许任何人擅自出入。

留在洛阳城中的曹爽党羽大惊失色，许多人企图乘机溜走，去往高平陵向曹爽告变，但司马师的人马死守城门，不允许任何人外出。只有号称曹爽“智囊”的大司农桓范假传圣旨，用剑挟持守门将领，趁乱骑快马冲出了城门，往高平陵飞奔而去。司马师带人追赶，但没有追上。

这事被报告给了司马懿，司马懿却不担心，说：“曹爽智谋不够，和桓范的关系也没有那么好。劣马会贪恋马槽的豆子，曹爽是不会听从桓范的计谋的，不用担心。”

司马懿把曹爽比作“劣马”，“马槽的豆子”则指洛阳城中的曹爽家眷。他知道曹爽虽然聪明但是贪恋富贵，他必然舍不下自己洛阳家中的美女和财宝。于是，司马懿命人扣押曹爽的家人作为人质。但他并不打算与曹爽开战，因为他知晓曹爽手中有皇帝和许多官员随从，如果强行出兵攻打，会逼迫曹爽狗急跳墙，带走皇帝和官员到别处另立，那样的话，他自己反而坐实了乱臣贼子的罪名。

所以，对付曹爽还是以劝降为主，避免战争，以最小的代价解决问题。

于是，司马懿在洛水附近按兵不动，写了一封奏章派人送给幼帝曹芳，实际上就是写给曹爽看的。奏章上先是批评了曹爽胡作非为，然后说太后已经降旨罢免了曹爽兄弟的官职，但保留了爵位，允许他们回家，最后表明如果曹爽还执迷不悟，他将领兵讨伐。

这份奏章自然落到了曹爽手中，曹爽大为震惊，连忙命令手下兵马在伊水附近设防，砍伐附近的树木制作鹿角，还征召了周围的数千名屯田兵来加强防卫。随后，曹爽召集自己的亲信一起商议对策。

刚刚从洛阳城里跑出来的桓范向曹爽建议说：“现在天子在大将军这里，您何不带天子前往旧都许昌，然后发檄文征召天下之兵一起来讨伐司马懿？”

曹爽却一口拒绝：“要是我与司马懿交战，我留在洛阳城中的家人怎么办？”

桓范说：“在这种危急时刻，哪里还能惦记自己的家人？只要大将军占据许昌，以天子之命号令天下，谁敢不从？我身为大司农，还能为大将军调集粮草，根本不用担心司马懿啊。”

曹爽却犹豫不决，说：“让我再好好想想。”

司马懿此时在洛水边打探曹爽的动静，得知曹爽也按兵不动，猜到了他举棋不定，便派曹爽信任的殿中校尉尹大目前来游说。尹大目手指洛水发誓，对曹爽的惩处仅是免去官职。随后太尉蒋济也写信给曹爽，称司马懿只是想将他们免官，劝告他尽早交出权力投降，可以保他们爵位富贵。

曹爽见尹大目和蒋济这样有名望的大臣都来劝说，心中逐渐动摇，有了投降的意愿。到了夜里，曹爽为了探查情况，派了两个人到司马懿那里交涉。司马懿一本正经地数落曹爽的错误，然后让使者回复曹爽，对他的处分只是免官而已。

在司马懿连番不断的劝降下，曹爽考虑了一个晚上，最终决定放弃抵抗。

曹爽如此草率投降，主要原因是其政治斗争经验不足。他轻信了司马懿的奏文和尹大目、蒋济等人的游说，以为他和司马懿之间不过是政见之争。曹爽上台后声称要改制，大力重用年轻权贵，排斥前朝老臣，满朝文武普遍对他的改制心生不满。这次政变，蒋济、尹大目、高柔等有资望的老臣都站在司马懿一边，曹爽觉得这些老臣只是想出一口恶气，恢复原有的朝政秩序，司马懿只是充当了带头人罢了，只要双方握手言和，一切都会恢复平静。而且，曹爽自认为是皇亲国戚，又没有做出什么出格的罪行，加上蒋济和尹大目的担保，司马懿不会拿他怎么样的。

不过，曹爽说出准备投降的决定时，还是让身边的大臣们都大吃一惊。他们怎么也想不到，自己冒险追随的大将军竟然是这样一个懦弱而无深见之人。

主簿杨综就说："您掌握天子、拥有大权，难道要放弃这些去东市被砍头吗？"

曹爽怒道："司马公不过是要夺取我的权力罢了，我让给他就是！我保全爵位回去，仍然可以做一个富家翁。"

桓范听完，嚎啕大哭说："曹真大人英明一世，怎么会生出你们这样的兄弟？真是和猪一样！被你连累，我要被灭族了呀！"

曹爽不听底下官员的苦苦请求，撤掉守卫，带着幼帝去洛水投降了司马懿。见到曹爽到来，司马懿终于放下心来，他对曹爽好言相劝，依旧以礼相待。还都之后，他把曹芳送回宫殿，把曹爽兄弟也送回了他们的府邸。

一切似乎都在向曹爽所期望的方向发展。

然而，到了第二天，曹爽发现情况不太对劲。他的府邸周围筑起了几座高楼，上面有卫兵日夜监视着他们；而府邸的各个出入口也有许多士兵把守，禁止任何人出入。

曹爽心想，司马懿这是要监禁他吗，还是准备要害他？

为了试探司马懿的态度，曹爽故意派人向司马懿禀报说自己府中粮食不足，希望能得到补充。司马懿当即同意往曹爽府里运粮。曹爽一看，司马懿还愿意给自己运粮，说明他还不想让自己死，于是继续过着自己的“富家翁”生活，不再关心司马懿做什么了。

司马懿正在做的，是曹爽绝对想不到的事情。

为了给曹爽定罪，以便诛杀曹爽及其党羽，司马懿软禁曹爽之后便以贪赃之名将宦官张当抓捕入狱。张当原是曹爽在宫中的亲信，曹爽窃取宫中财物和截留贡品大多依靠张当来操作。张当侵吞宫中财物的行径早已众人皆知，只不过以前曹爽当权，没有人敢拿张当治罪。如今，曹爽被免职，司马懿便立刻拿了这个出头鸟，并以此作为构陷曹爽的突破口。

张当入狱后，司马懿命人严刑拷打，要他“供认”出曹爽一伙企图谋反的罪证。张当禁不住拷打，很快就“供认”了曹爽兄弟与他们的五位重要亲信图谋篡位的阴谋。

司马懿便以张当的供词为依据，立刻派兵把曹爽三兄弟与五位亲信尽数捉拿下狱，同样以严刑伺候，逼迫他们承认谋反阴谋。

在司马懿的严刑之下，这些人大多“承认”，少数拒不就范的，司马懿也以证据确凿为由，按律处斩，并诛灭三族。曹爽的智囊桓范，则被以诬陷司马懿谋反为由处以极刑。

曹爽最终为自己的胆小和短见付出了代价，没能继续自己“富家翁”的美梦。几天之后，他被送上了刑场，不仅赔上了自己的性命，还让几千名亲属和亲信给自己做了陪葬。或许在临终前，他会后悔自己没有听从桓范的建议。

曹爽一党至此灰飞烟灭。在诛三族的残酷刑罚下，大量曹氏宗族遭到杀害，曹氏皇族遭受了沉重打击，再也无人能对抗司马家族了。

处决曹爽党羽和家族那几天，洛阳城外的刑场血流成河，人头成山。骇人的情形让朝廷百官无不胆寒，只能对司马懿唯唯诺诺。司马懿觉得自己已然掌控了魏国大局。

然而，突然夺权以及对曹氏皇族的大肆屠杀不可避免地使政局动荡、人心不安。而且，在这场事变中，司马懿出尔反尔，不顾一些老臣的信誉杀掉了曹爽，并在之后独揽大权，也令许多士族官员非常不满，太尉蒋济甚至因此气病而死。

更加麻烦的是朝堂之外的地方军镇。在战争频发的三国时期，魏国设置了四方军镇应对吴蜀联盟和少数民族的威胁，分别是：驻屯淮南地区的征东将军、驻屯荆州北部的征南将军、驻屯关中地区的征西将军、驻屯幽并二州的征北将军。“四征将军”手握重兵，地位仅次于三公，他们一旦心怀异志，司马懿的位置根本就坐不稳。

为了避免争议，少树敌人，司马懿在政变成功之后，坚决拒绝了人臣的最高礼遇——九锡赏赐与丞相官职，并且赦免了一部分无关紧要的曹爽党羽，努力维持局势稳定。

与此同时，对于朝中的士族官员，司马懿一边拉拢一边防备。他罢黜了曹爽主政时由何晏提拔的趋炎附势之徒，让那些反对过曹爽一党的人重返政坛。高柔、孙礼、王观等支持政变的老臣先后被提拔为三公，有些人还被封爵。但他们并没有实权，只能在朝堂上坐而论道，朝中的重要官职仍由司马家的门生故吏和亲信族人把持。

针对四大方镇，司马懿也在小心翼翼地布局。司马懿曾在幽州和荆州担任过军职，在当地有些威信和人脉，所以征北和征南将军尚在掌控之中，比较棘手的是征东和征西将军。

征西将军夏侯玄是曹爽的表弟。司马懿在关中经营多年，关中诸将多是他的旧部，曹爽便将表弟夏侯玄调任征西将军，以削夺司马懿的政治势力。但夏侯玄只是一介文人，虽然满腹经纶、仪表堂堂，却并没有军事指挥才能，无法在关中将领中建立威信。曹爽被杀后，司马懿一纸调令撤其兵权，将他调入洛阳任文职。夏侯玄只能俯首听命，征西大将军一职由司马懿的旧部雍州刺史郭淮代理。

夏侯玄职位的调动令另外一人感到了恐慌，他便是夏侯玄的堂叔夏侯霸。

夏侯霸时任右将军，领兵数千驻守陇东。他素来与曹爽友善，得知曹爽被杀，堂侄被召回洛阳，深感不安，又听闻与自己关系极差的郭淮要成为自己的上司，更觉得司马懿是要针对自己。

于是，夏侯霸只身叛逃至邻近的蜀国，被蜀国任命为车骑将军。夏侯霸的父亲是夏侯渊，当年在定军山之战中被刘备军攻杀，夏侯霸本与蜀国有杀父之仇，原先夏侯霸与蜀军作战时，常以此激励自己的部下。此番夏侯霸叛逃，令陇东的魏军士气大受打击。夏侯霸降蜀后，也带去了魏国的许多军政情报，使魏国关中的防务受到了干扰。

当年秋季，蜀国卫将军姜维便趁机入侵雍州。郭淮难以单独对抗，司马懿便派邓艾与陈群之子陈泰前往协助。三人力战将蜀军击退，稳定了魏国的西方边境。

而魏吴边境的淮南方镇，司马懿从未染指，当地将领对司马家族比较生疏，征东将军王凌更是向来不服司马懿。王凌早年便追随曹操，侍奉曹家四代，屡立战功，此时年近八旬，资历比司马懿还要老。为了稳住王凌，司马懿让王凌接替蒋济的太尉一职，并假节钺，准许他代表皇帝执行生杀大权。但王凌不愿接受司马懿的收买，意图另立山头，与司马懿分庭抗礼。

王凌的外甥令狐愚当时担任兖州刺史，主管淮南方镇的民政，王凌便与令狐愚密谋以淮南之兵发动叛乱，在许昌另立楚王曹彪为皇帝。对于两人的阴谋，司马懿毫无察觉。

然而，一个意外帮助了司马懿。令狐愚在与曹彪联络的过程中生急病去世，导致兖州刺史的职位换人，淮南方镇的民政大权也随之转移到了新任刺史黄华手中。王凌孤掌难鸣，只好派人拉拢黄华，企图说服对方跟随自己叛乱。

黄华与王凌交情不深，得知情况后当即向司马懿告发。当时的司马懿已经重病卧床，得知消息后大为紧张，他不顾年老病重，亲自率领大军走水路直扑王凌所在的寿春（今安徽寿县）。同时，他故伎重演，让朝廷颁布赦免王凌的诏书，并派人送信游说王凌投降。

而此时王凌还没有举兵，司马懿的大军突然杀到完全在其意料之外。他只能放弃抵抗，反绑双手乘坐小舟在丘头（今河南沈丘东南）向司马懿投降。司马懿按照事先约定，赦免了王凌的罪，还给他松了绑，但仍然命令六百名军士看管王凌，并将他送往洛阳。

与司马懿共事多年的王凌了解其性格，他看出司马懿表面上赦免自己，实际上仍把自己当作罪人押送。行到项县（今河南沈丘）时，王凌向押送他的长官要钉棺材的长钉，以试探司马懿。司马懿获得请示后，就给了王凌铁钉。王凌见此，知道自己此去洛阳必死，便服毒自尽了。临死前，王凌大哭道：“我王凌是大魏的忠臣！这一点只有神明知道！”

王凌死后，司马懿仍不放心，立即对相关人员进行了追查。楚王曹彪被赐死，令狐愚被开棺戮尸，王凌和令狐愚及其余参与者全部被灭三族，即使是外嫁的女儿和年幼的儿童也未能幸免。而未参与此事的曹魏王公则全部迁徙到邺城居住，由专人负责监视他们。

司马懿再次以残酷的杀戮威慑自己的敌人，巩固自己的权威。然而，生命的衰老让他无法再继续自己的夺权事业了。

临终前，司马懿并不感到悲伤，他活得够久了，已经熬死了所有能与自己匹敌的对手。而且他已经为子孙打好了坚实的基础，司马家族的威望和权势已如日中天，剩下的事情，他的儿子司马师和司马昭一定能够完成。

蛰伏了一生，就是为了这最后的三年啊！

嘉平三年（公元251年）八月，在诛杀王凌三个月后，七十二岁的司马懿在洛阳病逝。

3. 复仇

司马懿去世后，权位随即由长子司马师继承。第二年，四十四岁的司马师被加封为大将军、侍中、都督中外军事、录尚书事，全面掌控魏国的军政大权。

但是，从坐上大将军位子的第一天起，司马师就极其紧张和不安。他是一位冷静明理的人，知道自己虽然位极人臣，但权势来源并不合法。司马懿独揽大权，至少还有先帝的辅政遗诏作为根据，而他司马师掌权却没有丝毫的法律依据。他虽然援引商朝宰相伊尹死后其子继承职位的典故来为自己辩护，但仍然摆脱不了舆论的非议，那些原本就对司马家族不满的大臣们更是蠢蠢欲动。

担负家族重任的司马师感到了沉重的压力。

司马师首先想到的是编织权势网络。他极力加强与郭太后的关系，通过联姻笼络了郭太后家族，使她成为自己可靠的政治盟友。此外，司马师大力提拔年轻一代的士族子弟和有才能的寒门士人。贾充、钟会、卫瓘、石苞等青年才俊就是在这个时候投奔到司马门下，成为司马家族实现魏晋嬗代的重要支持力量。

为了减轻朝臣对自己的轻视，司马师也想办法广施恩惠，树立威严。他延续以往的旧制度，不轻易改革，以维护士族官员和功臣勋贵的既得利益。同时，他减轻刑罚，废除父亲过去灭人三族还要诛杀外嫁女儿的做法。在宽厚的同时，司马师又讲求“以法见绳”，凡事以法令为准绳，大力整顿官场风气，严惩作奸犯科者。在他的严厉管控下，魏国朝政变得井然有序，行政效率也提高了。过去曹爽时代混乱的吏治和奢靡的作风收敛住了，司马师的政绩获得了一定程度的赞誉。

当然，司马师不会满足于只当一个“能臣”“好官”，他迫切需要获取重大战功，在军中建立起自己的威望。因为军队才是巩固权力最根本的所在。

建功立业就必然要向吴蜀两国用兵了。司马师找到了一个南征的机会。

嘉平四年（公元252年）四月，吴王孙权去世。这位统领吴国五十多年的一代枭雄将吴国带向了富强，却没能处理好继承人的问题。长子孙登去世后，夺嫡之争便在三子孙和与四子孙霸之间爆发，朝中大臣也分裂为孙和与孙霸两派，互相倾轧。孙权悲愤之下，流放了孙和，赐死了孙霸。众多能臣武将受到了牵连，名臣陆逊、吾粲、朱据等人死于非命，吴国的人才遭受了重大损失。

孙权最终改立年幼的小儿子孙亮为太子。他去世之时，孙亮年仅九岁，吴国大权至此落入了权臣的手中，开始了十余年的纷争。

孙亮即位之初，吴国大权由顾命大臣诸葛恪（诸葛亮的侄子）掌握。诸葛恪狂妄自负，在吴国朝臣中并不受欢迎。他为了在军事上立威，打起了魏国的主意，下令在濡须水上的东兴（今安徽含山西南）附近修建堰塞坝，堵住魏军从巢湖通过濡须水进入长江的水道。

本来这只是诸葛恪在魏吴边境的一次军事挑衅，却被急于立功的司马师视为伐吴契机。他觉得眼下吴国大丧，诸葛恪又掌权不稳，此时派大军攻打东兴并摧毁堰塞坝肯定十拿九稳，而这场边境冲突的胜利能为自己的政治声望加分。

然而，司马师出兵的计划遭到了尚书傅嘏（音gǔ）的反对。傅嘏认为伐吴时机不对，魏国与吴国交战多年，双方知根知底，而且吴国君臣团结，贸然出击必定不能取胜，倒不如做持久战的计划更有胜算。

但急于建功立业的司马师没有听从傅嘏的建议，他派征南大将军王昶和镇南将军毌丘俭分别进攻南郡（今湖北江陵）和武昌（今湖北鄂城），以牵制长江中游的吴军，再派征东将军胡遵带兵七万进攻东兴。

但是，吴人也十分重视东兴的战略位置，他们花费心力在大坝两岸的高山险要之处修建了城堡，分别为东关城和西关城，两座城堡互为犄角，拱卫着堰塞坝的安全。

胡遵带领魏军轮番攻打东兴十几天，始终攻不破要塞，士气大受挫折。而吴国大将军诸葛恪此时也率军赶来，前锋丁奉亲率三千敢死之士趁大雪偷袭位于东关城下的魏军大营，魏军大乱失控，众多官兵争渡浮桥，结果踩塌了浮桥，数万将士落入冰冷的长江中淹死。魏将胡遵只好舍弃全部辎重溃逃，堆积如山的军事物资全部被吴军缴获。

东兴之战的失利让司马师颜面扫地，惨重伤亡也令舆情汹涌，许多人要求追究东兴之战相关将领的责任，罢免他们的职务。司马师知道，这些人名为要追究将领的责任，实际上是批评自己的无能，如果顺从舆情，让领兵将领顶罪，未免有抓替罪羊的嫌疑，令军中将士寒心。

于是，司马师决定由自己的家族来承担责任。他公开承认自己的错误，说：“这是我不听良言造成的结果，是我的过错，诸位将军都没有罪！”

弟弟司马昭因为在东兴之战中担任监军，被司马师削去了爵位。其余参战诸将则都没有受到惩罚，只是更换了防区，但实权不变。

同一时期，雍州刺史陈泰上表司马师请求讨伐胡人，司马师予以批准。不料北方的胡人得知风声而做足了准备，提早反叛，使得陈泰出师不利。司马师同样将错误归咎于自己，没有罢免陈泰。

司马师的大度和诚恳使魏国的喧嚣渐渐平息了下来，人们不仅没有因为战败而责怪他，反而因为其态度而钦佩他，司马师暂时安全度过了这段危机。

然而，东兴之战的后续问题司马师还没有处理完毕，吴蜀两国大军突然同时在东西两线进攻魏国的紧急军情就传到了洛阳。

一时间，举国震动。

东兴之战的胜利使掌权不久的诸葛恪无比得意，骄傲自负的他认为魏军和司马师没什么大不了，于是凯旋不久便在朝中提议要乘胜出击，打垮魏国。

但这无知、轻敌的计划在吴国国内遭到了众多大臣反对。诸葛恪勃然大怒，他以汉高祖自比，指责反对的人是贪图安逸、不思进取的孬种。他一意孤行，于嘉平五年（公元253年）春调集了二十万大军北伐。

吴军攻入魏国境内，大肆屠掠百姓，江淮一带的魏国百姓纷纷逃散，导致吴军难以就地取粮。诸葛恪担心长驱直入魏国腹地不容易获得补给，便领兵包围合肥新城（今安徽合肥西北），企图吸引魏军主力前来决战。

而蜀国的姜维听说魏国在东兴大败，立即带兵数万侵犯陇南，围攻狄道县（今甘肃临洮），企图趁火打劫。

东西两线战事同时开启，司马师连忙召集将领们开会，商讨对策。中书郎虞松分析道："诸葛恪率大军前来围攻合肥新城，意图招来魏军与他一战，我们不可以中计，只需派兵在远处观望。新城城池坚固，吴军很难攻破。届时诸葛恪攻城不胜，又不能与我军会战，他的军队必然疲劳不堪且士气低落，我们再乘机出兵，他必然撤退。而蜀国的姜维没有运粮部队，只能依靠我们境内的麦子作为军粮，不能长久作战。而且姜维以为我们会集中精力在东方，才敢放肆进攻，如果我们派关中的部队日夜兼程增援狄道，姜维必会不战自退。"

司马师认为有理，便命令郭淮和陈泰立刻率兵增援狄道，命令毌丘俭和文钦率兵二十万救援合肥新城，但要按兵不动，不与吴军交战，把新城交给吴国人围攻。

有人建议司马师在增援合肥新城的同时，在北面的淮水一带加强军力，防止诸葛恪分兵北上。司马师拒绝了，说："诸葛恪在吴国地位不稳，只想求得一时的利益，他抱着侥幸的心态一心要与我军决战，是没有多余的精力北上侵犯淮水的。"

事情的发展正如虞松和司马师的预料：蜀军因为粮尽，在陈泰援军赶来之前就撤退了。诸葛恪则集中全部兵力围攻合肥新城，新城虽然只有三千守军，但依赖坚固的城池和充足的物资，抵挡了吴军三个月的围攻。

为了尽快破城，诸葛恪派人围着新城堆积土山，从高处攻城，总算破坏了一部分城墙。眼看城池将要失守，守将张特急中生智，登上高处对诸葛恪说："城池已破，我们无心再战了。魏国法律规定，凡守城超过一百天，没有援军赶来的话，可以投降且不会罪及家属。现在我们坚守了九十多天，还有一半将士不愿意投降，能不能给我一个晚上的时间，我去劝说他们？等明天天亮，我把愿意投降者的名单交给您，求您不要杀我们。如果不信，可以拿我的印绶作为信物。"

诸葛恪大喜，没有拿走张特的印绶就同意了他的请求，命令吴军退兵。张特便连夜拆毁城中房屋，把破损的城墙修补好。等到第二天天亮，张特在城头对着诸葛恪的受降使者大骂道："我们只会战斗而死，决不投降！"

诸葛恪听了大怒，命吴军继续攻打，但始终不能攻克。此时已是夏季，天气炎热，三个多月的连续作战使吴军将士非常疲惫，又因饮用了不干净的水源，吴军军中疾病肆虐，伤病者占了大半。军中各营官员纷纷上报疫情的严重性，称无法再战。诸葛恪却不愿相信，扬言要以扰乱军心为由将他们斩首，大家只好噤声。

诸葛恪此时进退维谷，攻城没有良策，退兵又不甘心，整个人处于抓狂状态。将军朱异对诸葛恪的指挥提出了不同看法，被他直接剥夺了兵权。都尉蔡林向诸葛恪多次建议，惹恼了诸葛恪，不得不叛逃到魏国，把吴军发生疫情的情报告诉了魏军。

司马师得知消息，命令毌丘俭和文钦向吴军进攻。诸葛恪腹背受敌，不得不狼狈撤兵。众多伤病的吴军士兵被大部队抛弃，有些人被俘虏，更多的人则在回归的路上被杀或病死。二十万吴军损失过半，比东兴之战中的魏军伤亡还要惨重。

吴国在合肥惨败，举国上下都处在悲痛之中，唯有自负的诸葛恪没有表现出丝毫自责和愧疚。相反，他回国之后居然花了一个月时间四处游玩散心，不理朝政，直到朝廷下了几道召他回来的诏书，他才慢悠悠地回来。回到建业后，诸葛恪越来越暴躁，肆意责罚和辱骂手下官员，最终失尽了人心。

当年十月，吴国宗室大臣、武卫将军孙峻设计在宴席上刺杀了诸葛恪，并灭其三族。吴国大权落入了孙峻手中。

没有了诸葛恪这个麻烦制造者，又在合肥报了东兴之仇，司马师顿觉安心了许多。然而，司马师并没有亲自指挥合肥之战，这场战役的胜利大部分归功于淮南方镇的将领。因此不但司马师没有挽回因东兴之战受损的声望，而且有更多的人瞧不起他，加上他在朝中严峻执法，不少朝臣对他十分反感，叛乱的暗流开始在魏国国内涌动。

中书令李丰在朝野间颇有清誉，得到了司马师的提拔。但是，李丰在心中一直厌恶司马师专权，与曹爽的表弟夏侯玄以及国丈张缉交好。依此关系，李丰得到了魏帝曹芳的信任，常常被召进宫中与曹芳会谈，但没有人知道他们谈些什么。

此时曹芳已经二十多岁，对国家大事及朝中事务有了自己的见解。司马师对他频繁召见李丰备感蹊跷，担忧其中有阴谋，便在某天征召李丰前来，询问他与曹芳会谈的内容。然而李丰拒绝以实情相告，称自己与曹芳只是正常会面，聊些历史典籍而已。

司马师不肯相信，因为宫中的耳目告诉他，每次曹芳与李丰会面都要屏退左右。如果是普通交谈，何必如此保密？他愈发觉得李丰有事隐瞒，便命武士拔出刀来威胁李丰，要他说出实情。

心虚的李丰终于没能伪装下去，他破口大骂道："你们父子心怀奸邪，将要倾覆社稷，可惜我力不能及，不能将你擒杀诛灭！"

司马师见李丰果然有问题，勃然大怒，当即命武士用刀环将李丰砸死，随后派人将李丰的儿子李韬以及李丰的好友夏侯玄和张缉等人捉拿下狱，严刑拷问。

在监狱中，颇具名士风范的夏侯玄宁死不屈，他大骂主审官道："我有什么罪！你既然以公府令史来责问我，那你就替我写供词吧！"

但夏侯玄的刚强并没有什么用，除他之外其余人禁不住拷打，最后全部招供，说出了李丰与曹芳密谋推翻司马师的计划。他们计划以朝拜贵人为名召司马师入宫，然后在宫中埋伏兵马将其诛杀。为此，李丰还说服了几名宫中的太监和朝中的官员做内应。准备事成之后让夏侯玄当大将军，张缉当骠骑将军。主审官把别人的供词拿给夏侯玄看，夏侯玄无话可说，只好微微地点了点头。

拿到供词的司马师立即将相关人等尽数抓捕，诛杀三族。曹魏王朝的肱骨之族——夏侯家族因夏侯玄的牵连，大部分被诛杀，从此再无起色。

看到李丰等亲信以及夏侯家族被诛杀，曹芳惶惶不可终日。虽然他并没有完全同意李丰的计划，但这次事端他是绝对摆脱不了干系的。

果不其然，司马师开始一步步拔除曹芳其余的亲信。他先是冲入后宫，以张皇后是张缉之女，有谋反嫌疑为由，将张皇后废掉，改立亲信王夔（音kuí）之女为皇后。随后，又以滥发公物的罪名，把忠于曹芳的镇北将军、河北都督许允流放，致使许允客死异乡。

司马师本以为这些严酷的措施会让曹芳感到恐惧，从而安分下来，但曹芳没有这样。

曹魏嘉平六年（公元254年）九月，曹芳忽然诏令镇守许昌的司马昭带兵入京，要他去陇东攻打姜维。司马师本以为这是曹芳的正常调令，不承想宫中的耳目报告给他这是曹芳的阴谋。

原来，曹芳对司马师的步步威逼极其愤怒，但苦于自己没有兵权，宫中便有人向他建议，把司马昭的部队征召入京，趁着前去检阅军队的时候杀掉司马昭，夺取他的军队，消灭司马师。身边的人连讨贼诏书都帮曹芳拟好了，所幸的是，曹芳在最后关头因为害怕而放弃了。

得知消息的司马师惊出一身冷汗，要是曹芳胆子大一些，他兄弟二人的性命或许就不保了。

气急败坏的司马师当即决定：废掉曹芳！

但是，废立皇帝可是大事，司马师不想在这个多事之秋给人以奸臣的口实。因此他不亲自出面，而是示意郭太后下令，声称曹芳行事荒诞，承担不起皇帝的重任。获得郭太后的诏令后，司马师立即召集群臣开会，一边假惺惺地流泪，一边询问朝臣道："皇太后的诏令就是这样，大家觉得应该怎么办好？"

群臣明白司马师的意思，纷纷表示这是如同伊尹放逐太甲、霍光废昌邑王那样安邦定国的好事，愿意听从大将军的意见。

于是，在司马师的授意下，四十六名大臣集体上书，列举了曹芳诸如贪玩废学、纵酒淫乐之类的劣迹，请求郭太后依西汉霍光故事，废黜曹芳的皇帝之位。

郭太后同意了这封奏书，派自己的叔叔收走了曹芳的御玺。曹芳被贬为齐王，赶出宫外。曹芳不得不悲愤地坐上王公规格的车驾，在士兵的押送下去往自己的封地，最终病死在那里。

在废黜曹芳一事上，郭太后算是非常配合的，但在选择继任皇帝的问题上，郭太后却与司马师产生了分歧。她坚决反对司马师提议的彭城王曹据，因为曹据是曹芳的爷爷辈，是郭太后的叔叔辈，如果曹据当了皇帝，郭太后的身份和地位就很尴尬了。司马师只好给郭太后面子，选择了曹芳的堂弟、年仅十三岁的高贵乡公曹髦。司马师则以“拥立新帝”之功拜相国、大都督，假黄钺，并获得入朝不趋、奏事不名、剑履上殿等特权。但他推辞了相国的职务。

看见曹髦在朝堂之上接受了群臣朝贺，司马师的内心终于安稳下来：有曹髦这个小皇帝在，皇宫应该在很长时间内不再制造麻烦了。

然而，司马师没有想到，真正的大麻烦才刚刚到来。

去年奉命击退诸葛恪的毌丘俭调任镇东将军，此时正统领十万大军镇守寿春。他早年曾在曹叡的东宫做事，曹叡提拔他到朝中任职，对他有知遇之恩。他还素来与夏侯玄和李丰交善。李丰东窗事发、夏侯玄惨遭灭族后，毌丘俭惶惶不可终日。他虽然不知道李丰的政变计划，但还是担心自己由于和李丰的关系，会遭到司马师“清洗”。

而毌丘俭的同僚、扬州刺史文钦，过去曾依附在曹爽门下。他虽然立过不少战功，却劣迹斑斑，贪污受贿，还虚报战功冒赏，多次遭到司马师责罚。文钦因此对司马师怀恨在心。

毌丘俭和文钦都与曹氏有旧情，并一样恐惧和记恨司马师。两人早先便勾结在一起，密谋反对司马家族，司马师废立皇帝的作为更令两人坚定了叛乱决心。毌丘俭的儿子毌丘甸还劝父亲说：“父亲大人担任国家要职，如果国家倾覆，而您却安然无恙、自守一方，是会受到天下人耻笑的。”

于是，毌丘俭和文钦集结人马，于正元二年（公元255年）正月宣布奉郭太后密旨起兵讨伐司马师，并发出檄文，号召诸镇将军一起响应。

消息传到洛阳，司马师刚做完切除眼瘤的手术，听到消息后大惊失色，导致手术的刀口裂开了。他忍着病痛，连忙召集亲信大臣们开会商讨。

司马昭的岳丈、河南尹王肃首先发言让司马师宽心，他说：“从前关羽在汉水之滨俘虏了于禁，有向北争夺天下的志向，后来孙权袭击攻取了其将士的家属，结果关羽的军队一下子就瓦解了。现在毌丘俭的淮南将士多来自内地，他们的家属都不在淮南而在内地，只要我们派兵保护他们的家属，不让毌丘俭的叛军进来，那他们必然会像关羽军那样土崩瓦解。”

司马师稍微放下了心，但王肃又建议司马师一定要亲自率兵平叛，不能交给别人来统兵。司马师感到不理解，尚书傅嘏解释道：“淮南的叛军兵力强大，毌丘俭和文钦能征善战，敢于进攻。万一领兵大将抵挡不住他们的锋芒，作战不利，那些对您心怀不满的人就会群起响应，到那时，您就失去了大势，会失败啊。”

司马师听了，心中不禁打了一个冷颤。他连忙说：“那我抱病也要出征了。”

司马师命弟弟司马昭留守洛阳，自己亲率二十万大军，分三路大举进攻毌丘俭和文钦的叛军。

此时毌丘俭和文钦已经带兵离开寿春，北渡淮河，占据了项县（今河南沈丘西南）。然而，他们的大军在这里驻守游弋，却始终没有任何一镇的将军来增援。

原来，其余方镇诸将都和司马家族有交情，而且毌丘俭和文钦人缘不佳，因此没有一镇的将军响应他们，就算有人对司马师心怀不满，也还处在观望的状态。手握重兵的镇南将军诸葛诞和兖州刺史邓艾甚至杀掉了文钦的使者，派兵抵御文钦的军队。

毌丘俭和文钦孤立无援，不敢长驱直入洛阳。他们在项县停顿的时候，司马师已经集结大军，在项县以西地带挖深沟、立高垒，构筑起了坚固的防线，并派人抢先占据了物资丰富的南顿县（今河南项城西）。毌丘俭的叛军本欲进攻南顿，却发现司马师抢先一步，只好退回项县。

孤立无援，加上西进道路被封锁，令叛军的士气跌落到了谷底。叛军军心已然出现了动摇，一些被裹挟的将士见胜算不大，担心将来被当作谋逆灭族，便暗地里向司马师投诚了。

正当司马师殚精竭虑，部署抵御毌丘俭和文钦叛军的进攻时，吴国丞相孙峻见有机可乘，派兵向防守空虚的寿春进攻。司马师连忙命令诸葛诞领兵占据寿春，抵挡吴军进攻；又命令征东将军胡遵领兵南下占据谯郡（今河南商丘北），切断毌丘俭叛军的退路。

完成了对叛军的包围，并阻断吴军的袭扰之后，许多将领建议司马师立即发起总攻，将叛军全部消灭。但司马师拒绝了，反而命令各军坚守不战，等待命令。他说："诸位只知其一，不知其二。淮南的将士们本来没有反叛之心，毌丘俭、文钦说服劝诱他们共同反叛，说是无论远近必然群起响应；而他们起事之后，不仅没有人响应，还有人向我们投降。叛军内部离心，外部背叛，他们自知必败无疑。被困的野兽想着搏斗，如果速战就更符合他们的心意，我们虽然一定能胜，但伤亡也必然惨重。现在的毌丘俭等人只能靠诳骗自己的将士来坚持下去，我们只要稍微多与他们对峙一些时日，其诈伪之情自然会显露出来，到时候叛军自然会瓦解。这是不战而胜的战术。"

向来冷静沉着的司马师已然看清了对手的一切，他像自己的父亲一样，喜欢用最小的代价获取最后的胜利。

龟缩在项县的毌丘俭，果然日子一天比一天难过，他进退两难，孤立无援，粮草也日益减少。其手下将士心系内地家人，心情沮丧又恐惧，叛逃的越来越多，一开始的十万大军锐减到不足一半，只剩下一些忠心的老兵和新招募的农民还在追随。

既然进退失据，不如作困兽之斗，文钦提议集中最后的兵力攻打兵力薄弱的乐嘉城（今河南相城）。乐嘉只有邓艾的一万兵马驻守，一旦拿下乐嘉，不仅能获得补给，还能找到道路突围。毌丘俭同意了文钦的提议，让他率领四万兵马奔袭乐嘉。

司马师此时也发现了乐嘉的防守漏洞，连忙亲自带兵火速前往乐嘉。魏军轻装急行军，比文钦的叛军早了几个时辰入城。

文钦率领叛军赶到乐嘉时已经傍晚了，他看见乐嘉城上树起了司马师的旗帜，而且兵力明显增加了许多，心中大惊，连声说：“来晚了，来晚了，司马师的大军已经入城，这下没有办法取胜了。”

就在文钦不知所措的时候，其年仅十七岁的儿子文鸯献计说：“敌人也刚到达不久，我们可以趁他们立足未稳，在今天晚上发起袭击击破他们！”

文钦听从儿子的建议，在军中挑选五千敢死之士让他率领。父子二人计划由文鸯带敢死队佯攻，等魏军大乱之时，文钦率领大军从另一个方向攻入城内。

是夜，乐嘉城内外一片安静，只有一部分值夜的兵士在城头守卫着，其他将士因为赶了一天的路，疲惫不堪，早早入睡了。司马师因为眼瘤的伤病尚未痊愈，加上长途奔波，事务操劳，也累得瘫在床上不能动弹了。至于城外的文钦叛军，司马师觉得自己亲率兵马加强了乐嘉的防守，对方那些乌合之众必定不敢来攻了。

今晚可以好好休息一下了，等待第二天叛军哗变或是投降。

不知睡了多久，司马师忽然听见外面战鼓隆隆，喊杀声四起，不一会儿，外面的兵营便人嚷马嘶，火光冲天，乱成了一片。经验老到的司马师立刻反应过来，这是叛军在袭营。他连忙命令各营不要慌乱，严守据点，抵御叛军进攻。

但是，疲惫且轻敌的魏军在之前没有做好预防敌人袭营的准备，无论将军们如何下令，士兵们仍然是手忙脚乱。而文鸯命人在多个方向敲打战鼓，又率领敢死之士在黑夜里四处冲杀，左突右攻，魏军完全摸不清敌人在哪里，也不知道敌人有多少。士兵们惊慌失措，许多人不是被叛军击杀，就是死在自己人的误杀和踩踏之下。

混乱中，文鸯带人杀到了距离司马师不远的地方，与司马师的护卫搏杀在了一起。司马师听见外面传来乒乒乓乓的兵器碰撞声，以及伤者的惨叫声，惊得直冒冷汗。周围人劝他赶紧撤离，但司马师拒绝了。他很清楚，眼下战势还没有到要撤退的地步，自己身为总将领，一旦撤离，必然造成军心动摇，乐嘉城必然不保。

司马师镇定地坐在床上，岿然不动。手下的将士们见他镇定自若，也平静下来，拼死与文鸯的叛军厮杀。

门外的喊杀声还在继续，忽然间，文鸯在几十步开外的地方发出了一声凶猛的战吼，吓得司马师一惊，他的病眼整个儿凸了出来。剧烈的疼痛令司马师浑身抽搐，几乎喘不过气来。

为了不影响身边的将士，司马师以惊人的毅力忍住剧痛，没有发出一声呻吟。为了忍痛，他把床上的棉被放在嘴巴里咬住，接连把棉被咬出了好几个口子。

文鸯和他的敢死队恶战了一个晚上，一直等待着父亲率领主力部队前来接应。然而，直到部下大部分战死，天色放亮，文鸯也没能等到父亲的援军。原来，文钦的大部队在夜间行军的时候迷了路，走错了方向，没能赶来。

天亮之后，魏军终于看清了敌人只有区区数千人，立即蜂拥上前围攻。文鸯寡不敌众，只能突围撤退，与父亲会合。

得知文鸯撤退，司马师终于放下心来。忍受了一个晚上的疼痛和惊恐，他的身体已经极其虚弱，但他仍然用微弱的声音命令全军赶紧追击。

众将不理解，司马师解释道："古语言：'一鼓作气，再而衰，三而竭。'文鸯鼓噪了一夜，却没有等到策应，他们偷袭的计划失败，士气必然大挫。这个时候是追歼他们的最好时机。"

魏军立即大军出动，对文钦父子的叛军展开了追击。叛军见魏军黑压压地冲过来，吓得魂飞魄散，许多人纷纷弃械逃散。文鸯见状，对父亲说："如果我们不挫败敌人的锐气，是逃不出的。"

说完，文鸯再次挺枪出阵，率领十几名勇士策马冲入魏军群中。奋战了一夜的文鸯依旧锐不可当，与手下的勇士一口气杀伤了数百名魏军，吓得魏军士兵四处逃散。杀退魏军后，文鸯继续掩护着父亲向东南方向逃去。

得知文鸯英勇，司马师集中了八千名骑兵担任先锋，由步兵殿后，再次对文钦父子展开追击。文鸯见魏军铁骑追来，再次领兵杀入敌阵，他单枪匹马挑翻了几十名魏军骑兵。等到魏军稍退，他又突围回去保护父亲。当魏军骑兵冲上来时，他又上前与他们厮杀。如此来来回回六七次，文鸯所向披靡，杀伤了数百名魏军骑兵。他杀得血染战袍，仍能全身而退，以至于魏军骑兵看见他都不敢近前。

魏军将领见文鸯的武功无人可敌，便改变战术，与文鸯保持距离，再以弓箭密集地射击。魏军的箭雨倾盆而下，文鸯无法冲锋，只好和父亲顶着盾牌撤退。但并不是所有的叛军都有盾牌，大部分叛军士兵被乱箭射死。文钦和文鸯的队伍几乎全军覆没，只剩下他们父子二人带领少许人马突围逃走了。

当天晚上，文钦战败的消息传到了项县，毌丘俭惊恐无比。手下的精兵几乎都派给了文钦，他已然没有战力坚守项县了。当晚，毌丘俭便抛弃了守军，带着少量随从趁夜色逃跑了。

毌丘俭往南逃了几天几夜，身边的人见他失势，纷纷弃他而去，只剩下他独自一人继续流浪，每天躲藏在河边的草丛中，靠乞讨和偷窃充饥。当他逃到安风津（今安徽霍邱北）时，被安风津都尉的部民张属认出。张属将他射杀，割下了他的头颅去报了官。毌丘俭的首级随即被送往洛阳，张属则受封为侯爵。而文钦父子逃到项县时，发现项县的守军逃散一空，他们走投无路，便往东投降了吴军。

叛乱最终平息了，但淮南一带的百姓因为战乱，以及害怕被官兵报复，大多逃入了深山。司马师便封诸葛诞为镇东大将军、扬州都督，让他镇守寿春安抚百姓。叛乱首领毌丘俭被诛灭三族，七百多名叛乱首领被捕，但司马师宽大处理，只将其中的十几人斩首，其余全部释放。

得知毌丘俭已经彻底失败，原本打算支援寿春的吴军开始撤离。诸葛诞派兵截击，斩杀了一名吴将。他因此再次收到表彰，加封为高平侯，邑三千五百户，转任征东大将军，成为淮南方镇的统帅。

处理完这一切，憔悴不堪的司马师感到自己的病情越来越严重，无法长途旅行回洛阳了，便去了邻近的许昌休养。

在许昌的司马师卧病在床，自感时日无多，但是自己没有亲生儿子，只有一个养子司马攸又年纪尚小，无法交代后事。如今司马家族仍然强敌环绕，人心不稳，天下也依旧三分，没有一统，只有弟弟司马昭能肩负起重任了。

司马师让心腹贾充暂管事务，并派人连夜去洛阳召唤弟弟司马昭，立下遗嘱让弟弟接管自己的权力。然而，司马昭没赶得及和哥哥见上一面，司马师便在许昌去世了，终年四十七岁。

4. 寿春

正元二年（公元255年）春，许昌，四十四岁的司马昭在司马师的灵前接过了哥哥的遗书。他原本在洛阳帮助哥哥镇守后方，得知哥哥病重便日夜兼程地赶来，却还是没能见上哥哥最后一面。

司马昭痛哭流涕，他哭哥哥英年早逝，也哭自己再也没了依靠，司马家族的重担完全要靠自己一个人来承担了。一直以来，司马昭有父亲和兄长的指点与保护，压力较小，养成了性情散漫、脾气温和的性格，即便自己有才干和谋略，他也懒得去发挥。这次临危受命，他又像当初高平陵之变时有些紧张和不知所措了。

然而，魏帝曹髦突然送来的一道诏书把他从迷乱中惊醒了过来。原来，暗藏心机的曹髦企图收回司马家族的兵权，下诏以局势未安定为由，让司马昭留守许昌，军队则由尚书傅嘏带回洛阳。

司马昭洞悉了曹髦的企图，连忙与哥哥留下的心腹贾充和钟会商议。贾充，曹魏前任豫州刺史贾逵的幼子，承袭父亲的爵位，官至中郎将。他早已看出司马家族前途无量，便一直追随司马师兄弟，为二人出谋划策，处理各种事务，因而成了司马家族最信任的心腹。钟会，曹魏前任太傅钟繇幼子，担任中书侍郎。他才智超群，却也野心勃勃，投靠司马家族只是为了获取更高的权势。

钟会立即给司马昭想到了办法，他建议司马昭立即暗中调动军队前往洛阳南郊驻扎，让傅嘏留在许昌频繁上书请示，以拖延时间，转移曹髦的注意力。等到司马昭带兵到达洛阳，曹髦就只好接受事实了。

司马昭听从建议，与钟会立刻带兵赶往洛阳，让傅嘏留在许昌帮他做掩护。傅嘏一直以来也是司马家族的亲信，他将司马昭交代的任务完成得天衣无缝，在给曹髦的奏疏中长篇大论，解释自己在许昌遇到的种种难处，希望曹髦能多给予时间和指点。等到曹髦把批复送出去，司马昭的大军已经赶到洛阳郊外了。曹髦无奈，只好拜司马昭为大将军、侍中、都督中外诸军事、录尚书事，以之为辅政大臣，承认了司马昭对司马师权力的继承。

然而，登上权力顶峰的司马昭丝毫没有感到轻松和愉悦——虽然李丰和毌丘俭等人已死，但还有更多的“李丰”和“毌丘俭”躲在暗处；而在南方，蜀国和吴国仍然在边境和魏军冲突，军事压力巨大。

而魏国经历了东兴和合肥之役，以及毌丘俭之乱，战争消耗大，人民疲敝，难以支撑司马昭采取下一步的行动。

于是，司马昭学习父亲司马懿，决定暂时忍耐。他平日里深居简出，对周围人友善以待，对曹髦也恭敬有加。在政务方面，他萧规曹随，遵循哥哥司马师的政策，并且减少劳役和兵役，与民休养生息。

司马昭这一沉寂，便是两年的光阴。这两年的时间里，除了魏蜀边境时而有姜维率兵来骚扰外，魏国保持了难得的和平与稳定。

但在和平的态势下，司马昭也加快了篡位步伐。甘露元年（公元256年）正月，司马昭加大都督职衔，可“奏事不名”。六月，晋封为高都公，封地七百里，加九锡，假斧钺，晋号为大都督，带剑穿履上殿。虽然司马昭辞让不受，但只不过是虚应故事，因为这些都是皇位禅让的前奏，他明显已经有了改朝换代的打算。

既然要篡位，就不得不试探一下各方镇将领的态度。司马昭听从贾充的建议，以劳军为由派遣使臣前往各方镇，观察诸将的志向和兴趣，试探他们对司马家族的态度。其他方镇的将领基本上没表示反对，唯独征东大将军诸葛诞是个例外。

慰劳诸葛诞的是贾充本人。他来到寿春，在与诸葛诞闲谈时故意试探说：“洛阳的诸位贤达之人都希望实行禅让之事，不知你意下如何？”

诸葛诞听了，大怒道：“你还是贾逵的儿子吗？你们家世代受朝廷恩惠，你怎么可以想把国家转送他人！如果洛阳发生危难，我愿为国家而死！”

贾充沉默不语，装出被诸葛诞说服的样子。回到洛阳后，贾充立刻把所见所闻报告给了司马昭。司马昭心里咯噔了一下，他早觉得诸葛诞这人有问题，现在确定了他真的和自己不同心。

诸葛诞，字公休，和诸葛瑾、诸葛亮同属于琅邪诸葛氏。当时有一句话，称“蜀得其龙，吴得其虎，魏得其狗”，意为来自诸葛家族的三位名人分别为魏蜀吴三国效命，蜀国得到了诸葛亮（龙），吴国得到了诸葛靖（虎），魏国得到了诸葛诞（狗）。诸葛诞是诸葛亮的族弟，虽然能力一般，但是为人勤恳忠心，如同家犬一般，所以有了“狗”的调侃。诸葛诞效力魏国以来一直勤勉忠厚，在各种党争中置身事外，在外人看来绝不像是一个会制造麻烦的人。

东兴之战前夕，诸葛诞积极地为司马师出谋划策，主张兵分三路出击吴国，阻击吴军从长江中游地区派遣援军。司马师听从了他的作战方略，战败之后也没有责罚他，而是归罪于自己和司马昭。在毌丘俭叛乱中，诸葛诞斩杀了毌丘俭的来使，拒绝随之叛乱，并且在镇压叛乱时不遗余力，率兵夺取寿春，切断了叛军退路，还阻挡了吴军的进攻。叛乱之后，他又担负起安抚寿春百姓的任务，很快就使当地恢复了秩序。

诸葛诞是一位踏实做事的人，因为资历深厚，他的职务里特意加了一个“大”字，称作“征东大将军”，其前任胡遵则只称作“征东将军”。

然而，诸葛诞和司马家族并无渊源，他起家是依靠夏侯玄与曹爽的关照，而他的族兄诸葛亮长期与司马懿为敌，也让司马家族对他另眼相看。虽然司马师在世时有意拉拢他，但诸葛诞对司马家族一直心存隔阂。这几年来，他曾经的同僚王凌、毌丘俭、文钦、胡遵等人死的死，逃的逃，病的病，让他不免心生兔死狐悲的凄凉，生怕自己早晚步其后尘。

为了自保，诸葛诞在镇守寿春的两年间广收人心，他拿出官府的财物施舍百姓，赦免有罪之人博取声望，并在暗中收买了数千名豪杰充当自己的护卫。甘露元年（公元256年），诸葛诞以吴国将要进犯淮南为由，请求朝廷增兵十万，并允许他在寿春附近的淮河岸边修建城堡。

诸葛诞的这些举动都被司马昭看在眼里，他明显感觉到了诸葛诞对自己的戒备，心想要是自己再往上走一步，诸葛诞必定会造反。贾充这次从寿春带回来的报告印证了他心里的判断。

贾充建议说："诸葛诞在淮南很得民心，将来他一定会领兵反抗，不如趁他还没有充分准备的时候逼他起兵。可以征召他入朝为官，他一定不会应命并反叛。我们再集结大军围剿，他对我们的危害就会降到最低了。"

司马昭听从建议，封诸葛诞为司空，命他入京任职。

诏令传到寿春，诸葛诞大惊，料定自己的叛乱计划已经泄露，司马昭这是要把他骗进洛阳除掉。

惊恐之余，诸葛诞忽然想起，自己的叛乱计划天衣无缝，到底是谁把自己出卖了？

他猜测，一定是自己的同僚——一起在寿春工作的扬州刺史乐綝（音chēn）告的密。于是，诸葛诞将乐綝抓来斩杀祭旗，然后聚集了自己麾下的十五万大军，宣布起义讨伐司马昭。与此同时，诸葛诞派自己的儿子和几名部将的儿子前往吴国做人质，向吴帝称臣，请求吴国尽快发兵支援。

寿春，在短短的七年时间里，第三次成了叛乱的策源地。史书上将之前的王凌之乱、毌丘俭之乱与这次诸葛诞之乱并称为“寿春三叛”。

诸葛诞的人质送到吴国，吴人大喜。此时掌权吴国的是孙峻的堂弟孙綝（音chēn），他当即接受了诸葛诞的请求，封诸葛诞为寿春侯和大司徒，派将军全怿（音yì）和魏国叛将文钦父子率兵三万增援寿春。寿春一带的叛军一下子增加到将近二十万人。

然而，拥有了庞大的兵力，诸葛诞却并没有立刻出击向洛阳进攻，他反而紧守寿春城与周边地区，拒绝出战。这让许多叛军将领尤其是文钦大为不解，他们纷纷表示反对。但诸葛诞觉得自己的备战并不充分，司马昭一方也肯定对他早有防备，主动出击就会像上次毌丘俭叛乱那样后路被抄，军心动摇。所以，他要以逸待劳，让魏军来攻，等到魏军疲惫之时，他再与吴军里应外合，或许还可以击败司马昭。

不管其他人怎么反对，诸葛诞始终相信自己的保守战法。

得知诸葛诞叛乱，司马昭行动得十分迅速。他决定像哥哥一样亲征诸葛诞，只要把寿春团团包围，并击退外围的吴军，就能困死叛军了，这场战争的胜负司马昭一开始就知晓了。

但司马昭担心自己走了，洛阳没有人镇守，曹髦和郭太后很容易勾结反对者制造麻烦。于是，司马昭上书要求曹髦和太后随同自己亲征，然后亲率二十六万大军兵发寿春，抢占附近的战略要地，构建包围圈。

文钦得知情况，立刻带兵出动攻打魏军，并且和包围圈外的吴军将领朱异约定里外夹击。正处在夹击点的魏军将领王基临危不乱，命令部下说：“与敌人对峙，要像山一样岿然不动！”

王基指挥手下魏军坚守营垒，加固防线，文钦反复进攻都没能突破。司马昭乘机命令兖州刺史州泰率兵支援王基，击败吴将朱异。文钦见状，不得不退回寿春。

得知朱异没能完成给诸葛诞解围的任务，吴国大将军孙綝大怒，他亲自领兵跨过长江，让朱异担任先锋，命他必须想办法打破魏军的包围圈。朱异无奈，只好继续率兵向魏军进攻，结果再次被州泰击败，自己的粮草辎重还被魏军的骑兵偷袭烧毁了。

灰头土脸的朱异回去向孙綝复命，孙綝命令他再次出战，打不赢就提头来见。朱异表示自己不能再战了，部下死伤众多，士气低落，粮草缺乏，出战必败。孙綝勃然大怒，以违抗军令为由将朱异斩首示众。

但是，处死了朱异之后，孙綝自己却拿不出办法解寿春之围。他本来就不懂军事，对打败司马昭的大军没有信心。一番思索后，孙綝给弟弟孙恩留下部分人马，让他在江北虚张声势救援寿春，自己则率领大军返回了建业，把留在寿春的三万吴军抛弃了。

司马昭得知孙綝把朱异斩首并且撤兵，笑着说："朱异战败本没有大的过错，孙綝却把他斩首，为的是坚定诸葛诞守城的意志，让他们继续期盼有救兵。我们这个时候应该加强守备，防止他们突围，同时散布假消息，让诸葛诞他们放松警惕。"

司马昭让人去散布消息，说吴国的援军马上就要到了，魏军缺少粮食，准备分散兵力去觅食，看形势是不会围攻太久了。听到传闻的诸葛诞大喜，便没有节约储备的粮食，结果两个月过去，吴国的救兵没有看到，城中的粮食供应反而紧张了。

诸葛诞的两名部将蒋班和焦彝见城中缺粮，便劝诸葛诞不要再指望吴国的援兵，应该倾全力拼死突围，即使不能全胜，也能保存一部分实力。诸葛诞和文钦却不以为然，认为魏军疲惫，坚持不了多久了，而且吴国人也不会见死不救，自己何必冒险突围？但蒋班和焦彝坚持自己的观点，双方发生了争执。诸葛诞大怒，意图杀掉二人，蒋班和焦彝没有办法，只好率部投降了司马昭。

见蒋班和焦彝来降，司马昭知道计谋已经奏效，再想办法诱降几个将领，叛军必然震恐，军心大乱。

已经担任黄门侍郎的钟会替司马昭想了一计，他得知吴将全怿的两个侄子正好在这个时候因为私事叛逃到魏国，便以全怿侄子的名义写信给全怿说：“吴国朝廷恼怒于全怿等人不能击败包围寿春的敌兵，正准备诛杀全氏宗族，所以我们逃到魏国来了。”

收到信的全怿信以为真，便带领寿春吴军中所有的全氏将领与数千名亲兵投降了魏军，寿春城中的吴军人心惶惶，士气一落千丈。

转眼到了第二年正月，寿春城中的粮食即将耗尽，诸葛诞望眼欲穿的吴国救兵却仍然没有踪影。文钦便劝心凉的诸葛诞，守已经守不了了，干脆突围吧。

诸葛诞同意了，下令修建进攻器具，全力从城南突围。无数饥饿难耐的叛军士兵发疯一般往魏军阵地猛攻，但魏军的包围圈极其严密，无情的火箭、投枪、飞石和滚木如雨点般从高处倾泻而下，叛军的进攻器具一个接一个烧毁，士兵一片又一片倒下，尸体铺满了城南土地，鲜血流满了沟壑。

诸葛诞和文钦恶战了五个昼夜，始终无法突破包围圈，只好率兵重新回到城内。许多将士见大势已去，城中又没有粮食，便纷纷出城投降。城中守军只剩下了几万人。

败局已定，但诸葛诞和文钦仍然不愿意投降。诸葛诞自恃寿春城防坚固，尚能坚守，文钦则是因为自知二次反叛，司马昭绝不会饶过自己。但城中没有了粮草，总要想办法维持下去，文钦便向诸葛诞建议让军中来自淮北的士兵出城投降，留下淮南本地的士兵与吴军坚守，节约粮食。

没想到，这个建议遭到了诸葛诞断然拒绝。诸葛诞认为，自己的部下大多来自淮北，要是放走他们，自己岂不成了光杆司令？而文钦此人过去劣迹斑斑，诸葛诞素来不喜欢他，这个提议更加重了诸葛诞对文钦的怀疑，担心他意图夺走自己的兵权。

诸葛诞如此想法，便对文钦的劝告置之不理。文钦大怒，连同以前对诸葛诞指挥的不满，一同化作恶语骂给了诸葛诞。诸葛诞也不甘示弱，两人争执不休，大打出手。诸葛诞冲动之下，命手下把文钦乱刀砍死了。

尚在城墙上坚守的文钦之子文鸯和文虎两兄弟得知父亲的死讯，悲愤不已，打算纠集部下攻杀诸葛诞为父报仇。但两人的部下大多是诸葛诞的人马，不肯为他们效命，文鸯和文虎自知没有胜算，只好在当天夜里投降了城外的魏军。

文鸯，这个把自己的兄长司马师惊吓致死的仇人，如今却跪在自己的面前请降，司马昭很想狠狠地拒绝，并下令把文鸯兄弟拖出去斩首。但父亲和兄长过去教导给他遇事要理智和冷静，不能被感情左右了判断。司马昭明白，文鸯兄弟现在不能杀，要是处死他们，会坚定城中叛军顽抗的决心；正确的做法是善待他们，向叛军显示自己连仇人都能赦免，那么寿春城的叛军就更乐意投降了。

于是，司马昭接纳了文鸯兄弟，封他们为将军，还赐爵关内侯。他让文鸯兄弟每天在城外向叛军喊话，劝降城中守军。见文鸯兄弟都得到了优待，叛军投降的络绎不绝，没有投降的，也大多失去了抵抗的意志。

几天后，司马昭见城墙上的弓箭手看见魏军都不愿意放箭了，认为时机成熟，便下令发起最后的总攻。魏军全线出击，从四面八方擂鼓攻城，当天便攻破了寿春城。

虽然城池陷落，大部队溃散，但诸葛诞仍拼死抵抗。他骑马挺枪，率领数百名亲兵与魏军血战，最终被魏军司马胡奋手下的士兵所杀，他在城中的家眷也被全数杀死。而吴军将领于诠也坚持到了最后，他单枪匹马冲入敌阵奋战至死。剩余的一万多名吴军弃械投降。

诸葛诞身边有几百名亲兵被魏军俘虏，但是他们拒绝投降，并说：“为了诸葛公而死，没有遗憾！”

得知死去的诸葛诞还如此得人心，司马昭极为不高兴，让军士把这几百人推出城外挨个斩首，每杀死一人，便让人问其余的人降不降。结果，这几百人全数被杀，也没有一人投降。

对于投降的一万多名吴军将士，有人向司马昭建议说，这些吴人家乡远在江南，必然不肯归附，放走他们又便宜了吴国，不如全部活埋。但司马昭拒绝了，他说："古人用兵，以保全对方的国家为上策，只除首恶，不追究胁从。把这些吴兵放回去，反而能够体现我们魏国的大度和仁慈，让吴人以后乐意归附我们。"

司马昭下令，吴国俘虏自行决定去留，愿意回国的赐给路费，愿意留在魏国的，将军全部封官，士兵安置在北方务农。收到命令，吴国俘虏们全部欢呼雀跃，对司马昭感恩戴德，其中的许多人都选择了留在魏国。

对于跟随诸葛诞叛乱的淮南将士和百姓，司马昭也学习哥哥的做法，将首要人物斩首，其余人全部赦免，不予追究。司马昭还对之前投降的叛军将领一律封赏，并且特准文鸯和文虎兄弟收敛父亲文钦的尸首归葬家乡。

司马昭的处置都恰到好处，所有人都对他心悦诚服，整个天下的人心更加往司马家族这里倾斜。反观吴蜀两国，蜀国在姜维的带领下连年北伐，劳民伤财，许多蜀人都厌恶战争；而吴国则始终处在争权夺利的宫廷内乱中，人人自危，没有一位强有力的领袖维持稳定，凝聚人心。掌权仅仅两年的孙綝，在诸葛诞之乱一年后，便被吴帝孙休设计处死。

司马昭开始构思一个宏大的计划。

5. 玉碎

司马昭一直有一个比父亲和兄长所构想更宏伟的理想，就是统一三国。吴军在诸葛诞之乱中的糟糕表现，让司马昭看出了吴国内部的不和以及军队战斗力的虚弱。他料想，如果魏军乘胜进攻，说不定就能灭亡吴国。而依靠灭吴的功绩和声望，他就能顺利夺取皇位了。

但他的想法遭到了王基的反对。王基说："以前诸葛恪乘着东关[①]获胜之机，调动江左（即长江下游以南）的兵力包围新城。城没有攻下来，兵士却死伤过半。姜维借洮西（今甘肃洮河以西）胜利之势轻兵深入，军粮供应不上，结果大军在上邽（今甘肃天水）覆没。每当取胜之后，官兵上下便容易轻敌，轻敌则对困难考虑得不深入。如今敌人在外部刚刚失败，内部忧患又没有弭合，这正是他们加紧防备的时候。而且我们的将士外出已经一年多了，人人都有归家之心，如今我们歼灭敌兵十万，擒获罪人，自历代征伐以来，还没有像这次这样盛大的胜利。武皇帝（指曹操）在官渡大败袁绍，自认为已经获得大胜，就不再追杀，唯恐遭遇挫败。"

司马昭觉得王基的观点也对，为了镇压诸葛诞，魏国大军征战了将

① 东兴的一处地名，吴军在此处击破魏军，取得了东兴之战的胜利。

近一年，将士疲惫，百姓辛劳，这个时候攻打吴国胜算不大，还是以后再说吧。

回到洛阳的司马昭继续推行休养生息政策，使魏国保持了两年安宁。但这短暂的宁静却在甘露五年（公元260年）初夏被魏帝曹髦打破了。

曹髦，十三岁登基，如今也不过十九岁的年纪。十九岁，正是一位少年皇帝最为年轻气盛的时候，更何况曹髦本就是一个精通文艺的感性之人。

曹髦擅长诗书绘画，每日必然抽出时间与大臣研习经书，他本人最为推崇光复夏朝的少康，常常以少康自比，把司马昭比作寒浞，希望自己能像少康一样光复曹魏。这个理想一直在他的心中萌芽生长，最终付诸实践。

按照以往的惯例，改朝换代的前提是将要篡夺的人位极人臣。具体说来，即给予大臣可能的最高官职（丞相）、最高爵位（王公）、最高礼遇（九锡）。司马昭在平定诸葛诞之后认为国内再无反对他的军方人士，便加快了升官加爵的步伐。

从甘露三年（公元258年）到甘露五年（公元260年），曹髦迫于压力，两次下诏加封司马昭为晋公，加九锡。司马昭虽然推辞不受，却增加了自己的封地，还让儿子们都封为列侯。曹髦强烈地感觉到司马昭代魏自立已是箭在弦上，自己很有可能亲手把祖宗江山拱手让人，成为曹魏的末代皇帝，他决心不再坐以待毙。

五月初六，曹髦召来平日里常与自己谈经颂诗的三位大臣——王沈、王业和王经，对他们说："司马昭之心，路人皆知！我不能等着被他废黜，今天要和你们一同前去讨伐他！"（"司马昭之心，路人所知也。吾不能坐受废辱，今日当与卿自出讨之。"）

二位王姓大臣大吃一惊，自己并非实权人物，手中并无兵马，而曹髦也不过是傀儡，无法调动一兵一卒，他们四个平日只会谈论诗书绘画的柔弱书生，怎能撼动大权在握的司马昭？

王经劝曹髦要冷静，说：“古时鲁昭公不能忍受季氏专权，讨伐三桓失败而流亡，丢掉了国家，为天下人耻笑，陛下难道忘记了吗？如今权柄落入司马昭的手中已经很久了，朝廷之内和四方的大臣都只为他效命，这不是一两天的事了。而陛下您在宫中缺少护卫，力量极其弱小，您一旦去讨伐司马昭，恐怕祸福难以预料啊！”

曹髦早已腻烦了让他忍耐的劝告，他宁愿做一位为理想和正义而死的勇士，也不愿做一位苟且偷生的懦夫，至于是否需要计谋，则完全不在他的考虑范围之内。

他从袖子中拿出早已拟好的黄绢诏书，扔在地上，说道：“朕心意已决！即使是死了又如何？何况还不一定会死！”（“行之决矣！正使死何惧，况不必死邪！”）

说完，曹髦便转身去后宫禀报郭太后，并召集宫中的太监、奴仆和部分侍卫，准备出发攻打司马昭的府邸。

王沈与王业见曹髦不听劝告，担心日后追究起来自己难逃干系，便打算去向司马昭自首。临走之时，二人劝王经也一起前往，但王经拒绝道：“主忧臣辱，主辱臣死，敢怀二心乎？”

王沈和王业只好自己跑去向司马昭告发，但两人还没有见到司马昭，曹髦便已经坐着马车，带着一百多人的队伍，呐喊着冲出宫门，奔向司马昭的府邸。此时，司马昭弟弟司马伷（音zhòu）正领着一众兵士在洛阳街市上巡逻，见曹髦领着一群人冲杀，立即带兵将他们拦下。

曹髦见状，抽出佩剑喝道：“朕乃当今天子，率兵诛贼，谁敢阻拦！”

司马伷的兵士见是天子，都不敢上前阻拦，曹髦得以冲到了司马昭府邸不远处。

贾充听闻宫中生变，来不及向司马昭报告，便亲自提兵前来阻挡。曹髦见贾充的兵士蜂拥而来，再次拔出佩剑朝他们劈砍，并大声斥责。那些兵士见是皇帝，都纷纷退让。在贾充队伍中的太子舍人成济不知如何是好，便问贾充："天子亲自用剑拼杀，将士们都不敢接战，该怎么办？"

贾充大骂道："司马公养你们这些人，就是为了今天，还用问什么！"

成济自以为领悟了贾充的意思，便驾马冲上前去，用手中的长戈刺穿了曹髦的胸膛。曹髦惨叫一声，摔下马车而死，他的仆从见了，纷纷弃械投降。

当司马昭赶到现场，曹髦已经死在了车下，跟随他的仆从也被贾充逮捕了。眼前的景象并不是司马昭想要的——曹髦毕竟是皇帝，无论如何，司马昭把他废黜已经是最严重的惩罚了，此时将他杀死，就是弑君，是最难堪、最失礼的局面，司马家族好不容易构建起来的良好形象很有可能在这场风波中毁于一旦。

一时间，司马昭的脑子一片空白，瘫坐在了地上。司马昭的叔叔、太傅司马孚则是伤心欲绝，抱着曹髦的头嚎啕大哭。

现在怎么后悔都没用了，司马昭知道必须想办法善后，于是，他召集了一帮亲信大臣商议。尚书左仆射陈泰建议说："只有杀掉贾充，才能谢罪于天下！"

司马昭舍不下贾充这个得力心腹，便说："你再想想别的办法。"

陈泰回答："我觉得只能这样，没有别的办法了。"

司马昭沉默了，他陷入了沉思，讨论没能拿出一个最终结果。

这个时候，郭太后忽然下旨，说曹髦本就是个"情性暴戾"的人，不服管教，还曾拿弓箭射击太后的宫殿。曹髦被杀，是因为她想让大将军（即司马昭）废黜他，曹髦毒杀太后不成，就要出兵入西宫谋杀太后，还要去杀大将军，幸亏大将军及时知道而设兵防备，而曹髦自己混杂在士兵之中，被大将军的将士杀死。这曹髦"悖逆不道，而又自陷大祸"，当"以罪废为庶人"，"亦宜以民礼葬之"。

曹髦就这样被郭太后的一道旨意废为了庶人，与他一同受牵连的还有知情不报的王经，他和父母妻儿都被斩首，而告发事变的王沈和王业则升官封侯。

没人知道郭太后下这道旨意是出于她本人的意愿，还是得到了司马昭的暗中授意。但这个处理结果对司马昭相当有利，这样他就不必惩罚亲信贾充了，死人曹髦承担了错误，一了百了。

但他还是低估了这场舆论风暴的强度。

王经被捕后，向母亲谢罪。王经母亲脸色不变，笑着回答说："人谁能不死，只恐怕死而不得其所。为此事大家同死，还有什么遗恨！"他们一家在刑场被处决时，围观的百姓们都为他的忠心感动落泪，他的老部下们也为他失声痛哭。几天下来，越来越多的洛阳百姓开始同情曹髦和王经，他们纷纷指责司马昭的不公和傲慢，认为司马家的人应该为这场事变承担责任。

许多朝廷大臣也不赞同以百姓之礼安葬曹髦，就连司马昭的叔叔司马孚也上书进言，希望以藩王礼节下葬曹髦。司马昭表示附议，郭太后批准同意了。

二十多天后，不堪舆论压力的司马昭又下令说："成济兄弟大逆不道，要灭其三族。"

成济正是杀害曹髦的凶手，但是论真正的元凶，贾充推卸不了责任。不过贾充对司马昭的作用太大，司马昭坚决不愿意拿贾充当替罪羊，于是，他只能把成济和其哥哥——担任骑督、负有直接领导责任的成倅作为元凶处理。

得知自己要被作为弑君凶手灭族，成倅和成济两兄弟不服，居然挣脱开前来拘捕的官兵，赤膊跑上屋顶大骂司马昭，最终被乱箭射死。

虽然诛杀成倅和成济兄弟显得不太厚道，但对于当时的司马昭来说，这已经是最好的解决办法了。成济是在众目睽睽之下杀死曹髦的，即便是受到了贾充的教唆，他也不是无辜的，理应受罚。而贾充则完全可以推脱责任，因为他并没有明确指示成济杀死曹髦，司马昭可以以此为理由饶贾充一命。

洛阳的百姓们则只看见成济杀人，并不知道贾充到底说了什么，因此，处死成倅成济兄弟后，舆论渐渐平静了下来，司马昭靠丢车保帅平息了这场可能倾覆司马家族的风波。

曹髦死后，魏国需要一位新皇帝。司马昭觉得人选问题再也不能听从郭太后的意见，因为曹髦当初正是由于郭太后的执意要求才被拥立的。他选中了曹髦的堂叔、常道乡公曹璜，命人把他从邺城接来。这样郭太后就可以以曹璜兄嫂的身份留任太后。

曹璜这一年也才十四岁，来到洛阳登极之前，他被郭太后下诏改名为曹奂。相比较曹髦，他显得老实愚笨，不爱诗书礼乐，也不关心政治，由他担任傀儡，司马昭放心许多。郭太后和曹奂在这一年两度敕封司马昭九锡，但司马昭自觉因曹髦被弑而声望受损、威望不足，全都拒绝了，就连其他加爵的赏赐他也没有接受。

司马昭拥立了曹奂，民间的议论逐渐平息，但是在士族之中，对于他的非议却始终没有停息。正如曹髦说的那样，司马昭代魏自立的野心已经路人皆知，改朝换代不过是个时间问题。但人们畏惧于司马家族的权势，不敢在嘴上直白地发表意见。

在这种压抑的政治氛围下，许多人便放浪形骸，寄情于山水和艺术，以不出仕和不合作的态度示人。在这些人之中，最著名的便是“竹林七贤”。他们是当时最负盛名、最有才华的士人，他们清静无为，不拘礼法，喜欢在竹林里喝酒、吟诗和作画，对政事不闻不问，也不发表意见，世人称他们为贤人。这七人分别是嵇（音jī）康、阮籍、阮咸、向秀、刘伶、山涛和王戎。

嵇康，字叔夜，是曹操的曾孙女婿。他文采斐然，精通老庄之道，年少时便聪慧不凡，在没有老师教导的情况下，自学各类史书、经书和乐器，最终成才，为世人赞叹。

嵇康外表清秀，才华出众，却不修边幅，也不讲究礼仪，喜欢自由自在的生活。年轻时曾出任中散大夫，司马家擅权后便辞官隐居，在山中打铁采药。但他名声在外，许多士人和官员仍然以结交嵇康为荣，并且传抄嵇康所作的文章和曲子。许多人劝说他出仕为司马家效力，但嵇康全部拒绝。

阮籍，字嗣宗，父亲阮瑀是曹操的文吏。但阮籍三岁时父亲就去世了，从此家境贫寒，他同样依靠自学成才。年少时的阮籍有辅佐曹魏天子、建功立业的志向，在司马家夺权之后，阮籍自觉理想破灭，便终日饮酒写诗，癫狂放纵。

他时常独自一人驾车出游，不管方向随便行驶，当无路可走之时就大哭一场才折返。母亲去世时，阮籍公然不顾孝道，饮酒吃肉，弹琴放歌，但内心却无比悲痛，母亲下葬时吐血数升。街市上有位卖酒的老板娘长得漂亮，阮籍便经常去那里喝酒，喝醉了就睡在老板娘身边。邻家有美丽的少女未出嫁便去世了，阮籍不认识对方的父兄，却也跑去哭丧。阮籍对待漂亮的女性虽不避嫌，但始终把握分寸，不做轻薄下流之事。

阮咸，字仲容，是阮籍的侄子。受到叔叔阮籍影响，阮咸也酷爱音乐，并且行事狂放不羁。他与自己姑母的鲜卑婢女私通，姑母搬家，要把这个婢女带走，他就借朋友的驴，骑着把婢女追了回来，两人还同骑着驴招摇过市。即使周围的人因此耻笑他，他也不以为意。阮咸与友人喝酒从来不用酒杯，直接把酒缸放在中央，用盆子舀来喝。有一群猪闻着酒香过来，阮咸就邀请它们一起饮酒。

向秀，字子期，是嵇康好友。向秀喜欢研究老庄之学，他注释了《庄子》，并撰写了许多讲解道家玄理和养生之道的文章，被当时的人们争相传颂。向秀十分欣赏嵇康的品行，与他一起隐居不出仕。嵇康打铁时，他帮助鼓风生火。

刘伶，字伯伦，身长六尺（换算成现代的身高不足一米五），相貌丑陋，终日嗜酒如命。刘伶喜欢写诗与钻研道家学说，为人同样狂放不羁，不拘礼法，时常在家中赤身裸体。有一位客人来访，看见刘伶裸体，便责备他失礼。刘伶却说："我以天地为宅舍，以屋室为衣裤，你们为何入我裤中？"

山涛，字巨源，是司马懿妻子张春华的远亲。年轻时，山涛家中贫困，他苦心求学终成大器，不仅通晓儒家经典，而且精通老庄之道。他为人低调谨慎，不轻易显露自己的才学，平日里隐居乡下，与嵇康友善。

王戎，字濬冲，出身于名门望族琅邪（今山东临沂）王氏。王戎勤奋好学，天资聪明，擅长清谈和辩论，对道家学说了然于胸。许多名士，包括嵇康和阮籍，都欣赏王戎的口才和聪慧，乐于和他交往。

这七人自魏明帝曹叡以来便名噪一时，到了司马昭掌权时，他们的名声更是大到无以复加，许多士人纷纷效仿七人的做法，甚至将他们的作品和理论奉为经典。在"竹林七贤"的影响下，清谈和玄学愈来愈成为社会之潮流。

所谓"清谈"，指的是三国以来在士人中流行的一种辩论。他们将民生、政治视为俗事，不屑谈论，而是探讨老庄之道、哲学佛理和养生之道等。对《周易》《老子》和《庄子》的研究和解说，便称为"玄学"。"竹林七贤"平日里所为及他们发表的著作，基本上都与清谈和玄学有关，因此，清谈和玄学成为一时之风气，后来更成为名士身份的象征，许多士人为之废寝忘食。

司马懿、司马师和司马昭父子三人对"竹林七贤"的态度就不那么宽容了。因为嵇康、阮籍等人活跃在魏明帝曹叡时期，与曹氏家族成员有亲属或朋友的关系。而且七贤在士人间名声太大，如果他们不在政治斗争中站在司马家这一边，必然会流失一部分士人对司马家族的支持。所以，司马三父子一直对"竹林七贤"威逼利诱，进行"招安"，企图以高官厚禄将他们收入麾下，即便不能让他们对司马家族心悦诚服，也要利用他们的名人效应招揽天下士人。

面对司马父子的“招募”，这七人开始显露出不同的本质。山涛和王戎内心向往仕途，两人面对司马昭开出的优厚条件很快便投靠过去，担任了重要官职。山涛从郡主簿一路升官，到司马昭时已经担任大将军从事中郎。而王戎比较年轻，司马昭在任时还只是吏部黄门郎，但他凭借家族名望和才智过人，后来的仕途十分优秀。

阮籍同样接受了司马家的征召，担任官职，司马昭时任从事中郎。但是阮籍的心中从来没有认可过司马昭，他出仕只是迫于司马家的威权。他在岗位上吊儿郎当，终日饮酒发狂。他听说步兵营的厨师很会酿酒，贮藏了三百斛酒，就要求去当步兵校尉。司马昭觉得阮籍虽然疯癫，但并无出格之事，而步兵校尉是个小官，不会影响政局，便听之任之。

而刘伶，除了饮酒作文之外，并没有政治能力。司马昭曾派人考察刘伶，刘伶却主张道家的无为而治，这让司马昭感觉此人迂腐愚昧，只是一个酒鬼，便没有征用他。

至于阮咸，由于史料缺乏，只知道他出仕担任过散骑侍郎，但被司马昭之子司马炎认为“耽酒浮虚”而仕途不顺，他后来被贬为了始平太守，直到去世。

七人之中，只有嵇康坚决拒绝为官。他最为刚正不阿和坚持本我，不被司马家族的威逼利诱所影响，把主要精力都放在了艺术和玄学上，堪称一代大家。而向秀作为嵇康的好友，那段时间也隐居不仕，一直追随在他的身边。

司马昭当时开出大将军幕僚的优厚待遇征辟嵇康，但嵇康不为所动。为了不被骚扰，嵇康逃到了河东郡的山野里躲了起来。但司马昭还是发现了他的行踪，让钟会带人以盛大的排场来邀请嵇康。面对钟会的盛情邀请，嵇康却表现得极为冷漠，视钟会一行人为无物，自顾自地打铁，不和他们说一句话。这让自视甚高的钟会极为生气。

好友山涛知道嵇康三番两次拒绝司马昭，并且得罪了钟会，便推荐嵇康代替自己为吏部郎，写信劝说嵇康。但嵇康回了他一封《与山巨源绝交书》，说自己资质愚笨、性格慵懒，而且不懂人情世故，不适合当官，同时表示和山涛道不同不相为谋，要与他绝交。

嵇康的许多作品在民间流行，他在一些文章中批判了商汤和周武王，这让有改朝换代之心的司马昭觉得嵇康在借古讽今，批评自己。加上嵇康曹家女婿的身份，司马昭越来越相信嵇康坚决不合作是为了反抗自己，向曹家效忠。

司马昭表面上没有对嵇康表现出气愤，但内心已然把他归为危险的反叛分子。

因为嵇康冷遇而耿耿于怀的钟会察觉到了司马昭对嵇康不满，便在司马昭身边不断进谗言，劝说司马昭找借口处死嵇康。恰好，嵇康的好友吕安被兄长吕巽诬陷下狱，嵇康出面为吕安作证伸冤。钟会便趁机向司马昭进言以陷害嵇康。司马昭把嵇康也关押了起来。

这一年是景元四年，公元263年[①]。

嵇康被捕震动了整个洛阳，众多士人和百姓聚居在宫门前和司马昭府前要求与嵇康一起下狱，以示对司马昭的抗议。示威人群堵塞了交通，司马昭不得不派官员和士兵劝离驱散。这边的抗议刚结束，那边又有三千多名太学生集体上书请愿，请求司马昭释放嵇康，并让他到太学任教，但司马昭没有答复他们。

在狱中，嵇康自觉悲愤，写下了著名的《幽愤诗》：

① 一说在景元三年（公元262年）。

嗟余薄祜，少遭不造。哀茕靡识，越在襁褓。母兄鞠育，有慈无威。恃爱肆姐，不训不师。

爰及冠带，冯宠自放。抗心希古，任其所尚。托好老庄，贱物贵身。志在守朴，养素全真。

曰余不敏，好善闇人。子玉之败，屡增惟尘。大人含弘，藏垢怀耻。民之多僻，政不由己。

惟此褊心，显明臧否。感悟思愆，怛若创痏。欲寡其过，谤议沸腾。性不伤物，频致怨憎。

昔惭柳惠，今愧孙登。内负宿心，外恧良朋。仰慕严郑，乐道闲居。与世无营，神气晏如。

咨余不淑，婴累多虞。匪降自天，实由顽疏。理弊患结，卒致囹圄。对答鄙讯，絷此幽阻。

实耻讼免，时不我与。虽曰义直，神辱志沮。澡身沧浪，岂云能补。嗈嗈鸣雁，奋翼北游。

顺时而动，得意忘忧。嗟我愤叹，曾莫能俦。事与愿违，遘兹淹留。穷达有命，亦又何求。

古人有言，善莫近名。奉时恭默，咎悔不生。万石周慎，安亲保荣。世务纷纭，只搅余情。

安乐必诫，乃终利贞。煌煌灵芝，一年三秀。余独何为，有志不就。惩难思复，心焉内疚。

庶勖将来，无馨无臭。采薇山阿，散发岩岫。永啸长吟，颐性养寿。

他料定自己必死无疑，还给儿子嵇绍写了《家诫》，劝他要有理想和智慧，为人要小心谨慎。

收押嵇康的司马昭遭受了巨大的舆论压力，他开始犹豫是否真的要杀害嵇康。但钟会劝说道：“嵇康是卧龙，不能让他起飞。您不忧虑天下，也要忧虑嵇康这样的人啊。嵇康曾经和毌丘俭有交往，如今他又被这么多人崇拜，是个很危险的人物。古时太公望杀华士，孔子诛杀少正卯，就是因为他们祸乱时局，扰乱礼教。嵇康和吕安这样的人言论放荡，诋毁经典，做帝王的人绝对不能容忍他们。要肃清他们，保证社会风气的淳厚。”

司马昭听从了钟会的劝说，下令将嵇康和吕安处斩。行刑的那一天，众多百姓和士人为嵇康送行。嵇康看着天上耀眼的太阳，又回头看了看自己的影子，感伤不已。他请求主刑官允许他最后弹奏一曲，主刑官同意了。

嵇康的哥哥嵇喜给嵇康送来了一把琴，嵇康便端坐着弹奏了一曲《广陵散》。弹完之后，嵇康感叹道：“以前我的朋友袁准向我请教《广陵散》，我不舍得教授给他。如今，《广陵散》就要失传了！”

临刑前，嵇康看到了与之绝交的山涛仍然前来送行，对他说：“有你在，我的家人就有依靠了！”

一代文豪和音乐家在刑场从容就义，整个洛阳乃至天下的士人都为他感到深深的痛惜。

向秀在嵇康被杀后，不得不选择出仕。他担任了黄门侍郎、散骑常侍，在泰始八年（公元272年）去世。

阮籍得知嵇康被杀，心中愈发悲愤，但他又不能表达自己的情感，只能更加酗酒和疯癫，很快也去世了。

“竹林七贤”最终分崩离析，消逝在历史的尘埃之中。但他们的作品和思想继续流传，他们不畏强权和世俗、追求宁静、清心寡欲和超凡脱俗的精神影响了中国文化上千年。

6. 蜀道

镇压了“竹林七贤”之后，司马昭成功清洗了魏国的思想界和文化界。在扫清了政治军事上的敌人后，司马昭又扫除了文化上的反抗力量，真正实现了对魏国的全面控制。司马昭实现改朝换代似乎已经水到渠成。

然而，曹髦被弑的舆论压力仍然困扰着司马昭，以一个弑君者的面貌登基换代是难孚众望的。司马昭必须建立不世之功，才能扭转自己的不良形象，使改朝换代重新具有道义上的合法性。

而建立不世之功唯一的办法，就是消灭敌国了。

处死嵇康几个月后，司马昭召开了朝臣会议，他在会议上宣布，打算派兵攻打蜀国，彻底消灭这个国家。决定一宣布，朝臣们一片哗然，大部分人都表示不可出兵，魏蜀边境在秦岭的崇山峻岭之上，行军和运粮都极不方便，过去，魏国的大将军曹真和曹爽父子都曾出兵伐蜀，都以失败告终，而且损失巨大，劳民伤财。

但司马昭不以为然，他说：“自从平定寿春以来，已经六年没有战事了，如今我们要整治军队去攻打两个敌国。如今吴国土地广大而地势低湿，从陆上攻打它较为困难，不如先平定巴蜀，三年之后，顺流而下，水陆并进，就比较容易消灭吴国。蜀国的战士共计九万，居守成都以及防卫其他边境的不下四万人，这样剩余的战士不过五万人。如今把姜维牵制在沓中（今甘肃舟曲），让他不能向东出兵，而我们发兵直向骆谷（今陕西周至西南），通过他们的空虚地带去袭击汉中。以刘禅的暗弱无能，加上边境城市被从外面攻破，蜀国的男女老少就会在内地震恐不安，这样一来，蜀国灭亡就是意料之中的事。”

司马昭早已勾画好了统一天下的蓝图，灭蜀是他要迈出的最重要的一步，他有足够的信心能够完成。

司马昭的信心从何而来？与他了解到的蜀国近三十年的变化不无关系。

蜀国在公元221年的夷陵之战后沦落为只有一州之地的西南小国，但在诸葛亮的苦心经营下，蜀国不仅转危为安，而且继续保持军事强国的实力。诸葛亮率领不足十万的蜀军五次北伐，竟使有数十万雄兵的魏国疲于应付，最终不得不靠司马懿的不战策略取胜。诸葛亮去世后，他的继任者蒋琬和费祎遵循他的政策，内修政治，外联东吴，减轻战事，使蜀国继续保持了稳定发展。

但自从费祎去世之后，蜀国就再也没有得力的宰辅人物了。汉后主刘禅贪图享乐，宠信宦官黄皓，朝政日益腐败。而掌管军事的姜维急功冒进，在十年之内连续六次北伐，极大地消耗了蜀国国力。

军队不恤民力、连年征战的行为令蜀国本土士族极为不满，以谯周为首的蜀地士族激烈批评以姜维为首的外来士族穷兵黩武。双方因此互看不爽，激烈论战，使得蜀汉政权内部日趋分裂。蜀国百姓则在宦官和军队的压榨下穷困不堪，早已对蜀汉政权失去了信心。

司马昭正是看中了蜀国江河日下、人心不稳的局面，认定伐蜀必能成功，所以他力排众议，坚持要伐蜀。他的心腹钟会坚定地支持他的决定，还发动许多朝臣为司马昭伐蜀制造声势，这使司马昭对钟会更加信任。

景元三年（公元262年）的冬天，司马昭任命钟会为关中都督，统筹伐蜀行动，并征调中原的军队、粮草和民夫，准备来年对蜀国发起进攻。

但魏军的行动还是被姜维知晓了。

此时的姜维正在沓中领兵屯田，他由于与黄皓不和，担心在朝中会被黄皓陷害，便避居沓中。姜维警觉到了这段时间魏蜀边境的风吹草动，立即上书刘禅，请求增兵汉中地区，防止魏军入侵。

但刘禅却拿这事征求黄皓的意见。迷信的黄皓让巫师占卜，占卜的结果是对蜀国有利，他就和刘禅说魏军不会来攻，是姜维大惊小怪而已，这事儿没必要让群臣知道。因而蜀国的臣民都不知道整件事情，更别说对魏军有所提防了。而姜维见魏军长时间没有进攻，自己的上奏又如石沉大海，便觉得是自己太过敏感，也就放松了警惕，没有做出迎战部署。

筹备了大半年，第二年八月，司马昭在洛阳召开了誓师大会，宣布正式发兵讨伐蜀国。魏军将士在洛阳城外整齐列队，旌旗蔽日，人山人海。司马昭检阅了部队，又命武士把一位名叫邓敦的将军押上来，在全军面前斩首。司马昭称邓敦公开反对伐蜀决议，为了稳定军心，将他斩首示众，今后再有谁敢妄议伐蜀战略，就和邓敦一样的下场。

在此震慑下，伐蜀将士们群情激昂，表示坚决出击，不破蜀国决不还。誓师完毕后，魏军浩浩荡荡地西进，开始了伐蜀之战。

但是，确实如一些反对的大臣所说，进攻蜀国并不是一件容易的事。魏蜀边境的崇山峻岭不仅给行军和运粮带来不便，而且易守难攻，不利于进攻方展开兵力。从秦岭南下汉中，魏军只能通过几条狭窄的通道如子午谷、褒斜道等穿行，蜀军只要在这些峡谷中重兵把守，魏军便难以前进。曹真和曹爽伐蜀时就因为蜀军抢占了秦岭峡谷中的战略要地，从而遭到失败。

不过，司马昭这次伐蜀的运气相较于过去要好一些。因为姜维好大喜功，认为把敌人阻挡在秦岭峡谷中不利于歼敌，不如把敌人放入汉中平原，再凭借汉中坚固的城池阻挡他们。等敌军攻城不利疲敝之时，蜀军再绕道后方封锁峡谷，切断敌人的退路，将他们围歼。

姜维的这一决策使蜀军贸然放弃了秦岭天险，把兵力布置在了汉中的城堡据点中，这反而为司马昭的伐蜀大军打开了大门。

按照司马昭的部署，钟会率领十万魏军主力穿越秦岭峡谷进攻汉中；征西将军邓艾率兵三万佯攻沓中，吸引姜维的蜀军主力；雍州刺史诸葛绪率兵三万进攻武街（今甘肃成县西北）和阴平（今甘肃文县西北），切断姜维的退路，防止他率兵增援汉中。

当魏国大军浩浩荡荡地穿过秦岭峡谷时，蜀国才意识到了问题的严重性。姜维的防守策略应对少量魏军尚且可行，应对兵力庞大的魏军就无法奏效了。刘禅闻讯，连忙派廖化和张翼率兵一万北上，廖化增援姜维，张翼增援汉中。同时，他命令汉中守军全部集中到汉城（今陕西勉县东）和乐城（今陕西固县东）两座城塞里，放弃外围据点。

但是这个时候，一切都已经晚了。

钟会率领的魏军主力顺利翻越秦岭后，尽数进入了汉中盆地。十万魏军把只有几千守军的汉城和乐城围得水泄不通。钟会留下一部分人马围城，自己则率领精兵西进阳安关（今陕西阳平关），准备夺取这处入蜀的咽喉要道。

阳安关位于嘉陵江畔，是往来蜀地和汉中的必经之路。魏军夺取阳安关等于封锁了蜀军增援汉中的通道，并且打开了蜀地的外围门户，所以，阳安关的得失意义重大。

正是由于阳安关的重要性，蜀军在此有重兵把守。守将傅佥（音qiān）闭关坚守，拒不出战，给钟会制造了很大的难题。

但在这个时候，蜀军中出现了叛徒。傅佥的副将蒋舒能力平庸，被刘禅贬职，由傅佥代替了他的职位，他一直对傅佥怀恨在心，此时便投降了钟会。钟会乘机大举进攻，傅佥虽然拼死抵抗，但最终寡不敌众而战死。钟会顺利占领了阳安关，俘虏了剩余的蜀军，缴获了蜀军囤积在阳安关内的大量粮草辎重。

与此同时，邓艾和诸葛绪率领的魏军也对沓中的蜀军展开了围攻。但他们面对的是姜维率领的五万蜀军主力，此战较汉中的战斗要艰难许多。

姜维是邓艾的老对手了，两人已在陇南一带的魏蜀边境交手数次，互有胜负，所以此次邓艾不敢马虎。又因为是老对手，邓艾迫切希望能向对方复仇，并建立功业，不被钟会抢去风头。于是，邓艾兵分三路，从北、西、南三个方向攻击沓中，大有围歼姜维的气势。

面对邓艾的攻势，姜维不敢恋战。他担心汉中和阳安关有失，交战不久便急匆匆地向东撤退。邓艾率兵穷追不舍，在强川口（今甘肃宕昌西）追上了姜维，双方恶战了一场。蜀军不敌，匆忙脱离战场继续撤退，邓艾则继续尾随追击。

诸葛绪率领的魏军遵从司马昭的指示，翻越祁山攻取了武街和阴平，封锁了姜维东去汉中的道路。姜维在撤退途中得知了这一消息，决定行调虎离山之计，率兵向北迂回孔函谷（今甘肃武都西南），做出要包抄诸葛绪后路的样子。

诸葛绪中了姜维的计谋，急忙率部后撤三十多里拦截蜀军。姜维乘机急速掉头南下，通过了原先被诸葛绪占领的阴平桥头。当诸葛绪发现上当，连忙回头追击姜维时，蜀军早已撤离了阴平。魏军企图拦截姜维的计划宣告失败。

姜维成功逃脱打乱了魏军的攻蜀部署。姜维虽然没来得及救援阳安关，但会合了从成都赶来支援的廖化和张翼部队，力量大增。随后他率领蜀军主力退守剑阁（今四川剑阁东北），封闭了入蜀的通道。

剑阁位于龙斤山和嘉陵江之间，有大小剑山与之相连，是一座扼守入蜀通道的险关。两旁群山环绕，尽是悬崖峭壁，通关道路狭小险峻，真可谓“一夫当关，万夫莫开”。偏偏此关是由汉中入蜀的必经之路，没有可以绕行之处。姜维率蜀军主力在此设防坚守，使钟会之前一帆风顺的攻势戛然而止。

钟会率领的魏军强攻剑阁多次，始终无法推进半步。钟会给驻守剑阁的蜀军散发劝降书，又亲自给姜维写劝降信，但都没有效果，他们拒绝投降。

孤军深入给后勤补给带来了很大难题，魏军粮草要从关中地区翻越秦岭千里迢迢地运送。自诩多谋的钟会面对剑阁天险却拿不出对策，无奈之下，他只好上书司马昭请求退兵。

接到钟会请求退兵的奏报，司马昭极为扫兴。如果批准了钟会的请求在此时退兵，那这场伐蜀之战就功亏一篑，代魏称帝、改朝换代的梦想便遥遥无期了。

就在司马昭犹豫是否答应钟会时，他又收到了邓艾的奏报。原来，邓艾得知钟会进攻剑阁不顺，便提出了自己的作战计划。

邓艾在奏疏中说："敌兵已经受到挫败，我方应乘胜进军。如果从阴平由小路出发，自剑阁之西一百里处进军，可以经德阳亭（今四川剑阁西北）奔赴涪县（今四川绵阳东）。涪县离成都三百余里，在这里出奇兵冲击蜀国腹心之地，剑阁的蜀军必然往回奔赴涪县，钟会就能畅通无阻了。如果剑阁的守军不往回撤，那么蜀军接应涪县的兵力就会很少了。"

还没等到司马昭的回复，邓艾就着手行动了。

邓艾，字士载，义阳棘阳（今河南新野）人。幼年随家人迁徙到汝南，战乱导致家境贫寒，邓艾早年只是屯田农民，靠放牛种地维持生活。但邓艾一直怀有远大的志向，不甘于只做农民。他刻苦学习，终于因为有才学而被推荐为县里的学士，担任看守稻谷的小吏，又过了二十年，年近四旬才当上县里的典农功曹。

邓艾的人生转折点是遇见了司马懿。当时任典农功曹的邓艾与诸多同职官员入京述职，期间向太尉司马懿汇报工作，司马懿见邓艾才智超群，工作尽职尽责，便收为自己的亲信，让他做太尉府的掾属，没多久又将他提拔为尚书郎。

邓艾就此步步高升，先后担任南安太守、兖州刺史、长水校尉、安西将军等，后来被调到陇南领兵驻防。他无论文职武职都尽忠职守，任文官时兴修水利，发展屯田，体恤百姓；任武官时查看地形，绘制地图，操练军士，积极应战。

由于在陇南驻守多年，邓艾对川北的地形极为熟悉，他知道剑阁不过是入蜀通道中最便捷的一条而已，还有一条鲜为人知的小路也能直通成都。

这就是邓艾在给司马昭的奏疏中提到的“小路”，也称“阴平小道”。

“阴平小道”并不是这条小路真正的名称，准确地说，这条小路并没有名称，是一条无名小道，叫它“阴平小道”是因为出发地在阴平。

阴平小道从阴平出发南下，经摩天岭、岷山、阴平山，到达四川盆地的江油（今四川江油北）和涪县，路程中要穿越许多人迹罕至的高山深谷，极其艰险。普通人走阴平小道尚且不易，几万大军要翻越这羊肠小道更是难上加难。

但是，邓艾知道在战场上取胜的法宝是出其不意、攻其不备。阴平小道艰难险阻而且鲜为人知，蜀军必然不会派兵驻守，就算有，也是少量战斗力不强的军队。魏军从这条路奔袭成都就是奇袭，蜀军必然阵脚大乱。魏军如果能趁乱攻取成都，那他邓艾就是灭蜀的头号功臣；即使不能夺取成都，也能借此吸引剑阁的蜀军赶来增援，帮助钟会率领的魏军主力攻下剑阁，最终灭亡蜀国。

早在邓艾率军赶到阴平时，他就有了偷行阴平小道的计划。当时，他劝同来的诸葛绪率兵一起走阴平小道南下。但诸葛绪没有听从，他认为自己得到的命令是包抄在沓中的姜维，没有继续南下的任务。

诸葛绪随后率部向东投靠钟会。钟会正想专擅军权，独吞灭蜀战果，就上书告发诸葛绪作战不力、畏敌不前，将他用囚车押送到洛阳，吞并了他的兵马。

钟会的所作所为激怒了邓艾，邓艾也更加坚定了走阴平小道的决心，不能让钟会独吞战功，要为自己在战后争得一席话语权。所以，得知钟会的大军被剑阁阻挡，邓艾便立刻上书向司马昭阐明了自己的计划。

这年农历十月，邓艾率领手下兵马从阴平轻装出发，一路翻越了险峻的摩天岭，又深入岷山的茫茫森林，所过之处都是没有人烟的荒山野岭。丛林中没有道路，他们就劈草砍木；河谷上没有桥梁，他们就滑索搭桥；山岭中没有路，他们就凿石挖洞，硬是在这崇山峻岭中开辟了一条道路。

但是，山野的险峻尚且可以克服，粮食的缺乏才真正让人痛苦。因为道路艰难，粮食补给很难跟得上。士兵们一边承受着高强度的行军，一边忍受着饥饿的折磨。身为总指挥的邓艾更是精神压力巨大，部下的怨言和士兵的伤亡让他备受煎熬。但他一直信念坚定，一定要走下去，只要做出了决定，就不会回头！

经过艰难的长途跋涉，邓艾行军到了马阁山（今四川平武东南），这里到处是悬崖峭壁，没有地方可以通行了。将士们都垂头丧气，觉得先前的努力都白费了。

但邓艾不甘心，他仔细查看了周围的地形，终于发现有一处悬崖不是很高，并且有一定角度的斜坡，可以顺着悬崖上的树枝藤条爬下去。

于是，邓艾下令全军从这处悬崖下山，有毛毯的裹住身体滚下去，没有毛毯的抓住藤条和崖壁上的石块爬下去。听到这个命令，魏军将士不禁倒抽一口冷气。这处悬崖虽然不高，但毕竟是悬崖，万一翻滚时力道太大，或者爬时一脚踩空，掉下山去非死即伤。

邓艾见部下们面露恐惧，便身先士卒，第一个裹住毛毯从悬崖上滚了下去。魏军将士见主帅带头，纷纷鼓起勇气下山。他们先把兵器、铠甲和行囊扔下山去，然后裹起毯子滚下崖或抓住树枝藤蔓向下爬。

在一声声呼喊和惨叫声中，不少人摔下了悬崖，但大部分人都活着下了山。打头阵的邓艾也活了下来，他在悬崖下集合了剩余的部队，稍事休整便继续前进。

终于，邓艾率领的魏军走出了茫茫大山，来到了平坦的四川盆地，随即对附近的江油城发起了进攻。江油的蜀军完全没有料到魏军会从深山之中突然冒出来，加上兵力薄弱，很快就献城投降了。邓艾获得了蜀军囤积在江油城内的粮草军械。

江油失守令成都的蜀汉君臣大为震恐，因为江油距离成都不过四百里路程，而且在这当中已无险可守。无论如何，蜀军必须立即击败邓艾，夺回江油，才能有一线生存的希望。

刘禅调集剩余的兵马，派诸葛亮之子诸葛瞻为将，前去阻击邓艾。

然而，诸葛瞻并非将才，更擅长于书法绘画，他能得到蜀汉重用，主要是因为父亲的名望和自身性格忠厚。但刘禅在此危急时刻已经找不出比诸葛瞻更忠勇、更有声望的大将人选了，只能把军国大事寄托于众人信任的诸葛亮家族。

诸葛瞻率军抵达涪县，便按兵不动。随军部将黄崇建议诸葛瞻加速前进，趁邓艾带领的魏军立足未稳且长途跋涉极其疲惫，抢先占据周边有利地形以阻击他们。诸葛瞻犹豫不决，黄崇再三苦劝，甚至痛哭流泪，希望诸葛瞻不要贻误战机，但诸葛瞻仍然没有听从他的意见。

结果，邓艾获得了充分的时间休整，接着集结部队对诸葛瞻带领的蜀军发动了进攻。邓艾率领的魏军身经百战，很快就击败了诸葛瞻的前军，诸葛瞻不得不撤退至绵竹（今四川德阳北）。

邓艾领兵包围绵竹，他写信劝降诸葛瞻说："只要你投降，我一定表奏你为琅邪王。"

诸葛瞻大怒，斩杀了邓艾的使者，下令全军出城布阵，要与邓艾决一死战。这年农历十一月，魏蜀两军在绵竹附近的平原列出阵形，展开了激烈的对战。邓艾摆出了弯月阵，将精兵布置在左右两翼，意图击破蜀军的两翼，然后围歼诸葛瞻；诸葛瞻则摆出严密的防守阵形抵御魏军的猛攻。

战鼓声中，邓艾之子邓忠率魏军左翼攻击蜀军右翼，部将师纂率魏军右翼攻击蜀军左翼。蜀军将士拼死抵抗，抵挡住了魏军一波又一波的进攻。眼看蜀军的阵形难以突破，邓忠和师纂连忙向邓艾告急，称敌军防守坚固，难以取胜。

邓艾大骂道：“我们的生死存亡都在这一战了，有什么困难都要克服！要是再不能取胜，就把你们斩首示众！”

邓忠和师纂只好回到前线继续奋战，最终一举突破了蜀军的左右两翼，把诸葛瞻所率的中军包围在了战场中央。诸葛瞻仍然拒绝投降，指挥手下的蜀军继续顽抗。混战之中，诸葛瞻为魏军所杀，壮烈殉国。

诸葛瞻的儿子诸葛尚此时也随父亲在军中，他看见父亲战死，便对剩余的蜀军将士说：“我们父子蒙受国家隆恩，没有早点杀了黄皓，致使国家败亡。我们活着还有什么用！”

说完，诸葛尚骑马冲入魏军的阵地奋战而亡。诸葛瞻的部将黄崇、张遵、李球也追随诸葛尚奋战到底，全部殉国。邓艾歼灭了诸葛瞻的蜀军，攻下了绵竹。他们此时距离成都只有两百里路程了。

邓艾成功突袭震惊了整个蜀国，百姓们纷纷逃入山林躲避战乱，成都更是陷入一片恐慌。蜀军主力远调剑阁，成都很难防守，而之前向吴国请求的援军遥遥无期，刘禅因此惶恐万分，连忙召集群臣商议。许多大臣建议迁都南中，依靠南中的地形和蛮兵抵御魏军，还有一些大臣建议投靠吴国。

只有一直反对姜维北伐的光禄大夫谯周认为应该投降魏军。谯周说：“自古以来，没有寄居别国仍为天子的，如果到吴国去，也当臣服于吴。而且治国之道从来就没有什么不同，大国吞并小国是形势发展的必然趋势。从这一点来说，魏国能吞并吴国，而吴国不能吞并魏国是很明显的事。同样是称臣，对小国称臣不如对大国称臣，与其忍受两次受辱之耻，不如一次受辱！如果我们打算奔赴南中，就应当及早计划好，才能成功。如今大敌临近，失败也将要降临，而我们手下的这些小兵小吏，没有一个可保证不变心的，恐怕我们出发的时候，不可预料的变化就会发生，我们怎么能到达南中呢？”

有人提出了反对，说："如今邓艾已经不远，恐怕他不会接受我们的投降。"

谯周说："现在吴国还没有臣服于魏，形势使他不得不接受，接受了也不得不待我以礼。如果陛下投降魏国，而魏国不划分土地封给陛下的话，我请求只身到洛阳，以古代的大义与他们争辩。"

但投降毕竟是羞耻之事，刘禅犹豫不决，还是希望能迁都南中。谯周又说："南方乃偏远蛮夷之地，平常就不交纳供奉租税，还多次反叛，丞相诸葛亮用武力威逼，他们走投无路才顺服。如今如果我们去南中，外要抗拒敌兵，内需日常粮食物品，费用浩大，没有其他地方可以收取，只能耗损各个夷人部族，那他们必然会反叛。"

刘禅最终被谯周说服，决定向魏国投降。他派侍中张绍携带自己的玺绶去邓艾营中投降。刘禅第五子刘谌（音chén）得知消息，连忙进宫反对投降。他对父亲说："如果我们理穷力屈，灾祸败亡将至，就应当父子君臣一起背城一战，共同为社稷而死，这样才能见先帝于地下，为什么要投降？"

但刘禅没有听从，他没有为社稷而死的勇气。刘谌见无法说服父亲，便去刘备的庙中哭泣，回家后杀死妻子儿女然后自尽了。

几天之后，邓艾在雒（音luò）城（今四川广汉）营中见到了刘禅的使者张绍。得知刘禅愿意投降，邓艾大喜过望。他不仅提前结束了战争，而且获得了灭蜀的不世之功，没有什么比这更令人兴奋了。他当即同意了刘禅的投降，并写信褒扬刘禅君臣，然后率兵向成都前进。

刘禅随后派人向邓艾进献了蜀国的户籍手册，然后缚手于后，亲自出城，带领王公大臣跪拜在城门口迎接邓艾。邓艾来到成都，亲自为刘禅解开绳子，赦免了所有的蜀国君臣。入城之后，邓艾出榜安民，让蜀国臣民各守其职，并严明军纪，禁止魏军将士骚扰百姓。成都不久便恢复了以往的平静。

至此，立国四十二年的蜀国宣告灭亡。

7. 争功

获得了刘禅投降的消息，远在洛阳的司马昭欣喜若狂。他终于实现了篡夺曹魏王朝的关键一步，可以加快篡位的进度了。早在魏军攻打蜀国捷报频传之时，司马昭就被魏帝曹奂晋封相国、晋公。灭蜀成功后，司马昭再升一级，成为晋王。

这个时候，有人提醒他，蜀国还没有安定，特别是钟会这个人必须要小心提防。提醒司马昭的人，正是他的妻子王元姬。

钟会一直以来很受司马昭宠信，经常到司马昭府中做客，所以，王元姬对他非常熟悉。钟会的高傲和心机给王元姬留下了很深的印象，她曾对司马昭说："钟会这个人见利忘义，好生事端，恩宠太过一定会犯上作乱，你不能给予他重任。"

司马昭觉得妻子说得有些道理，但他还是需要钟会的足智多谋为自己服务，就没有听从王元姬的建议。到了商议伐蜀之时，满朝文武普遍反对，只有钟会坚决支持，司马昭看中钟会与自己心意相通，便让他担任了伐蜀总指挥。

等到钟会大军出发后，又有人向司马昭进谏，说："如今钟会带领十几万兵马去伐蜀，他没有家人在洛阳做人质，恐怕不太安全，不如派别的人去。"

司马昭不以为然，笑着说："我怎么会不知道这事？蜀国多次进犯，军队倦怠，百姓疲劳，我们此次出兵，胜之易如反掌。但众人都说蜀不可伐，只有钟会与我意见相同，如今派钟会去伐蜀，蜀必定灭亡。灭蜀之后，即使如你所顾虑的那样，何愁不能处理他？蜀被灭国后，遗留的人受到震恐，是不会跟随钟会叛乱的。而派去伐蜀的中原将士因为思念家乡，也不会愿意随同钟会一起谋反。钟会如果一意孤行，只会召来灭族灾祸。"

司马昭依据钟会在蜀地叛乱的种种不利，预测钟会不太可能谋反。而且，他还留了一手，在钟会军中安排了卫瓘这一角色。卫瓘独立拥有一千多名士兵，还持节监督伐蜀众将，实际上行使监军的职责。司马昭觉得有卫瓘制约，钟会必然不敢轻举妄动。

但是，司马昭还是小看了钟会的自负和高傲。

刘禅投降后，派人去往蜀国各地下达投降的命令。此时姜维已经离开了剑阁，因为他得知绵竹失守，刘禅计划迁都南中，便带兵退守巴中。钟会由此率魏国大军从剑阁进入蜀国腹地，并派兵继续追击姜维。

姜维又弃守巴中，继续向南，打算进入成都，途中在郪（音qī）县（今四川三台附近）遇到了刘禅的使者。得知刘禅投降的命令，姜维不敢相信，但皇帝的圣旨他不得不接受，只能无奈地下令全军放下武器，向钟会投降。蜀军将士们获得命令，许多人气得拿刀砍石，没有好好为国家打一仗就投降，他们实在是很不甘心。

同样不甘心的还有钟会。

他本以为自己是伐蜀总大将，灭蜀功劳应该是自己最大，没想到邓艾的奇袭直接逼降了刘禅，邓艾成了灭蜀的头号功臣。这件事让自视甚高的钟会难以接受，他在内心计划着如何除掉邓艾。

姜维向钟会投降后，钟会欣赏其才华，对他以礼相待，两人经常谈论许久，"出则同舆，坐则同席"。钟会在谈论中透露了自己对邓艾的不满，姜维便顺水推舟，对钟会说：“听说您自平定诸葛诞以来，计策从未有过失误，司马氏能够昌盛，全依赖您的力量。如今您又平定了蜀国，威德振世，百姓颂扬您的功劳，主上畏惧您的谋略，您还想安然而归吗？何不效法陶朱公范蠡泛舟湖上远避是非，以保全自己的功名性命呢？”

钟会说：“我不能就这么走掉。而且从现在的形势看，我还没有到这种地步。”

姜维就说：“其他的事情凭您的智慧、力量就能做到，用不着我多说了。”

姜维的意思是钟会最好除掉邓艾，在蜀国自立。而他自己也能找机会复辟蜀国了。

此时的邓艾在胜利面前有些飘飘然，他的一系列所作所为给了钟会陷害他的口实。

邓艾管制蜀国期间，自作主张地对投降的蜀国君臣封王封侯或者委任新的官职，并说：“诸位幸好是遇到我，才能有今日。要是遇到别人，恐怕就会被杀了。”

邓艾又依照自己的想法派兵煮盐冶铁，准备伐吴物资。虽然邓艾的做法有合理性，但这种先斩后奏的做法还是让司马昭很不高兴。

监军卫瓘便去成都对邓艾说：“做事应当上报，不该先按照自己的意愿执行。”

邓艾却严厉地对卫瓘说：“我受命出征，奉行授命行事，使首恶归服。至于承继蜀国原有的制度，授予他们官爵，来安抚刚刚依附之人，我认为是合乎权宜的。如今蜀地举国上下归顺，国土南至南海，东接吴国，应该使其尽早安定下来。如果等得到朝廷命令再行事，魏蜀两地距离遥远，就会拖延时日。如今吴国尚未归服，有可能与蜀人联合作乱，所以行事不可拘于常理。我虽然没有古人的节操，但终究不会损害国家利益！”

邓艾自以为是，拒绝了卫瓘的劝告。

碰了一鼻子灰的卫瓘不得不来到钟会的营地，向他诉说了邓艾的蛮横态度。正想找机会陷害邓艾的钟会一听高兴不已，决定借此机会向司马昭告发邓艾有谋反企图。卫瓘因为受到了邓艾的斥责和冷遇，也决定报复邓艾，便与钟会合伙构陷他。

两人一起上书，把邓艾在蜀国的所言所行添油加醋报告给司马昭，说邓艾有明显的谋反迹象。钟会还截留了邓艾送往洛阳的奏章和书信，模仿他的笔迹伪造信件，在信中言语傲慢，居功自夸。带有司马昭回信的使者入蜀后，又被钟会扣留。钟会模仿司马昭的笔迹，伪造了另一封信，在信中大肆指责和威胁邓艾，意图激怒他。

司马昭担心邓艾在蜀地不受控制，下令罢免邓艾父子的职务，用囚车押回洛阳。以防邓艾不听命令，司马昭下令钟会进军成都，同时命贾充率兵进入汉中，自己则带领魏帝曹奂率大军坐镇长安。

有人建议司马昭不必如此大动干戈，要捉拿邓艾，有钟会的十三万大军足矣，让钟会进军成都即可。司马昭却说："你以为我真的只是防备邓艾吗？"

司马昭已经开始怀疑钟会了，他知道一旦邓艾被捕，蜀地大权就尽归钟会所有了，自己坐镇长安能够震慑钟会。

不过，司马昭不希望看到钟会背叛的情况，也不希望自己得到猜疑功臣的名声。他对身边的人说："我们不可以把提防钟会的事宣扬出去。我自然应当以信义待人，别人不辜负我，我岂可先于别人而生疑心呢？"

钟会在收到司马昭要求拘捕邓艾的命令后，便以卫瓘是监军为由，让卫瓘带其部下前往成都拘捕邓艾。狡猾的钟会知道邓艾尚有数万兵马，一旦拒捕，卫瓘肯定是凶多吉少。他想杀人灭口，借邓艾之手杀掉卫瓘，自己再诛杀邓艾，以绝后患。

卫瓘没有兵权，难以拒绝钟会的要求，只好带着自己的部下前往。

路上，他一直思索着对策，终于想到了一个既能拘捕邓艾，又不会激起邓艾部下哗变的办法。

卫瓘故意放慢速度，在晚上来到成都，邓艾的部下在黑夜中看不清他到底带了多少人入城。入城后，卫瓘没有立即睡觉，而是带着拘捕令，告知邓艾手下的将领："我奉诏来拘捕邓艾，其余的人一概不予追究。你们若投向官军这一边，则如先前一样加以封赏；如胆敢抵抗，则要诛及三族！"

邓艾的部将信以为真，全都倒向了卫瓘这边。天亮之后，卫瓘亲自赶往邓艾的营帐。此时邓艾还没有起床，他当即令手下把邓艾父子绑起来。不明情况的邓艾父子大声呼救，引来了其亲兵。他们把卫瓘等人团团包围，要求卫瓘立刻放人，不然就动手了。

卫瓘见局势快要失控，便走出帐外面向聚集的魏军，对他们解释说自己只是奉命行事，他也不想拘捕邓艾，他相信邓艾是无辜的。说完，卫瓘拿出一本奏章，说自己准备上书为邓艾辩护，现在只是暂时把邓艾关押起来而已。众人相信了卫瓘的话，都散去了。

咸熙元年（公元264年）正月十五，钟会率领十三万魏军主力进入成都城。他原以为卫瓘会被邓艾杀死，当他看到卫瓘把装入囚车的邓艾父子送到面前，内心顿时不安起来。

不过，在钟会心中，最具威胁的人是邓艾，卫瓘无兵无权，不足为虑。如今他又兼并了邓艾的兵马，蜀地大权尽归他所有，他没有什么可畏惧的。

钟会命人把邓艾父子押往洛阳，随后他便迫不及待地召来姜维，商议反叛司马昭的事宜。钟会计划让姜维率五万人为前锋出斜谷，自己率领大军跟进，占领长安后水陆并进，一举夺取洛阳。

然而，钟会和姜维还没来得及完善叛乱计划，就接到了司马昭的信。司马昭在信中说因为担心邓艾不肯就范，已经亲率大军来到长安，并派贾充为先锋进入了汉中，不日就要来成都。

钟会大吃一惊，知道司马昭对自己已有防备，北伐长安不可能了。于是他连忙召集亲信，决定立即起兵。他说："相国已经察觉到了我的异志，如今只有尽早发难了。我们如果能成功，就占有天下；如果不能成功，我就据守蜀地，做像刘备一样的人。"

第二天，钟会召集了骑督以上的魏军将领和蜀国旧官吏来到蜀国皇宫的朝堂，假装向去世的郭太后[①]致哀，然后他拿出一份诏书，声称这是郭太后的遗诏，命他们起义清君侧，诛杀司马昭。

听到这个消息，众人一片哗然。钟会随后下达了任免书，将不是自己亲信的魏军将领全部收押，让自己的亲信统领各军。接着他又命令把蜀国旧官关押在官署中，关闭成都的宫门和城门，并派遣重兵把守。

姜维见事情进展顺利，便力劝钟会一定要杀掉以胡烈为首的非亲信魏军将领，以免后患。实际上，他也希望借此削弱魏军力量，以便将来杀死钟会，光复蜀国。姜维几天前进入成都后曾暗中给刘禅写信，信中说："请陛下忍耐几日，我一定让国家转危为安，日月暗而复明！"

钟会对姜维的建议心生顾虑，他担心大开杀戒会影响军心，便打算争取卫瓘的支持来稳住局面。毕竟卫瓘身为监军，又是司马昭的宠臣，在军队里还是有声望的。

钟会就找来卫瓘，在木片上写了"欲杀胡烈等"给卫瓘看。卫瓘摇了摇头，劝钟会不要滥杀。钟会反而不高兴起来，大声斥责卫瓘，两个人吵了一架。卫瓘为了不激怒钟会，就假称自己要好好考虑一下。然后，他借上厕所抽身离开，找到了负责警卫的帐下督丘建，让他把钟会计划诛杀诸将的消息透露出去。

丘建原本就对钟会的阴险狡诈不满，如今自己的老上级胡烈也被关

---

① 郭太后已于景元四年十二月（公元264年2月）去世，谥号明元皇后。

押，有心救他，便通过胡烈的儿子胡渊把消息散布了出去。

胡渊诈称钟会挖好了大坑，准备了数千根大棒，要把不肯叛乱的将士集体敲死活埋。消息传遍了魏军各营，将士们惊恐万分，纷纷拿起兵器跑出营地，呐喊着要找钟会算账。

此时钟会正和卫瓘在一起，他为了逼迫卫瓘做出决定，把刀都拿出来放在了膝盖上，但狡猾的卫瓘依旧打哈哈，想尽办法拖延时间。突然他们听见宫外大吵大闹，有士兵向他们报告，说城外有乱兵要造反。

钟会觉得此事尚在可控范围内，想让卫瓘出面安抚乱兵。但狡猾的卫瓘没有当即同意，而是说："您是各军的统帅，应该自己前去。"

钟会不高兴道："你是监军，抚慰士兵是你的责任，你先去，我随后就到。"

卫瓘心中窃喜，但表面上还是装出一副被逼无奈的样子，悻悻地走出了大殿。

过了一会儿，钟会才反应过来，这不是把卫瓘这个重要人质给放跑了吗？

他连忙派人去叫住卫瓘。卫瓘此时已在城外，看见来人拦阻，就装病倒在地上，趁乱喝了几口盐水，呕吐不止。人们都以为他病重不行了，钟会派来的医生看了也束手无策，于是钟会放松了对卫瓘的警惕。天黑城门关闭后，卫瓘确定自己已处安全境地，便作檄文宣告诸军。各军响应号召，约定一起讨伐钟会。

第二天，魏军乱兵在胡渊的鼓动下进攻成都。愤怒的乱兵架设梯子，如蚂蚁般爬上城墙，还有人在城中纵火，许多房屋燃起了熊熊大火。当时钟会正在给与姜维铠甲兵器，有人报告说外面有汹汹嘈杂之声，好像失火似的，一会儿，又有人报告说乱兵已经冲进城了。钟会大惊，这才意识到了事态严重，连忙问身边的姜维："现在该怎么办？"

姜维说："只能跟他们拼了！"

说完，两人穿上铠甲，拿起兵器，带着亲兵与乱兵展开激烈搏斗。钟会又派人去杀掉那些被关押的魏军将领，但这些将领早有防备，用桌子抵住了门窗，钟会的士兵无法入内。他们趁机扒开屋顶的瓦片，从关押地逃了出来，回到各自的部队指挥士兵围攻钟会和姜维。

魏军乱兵像蚂蚁那样乱哄哄地涌进城中，还有弓箭手不断地向钟会等人射击，箭如雨下。钟会和姜维拼死抵抗，左右拼杀，亲手杀死了好几名乱兵，最终还是死在了乱兵的刀剑之下。钟会的数百名亲兵也全部战死。

但是，钟会和姜维的死并没有终结这场变乱。不受控制的乱兵们在成都城内和皇宫内烧杀抢掠，原蜀国太子刘璿（音xuán）一家，姜维的家人，原蜀国将领张翼、蒋斌等人都惨遭杀害，被杀的蜀国百姓不计其数。

卫瓘见乱兵失控，便让魏军诸将约束各自的部下，成都城这才渐渐恢复了平静。邓艾原来的部将见钟会和姜维已死，便派人追上邓艾父子的囚车，把他们救了出来打算带回成都。卫瓘得知后，担心邓艾父子回来报复自己，便派人去截杀邓艾父子。双方人马在绵竹附近遭遇，卫瓘派来的人夜袭杀死了邓艾父子。

卫瓘不久后又上表司马昭报告邓艾谋反的罪状，司马昭下令处死邓艾其余的儿子，将其妻子和孙子流放边疆。

邓艾被害与他的出身和性格有莫大的关系。他是那个士族繁盛时代的一个异类，他没有显赫的家世和名望，完全靠自身才能和司马懿的赏识步入仕途，活跃在三国的舞台上。但他的寒门出身以及耿直粗鲁的性格与当朝的士族群体格格不入。他有口吃，正常的交流都很艰难，更不可能与士人们聚会清谈了。因此，邓艾在朝中非常孤立，几乎没有朋友，大部分官员都耻于和他为伍。如今一些朝臣明知邓艾有冤，也不愿为他说话，一代名将最终落得悲惨的下场。

钟会死后，司马昭率军返回洛阳，只派贾充继续入蜀，协助卫瓘维护蜀地的秩序。吴国在得知蜀国灭亡后趁火打劫，转而把援蜀的兵力用来进攻原吴蜀边境的重镇永安（今重庆奉节）。驻守永安的原蜀国巴东太守罗宪手下只有两千士兵，拼死坚守了六个多月。司马昭得知后表彰罗宪的忠勇，并派兵支援永安，帮助罗宪击退了吴军。

为防止蜀人借刘禅名义闹事，司马昭让刘禅全家迁徙到洛阳居住。刘禅起程时十分落魄，原蜀国大臣没人愿意跟随他，只有原秘书令郤正和原殿中督张通两人舍弃家人追随。

这年三月，刘禅一行来到了洛阳。司马昭下令封刘禅为安乐公，对其子孙及群臣五十余人也进行了封侯。为彰显大度，司马昭宴请刘禅。宴会上，司马昭特意命人表演蜀国的歌舞，打算羞辱刘禅。没想到，刘禅看了反而十分高兴，完全没有其他人的忧伤之情。司马昭不禁轻蔑地说："人之无情，居然能达到这种程度！即便诸葛亮在世，也无法辅佐刘禅长久地保全蜀国，更何况姜维呢！"

过了几天，司马昭问刘禅："你思念蜀国吗？"

刘禅答："我在这里很快乐，不思念蜀国。"（"此间乐，不思蜀。"）

郤正觉得刘禅这么回答太让人笑话了，就教他说："下次有人这么问您，您应该哭着说自己先人的坟墓都在西蜀，心里总是惦念。"

刘禅便在司马昭第二次问及他这个问题时，按照郤正所教授的说了。司马昭奇怪于刘禅如此通达人情，就随口问道："是不是郤正教你这么说的呀？"

刘禅吃了一惊，连忙问："你怎么知道的？"

司马昭被刘禅逗笑了，以后对他再也没有提防之心。七年后，刘禅在洛阳平静地去世，享年六十四岁。

8. 一统

消灭了蜀国，司马昭的威望达到了顶峰，在魏国已经没人能够撼动他的地位了。

司马昭觉得是时候举行禅让仪式了。

为了给即将到来的新王朝营造气氛，各地不断上报各种祥瑞，诸如嘉禾、灵龟、甘露、神仙等在地方上频频出现，歌颂天下太平。

然而，正当洛阳为禅让做着准备时，五十四岁的司马昭突然中风，卧病几天便猝然离世了。这一年是咸熙二年（公元265年）八月，世子司马炎继承了晋王之位。

司马炎即位后，第一件事就是延续父亲未竟的禅让工作。三个月后，曹奂被逼下诏禅让帝位。司马家族最终成了魏国真正意义上的领导者，依封国的封号，司马炎把自己的新国家命名为“晋”。立国四十五年的魏国就此寿终正寝。

司马炎称帝后，上溯自己祖先的谥号，追封司马懿为晋宣帝，司马师为晋景帝，司马昭为晋文帝，而他去世后获得的谥号是“晋武帝”。

司马炎成了皇帝，但他心里明白，晋王朝是自己的父祖辈靠篡位得来的。在这一过程中，司马家族的成员们出力不少，许多士族门阀和权贵老臣也积极拥护，如今新朝创立，应当对他们进行封赏。

差不多在登基的同时，司马炎就下令给司马家族二十七人封王，包括司马炎的堂叔伯和堂兄弟们。接着，司马炎一反曹魏时期限制宗室出仕的做法，让宗室王公们出任朝廷的重要官职，起步就是三四品官职。对那些支持魏晋嬗代的功臣也一律升官加爵。这些人有许多原本就在曹魏朝廷担任高层职务，如此一来，晋朝一时间高官泛滥，位列三公的就有八人，不得已，只好以上公和下公进行区分，其他高级官位的各种名号更是五花八门。

论功行赏之后，司马炎大刀阔斧地推行新的制度，提倡新的风气，以彻底抹去曹魏王朝的痕迹。

登基仅仅三天，司马炎就发布了弘扬节俭的诏令，以示与曹魏时期的奢靡之风截然不同。他将宫中所藏的珍宝玩物拿出来赏赐王公以下群臣，还以身作则，削去宫中多余的支出，要求皇家器物和祭祀用品一律使用廉价的材料，禁止铺张浪费。

此外，相对于曹魏统治者的“刻薄”，司马炎施政主张以“仁德”“宽厚”为本。他善待禅让的曹奂，封他为陈留王，允许他使用天子旌旗和车辆等特权，同时废除了之前对曹氏宗族和汉朝宗室的禁锢令和为官限令。司马炎还起用了原敌对阵营的官员子弟，如诸葛亮的孙子诸葛京、嵇康的儿子嵇绍等。他又为王凌和邓艾平反，表彰他们是忠臣，赦免了他们的家人。

曹魏政权对士族和百姓的管制也十分严苛，司马炎则颁布了品官占田荫客制，规定士族可以依据官品的高低，占有相应数量的土地和佃客，从法律上保障士族的经济特权。另外，他逐步废除了曹魏的屯田制，推行占田制，即把原来属于国家的屯田分配给农民耕种，政府不再征收高额赋税，让那些长期处于军事管制下的屯田农（兵）解放为自耕农。

种种新政在各个层面巩固了新生的晋王朝，人们很快忘却了曹魏王朝，接受了司马篡魏的现实。然而，尽管臣民们普遍赞誉，司马炎的内心并不感到兴奋。

有一个人的存在让他始终寝食难安。

这个人就是他的弟弟司马攸。

司马攸是司马炎的同母弟，但他被过继给了伯父司马师，是司马师这支大宗的法定继承人。这就给司马炎带来了尴尬的问题：按照宗法来说，司马攸才是正统的司马家宗主，理应由他来做晋朝皇帝。但是司马师去世之时，毌丘俭、文钦之乱刚刚平息，局势不稳定，曹魏朝廷内外有众多反对者，司马家族需要一位政治经验丰富的领导者带领大家渡过难关，而司马攸当时年仅七岁，无法承担重任。所以，司马昭才绕开司马攸成了家主，接着又把权位传递给了儿子司马炎。如果没有发生这个意外，他司马炎顶多是一个王爷，哪儿会有现在的风光？

按理说，司马炎称帝木已成舟，没必要再多生枝节，偏偏司马炎的太子司马衷是一个智力有障碍的人。据说，司马炎曾经设宴群臣，卫瓘假装喝醉了，一边跪于司马炎前，一边抚着御榻说："此座可惜！"连老臣卫瓘都是这种态度，宗室王公和其他功臣当然就更不必说了。他们不想看到国家的未来交付给这样的人，就试图让司马攸担任储君，使晋朝帝系重回司马师这一脉。

咸宁元年（公元275年）腊月，洛阳城内爆发了瘟疫，司马炎也不幸感染，卧床不起将近五个月，险些撒手人寰。在这期间，国事暂时交由贾充、荀勖和司马攸三人负责处理。就有好事之徒怂恿贾充拥立司马攸代替太子司马衷，以防司马炎突然病逝，权力交接产生混乱。

贾充一时犹豫，没有赞同这个提议，而司马炎也很快病愈，回归了朝堂，这件事也就不了了之了。但相关传闻还是触动了司马炎的逆鳞，他一怒之下，将鼓吹此事的官员免职，并且剥夺了贾充的兵权，作为象征性的惩罚。

随后，司马炎开始了深刻的思考，他想：我好不容易得到的皇位，怎么能传给自己的弟弟那一脉？一定是自己太善良、太柔弱了，才让司马攸和宗室功臣们骑到头上，对自己的接班人指手画脚。自己年纪轻轻继承皇位，身无寸功，确实让那帮元老们看不起。这件事暂时压下去了，但保不准他们将来又会拿出来反复唠叨，那我这个皇帝还有尊严吗？

于是，司马炎采取了三项措施，来稳固自己和太子司马衷的地位。首先，他把司马衷的外祖父——弘农杨氏引入朝堂，对杨氏家族成员封侯，允许他们参议朝政，试图用杨氏的外戚力量来抗衡朝中的元老功臣；接着，他再次大规模地调整和分封宗室亲王，把自己的儿子几乎全部封王，并且立下了"非皇子不得封王"的原则，用以强干弱枝，凸显司马炎一脉的强势地位，断绝旁支宗室成为诸侯王的可能；最后，司马炎把消灭吴国、一统天下提上日程，期冀以强大的武功维系自己的威望。

此时的吴国是孙皓在位。曹魏咸熙元年（公元264年），吴国国君孙休病逝，他的儿子年幼，吴国群臣认为国家处于危急存亡的关头，需要一位成年君主才能稳定局面，便拥立孙休的侄子孙皓为帝。

孙皓即位之初，体恤百姓，降低徭役，开放仓库赈济饥民，还释放了许多宫女，表现出一副明君的样子。但地位稳固之后，他就立即换了一副脸孔。孙皓的权力欲望很重，不希望做士族们的提线木偶，便试图以残暴和大兴土木来提升权威。

孙皓即位两个月就过河拆桥，将有拥立之功的两位大臣灭三族，并且杀害了前任国君孙休的皇后及其两个儿子等多位宗室成员；大臣王蕃在宴会上醉酒不起，孙皓觉得对方失态，就砍下王蕃的头颅让身边的太监当球踢，直到头颅碎裂；他还听信术士之言，把国都从建业迁到武昌，并大举营造宫殿，吴国百姓不仅劳役繁重，还必须从建业逆流而上运送物资供应武昌的皇宫所需，因此百姓们怨声载道。

孙皓的所作所为大失人心，虽然他几个月后就还都建业，但已无法改变吴国日益混乱的局面了。吴国的政体是南方士族联盟，将领们都拥有私兵，他们和孙氏家族并没有严格的依附关系。孙皓的残暴使得两者之间的关系恶化，各地士族纷纷各自为政，吴国国力愈发衰落。

当初，司马昭灭蜀后得悉孙皓无道，急欲立即兴兵伐吴，一举扫平四海。但魏国刚经历伐蜀之役，军民疲惫，需要时间休整，也需要先把蜀地安定下来。而且司马昭最倚重的钟会死于谋反，伐吴总帅没有合适的人选。故而，司马昭只能选择等待。

司马昭在灭蜀胜利后曾派人送信给孙皓恫吓他，在信中宣扬魏国兵威，批评孙皓无道，希望孙皓能识时务，尽早投降。孙皓怕激怒司马昭，就在回信中言辞恭敬地赞扬他，但对投降一事不置可否。

吴国虽然君臣离心，但毕竟是拥有四州四十三郡、二百多万户籍人口的大国，可调动兵力达二十三万，是蜀国的两倍多。蜀国有秦岭天险，吴国则有长江天险作为阻隔，对不擅长水战的北方将士造成了巨大的障碍。

孙皓手下，还有名将丁奉、陆抗和名臣陆凯做吴国支撑。晋军要想击败吴军，必须通过他们这一关。

随后的几年时间里，吴国不仅没有安分自守，反而数次主动挑起战端，骚扰晋国边境。在丁奉和陆抗的指挥下，吴军多次击败晋军，取得了不错的战果，重新夺回了一度被晋军占领的交趾郡（今越南北部红河流域）。

南方的吴国未灭，北方的草原上又兴起了一个劲敌。活跃于西北草原的鲜卑人在首领秃发树机能的率领下不断袭击晋国边疆，先后击杀了秦州刺史和凉州刺史，并一度占领了凉州地界。而在东北方，另一个鲜卑首领拓跋力微征服了周边部落，称霸北方草原，号称拥有二十万骑兵。晋国北面的军事压力陡然增大，司马炎宵衣旰食，把主要军力放在应对鲜卑人上。

晋朝内部，宗室王公和权臣勋贵由于已经从魏晋嬗代中获取了足够的利益，对攻灭吴国缺少兴趣，其中有些人生怕万一灭吴失败，自己就会失去声望，丢掉乌纱帽。所以，晋朝大臣大部分不支持灭吴，代表人物就是三朝元老贾充。

在这样的内外压力下，司马炎即位后十年里都没有灭吴的迫切意愿，而是力求维持边界，着力保持内部各大利益集团的势力平衡，安稳度过新朝初立的复杂局面。如今，群臣拥立司马攸的风波让司马炎忽然警醒，他发现自己原来在众臣眼中如此软弱，便下定决心通过灭吴来建功立业。

当时，在朝中也有支持灭吴的大臣，他们大多是朝堂上的弱势群体，以外戚和寒族士人为主。当中最让司马炎信任的是尚书右仆射羊祜。羊祜所在的泰山羊氏是晋朝外戚，他的姐姐是司马师的第二任妻子。

羊祜本人低调内敛，稳重朴实，而且博学多才，文武双全，被人称赞是颜回再世。然而，他是夏侯霸的女婿，而且不擅逢迎，因此过去一直被钟会、贾充等人排挤，在朝中籍籍无名。司马炎在担任世子期间了解到羊祜的才干，便在即位之后提拔他，将他作为自己的心腹培养。

当时，吴国在边境频繁挑衅，司马炎便在泰始五年（公元269年）任命羊祜为荆州都督，让其掌管此处战略要地的军政大权。司马炎要求羊祜在荆州一方面防备吴军袭扰，另一方面刺探吴国虚实，为将来讨伐吴国做准备。

羊祜到任荆州后，发现这里的问题远比想象的要多。当时的荆州被晋吴两国分区占领，晋国的荆州实际上只占有原荆州北方约四分之一的土地，晋吴两国都在荆州投入了重兵驻守，军事据点犬牙交错，因此，荆州的军粮消耗极大。由于冲突不断，当地百姓生活难以安定，许多人逃亡他乡。

羊祜上任后，首先大力发展屯田，抽调了当地一半的驻军参与；接着，他在当地开办学校，兴修水利，安抚百姓。为了节约军费，羊祜带头节衣缩食，尽可能废除不必要的开支，自己的卫士不过十几人。

在羊祜的经营下，荆州不再入不敷出，反而囤积了十年有余的存粮。当地百姓对羊祜心悦诚服，逃亡的人渐渐都回来了。

针对吴主孙皓暴政导致吴国军民离心离德的情况，羊祜采用立德的方式招揽敌方人心。他对边境的吴国军民讲究信义，不滥杀无辜，不劫掠物资，也从不搞偷袭；将从前俘虏对方的妇女儿童全部送回；击杀了吴军将士，便以厚礼安葬，并允许他们的家属过来收殓；任何被俘虏或者投降的吴人，羊祜都允许其自行决定去留。荆州吴人因而都十分敬重羊祜，称呼他为“羊公”。

当时吴国的荆州都督是名将陆逊之子陆抗，陆抗对羊祜的为人也十分钦佩，赞其智慧“虽乐毅、诸葛孔明不能过也”。虽然互为敌手，两人仍派使者来往，交情颇深。陆抗病重时，羊祜还派人送药慰问。陆抗的部下担心有毒，劝说他不要服用羊祜送的药。陆抗却说：“羊祜怎么会用毒药害人？”说完便当场服下。

陆抗对羊祜施行怀柔政策的用心其实洞若观火。他说：“羊祜专以德感人，如果我们只用暴力侵夺，那就会不战而自然归服。我们只保住边界算了，不要为小利而与其争夺侵扰。”

陆抗明白吴国已经大失人心，如果轻启战端，反而正中羊祜下怀。所以，陆抗在任上命令属下严守边境，尽量不与晋军作战，若无可避免要开战，一定先做好充足的准备。

羊祜和陆抗两位名将在荆州一共对峙了九年，双方基本保持和平，极少发生摩擦。其间，唯一一次规模较大的战斗发生在泰始八年（公元272年），当时吴国西陵（今湖北宜昌）守将步阐据城叛变，陆抗奉命率军讨伐，司马炎趁机命令羊祜出兵攻打江陵，企图牵制陆抗的兵力。由于陆抗有先见之明，事先破坏了通往江陵的道路，并加强了江陵守备，羊祜进攻江陵失利，西陵被陆抗攻陷，步阐被诛杀。羊祜因战败而被朝臣弹劾，贬为了平南将军。

但是，司马炎仍然对羊祜极其信任，即便将他贬职，也保留了他在荆州的一切权力，四年后将他官复原职。

咸宁二年（公元276年），坐镇襄阳（今湖北襄阳）的荆州都督羊祜上书司马炎，认为是时机讨伐吴国了。

原来在两年前，陆抗去世了，吴国没有了可以独当一面的大将。丁奉、陆凯等重臣也已离世，孙皓没有了约束，更加为所欲为，滥杀滥刑。

孙皓每次宴会群臣，都派人记录大臣们的言行举止，一旦觉得有大臣失礼，轻则免职，重则施以锯头、剥皮、挖眼珠等酷刑，导致大臣们人心惶惶，都不敢正眼看他。孙皓的后宫有数千人，还不断地选拔民间女子入宫，遇有不从的女子，即将其杀死弃尸江中。吴国人深受其苦，上下离心，没人愿意为孙皓尽力了。

正是了解到这些情况，羊祜觉得伐吴时机已经成熟，晋军可从蜀地派水军顺江而下，从荆州、徐州和扬州派陆军南下，水陆并行多方齐攻，吴军必然首尾不能相顾，人心慌乱。而且吴国国土沿江，没有前线后方之分，又战线漫长，一处陷落必定震动全境，加上孙皓残暴，君臣失和，没有名将坐镇，吴国完全有可能很快就举国投降。

司马炎看了羊祜的奏疏，对他的观点深表赞同。但贾充等人仍坚决反对，认为北方战事吃紧，与鲜卑人的战斗尚未结束，不能南下。羊祜得知后，连忙上表说："鲜卑人不足为虑，只要平定了吴国，北方自然就安定了。陛下应该去成就更伟大的事业，而不是只关注北方的胡人。"

但是，朝中元老生怕以羊祜为代表的主战派得胜后会在权势上压倒他们，便发动群臣激烈地反对。司马炎只能暂时妥协，把伐吴日程延后。羊祜感叹道："天下事不如意十之八九。"

不过，司马炎的内心还是倾向于伐吴的，他采纳了羊祜关于伐吴的军事部署建议以及相关人选。早在四年前，司马炎就听从羊祜的举荐，任命王濬为益州刺史，负责在蜀地督造船只并训练水军。王濬在蜀地训练了水军十万，建造了长一百二十步、能载两千多人、连马都可以在船上奔驰的巨舰。司马炎还分别任命王浑、胡奋为扬州都督和江北都督，加快伐吴的准备步伐。

然而，被司马炎寄予厚望的羊祜最终没能等来灭吴的那一天。咸宁四年（公元278年），羊祜在洛阳病逝。去世之前他仍然不忘伐吴，几次向司马炎陈述自己的灭吴计划。司马炎感动地说："伐吴的总指挥仍然是你，你可以在车上总领各位将军作战。"

羊祜却说："夺取吴国我不一定要亲自去。平吴之后，还要劳累圣上您操心啊。我不敢自居功名。如果事情结束，应当委派官员去东南地区镇抚时，希望您慎重地选择合适的人选。"

羊祜病逝后，司马炎痛哭流泪，眼泪打湿了胡须并结冻成冰。按照羊祜临终时的举荐，司马炎任命杜预为新任荆州都督。杜预上任后，继续执行羊祜在荆州的政策。

转眼又过了一年，益州刺史王濬上书提议伐吴，并称如果再拖延下去，等孙皓死去，吴国换了明主就麻烦了。而且他造船已经七年了，每天都有船因腐烂而毁坏，这样下去船都要烂光了。新任荆州都督杜预随后也上书，称现在伐吴已经有了必胜的把握，希望司马炎不要被一些不负责任的声音迷惑，等到以后再出兵，天时人事就不一样了。

杜预的上表送到时，司马炎正在和中书令张华下围棋。张华推开棋盘抵手说："陛下圣明英武，国富兵强；吴主邪恶凶残，诛杀贤良有才能的人。现在就去讨伐，可以不受劳累即平定，希望您不要再犹豫了！"

晋武帝终于做出了伐吴的决定。此时，北方边患已基本平息，几个叛乱的鲜卑首领被杀，被侵占的土地也被夺回，朝中原本反对灭吴的大臣再也找不出合适的理由抵制这场战争了。司马炎采取高明的政治手段，强行任命贾充为伐吴总指挥，同时安排了几个宗室王公和士族权贵参与军事行动，保证他们能从灭吴战争中获取政治声望。由此，朝中反对出兵的声音终于被压制了下去。

一切准备就绪后，咸宁五年（公元279年）十一月，司马炎正式下诏出兵伐吴。

司马炎完全按照羊祜生前制定的计划部署作战，共派出六支大军，合计二十万人，分三路进攻吴国：两支部队在东路作战，分别由琅邪王司马伷和安东将军王浑指挥，负责围攻建业对岸的江北地区，使建业附近的吴国守军无法向西增援；三支部队在中路作战，分别由豫州刺史王戎、平南将军胡奋和荆州都督杜预指挥，负责攻打吴国在荆州的各据点；西路作战的是王濬指挥的益州水军，负责顺江而下，攻打吴国沿江重镇。贾充为大都督，担任总指挥；张华为度支尚书，负责漕运事务。

腊月，王濬的益州水军共计七万人首先从蜀地各军港扬帆出发，正式拉开了三国时期最后一场大战的序幕。他们在长江上航行了一个月，来到了吴国边境的军事重镇建平（今重庆巫山）。建平太守吾彦对晋国水军来袭早有准备，他派人用数条大铁链横断江面，又在江底设置了众多铁椎，致使王濬的水军无法航行。

吾彦是陆抗一手提拔的人才，几年前他发现江面上漂来许多木屑，推断出晋军正在上游益州造船，以后必然会走水路攻吴。他建议孙皓向建平增兵，但没有得到批准。于是吾彦就利用手头有限的兵力将建平城营造成坚固的防线，并设置了上述“铁索横江”的陷阱。

这一陷阱给刚出发的晋军制造了巨大的难题。但王濬根据探报早有准备，他让人造了几十个大木筏，在上面放置了许多草人伪装成士兵，让水性好的人驾驭木筏走在前面，遇到铁椎，就扎到木筏上被带走了，同时在船头安置了十丈高的大火炬，遇到铁链就用大火烧断。船队就这样顺利通过。

但是，吾彦据守的建平城极其坚固，王濬一时不能占领，便绕道建平，进攻下游沿江要塞。

中路晋军的进展也不太顺利，杜预指挥的荆州军团于太康元年（公元280年）正月南下，围攻江陵城始终不克。杜预便对江陵围而不攻，并分兵协助王濬的水军攻打沿江要塞。在晋军水陆两军的夹击下，吴国要塞接二连三失陷，江陵城孤立无援，最终被杜预攻克。晋军奋战两个月，基本上占领了夏口（今湖北武汉）以西的吴国领土。荆州南部湘江流域的吴国郡县以及靠近广州和交州的郡县纷纷望风归降，杜预率军南下，镇抚这些新投降的郡县。

杜预南下时将一部分兵力交给王濬指挥，王濬的兵力得到加强，旋即攻克夏口，进逼武昌。武昌守军无心作战，向晋军开城投降。至此，晋军夺取了荆州除吾彦坚守的建平以外的全部地区。

前线捷报频传，伐吴总指挥贾充却生怕战事出现意外拖累自己，忽然上奏司马炎说："吴国现在还不能平定，眼下南方开春，江水暴涨，湿气弥漫，极易发生瘟疫，不如等立冬之后再行进军。"

正在南方行军的杜预得知消息十分气愤，连忙上书说："今兵威已振，势如破竹，数节之后，皆迎刃而解！"

司马炎不认同贾充奏疏所言，驳回了他的请求，下令晋军继续进攻。

西路和中路晋军在荆州激战时，东路晋军也在建业附近与吴军展开了战斗。由于吴军的防御力量主要在江南，东路晋军一开始进展顺利，扫清了江北的吴军据点，歼敌五六万人。孙皓命丞相张悌率精兵三万北上迎击晋军。有人对张悌分析现在渡江与晋军交战，胜算不大，一旦被打败，吴国就大势已去了，劝张悌集中兵力于江南据点等待晋军前来，到时若能击退晋军，江北的土地就失而复得了。

但张悌认为，待晋国大军逼近国都，吴军士兵会惊慌失措而逃亡，不如现在趁着上游的晋军水军尚未达到，渡江去和北岸的晋军决一死战。如果取胜，吴军将士气大增，战事还有翻盘的可能；如果败亡，也算是尽力一搏，为国捐躯，没有什么遗憾和丢脸的。

于是张悌率兵主动出击，在杨荷（今安徽和县）附近发现了大约七千人的小股晋军。张悌将他们俘虏后继续前进，很快便与王浑率领的晋军主力遭遇并展开战斗。吴军进攻不利，被晋军反攻打败，那七千名投降的晋军也乘机反叛，吴军腹背受敌，尽数溃败，张悌与众多吴军主将殉国。

歼灭了张悌带领的吴军，距离建业已十分接近，有人劝王浑乘势渡江攻下建业，夺得伐吴头功。但王浑缺少大型船只，而且受贾充立冬之后再进军的论调影响，决定在江北按兵不动，待王濬的水军赶来会合，再一起进攻建业。

王濬带领水军从武昌继续南下，十四天便到达了距离建业二百里的牛渚（今安徽当涂县西北）。晋军水军的舰船塞满了长江水道，旌旗蔽日，兵士密布，浩大的军势吓坏了沿岸的吴人。被派来迎战的吴国游击将军张象被晋军的阵势吓倒，没交战便率手下的一万水军投降了。孙皓又拼凑了两万余名水兵去阻击王濬，但这批水兵在出发前夜逃散一空。

孙皓无力回天了。

三月十五日，王濬军抵达建业城外。等待他多日的王浑派人邀请他商议共同进攻建业之事，一心争功的王濬没有理会，以风浪太大、无法停船为由，在当天直接带兵冲进了建业城。

众叛亲离的孙皓只好带着太子等二十一名皇室成员反绑双手，向王濬投降。至此，立国五十一年的吴国宣告灭亡。自汉末黄巾起义以来，持续了近一百年的分裂终于重归一统。

数百年后，唐朝诗人刘禹锡对这段历史写道：

王濬楼船下益州，金陵王气黯然收。

千寻铁锁沉江底，一片降幡出石头。

人世几回伤往事，山形依旧枕寒流。

今逢四海为家日，故垒萧萧芦荻秋。

群臣向司马炎朝贺胜利，在那一刻，晋朝君臣的心里或许在想，灭吴成功意味着可以刀兵入库、马放南山了，属于晋朝的太平盛世正式开启了。

他们不会想到，即将到来的并不是彪炳史册的盛世，而是中华民族历史上最大的一场乱局。

第二部　永嘉

1. 盛世

太康二年（公元281年）春，晋都洛阳迎来了一批从南方来的年轻女孩。她们个个面容姣好，眉清目秀，乘坐着专门为她们准备的牛车络绎不绝地驶入洛阳城中，径直去往晋武帝司马炎的皇宫。

她们是从吴国皇宫中挑选出的五千名宫女。吴主孙皓在位后期纵情声色，大肆扩充后宫，曾下令大臣贵族之女成年之后必须先经他挑选，未被选入宫的女子方能婚嫁，故而吴国宫女都是精心挑选出的美貌少女。艳羡不已的司马炎不顾朝臣劝谏，执意要将这些美女纳入自己的后宫，供自己享用。

灭吴之前，司马炎的后宫已有数千人之多，纳入这些吴宫宫女后，他的后宫突破了万人，远超汉魏两朝历代君王的后宫人数。司马炎颇为满足，每晚都去后宫宴饮，与嫔妃宫女厮混。后来册封的嫔妃太多了，他不知该选择去哪一位嫔妃的宫中过夜，便乘坐羊车，让拉车的羊为自己选择，羊停在哪个嫔妃的宫门前吃草，便去哪个嫔妃的宫中过夜。如此一来，嫔妃们争相在宫门前插竹叶，在门前的草上浇盐水，希望能吸引拉皇帝车的羊停下来吃一口。

后宫闹剧令天下人耻笑，有朝臣规劝司马炎。但司马炎不以为意，自以为如今天下一统，四海升平，国家无事，自己也年近五旬了，为什么不抓紧时机享受人间极乐？

司马炎仿佛变了一个人，短短一年时间，便从以前那个励精图治的明君变成了荒淫昏庸的昏君。

了解司马炎的人无不叹息，灭亡吴国以后，这位皇帝失去了进取目标，心中只剩下了骄傲和自满。

司马炎的确有其骄傲的“资本”。

消灭吴国后，晋朝彻底在南方消除了心腹之患，而在北方，来自鲜卑人的边患也已平定，边境重归安宁，天下出现了上百年未有的和平局势。这让晋朝上百万的军队没有了用武之地，司马炎便下令裁撤军队，销毁兵器。为了防止东汉三国以来州郡兵权过大导致地方叛乱的情况再次发生，司马炎下令撤销诸镇将军的兵权，命伐吴众将提前退休，限定州郡兵力只能百人左右，仅仅用于辅助治安。

在和平安宁的环境下，晋朝百姓的生活和生产得到了充分的保障。司马炎废除战时的屯田制，颁布了占田制，允许士族和农民占有土地，并降低赋役。这极大地激发了农业生产，粮食产量和人口数量连续数年大增。如太康三年（公元282年），晋朝的户口数就达三百七十七万户，人口超两千万。各地粮仓尽数充满，京城洛阳更是繁华璀璨，人声鼎沸，车水马龙，皇宫和城外的金谷园风景如画，珍宝如山。

拥有了武功文治，司马炎终于可以底气十足地把弟弟司马攸赶出朝堂了。太康三年（公元282年），司马炎毫不客气地下诏，要司马攸离开洛阳，回封国居住。这道诏令遭到了大多数朝臣的激烈反对，但是司马炎表现出了极其罕见的强硬态度，不惜撕碎大臣的上书，还把集体请愿的八位太常博士免职下狱。最终，这场君臣争议因司马攸突然离世而终结，司马炎的一大心病自此消除。

内外无忧，司马炎愈发飘飘然。

一个失去人生目标和外界压力的人，只能是堕落到空虚无聊的境界了。

司马炎自小生长在豪门大族，一直以来没有经历过什么磨难，也不知民间疾苦，因此他堕落的速度很快。在收纳吴女入宫之前，司马炎就效仿孙皓，禁止天下少女通婚，等选美结束后才允许未选上的少女婚嫁。

有了万人的后宫司马炎还不满足，他大修宫室，收集各地的奇珍异宝，完全把即位之初勤俭节约的做法抛诸一边。因为开支过大，司马炎不惜卖官鬻爵，把一些爵位和官职明码标价，得来的钱全部用于自己的挥霍。

有一天，自以为成就非凡的司马炎问身边的司隶校尉刘毅："你认为朕可以和哪个汉朝皇帝相比？"

刘毅回答："可比汉桓帝和灵帝。"

桓帝和灵帝都是东汉末年有名的昏君，司马炎对此表示不解。刘毅解释道："桓、灵时卖官，钱都进了官库；陛下卖官，钱都被私人拿走了。这样比的话，陛下还不如桓帝和灵帝。"

司马炎听了，心中很是不悦，但他一直以宽容示人，不打算为难刘毅，便说："桓、灵时哪里能听到这些话呢？今天朕有直臣，所以朕和桓帝、灵帝还是不同的。"

这次谈话之后，司马炎并没有做任何改变。

最高统治者如此放纵自己，晋朝的大臣们自然上行下效。由于九品中正制的施行，朝中"上品无寒门，下品无世族"，世家大族的子弟不必磨砺品行和才干就能获得高官厚禄。又由于占田制和荫客制，他们掌握了大量良田，拥有许多为己劳作的奴客，每日坐享其成，衣食无忧。为了打发无聊的时光，也为了彰显家族显赫，士族们炫富攀比，各种匪夷所思的闹剧每天都在洛阳城上演着。

太傅何曾每天的饭菜要花费一万钱，仍然对外人说无有美食，不知道该从何处下筷。他参加司马炎的宴会，坚持自带酒食，因为他看不上御厨做的饭菜。他的儿子更加铺张，每天吃饭要花费两万钱，顿顿都要山珍海味。

驸马王济用人奶喂养小猪，再把小猪用人奶蒸熟，制成一道菜。安阳乡侯石崇把府中的厕所装修得极其豪华，铺设了蚊帐、垫子和褥子，并准备了香水和香炉祛除臭味，还有好几名侍女在旁侍候。

国舅王恺为了与石崇斗富，用麦糖水洗锅，用赤石脂涂墙，用丝布做了四十里的步障；石崇则用石蜡烧柴，用花椒粉墙，用锦缎做五十里的步障。司马炎不仅不予以制止，反而送给王恺一座名贵的珊瑚助他斗富。王恺把珊瑚拿到石崇面前炫耀，石崇竟一把打碎，然后命人从自己府中搬来几盆珊瑚赔给王恺，那些珊瑚比打碎的珊瑚更加高大美丽。

一国之君失去进取之心，贪图享乐，就是一场空前变乱到来的前奏。

在一片歌舞升平之中，危机已悄悄埋下。埋下危机的人不是别人，正是司马炎自己。

司马炎有二十多个儿子，嫡长子却是智障的司马衷（司马衷有一位同母兄长司马轨，早夭）。司马炎对立太子一事一度十分为难，担心司马衷无法胜任皇帝。他的皇后，即司马衷的生母杨艳反对说："立嫡是依靠年龄大小的，不是依靠才能，这怎么可以随意改变？"

当时，司马炎其他的儿子年纪尚小，他也害怕司马攸趁机染指储君之位，就仍旧把司马衷立为太子。再后来，司马衷的妃子生下了聪明伶俐的皇长孙司马遹（音yù），司马炎无比喜爱这个皇孙，就打消了废掉司马衷的念头，让他继续担任太子。

司马炎知道，自己的儿子是没有能力掌控朝局的，只能依靠辅政大臣主持朝政，这个辅政大臣必须十分可靠，绝不能是个奸猾的野心家。思来想去，司马炎把与自己没有血缘关系的功臣勋贵排除在外，选择了宗室和外戚，即四叔司马亮和杨皇后的叔叔杨骏做辅政大臣，大力提拔二人，命其分掌大权。司马炎认为，司马亮是皇室宗亲，杨骏是司马衷的外叔公，二人总不至于对司马衷动手，即便当中一人有野心，两人的权力互相掣肘，也不敢肆意妄为。

不过，这样的人事安排还是不能让司马炎完全放心。万一朝中发生意外，出现司马亮和杨骏无法掌控的情况，司马衷还是会成为某位权臣的傀儡。所以，还必须有宗室在国都外执掌兵权，担负起武装保卫的责任。于是，他在太康十年（公元289）再次大举分封宗室藩王，把司马衷的弟弟们全部封王，并特别任命三位皇子分别都督关中、荆州、扬州三大军事重地，期冀这些皇子能对朝中的野心家产生威慑。

司马炎费尽心思为司马衷铺路，认为自己的安排万无一失，一定能让晋王朝平稳度过司马衷在位的时日。他没有想到，这一系列安排反而给自己的王朝埋下了一枚威力巨大的炸弹，一遇到火星就会把大晋王朝炸个粉碎。

引爆这个炸弹的，正是司马炎苦心选中的儿媳——司马衷的妻子贾南风。

贾南风，贾充的女儿，史书上记载她“丑而短黑”“短形青黑色，眉后有疵”，而且她“妒忌多权诈”，脾气暴躁且心机很重。这样一位相貌和性格都很糟糕的女子，按理说不应该成为母仪天下的后宫之主。但是，在政治关系错综复杂的晋朝初年，这场不合常理的畸形婚姻还是形成了。

当初，司马炎给儿子选妻时，看中了卫瓘的女儿，因为卫瓘的女儿漂亮贤德。但是，杨皇后不这么认为，她极力推荐贾南风，认为这个姑娘德才兼备，比卫瓘之女更能够胜任后宫之主的位子。

杨皇后到底吃错了什么药，一定要选贾南风这样的儿媳呢？史书上说是她听从了贾充家族的游说。但杨皇后并不是没脑子的人，贾家派来几个女眷灌迷魂汤就能给她洗脑吗？而且，贾家能派人游说贿赂杨皇后，其他大臣就不会这么做么？

比较有可能的情况是杨皇后和贾充两个人互相利用，达成了某种政治交易。

杨皇后所在的弘农杨氏虽为外戚，但因为没有功绩，在朝中的地位很低，杨皇后就希望攀附贾充的权势，让自己的家族有个照应。而贾充虽然已是三朝元老，资望和功绩无人能比，但和司马炎的关系其实并不融洽。一方面，他功高震主，在朝中势力太大；另一方面，他又与司马攸走得太近，还把自己的一个女儿嫁给了司马攸。这些情况都使得司马炎对他极其防备。在贾南风嫁给司马衷之前，司马炎甚至想把贾充排挤出决策中心，曾计划过让他出镇西北。

贾充自然不愿意落得被排挤的下场，便采用联姻的办法来向司马炎表达忠心。他让妻子和家中的女眷去交好杨皇后，想通过皇后促成这桩婚事。杨皇后正好也有依附贾家的打算，两家一拍即合。

不过，就算贾杨两家希望联姻，决定权还是在司马炎手里。司马炎表面上看起来耳根子软，很好说话，其实内心非常有主见。杨皇后的枕边风要是吹得没有道理，他并不会听从。因此，司马炎同意太子迎娶贾充之女，是因为他心里认为这么做对自己有利。

如何处理与贾充的关系一直是司马炎非常头疼的问题。司马炎虽然防备他，但也需要倚重他的支持，如果把贾充逼得太紧，贾充很有可能狗急跳墙，发动他在朝中的势力投向司马攸，这是司马炎最不希望看到的。所以，司马炎切实希望能把贾充捆绑在太子这一边，削弱司马攸那边的支持力量。

正是由于杨皇后、贾充、司马炎三人都有联姻期望，太子妃人选才最终确定在贾充的女儿身上。只不过司马炎一开始并没打算让儿子娶贾南风，毕竟贾南风实在是太丑了。但贾充家成年的女儿除了贾南风之外都已婚嫁，贾南风的妹妹尚未成年，身材短小，连成人的衣服都不能穿，司马炎无奈之下只好同意了招贾南风为太子妃。

泰始八年（公元272年），司马衷和贾南风完婚。贾南风当时十五岁，司马衷年仅十三岁。

贾南风从小就饱受歧视，这使她的性格极其自卑、敏感、暴躁且倔强。结婚之后，她发现自己的丈夫竟然是智障，这深深地刺痛了她的心。

贾南风受到的打击不仅于此。太康三年（公元282年），贾充去世。因为贾充没有儿子，侄子和继子又缺少才能，贾家很快就虎落平阳，受到了朝中许多人的唾弃排斥。甚至有礼仪官员提出要给贾充上谥号“荒”，幸好司马炎顾及老臣的脸面，没有同意这一提议，给了贾充“武”的谥号。

家族失势让贾南风陷入了无尽的悲伤中，从那时起，贾南风就下定决心，一定要依靠将来的皇后之位掌握至高无上的权力，让周围的人不再敢轻视她和她的家族，她要以自己的力量重振贾家威名！

在最初给司马衷当太子妃的日子里，贾南风的地位并不稳固。敏感自卑的她极其厌恶其他女子亲近自己的丈夫，想尽办法阻止司马衷宠幸其他妃子或宫女，发现有其他嫔妃怀孕后，她不惜把那嫔妃剖腹，置之死地而后快。

得知此事的司马炎勃然大怒，打算把贾南风废掉。但是杨皇后的表妹、司马炎的妃子赵粲为贾南风求情道：“贾妃年少，而且嫉妒是妇人常情，等她长大了，自然就好了。”

杨皇后的堂妹杨芷也帮忙说话：“陛下，难道你忘了贾充的功绩了吗？”

司马炎只好打消了废掉贾南风的念头。

贾南风经过这场风波有所收敛，想方设法讨取司马炎的欢心。她发现，司马炎对司马衷的愚笨十分苦恼，经常因为司马衷回答不上他的问题而生气。贾南风觉得，自己的丈夫要是继续这么不争气，有被废掉的危险，万一出现这样的情况，自己的前途也就完了。

于是，贾南风暗中豢养了一批文人，让他们出谋划策，帮司马衷回答问题。有一天，司马炎来到太子宫中做客，临走时留了一封信，信中写了一些政事方面的问题让司马衷回复。贾南风连忙召集那帮文人作答，他们引经据典，回答得极为准确，书写也很工整。贾南风正打算让司马衷抄写这答案，有人提醒她道："太子没有那么聪慧，他不可能引述经典，这样很容易穿帮，不如按照题目的字面意思简单作答。"贾南风连忙让人重新作答，把答案改得尽可能简单明白，然后让司马衷抄写一份回复给司马炎。司马炎果然没有看出破绽，对司马衷大为赞扬。

在贾南风的帮助下，司马衷不受父亲喜爱的情况大为改观，太子的地位愈来愈稳固。

贾南风对自己将来成为皇后充满了期待，但是她渐渐发现，就算自己将来成为皇后，仍然是没有什么地位的，有一群人可以随时把她踩在脚下。

这些人就是杨皇后的族人——弘农杨氏。

杨皇后在贾南风结婚两年后，即泰始十年（公元274年）便在宫中病逝了。临终前，她担心自己的儿子司马衷将来地位不保，便劝说司马炎立她的堂妹杨芷为新皇后，希望可以继续保持杨家在宫中的地位。司马炎正有意抬升外戚地位来抗衡朝中的元老勋贵，便遵从妻子的临终遗愿，将杨芷立为皇后。

杨芷遵从堂姐的愿望，尽力扶持司马衷，也对贾南风竭力照顾。在贾南风杀怀孕妃子的那场风波中，杨芷就和赵粲出面帮贾南风说了许多好话。平日里，杨芷也以婆婆的身份管教贾南风，约束她的行为。毕竟贾南风这个太子妃是杨贾两家联盟的关键人物，杨芷不希望贾南风被废导致家族声望受损。

然而，杨芷的一番好意并没有换来贾南风的感激。

贾充去世后，贾杨两家的地位发生了升降变化。杨氏家族的权势在司马炎的刻意安排下突飞猛进，杨皇后的几个叔叔成为司马炎的心腹，参与各种国家决策。而贾氏家族逐渐边缘化，只能依附在杨氏家族门下才能苟活，贾南风在后宫中的地位自然不必说了。

贾南风本就是自卑敏感的人，这种寄人篱下的生活让她备感压抑，杨芷的管教在她眼里完全是拿皇后的身份摆架子，是欺负自己无依无靠，把自己当作她的小跟班来使唤。贾南风表面上不敢反对杨芷，暗地里早就对她恨之入骨。

杨芷的父亲杨骏是一位小人得志的人物，他的才干和名望不足以威服朝中其他官员，却依靠女儿的关系迅速被司马炎提拔重用。杨骏有此靠山，在朝中嚣张跋扈，目中无人。朝中多次有人上书劝谏司马炎不可重用杨骏，司马炎却认为正是杨骏无德无才，将来才不会篡夺皇位。

杨骏就这样在司马炎的支持下逐渐掌握了朝中大权，并且趁司马炎沉迷酒色、疏于朝政，暗中排挤另一位辅政大臣司马亮。司马亮为人懦弱，不敢与杨骏争权，杨骏家族更是权倾朝野。这让贾南风对自己的前途产生了巨大的担忧，担心司马炎一死，杨骏执掌大权，自己就会被当作没有价值的垃圾清理掉。

这种仰人鼻息的日子，何时是个尽头？

2. 愚帝

太康十年（公元289年）十一月，五十三岁的司马炎因酒色过度而病倒了，只能躺在床榻上。

杨骏趁此机会，利用女儿的关系出入皇宫，假装服侍病重的司马炎，暗中审理公文奏章，制定相关政策。为了把政敌司马亮与卫瓘排挤出朝廷，杨骏说服司马炎改变司马亮的职务，让司马亮出镇许昌，远离都城洛阳。然后，杨骏又抓卫瓘的小辫子，指责卫瓘那做驸马的儿子卫宣沉迷酒色，冷落公主，劝说晋武帝下令公主与卫宣离婚。卫瓘惭愧至极，告老辞官了，这正中杨骏下怀。

第二年三月，司马炎的病情恶化，到了时常不省人事的地步，而他尚未立下遗诏。杨骏更是抓紧时间抢班夺权，在朝中大肆树立心腹。朝臣们对此十分不满，但因为无法进入司马炎的寝宫告状，只能听之任之。

这期间，司马炎一度清醒过来，发现杨骏擅自撤换了自己任命的官员，便责怪道：“你怎么可以这样做？”

此时，汝南王司马亮仍在洛阳，尚未出发前往许昌。司马炎连忙命人写诏书，令司马亮入宫帮助处理政务，还传令几名官员前来协助。杨骏装模作样地答应了。等到中书监写好诏书，杨骏竟然以借来一看为由把诏书藏了起来。中书监焦急地请求杨骏归还诏书，杨骏却始终拖延不给。

在杨骏的无赖拖延下，这封诏书最终没能送出去，而司马炎再一次病危了。杨骏知道司马炎活不久了，便指使女儿杨芷催促司马炎，让司马炎同意由他单独辅政。杨芷不停地催问司马炎，最终司马炎在神志不清的情况下点头同意了。

杨芷立马叫人草拟遗诏，任命杨骏为太尉、太子太傅、都督中外诸军事、侍中、录尚书事等，有权处理朝廷内外一切大小事务。拟好之后，杨芷假惺惺地呈给司马炎看，但此时司马炎已说不出话了。

四月二十日，司马炎在宫中病逝。临终前，他一度恢复了意识，问身边人："司马亮来了吗？"

身边的人只能回答："还没有到。"

司马炎没有等到自己的叔叔前来就去世了。他怎么也想不到，自己和父祖辛辛苦苦缔造的大晋王朝很快就要走上一条毁灭之路。

司马炎去世后，太子司马衷即位，是为晋惠帝。这样一位智力低下的人是没有办法胜任帝王工作的，只能制造笑料。最出名的一次莫过于有官员向他报告灾荒，说有百姓饿死。司马衷不解道："既然没有饭吃，为什么不吃肉粥？"

还有一次，司马衷在园中听见青蛙叫，便问周围的人："这些青蛙是为了公事在叫，还是为了私事在叫？"

周围的人只好回答道："在公家的地方叫，就是为了公事；在私人的地方叫，就是为了私事。"

一个国家的最高统治者失去了最起码的管控能力，就只能任由身边的人为所欲为了。通过遗诏获得了大量权力的杨骏，第一个跳出来胡作非为。

新皇帝即位后，杨骏知道自己得罪了太多的人，为防不测，他堂而皇之地住进了太极殿（皇宫正殿）。司马炎的棺材移到太极殿停柩，六宫妃嫔都出来与晋武帝的灵柩辞别时，杨骏也不下殿，还调来一百名卫士保卫自己。

杨骏此时最担心的是迟迟未去许昌的司马亮。但司马亮比他更胆小，他生怕被杨骏迫害，连司马炎的葬礼都不敢参加，只在府门外哭拜。有小人诬告说司马亮将要兴兵讨伐杨骏，杨骏连忙通过女儿拿到司马衷的诏书，派兵去讨伐司马亮。但领兵的将领中有人认为司马亮不会举兵，便拒绝服从命令，迟迟不出动。

得知消息的司马亮连忙向身边人询问对策，有人就说："现在朝野上下都从心里归附于您，您不去讨伐别人，却害怕别人来讨伐您吗？"但即便有人这么劝他，司马亮还是不敢发兵，当天晚上就逃回了许昌。

赶走了司马亮之后，杨骏知道自己没有与辅政大臣相匹配的声望，便大肆分封爵位以收买人心，让全国官员每人升爵一等，参加晋武帝丧礼者升二等，二千石以上官员皆封关内侯。此外，免除天下租调一年。

杨骏自以为朝中没人可以妨碍他了，便让晋惠帝下诏书任命自己为太傅、大都督、假黄钺，总领朝政。他还让亲信占据朝中要职，让自己的两名外甥分别主管中枢机密和禁军。

为了监视和防范贾南风，杨骏要求皇帝的所有诏命都须呈报给太后杨芷审查后再行颁布。这相当于剥夺了贾南风参与朝政的机会，贾南风被死死地限制在后宫中，没有任何权力，还必须接受太后管控。这让倔强的贾南风忍无可忍。

贾南风决心非杀了杨骏一家不可。

贾南风知道自己孤掌难鸣，必须广泛结交朝廷内外反对杨骏的人。有一次，她听说朝中有两位禁军军官孟观和李肇也对杨骏心怀怨恨，因为杨骏让外甥主掌禁军，影响了两人的仕途。她便指派身边的太监帮忙联络两人，一起谋划推翻杨骏。几个人商议，认为汝南王司马亮最记恨杨骏，而且他在大臣和宗室中拥有较强的号召力，请他入朝帮忙除掉杨骏，胜算很大。

贾南风便委托李肇代为联络司马亮。李肇去了司马亮那里，本以为这位被杨骏逼迫得差点儿丢了性命的王爷会当场答应，没想到胆小怕事的司马亮拒绝了他的游说，只想安安静静地在许昌当个太平王爷。李肇见事不成，便转身去了离许昌不远的宛城（今河南南阳），打算在楚王司马玮那里碰碰运气。

司马玮，晋武帝司马炎第五子，此时年仅十九岁，是一位争勇斗狠的角色。他在父亲生前被分封为荆州都督兼镇南将军，雄踞一方，让杨骏很是惧怕。虽然如此，司马玮并没有什么政治头脑，是个年少轻狂、有勇无谋的人物。当李肇找到司马玮，说明来意后，司马玮认为自己大显身手的时候到了，二话不说就答应了。

几天之后，司马玮上书朝廷，请求入朝参拜皇兄司马衷。杨骏不知是计，认为正好能借此机会把司马玮调入洛阳，剥夺他在荆州的兵权并加以管控，便批准了他的请求。

永平元年（公元291年）二月，司马玮进入洛阳。贾南风立刻和他取得了联系。同时，贾南风网罗洛阳城中其他对杨骏不满的宗室和大臣，共同商定在三月初八晚上举事。

三月初八夜间，孟观和李肇突然入宫求见司马衷，请求司马衷下诏宣布杨骏意图谋反，废除杨骏的一切职务，让他以侯爵的身份回家。之前贾南风已经给司马衷灌输了许多杨骏的坏话，没有判断能力的司马衷当即同意了孟李二人的请求。

与此同时，负责守卫皇宫的禁卫部队暗中集结。这些参与政变的禁军名义上受杨骏外甥指挥，实则根本不听从杨骏一党的调动。

孟李二人拿到司马衷的诏书后，立即交给了早已准备好的司马玮等人。司马玮立即率领禁军封锁了内城和皇宫，囚禁了太后杨芷，并收捕了在内城的杨骏亲信，皇宫内外顿时一片混乱。无法脱身的杨芷担心父亲有难，连忙让人写了一封信，上书“救太傅者有赏”，绑在箭上射出宫外。

然而这封信并没有被杨骏的人捡到，而是被贾南风的亲信拾获了。

政变消息很快传到了宫外杨骏的府上，他慌忙召集一批官员商讨对策。有官员提议说："这一定是贾后那帮人在搞鬼。不如派人焚毁云龙门示威，向他们索要起事者的人头，然后您再召集东宫和外营的兵马，借太子之名入宫平乱，捉拿恶人。宫内震动恐惧，必定会斩闹事者送来。"

当时，洛阳守军主要分为两个部分，号为内军和外军。内军就是禁军，负责守卫皇宫和城区；外军驻扎在城外，负责保卫城池。献计官员的意思是让杨骏调集外军来镇压内军的叛乱。

但杨骏实质上是个没有魄力的小人物，他没有听从建议，反而说："云龙门耗费了很大的财力和人力修建，怎么能把它烧了？"

众官员见杨骏如此没有胆魄，不愿陪他一起送死，纷纷借故逃跑了。没过多久，已经平定内城和皇宫的禁军鱼贯而出，在东安公司马繇（司马懿之孙、司马伷之子）的率领下，开始进攻杨骏的府邸。杨府卫兵无法抵挡，殿中军很快攻破了杨府，将躲藏在马厩里的杨骏杀死，并屠杀其全家。

随后，孟观手持诏令，在全城搜捕杨骏的党羽和族人，抓获之后全部诛灭三族，就连当年毌丘俭之乱中英勇无比的文鸯也受牵连而被杀害。在这场血腥的屠杀中，共有数千人遇害。

杨骏一党中唯一幸存的，只有太后杨芷和她的母亲庞氏了。贾南风不想留这两个人的性命，就唆使一些大臣以太后飞箭射信、串通叛贼为由，上奏请求废黜杨芷的太后之位。但司马衷却对杨芷表现出了情谊，驳回奏书，说："这是大事，要慎重一些。"

或许在司马衷早年做太子时，杨芷对他的照顾给他留下了深刻的印象。司马衷虽然愚蠢，但还保留了人性中同情感恩的一面。

但是，司马衷终究拗不过强势的妻子，最终同意了群臣所请。贾南风又示意群臣上奏处死杨芷的母亲庞氏，司马衷本想让庞氏和杨芷一样做个平民百姓算了，但最后还是屈服了。

庞氏临刑的时候，杨芷悲伤得嚎啕大哭，截断头发在母亲面前磕头。她给贾南风上书，表示愿意给贾南风做奴仆，只求饶她母亲一命。但贾南风早就恨透了杨芷一家，完全没有理会她的哀求。

庞氏被杀后，杨芷被关在金墉城（今河南洛阳东）中，这座小城是专门用来关押废帝废后的。贾南风遣散了她的所有侍从，只提供少量的饮食和衣物给她。杨芷孤身一人在这里凄惨地生活，精神完全崩溃，最终于元康二年（公元292年）二月冻饿而死，年仅三十三岁。

杨芷如此惨死，死后还要被贾南风折磨。贾南风唯恐杨芷的灵魂会向晋武帝告状，就把她的尸体翻过来埋葬，还在上面压上了镇邪驱鬼的文书、药物等。

政变成功了，贾南风深深地出了一口恶气，自以为已风平浪静，能平安地执掌权柄了。但她发现，还有一个人的存在很碍事。

这个人就是汝南王司马亮。

司马亮是晋武帝司马炎的叔叔，辈分高，资历老，又是司马炎生前属意的辅政大臣，当初被杨骏迫害，得到了不少人的同情。贾南风再怎么卖力蹦跶，声望还是比不了司马亮，无法驾驭朝中的大臣们。

贾南风在政变成功后，不得不让丈夫下旨征召司马亮入朝辅佐朝政，赐予他“剑履上殿，入朝不趋”的殊荣。但贾南风多了个心眼，同时征召了赋闲在家的卫瓘，让他与司马亮分掌朝政，互相制约。

贾南风多虑了，司马亮真的不是难缠之人，他的懦弱和无能很快就把自己的好人缘败了个精光。政变成功后，司马繇赏罚不公，引起了许多人不满。司马亮就帮他擦屁股，对参与政变的大小官员不论功绩大小都进行封赏，导致许多趋炎附势之徒挤破了司马亮的府门，想编造点功劳从他那里骗取奖赏。大臣们都对司马亮滥赏的行为十分失望。而卫瓘年事已高，加上性格圆滑，不想对司马亮做出制约。

很快，司马亮自寻死路，得罪了不该得罪的人——楚王司马玮。

司马玮在政变中功劳最大，政变后加官进爵，升为卫将军，统领内军。他飞扬跋扈，在洛阳城里带着兵马肆意横行，任意诛杀不喜欢的人。司马亮担心司马玮引发祸事，一度打算剥夺他的兵权，但大臣们生怕得罪司马玮，没人敢接任他的职务。司马亮就和卫瓘商议，由司马亮上奏，建议诸王回到封国，接着由朝臣在殿上讨论此事，然后卫瓘表示赞同。两个人一唱一和，给藩王回国这件事制造舆论压力。愤怒的司马玮主动向贾南风示好，希望皇后给他撑腰。贾南风顺水推舟，出面把司马玮留在朝中，让他兼任太子少傅。

贾南风如此庇护司马玮，当然是希望借此抗衡司马亮和卫瓘两位元老。让这两个老头子接替辅政之职本就不是贾南风的意愿，而且她还曾与卫瓘之女竞争过皇太子妃之位，司马衷早年也险些因卫瓘而失去太子之位，双方早有宿怨。有司马玮这个愣头青帮自己出面抗争，何乐而不为呢？

贾南风以为自己利用了司马玮，却未想到自己也被一个小人物利用了。

当时，司马玮有一位亲信名叫岐盛，因为行事不端得罪了卫瓘，生怕被抓起来杀头，就假称得到了司马玮的指示，通过关系到贾南风这里告状，说司马亮和卫瓘企图谋反。贾南风的怒火一下子就点燃了，她觉得这两个老家伙真是活腻了。

元康元年（公元291年）六月，距离推翻杨骏的政变才过去了三个月，又一场血腥的政变在洛阳城内上演了。

这天晚上，贾南风让司马衷下诏免去司马亮和卫瓘的官职，然后派人把诏书送给司马玮，要求他立刻带兵收捕司马亮和卫瓘。司马玮感觉莫名其妙：抓捕司马亮和卫瓘这两个老头子不是很简单么？为什么要让自己带兵去抓，这样子不是搞政变么？

司马玮表示对这道诏书的真实性有所怀疑，但送诏书的使臣回答道："这是密诏啊，怕事情泄露出去别人有所准备。"

司马玮恍然大悟，觉得确实没必要跟那两个老家伙客气了，有密诏在手，干脆一不做二不休，干掉他们。

为了防止司马亮和卫瓘调动城外的军队反抗，司马玮召集所统帅的内军后，又假传圣旨，声称司马亮和卫瓘意图谋反，调动了外军三十六营一起去讨伐，下令若是遇到反抗，一律格杀勿论。

政变军队包围了司马亮和卫瓘的府邸。司马亮看见很多士兵爬到墙上大声喊叫，大吃一惊，冲着前来抓捕他的武官喊道："我对朝廷从来没有二心，怎么会到这种地步？能让我看一下诏书吗？"

但没人理睬他。

司马亮的卫士请求据守府邸抵抗，等待时局变化，但司马亮自认问心无愧，下令手下人不做抵抗。士兵们冲进府中，将司马亮和他的长子杀死。

而另一边，卫瓘也自认赤胆忠心，禁止手下人抵抗。最终，他和子孙共九人惨遭叛变的部下杀害。

天亮之时，得知司马亮和卫瓘已经遇害，太子少傅张华连忙通过太监告诉贾南风："楚王已经杀死了司马亮和卫瓘，朝廷的威势和兵权都归于了他，陛下和您的处境可就危险了，应该立刻以妄杀的罪名惩处楚王。"

其实不用张华提醒，贾南风早就对司马玮留了一手。她派人手持皇帝的旗帜和符节前往各军，宣称处死卫瓘和司马亮并不是朝廷的旨意，而是司马玮矫诏擅自行动。

在此之前，促成这场政变的岐盛提议反击皇宫，趁机除掉贾南风。但缺少政治经验的司马玮一时犹豫，没有下令。皇帝的使者来了之后，立刻对司马玮身边的将士大喊："楚王假传圣旨，大家不要听他的话，现在投降者可免死罪！"

将士们看见皇帝的旗帜和符节，一哄而散。司马玮身边一个兵士都没有了，他只好带着一名驾车家奴仓皇逃走，最终还是被抓住了。

这场政变就这样反转了。

对于被捕的司马玮，贾南风毫不留情地以矫诏叛乱之名予以处斩，其党羽包括岐盛在内皆被诛灭三族。临刑前，司马玮拿出藏在怀里的青纸诏书，展开给监刑的官员看，大哭着说："我是奉诏行事的，都是为了江山社稷，没想到今天落得如此下场！我是先帝的儿子，却蒙受冤屈，希望将来有人能还我清白！"

司马玮为自己的年少鲁莽付出了生命的代价，死时年仅二十岁。

贾南风借刀杀人又过河拆桥，为了收买人心，她大力表彰司马亮和卫瓘的忠诚和功劳，让司马衷下诏追授两人爵位，并把叛变杀害卫瓘的部下处死。

贾南风终于如愿以偿地掌握了朝政大权，开始垂帘听政。大臣们名义上是向皇帝司马衷上奏和汇报工作，实际上都要经过贾南风审定。

贾南风尚有自知之明，知道自己在处理政务方面不太擅长，而且是女流之辈，统领士族和大臣不太方便。她希望有一位得力的大臣帮她分忧解难，她选中了张华。

张华，字茂先，西汉著名谋臣张良的后人。此人不仅是一位才能卓越的政治家，也是一位学者和诗人。年少时，张华因为出身贫贱，虽才华横溢、学识渊博却不受人重视，便经常写诗作赋，表达心中的苦闷。"竹林七贤"之一阮籍阅读了他的作品，予以高度赞赏，评价他有"王佐之才"。张华因此名声大噪，得到了司马家族的任用。

张华一直是羊祜的坚定支持者，多次在朝中劝说司马炎灭吴。因为他的努力，司马炎一直支持羊祜，并最终下定决心对吴发兵。灭吴战役中，张华被任命为度支尚书，负责为各军调运粮草物资，后因灭吴有功受封县侯。

但张华出身寒族，没有强大的家族势力支持，因而多次受到排挤。

后来因为支持立司马攸为储君，他失去了司马炎的宠信，一度被外贬到幽州。虽然世人多称赞他可以胜任宰相，但在朝中士族的阻扰下，张华被排斥在最高权力之外，只能担任一些没有实权的官职。

等待了这么多年，张华终于在贾南风时代得到了重用。虽然父亲贾充在世时和张华不和，贾南风还是十分赏识张华的才干。司马玮政变时，张华的及时提醒让贾南风对他更加钦佩。

贾南风认为张华出身寒族，在朝廷和地方没有根基，而且不是皇亲国戚，不会对皇位有野心，而且张华性格儒雅，智慧超群，口碑和声望都很不错，重用此人可以制衡朝中那些世家大族。于是，经过一番考量，贾南风以皇帝的名义下旨，封张华为侍中、中书监、右光禄大夫，配金印紫绶（古代象征最高官职的物品），负责处理机要大事。

升任如此的高官要职，张华对贾南风感激涕零，尽心辅佐朝政，妥善处理朝廷内外的矛盾。贾南风也对张华报以充足的信任和尊重，她对别人凶狠霸道，唯独对张华礼遇有加。

在张华和其他重臣的努力下，西晋王朝度过了八年的平安时光。在这期间虽然偶有灾害和叛乱，总体上还是风平浪静，一片祥和。

然而，平静归平静，贾南风和张华都没有能力改变西晋王朝腐朽没落的趋势。由于政治和经济特权受到保护，士族们大都不思进取，骄奢淫逸，互相以钱权交易。贾南风的族人和党羽也贪污受贿，公然卖官。整个国家上上下下，似乎所有的东西都可以明码标价地买卖，道德廉耻之气荡然无存。

当时有一位叫鲁褒的人写了一篇《钱神论》，讽刺晋朝社会的拜金之风。他在文章中将金钱比喻为“孔方兄”，写道：“洛中朱衣，当涂之士，爱我家兄，皆无已已。执我之手，抱我终始，不计优劣，不论年纪。宾客辐辏，门常如市。谚云：‘钱无耳，可暗使！’岂虚也哉？又曰：‘有钱可使鬼。’而况于人乎？”意为：洛阳城中的富贵人家、身居官位的那些人，对于孔方兄的热爱从来都不曾停止。他们拉着它们的手，一直抱它们在怀中，不管它们的样子是优是劣，也不管它们有多大年岁。在孔方兄的家中，宾客们总是聚得满满的，门前就同集市一样热闹。谚语说："钱虽然没有耳朵，却可以暗中使用它做事。"这话难道是假的吗？又说："有钱便可以役使鬼神。"那么更何况人呢？

依靠《钱神论》的流行，"孔方兄"和"有钱可使鬼"的说法流传开来，直到今天。

而相较于社会风气的败坏，骄横跋扈的藩王们才是真正让西晋王朝病危的毒瘤。

西晋分封制的初衷是赏赐那些支持魏晋革命的士族权贵，这些人原本就在曹魏王朝担任高级官职，如果不予以更丰厚的回报，很难吸引他们站在司马家族一边。司马昭称晋王后，套用周朝的公、侯、伯、子、男五等爵位，创立了五等爵制，分封给六百余位文武官员。

司马炎称帝后，为了压制这些功臣的权势，避免重蹈曹魏王朝宗室受限、皇帝孤立的覆辙，又将晋朝宗室子弟分封为诸侯王，配备以不同数量的兵士。不过，毕竟有前朝教训在先，司马炎对受封藩王也有担忧，就限定诸王至多有五千兵士，国土大小不能超过一个郡，且无权干涉地方行政。为防止藩王在地方作乱，司马炎干脆将诸王留在京城洛阳，赐予高官厚禄，非特许不得回封地。

这些王室成员聚集在洛阳，个个有权力，有兵士，骄横跋扈，司马炎怕控制不住他们，就将一部分王爷打发回了封国。这种鸵鸟政策让藩王更加骄横，他们虽然无权干预地方行政，但能依靠特殊身份在地方上结交士族，培植势力，朝廷内外没人敢得罪他们。

再后来，时局恶化，士族势力变得强大，大量胡人涌入中原，司马炎为了让儿子司马衷坐稳江山，开始任命一些藩王都督州郡地方，允许他们掌握当地的军政大权。

此例一开，藩王在兵权和民政权上的桎梏就打破了。贾南风通过政变掌权后，为了换取宗室亲王的支持，进一步放宽了藩王职权的限制，对他们大量封赏，出镇地方的藩王越来越多。这些拥有都督、大将军职位的藩王麾下有多达数万的兵马，又领导当地民政，并且能以宗室身份开府招揽属官，实与诸侯无异了。而那些留居洛阳的藩王也多被授予军职，他们在军中拉帮结派，形成大小军阀。

西晋朝廷已经失去了对这些藩王的控制，天下即将大乱。

面对重重危机，如果贾南风能够继续保持慎重，或许她可以以一名女政治家的身份名留青史，而不会以另一种面貌遗臭万年。

可惜的是，贾南风没有这么做，她也没有办法这么做。

司马衷显然无法满足贾南风的生理欲望，她便利用权力为自己寻找男伴，一面毫不避讳地与宫中太医私通，一面派人到宫外掳掠英俊的男子享乐。宫里宫外的年轻男子人人自危，她的声誉急剧下降。

如果说私通淫乐的事只是道德问题，那公然废杀太子就是压垮贾南风的最后一根稻草了。

贾南风和司马衷多年来只生有四个女儿，没有儿子，太子司马遹是司马衷的妃子所生。他与父亲相反，是个聪明伶俐的少年，而且是司马炎钦点的隔代继承人，朝廷内外许多人对他抱有很大的期望。如今司马遹渐渐长大，即将到达参政年龄，而他一旦参与朝政，必然会影响贾南风大权独揽，这是贾南风绝对不希望看到的。

虽然贾南风的母亲苦口婆心地劝说她一定要善待太子，将来将太子作为依靠，不然会给家族带来灾难，但贾南风就是不听。她始终把司马遹视为眼中钉、肉中刺，认为他对自己迟早会有异心，因此对他一直不加礼遇。司马遹也对贾南风没什么好感，对她态度敷衍，不听她的管教，沉迷游玩，荒废学业。

为了稳固自己的权位，贾南风终于决定废掉他。

她与亲信谋划，一面大肆宣扬太子司马遹的缺点和错误，一面对外宣称自己怀了儿子，暗中把妹妹的儿子接到宫中抚养，准备以其替代太子。

朝中大臣都看出来，贾南风准备废立太子了。有人劝辅政大臣张华对此做些什么，再不行就帮助太子逼宫贾南风，不能让贾南风这么胡作非为，动摇国家根本。但张华视贾南风为靠山，认为帮助太子推翻皇后不孝也不义，而且朝廷里的水太深，自己没有把握帮太子政变成功，便拒绝了周围人的请求，对贾南风的做法睁一只眼闭一只眼。

元康九年（公元299年）十二月，贾南风以司马衷生病为由，召太子司马遹入宫。司马遹入宫后，没有见到父亲和贾南风，却被强行留在一间宫室里。贾南风派了一名宫女假称皇帝赐酒，逼迫司马遹喝下三升烈酒，司马遹因此醉倒。

贾南风随后让人拿了一封信，说是皇帝要求太子照抄。醉醺醺的司马遹头昏脑涨，就按吩咐抄了一遍。他哪里知道，这封信是以他的口吻要求皇帝和皇后退位，不然就要起兵叛乱。

拿到司马遹的手迹后，贾南风派人将其中不清楚的字进行描补，然后作为证据拿给司马衷看。第二天，司马衷召集群臣，让太监把司马遹写的信和写着“太子写这样的话，现在我下令赐他死”的青纸诏书遍示各位王公大臣，让他们表达意见。

看完后，无人敢表示反对，只有张华觉得事关重大，提议皇上仔细考虑，谨慎处置。贾后则派人去朝堂上催促司马衷尽快决断，如果有人敢反对，就按照军法处置。

大臣们早就对贾南风厌恶至极，对于这种大事他们也不愿背黑锅，就东拉西扯，故意拖延时间，直到太阳偏西也没有个结果。张华也不肯赞同这件事，贾南风怕事情有变，又上表免太子为庶人。司马衷同意了。

司马遹和家人随即被拘禁在金墉城，生母谢淑妃则被处死。

废太子的诏令一下，洛阳城里一片哗然。有人上书，声称判决太重了，应该给太子一个机会，为太子重新选择师傅加以严厉教诲，如果太子还不悔改，再废他也不晚。但司马衷没有理会。司马遹被转移到许昌囚禁时，他的许多下属官员不顾禁令前来为他送行。这些人后来全部被捕，但贾南风一党迫于舆论压力最终将他们释放。

也有人把批评矛头指向张华，认为他没有尽到应有的责任。张华的小儿子就劝自己的父亲辞职，或许将来可以免除祸患。但张华舍不得自己的权位，没有同意。

贾南风和张华都以为局势在自己的把握之中，他们想不到，一场摧毁他们的烈火即将熊熊燃烧。

3. 恶狗

贾南风废黜太子的风波极大地震荡了王朝的政局，全国上下无不对此表示愤慨和不满。这件事引起了赵王司马伦的注意。

司马伦，司马懿第九子，他的母亲柏夫人当年很受司马懿宠爱，司马懿为她而冷落了正妻张春华。司马懿生病的时候，张春华去探病，司马懿对她说："面目可憎的老东西，何必麻烦你出来！"张春华气得要绝食自尽，司马师和司马昭也要跟母亲一起绝食，司马懿这才慌忙向张春华道歉，劝阻了她绝食。事后，司马懿却对柏夫人说："老东西死了没什么好可惜的，我只担心我那群好儿子啊！"

正因母亲极受宠爱，司马伦自小疏于管教，自私贪婪，是司马懿的儿子中资质较差的一个。他原来被任命为征西将军，镇守关中，却因为处事不公，引发了关中地区氐族和羌族叛乱，贾南风只好把他调回洛阳，担任车骑将军，并领右军将军。

回到洛阳的司马伦极力讨好贾南风及其族人，贾南风也把他当作亲信对待。贪得无厌的司马伦迫切希望掌握更大的权力，先后请求录尚书事和尚书令的官职，试图参与管理政务。幸得张华等人认为此人不可重用，据理力争，将他的请求驳回了。

司马伦不愿放弃，他暗中招揽党羽，以琅邪人孙秀为谋士，结交禁军将领，觊觎本不属于他的最高权力。

贾南风废黜太子后，一些原本在东宫任职的禁军武官对贾南风恨得咬牙切齿，打算发动政变推翻她，但苦于没有朝中重臣的支持，他们便看中了有权有势的司马伦，私底下和孙秀取得联络，说你们和贾皇后走得太近，废太子一事你们是脱不了干系的，万一出现事变，你们肯定要遭殃，不如先下手为强，把贾皇后给办了。

孙秀觉得有道理，便说服了司马伦发动内应，做好推翻贾南风的准备。但在发动政变之前，孙秀忽然想起一个问题：要是政变成功，太子上位，肯定会重用那些有贤名的士人，自己只是一个籍籍无名的寒族，怎么可能与那些人并列封官呢？那自己发动政变不是吃力不讨好吗？自己要想成功上位，和士族们并列，应该把主公司马伦送上台才对啊。

于是，孙秀建议司马伦暂时不要动手，而是先诱使贾南风自绝后路，待其诛杀太子司马遹。孙秀认为，天下人一直把司马伦视作贾南风的党羽，如果迎回太子，太子不一定会感激，说不准还会过河拆桥，倒不如等贾南风把太子杀了，这样一来贾南风人心尽失，司马伦就能打着为太子复仇的旗号，名正言顺地讨伐贾南风了，二来免除了后患，便于司马伦将来掌控朝局。

司马伦听了大喜，就让孙秀赶紧安排。孙秀便派人在洛阳城内散布流言，称宫中有人要推翻贾皇后，迎回太子。

流言很快就传到了贾南风的耳里。恐慌之下，她动了杀掉太子以绝后患的念头。

永康元年（公元300年）三月二十二日，贾南风派人在太子司马遹的食物中下毒以毒杀他。但司马遹早就预料到贾南风可能会在食物里下毒，拒绝食用不是在自己面前烹饪的食物。贾南风派来的使者见司马遹怎么也不肯吃，便用捣药棒重击他的头，把司马衷这个唯一的儿子打死了。

打死司马遹后，贾南风突然感到后悔。司马遹毕竟是太子啊，而且还是皇帝唯一的儿子，他死了，国家就没有继承人了，政局真的会失控了。但是，事情已经没有办法挽回了，贾南风只能给自己找一些心理安慰。太子此前已被废为平民，死后理应以平民礼下葬，但贾南风格外奏请，以王礼安葬了司马遹。

贾南风万万没有想到，自己已经落入了司马伦的圈套。

太子死后，洛阳城群情激愤，人们异口同声谴责贾南风，要与贾南风一伙人势不两立。孙秀见时机成熟，让司马伦按照计划，立刻联络相关人员发起政变。

四月初三夜，司马伦召集了前驱、由基、强弩三营的禁军将领，假传圣旨说："皇后与贾谧（贾南风的义侄）等人杀害了朕的太子。现在派车骑将军进宫废黜皇后，你们都应该服从，事情结束，赐予你们关中侯的爵位。不服从的人，诛杀三族。"

这三营禁军本就归属司马伦指挥，而且半夜时分诏书难辨真假，他们便遵从司马伦的命令向皇宫进军。政变军队用假诏书骗开了宫门，担任禁军翊军校尉的齐王司马冏充当先锋，带领一百多名士兵鱼贯而入。在皇宫内应的协助下，皇帝司马衷首先被带到别处保护起来。司马冏让人用诏令宣召贾谧到殿前。贾谧来后见情况不妙，大呼："皇后救我！"但他没跑多远，就被追上来的士兵砍下了脑袋。

贾南风对于发生的事情浑然不知，问带兵闯进宫来的司马冏："你怎么会在这里？"

司马冏说："奉诏令拘捕你！"

贾南风奇怪道："诏书都从我这里发出，你哪里来的诏书？"

司马冏没有回答她。贾南风这才意识到自己要被人推翻了，连忙冲着皇帝被带走时的方向大喊："陛下有妻子，却被人废黜，等于你也要被人废黜了！"

被看管起来的司马衷已经没法回应她了。

贾南风被废为庶人，囚禁在建始殿，她在宫中的党羽亲属也被抓捕。

司马伦连夜召集高级官员入宫，把收捕贾氏一族及党羽的假诏书给他们看。有大臣怀疑诏书是假的，司马伦便命人把那人当场斩首，其余大臣吓得不敢再说什么，只能听命于司马伦。

顺利夺取朝政大权后，司马伦担心自己贸然篡位会召来朝中大臣反对。于是，他和孙秀合计，决定清洗朝中重臣，杀掉那些有名望的大臣，并且借机报复过去曾结怨的人。司空张华首当其冲。

司马伦早就厌恶张华了。之前关中地区氐族和羌族叛乱，张华曾上奏贾南风，建议处死司马伦的谋士孙秀，给关中人士一个交代。而司马伦回到洛阳后，申请担任录尚书事和尚书令，张华也都不赞同。因而，司马伦和孙秀都与张华结怨非常深。

政变发生前，孙秀倒是想过再争取一下张华，派人连夜面见他，希望他能和司马伦一起“为天下除害”。而张华严词拒绝了他们。这更让司马伦和孙秀相信，张华必定不会和自己站在同一个阵营。

张华被捕后，司马伦派人训斥他说：“你身为宰相，太子被废黜的时候，你没有为气节而死，这是为什么？”

张华回答：“我曾劝谏过皇帝，当时的争论宫中有人记录，你可以去查！”

使者说：“劝谏却不被接受，你为什么不辞职谢罪？”

张华无言以对。

不久，司马伦下令将张华斩首，诛灭三族，受牵连者多达上千人，一代能臣落得令人唏嘘的下场。

贾南风被废黜之后，被押解到当初她关押太后杨芷的金墉城里。贾南风万万不会想到，八年之后，她也落得和杨芷一样的结局。她的亲人和亲信全部被处死，只剩下她一个人孤零零地待在这阴森凄凉的冷宫中。

被抓捕的那天晚上，贾南风特地询问司马冏到底是谁指挥政变。司马冏告诉她是赵王司马伦和梁王司马肜（音róng）。贾南风叹息道：“拴狗应该把绳子系在狗脖子上，我却把绳子系在狗尾巴上，怎么能没有这样的结果？”

处心积虑了那么多年，一着不慎，满盘皆输，到头来什么都失去了！

四月初九，政变发生仅仅六天后，司马伦以皇帝的名义赐毒酒给贾南风，逼迫她服毒自尽。贾南风死后不仅只以平民之礼草草埋葬，而且被史官以恶名写入史书，遭到后人的口诛笔伐。

贾南风以不光彩的方式退出了历史舞台，但她的死不仅没有为大晋王朝动荡的政局画上句号，反而开启了另一段空前的大动乱。

在贾南风死之前，西晋内乱还仅限于洛阳城中的兵变，权力只在后妃、外戚、权臣和宗室之间轮替，大家还是认可司马衷的皇帝身份，朝廷也还是有强人掌权，那些有权有兵的藩王们想作乱，还是有所顾忌的。

然而，司马伦上台后，无视司马衷，他认为自己也是司马氏子孙，完全可以取而代之，便开始了一系列谋朝篡位的行动。王朝的政治格局被他破坏殆尽，皇帝和朝廷的威信荡然无存，失去道德和政治约束的诸王向权力顶峰发动了猛烈的冲击。司马炎开历史倒车所埋下的祸根就此全面爆发，最终将西晋王朝撕个粉碎。

参与这场厮杀的藩王主要有六人，加上之前被贾南风杀掉的淮南王司马亮和楚王司马玮，总计八王，史称“八王之乱”。

司马伦推翻贾南风后，按照自己的既定计划，一步步地实行篡位的步骤。他以司马衷的名义下旨，大赦天下，并封自己为持节、大都督、督中外诸军事、相国、侍中等显要官职，把国家大权集中在手中。然后他给自己增加了一万多卫士，对自己的几个儿子大封王号和各种官职，并配以相应的兵权。

司马伦还封赏亲信，对他最倚重的孙秀授予中书令一职，让孙秀协助他处理机要大事。司马伦不学无术，对政事一窍不通，所以政务基本上都是交给孙秀处理。孙秀因而权倾朝野，官员们都直接向他汇报工作。

司马伦篡位的意图相当明显，但以他的能力和声望根本无法服众，王公大臣们普遍对他十分厌恶。淮南王司马允，晋武帝司马炎第十子，年仅二十八岁，担任中护军，在禁军将士中颇有威望。他暗中豢养死士，计划讨伐司马伦。

司马伦和孙秀对司马允加紧了防备，表面上将他升职为太尉，实际上想剥夺他的兵权。司马允看出司马伦的技俩，就故意称病，拒绝上任。孙秀趁机以司马允不听诏令为由，派御史去拘捕他。司马允勃然大怒，又发现拘捕他的诏书是孙秀的笔迹，当场要把来拘捕的御史杀掉。御史见事不妙，慌忙逃走。司马允就杀了御史的两个手下，然后召集自己的亲兵死士，宣称："赵王司马伦想灭了我家！我们一起跟他拼了！"

接着，司马允就带领七百多名部下杀了出去。一路上，他大声呼喊道："司马伦谋反，我要进攻他，愿意跟从我的都袒露左臂！"

一时间，众多对司马伦不满的兵士和平民都呼啦啦地跟在他的后面。

司马允率领部众进攻皇宫，准备挟持晋惠帝司马衷。但有人提前关闭了宫门，司马允无法进入，便转向去进攻司马伦的相府。

司马伦闻讯连忙派兵阻击，双方在相府门口的街道上激战，司马伦不敌，部下战死一千多人。司马允的人马用强弓劲弩向相府中猛烈射击，司马伦的部下不得不躲藏在大树后面，树干上射满了箭矢，司马伦靠部下用身体挡箭，才没有被乱箭射死。但司马伦的卫兵死守相府，双方从辰时（7时至9时）打到未时（13时至15时），仍然未分胜负。

皇宫中有大臣希望给司马允鼓劲加油，便奏请司马衷以皇帝名义派人举白虎幡去平息事端。实际上，传达天子休战指令的旗帜是缝有仁兽的驺虞幡，白虎幡则是鼓舞战斗的旗帜。这位大臣正是利用司马衷愚笨，分不清两者的区别，而故意这么说的。

司马衷同意了，派了一位叫伏胤的武官带领四百名骑士，举着白虎幡，带着诏书从宫里出去。

没走多远，司马伦的儿子司马虔拦住了他，暗中许诺给伏胤荣华富贵，让他帮忙宰了司马允。伏胤受不住金钱诱惑，便把真诏书藏起来，带着一封空白诏书继续前进。他来到司马允身边，假称有圣旨下达让司马允听宣。司马允粗心大意，未加详察，就分开兵阵让伏胤进来，下跪听诏，被伏胤当场刺死。司马允的部下随即败退，司马伦在洛阳城中大肆搜捕杀戮司马允的家属和党羽。

在诛灭司马允党羽的行动中，孙秀公报私仇，将石崇和潘安列入黑名单，把这两人也处死并灭族。

孙秀杀石崇的起因是一个叫绿珠的女人，她是石崇的宠妾，孙秀垂涎于她的美貌，希望出钱赎买，但遭到石崇拒绝。正好石崇的一个外甥得罪了司马伦，孙秀便以此发难，说石崇和他的外甥参与司马允谋反，把他们都杀了，还侵吞了石崇的万贯家财。一代富豪终因炫富和傲慢而丧命。

潘安担任黄门侍郎，本名潘岳，是当时出了名的美男子，每次上街，都会迎来妇女们争相观看，许多女人会往他的马车上投掷水果来表达爱慕。所以，潘安每次回家，车上都装满了水果。潘安还是一位著名的诗人，有名作《悼亡诗》《秋兴赋》等流传于世。孙秀要杀潘安，是因为他以前做小吏时受过潘安责罚和鞭打，如今他便借此机会施行报复。

诛杀了司马允、石崇和潘岳这些在朝中有名望的人物后，司马伦自认朝中再无反对者，便加紧了篡权夺位的步伐，不久之后便公然自封九锡。永宁元年（公元301年）正月，他指使孙秀炮制禅让诏书，逼迫司马衷把皇位禅让给他，然后奉司马衷为太上皇，把他关押了起来。

司马伦兴致勃勃地穿上皇帝的龙袍，坐到梦寐以求的龙椅上。他煞有介事地大赦天下，并改元建始。为了收买人心，他下令给官员们加官进爵，他的儿子们和孙秀趁机胡乱封赏，越级提拔，使一大批无功无劳的人也被封爵。这导致受封爵位的官员太多，府库中没有足够的印绶和貂毛下发。而貂毛是官员帽子上代表爵位等级的饰物，没有了貂毛，司马伦就临时发放狗尾来代替，于是有了“狗尾续貂”这个成语。

司马伦篡位称帝后，引起全天下公愤。孙秀胆战心惊，他尤其害怕在地方上掌握重兵的三位藩王，他们分别是齐王司马冏、河间王司马颙（音yóng）和在邺城的成都王司马颖。

齐王司马冏，司马攸的儿子。父亲死后他继承了爵位，留在洛阳掌管禁军。之前在推翻贾南风的政变中，他率领部下协助过司马伦，帮司马伦抓获了贾南风。但在随后的封赏中，孙秀为了防备他，对他明升暗降，任命他担任平东将军，镇守许昌，将他赶出了朝廷。司马冏极为不满，在领地厉兵秣马，一心想报复司马伦。

河间王司马颙，晋武帝司马炎的堂弟。司马颙性格豪爽，仗义疏财，喜好结交，所以他在朝中名声尚可，与众藩王的关系也还算融洽。司马颙和皇室血缘疏远，而且善于掌兵，被封为平西将军，都督关中地区。

成都王司马颖，司马炎第十六子，晋惠帝司马衷的异母弟，司马伦称帝的这一年只有二十二岁。他相貌俊美，性格敦厚，在一众年轻的皇室子弟中颇有贤名。十岁时，他就被司马炎封为成都王，但因年龄小，没有前往封地。不承想后来蜀地发生流民叛乱，司马颖便一直留在洛阳。

司马颖居留洛阳期间，经常陪伴在太子司马遹身边。他对贾南风冷遇司马遹的做法愤愤不平，曾为司马遹出头训斥过贾南风的义侄贾谧。贾南风觉得司马颖这个刺头不好惹，就封他为平北将军，到邺城居住。

虽然被赶出了洛阳，但司马颖得到了大城市邺城，获得了河北一带的军政大权，一时风头无两，成了举足轻重的藩王。

但司马颖敦厚的外表下，也有一颗染指最高权力的野心。他和其他有异心的藩王一样，在领地内招兵买马，网罗人才，涿县（今河北涿州）人卢志成了他的首席谋士。

司马颖不善谋划，连政府文书都看不懂，因而对卢志这样的善谋之士非常敬重，几乎言听计从。卢志劝司马颖不要锋芒太露，平时要收拢人心，积攒声望，遇到机会要及时出手。司马颖一一听从，在领地安安静静地待了两年，施惠百姓，和北方的匈奴人交好，在当地收获了不错的名声。

司马冏、司马颙和司马颖就像三座大山，从东、西、北三个方向包围着洛阳，把司马伦和孙秀挤压得喘不过气来。孙秀觉得，要想保持江山稳固，就得想办法对付这三人。

孙秀的计划是派遣亲信到三王身边任职，监视他们的一举一动，一有风吹草动，就立即发兵消灭他们；如果三王安分，就逐步撤换他们的臣僚，安排自己的人在三王底下任职，架空他们的职权。于是，孙秀以职务调派为由，先派了一名亲信到司马冏处任职。

司马颙年长多虑，首鼠两端，孙秀认为对此人不必过于担心，倒是司马冏和司马颖两位小王爷年少气盛，必须予以重点防范。于是，司马伦下诏，升司马冏为镇东大将军，司马颖为征北大将军，皆开府仪同三司，对他们予以优待笼络。

三王都表现得异常平静，没有对司马伦篡位称帝表示反对。狡猾的司马冏还认真处置了辖区内的叛乱，把叛乱分子的头颅送到洛阳，向司马伦表示忠心。

天下似乎风平浪静了，司马伦紧绷的神经终于放松下来。

但他万万没有想到，安稳觉还没有睡上多久，不到两个月，齐王司马冏的起兵檄文就送到了洛阳皇宫。

永康二年[1]（公元301年）三月，司马冏认为时机已经成熟，便杀掉孙秀派来的耳目，集结手下兵马向洛阳进军。与此同时，他传檄天下，以讨伐奸臣孙秀为名，号召所有藩王和地方官员一起出兵。

檄文送到邺城，司马颖立即向卢志征询意见，卢志认为司马伦和孙秀天怒人怨，响应司马冏的人一定很多，此时起兵必胜。于是，司马颖也召集河北的兵马南下。依靠之前建立起来的声望，司马颖的起兵号召一呼百应，远近兵马纷纷响应前来，当时在司马颖手下当将军的匈奴首领刘渊也率部族表示支持。出征之时，司马颖名下聚集的人马已达二十多万。

常山王司马乂（音yì）及一些州郡军队也响应司马冏出兵，纷纷派兵前来。而狡猾的河间王司马颙坐拥关中的精兵强将，不仅不支持，还把司马冏的使者抓起来送去洛阳。接着，他又派手下大将张方出兵，协防洛阳。

如果司马颙的大军倒向司马伦，那么这次讨伐就不容易成功了。就在众人对河间王的做法担忧之时，突然间，司马颙派来使者，说他已经召回了张方的大军，愿意追随司马冏和司马颖讨伐司马伦。原来，司马颙听说司马冏得到了许多人的响应，兵力规模庞大，他一合计，觉得司马伦胜算不大，就立刻倒戈了。

得知情况后，司马颖悬着的心放了下来，命手下人马继续开进，准备南渡黄河。而在另一边，齐王司马冏的大军已和司马伦的兵马展开交战了。

三王起兵后，司马伦和孙秀惶恐不已，他们控制的人马在人数上没法和三王的讨伐军相比，但是事已至此，不能不战。孙秀派兵二万四千人东进迎战司马冏，又派自己的儿子孙会率兵三万北上阻击

---

① 司马伦篡位后使用的“建始”年号不被史家承认，故此处沿用晋惠帝的年号。

司马颖。布署完毕，司马伦和孙秀仍然心虚担忧，他们日夜求神拜仙，祈求神明降福保佑，还派人到嵩山假扮成神仙，宣称司马伦的帝位长久，以迷惑人心。

征虏将军张泓颇有军事才能，他带领为数不多的军队在阳翟（今河南禹州）抵御齐王司马冏的大军，居然坚守了一个多月，多次打退来犯。司马冏进攻失利，撤退到颍阴（今河南许昌）。张泓带兵追击，被司马冏反攻击退，便退回到颍河岸边固守。司马冏一时无法消灭他，双方只好继续僵持。

司马颖则遇到了孙会的阻击。孙会没有才能，但他手下的将士是中央直属军队，战斗力很强。司马颖的部队毕竟是地方军，人员混杂，号令不齐。双方在黄桥（今河南淇县西南）遭遇，激战了一天，司马颖大败，死伤一万多人。

司马颖见对方只有三万人马却这么难打，开始打退堂鼓，打算撤退到朝歌（今河南淇县）。卢志连忙劝阻说："现在我军失利，敌人得志，心里轻视我们。我们如果退缩，士气势必受挫，而不能再用。再说打仗怎么能没有胜负？还不如另选精兵，星夜赶路，出其不意，攻其不备，说不定就能取胜。"

司马颖听从建议，抽调精兵夜袭孙会兵营。孙会的部队果然如卢志所料，初战得胜骄傲自满，加上将帅失和，没有防备夜袭，被司马颖的精兵偷袭得手，全军大乱，胆小的孙会抛下部队逃之夭夭。司马颖乘胜渡过黄河，率领大军逼近洛阳。

河北战败的消息传到洛阳，司马伦和孙秀更加惊恐，孙秀和党羽开始商量如何逃跑了。朝中的王公大臣见司马伦一伙败局已定，便商议和司马颖里应外合，诛杀司马伦和孙秀。

四月初七，部分禁军和宗室王公发动政变，在中书省杀死了孙秀和他的几名党羽。官员们随后在禁军的保护下进入司马伦的宫殿，逼迫司马伦退位，迎回被囚禁在金墉城的晋惠帝司马衷。

司马衷复位后，在官员们的操作下，派人慰劳司马冏、司马颖和司马颙三王，告知他们司马伦已被推翻。随后，司马伦被赐死，他的儿子们全部被诛杀，其任用的文武官员全被罢免，相关党羽被斩首灭族。消息传递到在外作战的司马伦军中，将士皆溃散或投降。

战乱终于平息了，但原本繁荣的中原遭遇了战火破坏，短短六十多天就有将近十万军民丧生，太康之治打造出的繁华盛世开始崩塌。百姓们以为战争已然停息，可以继续过太平日子了，却没有想到，眼下的和平只是一系列大战中短暂的间隙。

司马伦被赐死当天，司马颖率领大军首先抵达洛阳，随后司马颙和司马冏也先后抵达。三王的几十万军队在洛阳城外全副武装地列阵，吓得洛阳百官战栗不已。

没有哪个人愚蠢地去怠慢三王。

在百官的授意下，司马衷给三王以及其他参与起兵的王公赐予至高无上的荣耀。司马冏作为首义者，被授予大司马一职，赐加九锡，典制物品的规格比照当年司马懿三父子辅佐曹魏时那样；司马颖功劳最大，担任大将军、都督中外诸军事、录尚书事，并给与天子使用的黄金钺，赐加九锡，特许入朝时可穿鞋并携带佩剑，不必趋行；司马颙被授予三锡，官封太尉；参与起兵的常山王司马乂官升抚军大将军，统领禁卫左军。其余参与起兵的王公也各有升迁，诸王的兵权愈发强大。

大多数参与起兵的王公对这些封赏都没有异议，只有两个人例外，那就是司马冏和司马颖。

司马冏和司马颖的职权几乎相等，虽然司马冏在名义上略高于司马颖，但他显然不能指挥调动司马颖，这让一心独揽大权的司马冏如鲠在喉。

司马颖的野心不比司马冏小，而且在讨伐司马伦的作战中，他取得的战果最大，现在却与司马冏平起平坐，心里很不舒坦。许多别有用心的人见此情景，暗中挑拨二人冲对方下手，尽早做个了断。司马颖犹豫不决，便向卢志征询。

卢志建议说：“齐王司马冏的军队虽然号称百万，和张泓等人作战时却相持而不能决胜，您则一直前进渡过黄河，功劳无人能够与您相提并论，现在齐王却要和您共同辅佐朝政。我听说两雄不能并存，应当趁太妃（司马颖的母亲）有小病，请求回封国侍奉太妃，把大权让给齐王。这样一来，天下人心都会归附于您，这是上策。”

司马颖豁然开朗，明白卢志是劝他以退为进，这样不仅可以避免在洛阳遭到司马冏谋害，而且还能在封国隔岸观火，坐视司马冏和其他王公争斗，坐收渔利。

于是，司马颖上奏称赞司马冏功德极高，应当委以重任，而自己功小德浅，不足担负重任，而且自己的母亲得了病，希望能辞掉九锡，回封国居住。

司马冏得知后大吃一惊，但他没有觉察到这是司马颖的计策，而是暗自高兴。不过，司马冏的表面工作还是做得很足，他亲自出城为司马颖送别，司马颖也配合着演戏，一把鼻涕一把泪地说自己的母亲病情如何，自己是如何担忧，一个字都没有提及朝政，这让司马冏彻底放下了心。

回到邺城后，司马颖在卢志的建议下，上报在战争中立功者的名单，让朝廷予以嘉奖。此外，他还下令打造棺木，缝制衣物，收敛在黄桥阵亡的双方将士，又调拨粮食赈济战区百姓。一系列的举动让司马颖收获了普天下的赞誉，他的声望与日俱增。

反观司马冏，自以为得势，更加骄傲自满，性情暴躁、贪图享乐的缺点很快暴露出来。总揽朝政后，他经常不上朝，却要求百官到他的府邸叩拜并报告政务，有谁敢不这么做，立刻将其逮捕下狱。他搬回父亲的齐王府居住，为了扩建府邸，拆毁了周边的上百座房屋，导致百姓流离失所。他每天在府中饮酒作乐，搜刮珍宝和美女供自己享受，既不重视当时王朝面临的胡人和流民问题，也疏于对有功人士褒奖，使得天下对他大失所望。

相较之下，司马颖“爱民”又“孝顺”，在公众面前显得“温良忠厚”，人们都期望他能入朝主持大局。司马颖对此也跃跃欲试，但终因身边的宦官不愿去洛阳，他母亲也留恋邺城而作罢。

司马颖一等就是一年多，终于等来了一个机会。这个机会，让他不费一兵一卒就获取了朝政大权。

4. 兄弟

原来，司马冏为了长期专擅朝政，以惠帝司马衷的子孙都已过世为由，立司马遐（时已去世）之子、年仅七岁的清河王司马覃（音tán）为太子，把自己立为太子太师。他没有与其他宗室王公商议便做出这一举动，引来普遍不满。

司马冏和长沙王司马乂、河间王司马颙之间也存有间隙。

司马乂，晋武帝司马炎第六子，晋惠帝司马衷异母弟，原被封为长沙王，后因其同母兄司马玮叛乱之事贬为常山王，此时已恢复长沙王的封号，并升任骠骑将军，获得开府权利。他性情耿直，为人义气，短短一年多时间就在洛阳建立起了极高的声望。

司马冏的下属王豹曾上书司马冏，认为司马乂这样的诸侯王留在京城，会使政局动荡，建议遣散他们回到各自的封国，然后以出镇邺城的司马颖为北州伯，司马冏自己则出镇宛城，为南州伯，两人平分天下，与诸王各守其地，可保天下太平。但司马冏生怕得罪司马乂他们，对此犹豫不决。司马乂来访，看见了王豹的上书，便大骂王豹挑拨离间，应该打死。司马冏无奈，只能把王豹杀了。但司马冏和司马乂两人已对彼此心存芥蒂。司马乂觉得司马冏为了独霸洛阳，迟早会对自己不利，便与人预谋诛杀司马冏。

身处长安的司马颙知道自己在讨伐司马伦之初朝三暮四，让司马冏始终耿耿于怀。他害怕司马冏报复他，也想先发制人，除掉司马冏。

几位王爷互相明争暗斗，磨刀霍霍，就差一个导火索把这场大战引爆了。

这根导火索来自一位叫李含的人。李含是司马颙的幕僚，当时在洛阳担任翊军校尉，和司马冏的几个部下闹得很不愉快，便产生了报复司马冏的心理。

他私自从洛阳逃到长安，假装拿到了讨伐司马冏的密诏，劝说司马颙起兵。为了让司马颙相信这次起兵稳赚不赔，他建议采用这样的计划：

发一篇檄文给长沙王司马乂，诱使司马冏和司马乂互相残杀。司马乂势弱，必然会被司马冏杀掉。这样一来，司马冏在朝中会大失人心，洛阳城也会陷入混乱。司马颙趁这个机会进攻洛阳城，并奉声望最好的司马颖入朝，便可凭借拥立之功升任宰相。

司马颙按照李含的计划，派使者联系司马颖和另两位藩王，约定共同起事，支持司马颖入朝主政。司马颙的使者来到邺城，向司马颖传达了消息。司马颖大喜过望，自己梦寐以求的不正是这个吗？他准备调集人马，和司马颙一起出兵。

这时，卢志劝谏司马颖，说他的威信还不足以掌控全局，不要操之过急，而且司马颙的计谋并非天衣无缝，万一出现差池则凶多吉少。

向来对卢志言听计从的司马颖这次没有接纳其意见，年轻自负的他没了耐性再等待下去，已经等了一年多了，不趁这个机会干掉司马冏而执掌大权，还要等到什么时候？

司马颖让使者回禀司马颙，表示自己愿意全力支持他的计划。

太安元年（公元302年）十二月，司马颙上书晋惠帝，陈说司马冏的罪状，称自己已经与几名藩王起兵前来讨伐。奏书送出去后，司马颙立刻派张方和李含率领先锋两万火速东进，同时发檄文给在洛阳的长沙王司马乂，要他帮忙废黜司马冏。邺城的司马颖跟着调兵遣将，准备再次南下。

然而，司马颖手忙脚乱地做好了出兵准备，还没来得及从邺城出发，司马乂的使者忽然前来求见。这位使者说司马乂已将司马冏杀死，司马乂愿意把朝政大权委托给司马颖，希望就此罢兵。

司马颖顿时懵了，司马冏怎么这么快就死了？司马颙的计划不是说司马乂会被司马冏杀掉吗？

原来，司马颙的檄文送到洛阳后，司马冏果然抢先行动，派人抓捕司马乂。但司马乂反应速度更快，他带着一百多名部下，砍断车前的帷幔，乘车飞驰往皇宫，然后挟持了晋惠帝，依靠坚固的皇城，率领禁军与司马冏在洛阳城中对战。

双方大战了三天三夜，箭矢如雨，火光冲天，许多无辜的大臣、百姓和宫人死于非命，就连晋惠帝也差点被射死。最终，原本兵力占优的司马冏大败，被人抓来献给了司马乂。晋惠帝看见司马冏狼狈的样子，于心不忍，希望能留他一条性命，但司马乂还是把司马冏给杀了，夷其党羽三族。

司马乂得胜后，立刻派人告诉了司马颙和司马颖。此时李含和张方刚带兵到达距离洛阳一百多里的新安（今河南渑池东），而司马颖还没出兵。眼见失去了讨伐目标，司马颖和司马颙只好退兵。

洛阳城的主人就此换成了司马乂，但他想过，自己的声望和实力还不足以掌控局势，不如把名义上的大权让给最具贤名的司马颖，让其他藩王找不到讨伐自己的理由。于是，司马乂在占据洛阳的一年多时间里，重要政务都送到邺城让司马颖定夺。

然而，人心的险恶程度，司马乂实在是料想不到。

司马颖和司马颙都对李含计划的失败耿耿于怀，他们原本希望同时除掉司马冏和司马乂两人，却没想到司马乂活了下来，还控制了洛阳和皇帝。

司马颙把李含秘密派到洛阳，让他想办法除掉司马乂。但计划泄露，李含反而被司马乂抓捕处死，其同党的性命也赔上了。这下更加惹火了司马颙，他派人联系司马颖，相约共同起兵诛杀司马乂。司马颖立刻同意了，再次召集军队准备南下。

卢志对司马颖的莽撞十分担忧，连忙劝道："您之前已经拥有了良好的声望，现在司马乂未曾怠慢于您，行事也没有大的过错，您现在出兵，就抛弃了您之前的声望啊。不如把军队安排在外，您穿着文官的服饰入朝，这样才能为霸业打下基础啊！"

但一心争权的司马颖再次不听劝谏，调集大军渡河南下，直扑洛阳。在长安的司马颙也派张方率领精兵七万，东出函谷关进攻洛阳。司马乂发现自己被司马颖这个伪君子给骗了，愤怒的他带上晋惠帝，以皇帝御驾亲征的名义征讨叛军。仅仅平静了两年的洛阳，再次陷入了战火。

太安二年（公元303年）九月，司马颖的河北军渡过黄河。司马乂带着晋惠帝，在清水（位置不详）附近修建了壁垒，阻挡司马颖军前进，同时派遣另一支人马在洛阳西面的宜阳（今河南洛阳宜阳）抵御张方的关中军。

但司马乂兵力有限，守备宜阳的部队只有一万人，抵挡不了张方的关中军。张方军攻破宜阳，从西边攻入了洛阳城，在城中大肆烧杀抢掠，百姓死伤上万人。

司马乂连忙回军截击，司马颖的河北军尾随追击。双方在缑（音gōu）氏（今河南洛阳偃师东南）和洛阳城东门外展开激战，但司马颖军战斗力不强，居然两战皆败。在洛阳城中劫掠的关中军闻讯慌忙逃窜，司马乂便重新夺回了洛阳城。

但司马颖不甘心失败，派兵增援前线，与司马乂在建春门外又展开大战。司马乂派出九千骑兵发起突袭，再次击溃司马颖军，尸体将附近的溪水都堵塞了。司马乂的军队回头攻击张方的关中军，关中军看见司马乂的人马中有皇帝的车盖，恐慌之下不战而逃，他们被一路追杀，死了五千多人。

但司马颖军和司马颙军在兵力上占绝对优势，战败之后，他们再次回来围困洛阳。双方互相攻防，相持一个多月。期间，为了征集粮草，司马颖和司马颙的军队四处劫掠，杀害无辜百姓。天下对司马颖大失所望。

长久的包围战使洛阳的百姓和官员苦不堪言，许多人希望双方罢兵言和。

于是，百官们集体推选了一位代表，在司马乂的同意下，出城劝说司马颖和司马乂平分权力，共同辅佐皇帝。但司马颖对此嗤之以鼻：我来洛阳就是要除掉司马乂的，怎么可能答应和他平起平坐？

使者被司马颖轰回来后，司马乂又写了一封亲笔信，派人送给司马颖。信中，他言辞恳切地回顾了列祖开国的艰辛，表彰了司马颖的功勋，然后动之以兄弟情，劝司马颖顾念社稷大局和民生艰难，不要给动荡不安的国家再添祸乱，期冀双方坐下来好好和谈。但利欲熏心的司马颖根本不想和谈，提出了苛刻的议和条件。司马乂无法答应，谈判最终破裂。

战斗仍在继续，关中军截断了洛阳城的水源，使得城中饥渴难耐，饿殍遍地。但司马乂的部下仍然顽强坚守，拒绝投降。而司马颖的河北军也为攻城付出了沉重的代价，死伤越来越多，接近七万人。

到了第二年，太安三年（公元304年）正月，攻防双方都精疲力竭。司马颖想撤军，但又不甘心功亏一篑；司马乂军粮草即将用尽，洛阳城内人相食。

在如此艰难的情况下，司马乂仍然谨守遵奉晋惠帝的礼节，他的将士们也依然忠心耿耿。城中的王公大臣则坚持不住了，认为再这么耗下去，洛阳城的人就要死绝了，不如绑了司马乂向司马颖投降，换取大家的活路。

这些王公大臣中为首的是东海王司马越。司马越是皇室远亲，他的祖父是司马懿的弟弟，论辈分和司马颙相同，也是晋惠帝的堂叔。他为人阴险狡猾，一直在朝中任职，原来并不引人注目，但他懂得充分利用机会往上爬。贾南风诛杀杨骏时，他参与，事后被封东海王，任侍中和奉车都尉；司马伦讨伐贾南风时，他支持，事后升任司空兼中书监。如今，他选择了拿司马乂当见面礼，投靠司马颖。

正月二十五日夜，司马越联合一部分禁军将领将司马乂抓住囚禁了起来。随后，司马越以晋惠帝的名义下旨，罢免司马乂的官职，开城门放司马颖入城。

但是，当禁军将士们开启城门，看见城外的河北军和关中军饥寒交迫、军容不整时，又心生悔意，打算将司马乂放回，重新组织力量把城外二王的军队赶走。司马越听说禁军将士反悔，大为紧张，要是司马乂再掌大权，自己这个政变主使还有活路吗？干脆一不做二不休，赶紧把司马乂杀掉。

但他不愿承担杀害忠臣的恶名，就偷偷地把收押司马乂的地点透露给了关中军将领张方。张方便把司马乂带走当众烧死。司马乂死时年仅二十七岁，连关中军将士都为他感到惋惜。

司马乂的尸体被收殓在城东，他的部下当中只有刘佑冒死给他送葬。扶着灵车，走在残破的长街上，刘佑痛哭流涕，几乎气绝。

司马颖终于趾高气昂地进入了洛阳城，实现了梦寐以求的愿望。他被任命为丞相，都督中外军事，录尚书事，一人之下，万人之上。他随即在朝中展开大清洗，处死和他有宿怨的官员，将皇宫内军全部换成他的人马，朝廷完全成了他手中的玩物。

此刻，与志得意满的司马颖相比，司马颙正处于焦头烂额的状态。当初，他派遣部将张方与司马颖夹击洛阳，司马乂为了缓解西线压力，采取釜底抽薪的战术，命令雍州（今陕西中部、甘肃东部一带）长官率军直击他的大本营长安。司马颙怕长安有失，就在洛阳战事结束后急令张方回援。

临行之前，张方在洛阳城中大肆抢劫，掳掠了一万多名奴婢。司马颖默许纵容他，作为对关中军支援的回报。

司马颖在洛阳待了一段时间后，觉得洛阳残破，不如邺城住得舒服，便打算回自己家去。临走之前，司马颙送他一份大礼，上表晋惠帝封司马颖为皇太弟，方便他将来名正言顺地当皇帝。司马颖心安理得地接受了这一切，然后一甩手，回邺城逍遥快活去了。

然而，他高兴得太早了。

仅仅过了半年，司马乂在洛阳的旧部就联合起来，在阴险的司马越的指挥下，发动政变，诛杀了司马颖留在洛阳的亲信。随后，司马越挟持晋惠帝，宣布全国戒严，废除司马颖皇太弟之位，号召天下之兵共同讨伐司马颖。

司马颖得势后居功自傲，生活奢靡，又宠信小人，这一年来已经大失人心，因此司马越的讨伐军一下子便召集了十万多人。司马越便带上晋惠帝，以皇帝御驾亲征的名义北上进攻邺城。

听说皇帝带兵亲征邺城，司马颖大吃一惊，连忙召集属下商议对策。有不少人劝司马颖投降或者请罪。司马颖大怒，骂道："你们这些家伙空有虚名！既然来我身边做事，怎么可以让我自捆手脚到皇帝那里接受刑罚？"

司马颖调兵五万，迎战司马越，同时派人向长安的司马颙救援，让他出兵攻取洛阳，断绝讨伐军的后路。

司马越的讨伐军因为之前收到了假情报，说邺城人心惶惶，司马颖不知所措，就没有做充分的应战准备。结果，司马颖军在荡阴（今河南汤阴）发动突袭，一举击溃了讨伐军。司马越抛下晋惠帝，仓皇逃跑。

乱军中，侍中嵇绍用身体拼命保护晋惠帝，不幸被乱兵杀死，鲜血溅在了晋惠帝的衣服上，晋惠帝抱着嵇绍的尸体哀号不已。他被河北军俘虏后，随从让他把血衣换下来清洗。他大哭道："这是嵇绍的血，不要洗了！"

嵇绍正是"竹林七贤"之一嵇康的儿子，嵇康被司马家族冤杀，他的儿子却为了保护司马家族而死。

晋惠帝被带到邺城后，司马颖好生招待了这位苦命的皇帝。与此同时，司马颙也派张方带兵攻下了洛阳，赶走了司马越的党羽。司马越逃回了自己的封地东海（今山东郯城北）。

但司马颖还没来得及庆祝大胜，一支北方大军气势汹汹地杀奔邺城而来。率领这支部队的是幽州刺史王浚。王浚素来和司马颖不和，之前拒不服从司马颖的调遣。司马颖多次想除掉他，吞并他在幽州的兵力，但都没能成功。这次，王浚向司马颖展开复仇，联合北方草原的鲜卑人大举南下。

鲜卑人作为游牧民族，性格剽悍，战斗力不是中原军队可以相比的。司马颖慌忙派出所有人马前去抵抗，双方在平棘（今河北赵县东）大战了一天，河北军全军覆没，鲜卑骑兵乘胜进逼邺城。

司马颖的家底输了个精光，他这下真的慌了神，卢志劝他赶紧带上皇帝逃往洛阳。但在这个紧要关头，司马颖的母亲因为眷恋邺城的居住环境，怎么也不肯走，一来二去耽误了时间。结果，鲜卑骑兵杀到，邺城大乱，司马颖只好带着晋惠帝和几名近臣，在几十名骑兵的保护下仓皇逃跑。

逃跑路上，众人连钱都没带，更别说衣服和食物了。一行人忍饥挨饿，连晋惠帝也没有吃的。幸好有一名官员无意中在行李中夹带了三千钱，晋惠帝就下诏借用他这笔钱，买了些许食物，终于狼狈捱到了洛阳。

但洛阳的情况也好不到哪儿去，张方麾下的关中军军纪败坏，肆意抢劫公私财物，洛阳城饱经战火和劫掠，已是破败不堪。张方表面上仍然敬重皇帝，让他仍旧居住在皇宫中，但对没了家底的司马颖就没有那么客气了。

这个时候的司马颖名义上还是丞相，但洛阳的官员都不向他汇报，有事直接找张方处理。张方也对司马颖视若无睹，不听从他的指挥。过了一段时间，几个“识趣”的大臣干脆上书，建议对司马颖降职，削减他的爵位。

司马颖只能无奈地感叹，自己处心积虑了那么久，一心要当皇帝，没想到仅仅过了几个月，一切都化为泡影。如今寄人篱下，能保住性命就不错了，还能奢求什么?

转眼过了两个多月，张方手下的士兵把城里能抢的东西都抢完了，吵闹着要回老家关中。张方约束不住手下的士兵，便奏请司马颙同意，决定迁都长安，把晋惠帝和王公大臣们带到司马颙的地盘上便于控制。

张方也不管晋惠帝和大臣们是否会同意，在没有事先通知的情况下就直接带兵冲进皇宫，把晋惠帝劫持到了自己的军营里。他派人用马车从皇宫搬运宝物，他的士兵们趁机洗劫宫女和财物，连皇宫里的帷帐都撕扯下来。

魏晋两朝苦心营造的皇宫被关中军抢劫一空。张方还想一把火把皇宫和宗庙烧了，断绝人们回来的心思。幸好卢志及时劝说他不要学当年董卓留下千古骂名，张方这才罢手。

这年十一月，在凄冷的寒风中，司马颖随着晋惠帝的车仗，在关中军的押送下前往长安。一路上风餐露宿，让平日里娇惯的司马颖叫苦不迭，在远方的长安，不知还有什么样的命运在等待着他。

到了长安，司马颙同样没有给司马颖好脸色，他知道司马颖已经失势，就让晋惠帝取消了他的皇太弟之位，转立晋惠帝的另一位弟弟司马炽为皇太弟。司马颖无可奈何，他只能默默忍受。

不过，司马颙此时的日子也不好过。他强行把晋惠帝迁往长安，引起全天下愤怒。永兴二年（公元305年）七月，东海王司马越再次发檄文，以讨伐张方的名义号召天下共同出兵，欲把皇帝迎回洛阳。

天下群起响应，就连关中地区也有部分州郡支持司马越。但司马越心知司马颙盘踞关中多年，势力庞大，不是那么容易打败的，他派人向司马颙游说，只要把皇帝送回洛阳，他们两人可以平分天下。

司马颙也因常年战事而精疲力竭，对打赢这场战争没有完全的把握，就打算同意司马越的提议。但张方得知消息后不干了，因为司马越的讨伐檄文是冲着自己来的，而且当初他带兵在洛阳犯下太多罪行，迁都长安也是他的主意，要是两边握手言和，自己肯定会被当作替罪羊处死。因此，他强烈反对议和，说："我们据有崤山天险，国富兵强，而且挟天子以令天下，谁敢不服从？怎么能听命于他人？"

为了安抚张方，司马颙没有同意和谈。他兵分多路迎战讨伐军，为了扩大战线，还给司马颖官复原职，让他回河北召集旧部抵抗司马越。

但司马颖心里清楚，他在河北已经没有势力了，就算有人愿意追随他，那么点儿人又能有什么用？到最后还不是被司马越吃掉。司马颙这是在把他往绝路上推啊。

可是又没有别的办法。

司马颖只好硬着头皮上路。一路上兵荒马乱，他和下属们好不容易到达洛阳，但往北的通道都被司马越的人马封锁了，司马颖不敢以身犯险，只好在洛阳逗留。

与此同时，司马颙和司马越就像两条发疯的狂犬，在中原以及江淮一带展开了惨烈的撕咬，三天一小战，五天一大战，伏尸千里，骸骨盈野。司马颙刚开始略有优势，但随着王浚引入鲜卑人和乌丸人参战，战况对他越来越不利，他的军队在关外只能守住荥阳（今河南荥阳东北）和洛阳两座城市。司马越召集大军，以鲜卑骑兵为先锋，谋划进攻关中。司马颙担忧关中的大本营不保，试图再次与司马越展开和谈。

这时，有人向司马颙进谗言，说张方不肯出关作战，是为了谋划造反。也有不少人劝说司马颙当机立断把张方杀了，战事马上就能平息。于是，司马颙派人杀死张方，拿着张方的首级向司马越请和。但司马越看出司马颙穷途末路，断然拒绝了和谈，下令讨伐军继续进攻。

张方被杀引起了在前线作战的关中军混乱，讨伐军很快便将其击败或收降，占领了洛阳和荥阳。永兴三年（公元306年）五月，讨伐军攻克长安，司马颙仓皇出逃。讨伐军在长安大肆劫掠，杀害百姓两万多人，然后带上晋惠帝返回洛阳。

之前，司马颙的关中军在中原地区作战失利后，狼狈逃回关中。司马颖见洛阳也不安全，也跟着匆忙逃回了关中。长安失陷时，司马颖在乱军中逃脱，辗转来到了新野。新野当地官员打算捉拿他送给司马越，司马颖只好再次出逃，向北渡过黄河，打算投靠自己在河北的旧部。但他回到邺城后，被当地官员擒获关押起来。

结束了，一切都该结束了，不如就坦然地接受命运的惩罚吧。

由于司马颖在河北多年，旧部众多，邺城官员怕有人借机闹事，便在这年十月将他和家人秘密处死。

直到最后一刻，司马颖仍不忘保持自己俊美的外表。他说："我死以后，天下能安定还是不能安定呢？自从我被放逐，至今三年了，身体及手脚都没洗过，取些热水来让我清洗一下再上路吧！"

梳洗干净后，司马颖便头朝东，披散着头发睡下，让人勒死了自己，年仅二十七岁。

司马颙则在讨伐军东归后带兵夺回了长安，但他势单力薄，只能保住长安一城，无法掌控关中其他地方。为了自保，司马颙向司马越表示臣服，但司马越根本不想留下这个后患，便在当年腊月以征召他入朝担任司徒为借口，在途中将他暗杀。

历时十五年的八王之乱终于画上了句号，司马越担任司空、太傅、任尚书事，掌管朝廷大权，成了八王之乱最后的胜利者。执掌大权的他觉得晋惠帝是个累赘，便于当年十一月将晋惠帝毒杀，立司马炽为帝，是为晋怀帝。

5. 奴隶

八王之乱的结束和新帝即位并没有给动乱的大晋王朝带来丝毫改观。这场空前的皇室内讧，给这个国家带来的伤害是无法挽回的。

首先，战乱给中原地区造成了巨大的破坏。处在战区的洛阳、邺城和长安一带原本是晋朝最繁盛的地区，如今这里城池残破，田园荒芜，百姓死难。西晋王朝的经济遭到了严重摧残，国库空虚，民生凋敝，国力大损，王朝的运营已无法维持。

其次，战乱和内耗使得晋王朝的威信大为削弱，对地方的控制逐渐丧失。八王之乱中，朝廷政权频繁更迭，地方官员难以管控。各地的州刺史、郡守，或是为了自保，或是为了参与内乱，纷纷招兵买马，使晋武帝司马炎当初裁撤州郡军队的政策成了一纸空文。此时的西晋王朝如同东汉末年一样，州郡长官执掌地方军政大权，形成了大大小小的军阀。

再者，战乱使得全国的社会秩序彻底失控。战争造成大量农民逃亡，土地荒废，遇上天灾便引发饥荒，形成了数以百万的难民和饥民，他们四处流动，成为“流民”。许多流民为了生存而打家劫舍，杀富济贫，变成“盗贼”。西晋朝廷无法安抚，往往对流民们采取镇压和驱赶的手段。一些人数较多的流民武装干脆起义造反，攻城略地，形成势力或者建立政权。著名的有在中原地区活动的“乞活军”，以及关中地区的流民领袖李特、李雄父子在成都建立的成汉政权。

面对愈演愈烈的流民暴动，地方士族和地主们也组建军队，修建壁垒，来保护自己的庄园和依附的百姓。他们被称为“豪强”，建立的自保据点叫作“坞堡”。

流民起义和地方割据还不是对西晋朝廷威胁最大的，最大的威胁来自胡人。

古代泛称北方和西方的民族为胡人。由于中原王朝的文明程度和富庶程度高于四邻，这些民族为了吸收先进文化，占据肥沃的土地，不断地向中原腹地迁徙。这些民族主要有匈奴、羯、氐、羌、鲜卑，统称“五胡”。

五胡大多聚居在并州（今山西中北部）、幽州（今河北中北部）、秦州（今甘肃南部）和凉州（今甘肃中北部）。他们与汉人杂居，虽然名为中原王朝的臣民，但仍然受到歧视。中原王朝给予胡人较高的税率，还经常驱使他们参军，为王朝征战。汉人士族也喜欢收买胡人作为自己的奴婢。这让胡人备感不满，经常发动叛乱企图自立。

进入晋惠帝时期，由于朝廷屡发变乱，胡人的叛乱规模也越来越大。有一位叫江统的官员写了一篇《徙戎论》，上书当政的贾南风，认为胡人已成心腹之患，建议将他们驱逐出境。但贾南风认为此举太过冒险，也不现实，就没有采纳。贾南风死后，朝政失控，河北和关中地区的胡人陆续叛变，举兵反晋。

此时的中原大地已沦为人间地狱，到处是流民武装、盗贼、军阀、士族私兵、胡人叛军和官兵，他们时而联合，时而火并，攻伐无度。司马越对此束手无策，只能在洛阳一带自保，维持着奄奄一息的朝廷。

太康盛世下的纸醉金迷转眼间被萧条和杀戮代替，西晋王朝陷入风雨飘摇的境地，亡国之兆已现，此时距离晋武帝去世仅仅过了十六年。

大厦将倾，此时，只要有人再奋力推一把，西晋王朝就会轰然倒塌。

西晋王朝的掘墓人之一是一位来自羯族的奴隶，他的名字叫作石勒。

羯族在多年的迁徙中，一部分人随匈奴人东迁，被中原王朝视为匈奴别部。东汉时，统治北方草原的匈奴人衰落，分裂为南北匈奴，北匈奴向西迁徙，南匈奴则归顺了汉王朝。东汉王朝为了便于控制他们，将南匈奴人迁往内地居住。南匈奴归附汉朝后，羯族部落亦随之内迁中原，聚居在并州。石勒便出生于上党武乡（今山西榆社）。

羯族人在中原多经商或出卖劳力，社会地位不高，常被有钱人家收作奴婢或佃农。

石勒本名“㔨（bèi）”。年少时，他随同乡四处行商，沿街叫卖。他声音洪亮，刚正有力，在洛阳叫卖时引起了西晋大臣王衍的注意。王衍对身边人说：“刚才那个胡人小孩儿，我听他的声音感觉有特别的志向，恐怕将来会成为国家的祸患。”

经商并没有让石勒一家的生活有所改善，石勒决定改行。此时的他已长大成人，身材魁梧健壮，便转行做了佃农，为地主耕作农田。石勒虽然是文盲，却讲义气，知恩图报，豪爽好结交，受人信赖，在家乡小有名气。

太安年间（公元302年—303年），成都王司马颖和河间王司马颙起兵围攻长沙王司马乂，并州也被卷入战火。此时的并州又遭遇旱灾，庄稼颗粒无收，爆发了大饥荒，有许多人饿死，石勒家也没能幸免，他的兄长、父亲都被饿死。

不得已，石勒与一群饥民四处逃亡寻找食物。此时的并州刺史、东瀛公司马腾（司马越之弟）为了筹措军粮起兵对抗司马颖，听从下属建议，派兵捕捉这些饥民，将他们卖到冀州（今河北南部、山东西北部）为奴。石勒也不幸被捉。

晋兵用一个木枷锁住两人，把石勒等人押往冀州贩卖。途中，石勒饱受殴打和折磨，伤痕累累。家乡遭遇饥荒，西晋朝廷不仅没有救济，反而捕捉饥民作为奴隶贩卖，这让石勒的心中种下了对晋王朝仇恨的种子。

到了冀州地界，石勒被卖到了茌（音chí）平（今山东茌平）为农奴，终日在庄园里劳作。他不甘心终生为奴，时常对身边人说能听到战鼓声，假装自己有不同于常人之处。庄园主人得知后，见石勒的相貌确实异于常人，觉得他可能有神人相助，便恢复了他的自由之身。

石勒离开庄园后，得知附近的牧民首领汲桑在本地颇有威望，便前去投靠，声称自己有相马之术。

汲桑因为擅长养马，而被朝廷任命为茌平一带的牧民管理者。他与牧民友善，当地的牧民都信任他。时值天下大乱，民不聊生，汲桑便聚众自立，劫富济贫，成为一方豪杰。

石勒投靠了汲桑后，为了得到重用，带着十几名亡命之徒四处打家劫舍，抢夺财宝献给汲桑。汲桑十分高兴，将石勒视为自己的左膀右臂，重要大事都与他商量。石勒希望壮大力量，便劝说汲桑去投靠公师藩。

公师藩原是成都王司马颖的部下。此时已是永兴二年（公元305年）秋，成都王司马颖被幽州刺史王浚联合鲜卑人击败，带着晋惠帝逃往洛阳，后来又被张方迁徙到长安。司马颖在河北的领地被司马越的弟弟平昌公司马模接管，司马颖的一部分旧部不服司马模，便在公师藩的领导下发起叛乱。

汲桑当然也不想在茌平这个小地方待一辈子，希望干一番大事，就同意了石勒的建议，带着几百名骑兵投奔到公师藩那里。

汲桑的到来让公师藩欣喜不已，自己的部队正缺少骑兵，汲桑的人马可谓雪中送炭。于是，公师藩任命汲桑为大将军，让石勒做先锋，攻打河北诸郡。汲桑为了让石勒的名字便于被人记住，就帮他改了汉名“石勒”。

石勒带领部下英勇作战，所向披靡，一个月的时间就打到邺城。司马模见状，连忙向周边地区求援。兖州（今河南东北部、山东西南部）

刺史苟晞精通军事，带兵赶赴邺城救援。初出茅庐的石勒不是苟晞的对手，被苟晞打得大败，公师藩的人马也损失惨重。公师藩不得不化整为零，让汲桑、石勒以及手下的人马分散逃亡。

汲桑和石勒躲躲藏藏，在官府的通缉中逃亡了一年多。永嘉元年（公元307年）初，汲桑和石勒得到了公师藩被杀的消息。原来，公师藩南下迎接旧主司马颖，在兖州地界被苟晞抓住处死了，而司马颖也于不久前在邺城被处斩。

汲桑便和石勒商议，东躲西藏不是办法，不如打出为司马颖和公师藩复仇的旗号，号召两人的旧部投靠，发展队伍来打天下。汲桑还让石勒带人去袭击各地的监狱，释放囚犯，又纠集山林里的盗匪，一共集合了上万人的队伍。

此时邺城的主人换成了司马腾，他为人贪鄙，不体恤军队和百姓，对他不满的人很多。汲桑自称大将军，任命石勒为讨虏将军，宣布要为司马颖复仇，讨伐司马越和司马腾兄弟俩。意气奋发的石勒率领大军再次向邺城发动进攻。

司马腾连忙派兵迎战，但吝啬的他给出战的晋军将士每人只赏赐几升米和一丈布帛，晋军将士气愤不已，纷纷临阵脱逃。石勒因此轻易地击败了晋军，于这年五月攻下邺城。司马腾在逃跑途中被人杀死。

汲桑随后带兵进入邺城，放纵部下在邺城烧杀抢掠，还纵火烧毁了邺城的王宫。他还把司马颖的棺材挖出来放在车上，装模做样地什么事都向司马颖的神位禀报，借此糊弄司马颖的旧部。

邺城失守、司马腾被害的消息震惊了在洛阳的司马越，司马越连忙派击败过公师藩的名将苟晞领兵北上讨伐。

得知消息，汲桑在平原（今山东平原）和阳平（今河北大名东）之间修建堡垒，打算以此抵挡苟晞的进攻。苟晞带兵攻击这些堡垒，数月都未能攻下。焦急万分的司马越亲自领兵北上黄河督战，要求苟晞务必消灭汲桑。

苟晞在东武阳（今山东莘县南）大破汲桑军，汲桑和石勒只能退保清渊（今山东临清），在这里修建堡垒抵抗。

苟晞率兵追击到清渊。他知道汲桑军都是临时聚集起来的，成员复杂，人心不一，其中大部分人并不希望卖命，如今遭遇惨败，他们一定惶恐不安，于是，苟晞先不忙着发起进攻，而是每天派人不断地在阵前游说，向汲桑的士兵说明利害祸福。在苟晞的攻心战下，汲桑军心思动摇。苟晞趁机率兵猛攻，一举攻破了汲桑的营垒。

汲桑和石勒再次遭遇惨败，部众大多逃散，两人不得不又一次亡命山野。这一回，因为他们犯下的事太大，司马越一定要拿下汲桑的人头，布下了天罗地网缉拿他们。最终，汲桑被流民武装乞活军杀死。

侥幸逃脱的石勒带着仅剩的几十人往北逃跑，眼下他没了别的去处，只能去投奔匈奴叛军首领刘渊。

由于匈奴人在西汉时长期与汉朝宗室通婚，他们的一些首领自认是刘姓皇族的亲戚，就改姓刘。匈奴人也在并州境内定居。三国时期，曹操鉴于并州的匈奴人口众多，为了加强管理，他将南匈奴分为左、右、南、北、中五部，每一部设一名元帅统领，每个元帅派一子到洛阳为人质。这一政策一直延续到了晋朝。

刘渊是当时的匈奴左部元帅。他不是汉人，却精通汉语，熟悉中原典籍和文化。他仪表堂堂，武力过人，轻财好施，擅长与人结交，加上有文化，在匈奴部落里很有威望，其余四部的匈奴人都愿意听从他的领导，附近的汉人学士也愿意和他交往。刘渊过去在洛阳做人质期间，就得到了司马昭和司马炎的欣赏。回到部落后，他先是担任元帅，后被司马炎加官为北部都尉，负责匈奴部落的治安。

刘渊一直非常敬仰汉文化，曾经非常希望为司马家族效劳，在西晋王朝建立功勋。但西晋君臣却将他视为异族而加以防备，一直不肯重用他。刘渊觉得报国无门，便萌生了背叛西晋自立的想法。

八王之乱爆发后，在邺城的成都王司马颖希望凭借南匈奴的军力，因此对刘渊大为优待，上书朝廷授予他监五部军事之职。但刘渊表面上归附于司马颖，暗地里却利用司马颖的庇护壮大匈奴人的力量。

永兴元年（公元304年），司马颖失势之后，匈奴的首领们聚集在一起商量，计划趁乱恢复祖业，在中原的土地上重建匈奴王庭。他们共同推举刘渊为大单于，匈奴人就此脱离了晋王朝自立。

为了争取中原人心，有一个名正言顺的旗号反抗晋朝，刘渊立国号为汉，自称汉王，追尊刘禅为孝怀皇帝，以汉朝正统自居。随后，他领兵击败前来镇压的并州刺史司马腾的部队，占领了今山西省中西部的土地，定都左国城（今山西离石北），成为少数民族叛军中势力最强的一支，周边的少数民族纷纷投奔于他。

石勒投奔刘渊时，只带了几十人，在刘渊帐下人微言轻。急性子的石勒迫切希望得到重用，就故技重施，巴结刘渊，投其所好。他知道刘渊不喜欢财宝，只希望招揽更多的人马壮大自己，便自告奋勇去外地招降各地的少数民族叛军。

石勒首先来到自己的老家上党，说服了当地的几千名少数民族去投奔刘渊，接着他又去了乐平（今陕西昔阳）。乐平当地有乌丸人伏利度率众盘踞，刘渊之前多次招降他都没有成功。石勒就假装自己得罪了刘渊，前来投奔伏利度。伏利度很高兴，和石勒结为兄弟，还允许他带自己的部众出去掳掠。石勒每次带人出去都收获颇丰，使得伏利度的部下对石勒钦佩不已，对无能的伏利度反而越来越嫌弃。石勒见时机成熟，就绑架了伏利度，率领这些乌丸人投奔了刘渊。

石勒一口气为刘渊带回了近万人马，刘渊对他刮目相看。刘渊正打算向太行山以东的冀州和兖州扩张，就封石勒为督山东征讨诸军事，命他出兵。石勒带回来的这近万人马，也被刘渊授予石勒指挥。

永嘉二年（公元308年）十月，刘渊正式称帝，封石勒为平东大将军，命他向东进攻邺城。有了刘渊这座靠山，又有了充分自主的权力和部队，石勒大展身手。他带兵翻越太行山，进入魏郡（今河南安阳一带）、顿丘郡（今河南濮阳一带）和汲郡（今河南新乡一带）境内。当地的众多坞堡村垒慑于石勒的军威，纷纷投降。

一系列的胜利之后，石勒开始反思过去失败的教训，为什么跟着汲桑老是亡命山野，而刘渊却能成为一方诸侯？石勒渐渐明白，自己不能再像汲桑那样，做一个只知道杀人放火的流氓强盗，要想在乱世立足，就要学习刘渊，懂政治，讲谋略。

于是，石勒改变领导方式，严明军纪，不允许士兵私自抢掠；对归降的坞堡主和村垒主都授予官职，并在百姓当中挑选五万精壮作为战斗部队，加以严格训练；对老弱病残则网开一面，允许他们在原地安居。

休整了半年多，永嘉三年（公元309年）秋，石勒北上进攻冀州，此时的他已与以前不可同日而语。石勒的军队号令整齐，训练有素，作战凶猛，冀州地区没有哪一支部队能和之相比。

石勒军很快席卷了整个冀州，接连攻下巨鹿（今河北巨鹿）、常山（今河北正定西）等大城市，击败了当地的流民武装乞活军，杀了魏郡太守、冀州都尉，许多少数民族、流民和坞堡望风归附。

在这些归附的民众当中，有许多汉族士人。石勒知道自己没什么文化，在政治和谋略上能力有限，需要有人为自己参谋。因此，他在军中设立幕僚机构“君子营”，挑选文化程度高的汉族士人作为自己的幕僚，让他们出谋划策，处理文职工作。其中最受石勒信任的是一位名叫张宾的汉族士人。

张宾，南和（今河北邢台南和）人，他饱读经书史籍，自命不凡，过去曾对身边人说：“我自认为智谋不逊色于张良，只是没遇到汉高祖而已。”

石勒军进入张宾的家乡后，张宾见其军容整齐，而且石勒礼贤下士，就对自己的家人说：“我见到的将领很多，只有这位胡人将军可以跟他一起成就大事。”

于是，张宾带上宝剑，跑到石勒的军营前大呼求见。石勒很惊异，召见了张宾，见他谈吐不凡，就让他加入君子营。张宾成为石勒幕僚后，积极向石勒出谋划策，计策大多在事后证明是正确的。石勒逐渐倚重张宾，将他视为“谋主”。

有了智囊团，石勒并不满足，他觉得要在乱世长久立足，还得提高知识水平，了解中原文化，但自己连字都不认识。于是，他就在每天晚上空闲时，让士人们把书上的内容讲给他听，有什么心得体会，就及时说出来，让身边人帮他记下。

有了精兵，有了谋士，又有了更多的知识文化，石勒已然脱胎换骨，具备了做枭雄的资质。随着他的名气越来越大，各地人民纷纷不远万里前来投奔，石勒的部众已达十几万人。

但是，即便人数众多，此时的石勒军也仍然处于“流寇”水平。由于石勒军成员大多是流民和少数民族百姓，他们拖家带口，就算加以训练，战斗力还是不能和一些实力强大的军阀相比。在强敌环绕的地区，石勒是没有办法长期驻守的，更别说建立根据地了。所以，石勒只能占领一个地方就匆匆撤走，军队补给全靠沿途劫掠或者百姓奉献。

石勒军的弱点很快就得到了验证。这一年，石勒接到刘渊的命令，带领部队作为前锋，与刘聪（刘渊第四子）一起进攻壶关（今山西长治北），打通汉国军队南下洛阳的路线。攻下壶关后，石勒军回到冀州，遭到了幽州军阀王浚的袭击。

此时的王浚仍旧效忠晋朝，他已经被司马越升为司空，但地盘依旧在幽州。幽州战乱较少，有许多中原百姓投奔至此，故而王浚有充足的兵源和粮草。而且，王浚擅长处理与少数民族的关系，和周边的鲜卑人、乌丸人建立了联盟，并且收买了段部鲜卑作为自己的精锐部队。

段部鲜卑，聚居地在今河北省与辽宁省交界一带，是周边鲜卑部落中最强大的一支，首领名叫段务目尘。王浚为了拉拢段部鲜卑，不仅把女儿嫁给段务目尘，还上奏朝廷封其为辽西公，封地在辽西郡（治所在今河北卢龙东）。段部鲜卑因而接受王浚的调遣，经常作为王浚军的先锋攻打敌人。八王之乱中，成都王司马颖的河北军就是在平棘之战中被段部鲜卑的骑兵打得全军覆没。

这次王浚军进攻石勒，依旧是以段部鲜卑为主力前锋。王浚军在飞龙山（今河北石家庄西南）袭击石勒军，石勒大败，不得不放弃了常山和巨鹿，逃到黎阳（今河南浚县）。

由于主力未被歼灭，石勒在黎阳很快就重整部队，北上继续进攻冀州。石勒军避开段部鲜卑的骑兵，攻下了冀州首府信都（今河北冀县），杀死冀州刺史。西晋朝廷派兵攻击黎阳，意图切断石勒军的退路。石勒立即回师，击退了晋军，但他也放弃了刚占领的信都，只能停留于黎阳。而王浚则自领冀州刺史。

6. 洛阳

就在石勒在冀州和王浚拉锯战的时候，汉国皇帝刘渊正在部署对西晋都城洛阳的进攻。

刘渊已经占据了黄河以北的大部分地区，只要渡过黄河，洛阳便近在咫尺。洛阳城内的司马越大敌当前，却不积极备战，反而忙于独断专权，清除异己，肆意迫害朝中大臣。

中书监缪播等人与晋怀帝亲近，经常和晋怀帝商讨军机大事。司马越便怀疑缪播等人与晋怀帝谋划推翻自己，便派兵直接闯入皇宫，将缪播等十几名大臣抓捕处死。为了防止八王之乱中禁军多次发动政变的状况再次发生，司马越又罢免了所有的禁军将领，指派亲信率领东海国的兵士守卫皇宫。

被罢免的禁军将领被司马越逐出洛阳，一些人愤而投奔汉国，把洛阳朝廷人心背离的情况详细告知刘渊。刘渊听后大喜，认为洛阳唾手可得，便于永嘉三年（公元309年）四月，派刘聪率大军南下，并调派正在冀州的石勒军进行协助。

刘聪的汉军很快就被晋军守卫的壶关阻挡。壶关处在太行山的峡谷之中，易守难攻，虽然守卫的晋军人数不多，但汉军攻击一个月都不能突破。

但是，壶关毕竟位置重要，不容有失。并州刺史刘琨派兵一万增援壶关，但被刘聪击败。司马越急忙派兵三万从洛阳驰援壶关，刘聪采取诱敌深入之计，在太行山区伏击晋军，斩杀晋军近两万人，最终攻下壶关。

壶关失陷后，汉军长驱直入，很快攻下了宜阳，切断了洛阳与长安的联系。

一路节节胜利，汉军出现了懈怠。而面对危机，洛阳军民团结一致，顽强抵抗。弘农（今河南灵宝东北）太守诈降刘聪，夜袭汉军，将刘聪赶出洛阳近郊。

刘聪不甘心失败，于当年十月再次率兵进攻洛阳。晋军一千多名死士在夜间突击汉军兵营，杀死一名汉军大将，汉军再次退出洛阳近郊。晋军乘胜出城追击，再次大败汉军。

进攻失利，让汉军明白洛阳地区的晋军实力还比较强，短时间内求成是不现实的。于是，汉军改变策略，让刘聪的汉军主力先行返回汉都平阳（今山西临汾，公元309年刘渊迁都于此），积蓄粮食和兵力，然后由王弥、石勒等人负责扫荡洛阳周边，使其陷入孤立境地后再来夺取。

第二年，永嘉四年（公元310年）正月，刘渊命令石勒南渡黄河，会同汉国征东大将军王弥攻取洛阳以东地区。

王弥，汉族，东莱（今山东莱州）人。他与石勒经历相仿，原是流民起义军的领袖，被晋军击败后投奔了刘渊。刘渊封他为征东大将军、都督缘海诸军事、东莱公。王弥自以为和刘渊是旧相识，为人嚣张跋扈，心高气傲。石勒和他联合行动，没少受他的白眼和冷漠，但石勒为了大局，没有和他计较。

石勒和王弥共同进攻兖州，袭取鄄城（今山东鄄城），杀死了兖州刺史。随后，石勒回军西进，攻下了仓垣（今河南开封北），全歼当地晋军。接着石勒又北上进攻司马家族的祖居地河内郡（今河南沁阳）。司马越惊闻河内被石勒军围攻，连忙派兵救援。石勒和刘聪军合作，大败司马越的援军。

当年七月，刘渊病逝，把皇位传给了长子刘和。但四子刘聪不服，发动兵变杀死刘和，夺取了皇位。刘聪封石勒为征东大将军、并州刺史、汲郡公，命他与王弥、刘曜（刘渊养子）领军扫荡洛阳周边。

但因为刘聪的政变，汉国军心不稳，加上连续作战，士卒疲惫，石勒军再次进攻仓垣时被晋军击败，撤退到了文石津（今河南滑县西南）。汉军的行动暂时告一段落。

虽然汉军暂停了进攻，但此时的晋朝已经极为虚弱，经过汉军的扫荡后，洛阳周边兵力不足，而且饥荒严重。忧心忡忡的晋怀帝下诏，请求天下兵马赶快来勤王。司马炽在诏书中几乎用恳求的语气说："今天还来得及救援，晚了就不行了！"

然而，司马炽的使者走遍各地，也没能请来一兵一卒。有几位将军派兵，也很快被沿途的流民武装击败。

洛阳彻底成了一座孤城。

既然等不到勤王援军，就只有迁都一条路了。但晋怀帝只是一个傀儡，根本没有权力迁都。掌握实权的司马越自私自利，觉得迁都太麻烦，也懒得考虑皇帝和大臣们的死活，一直没有表态。

面对朝臣迁都的提议，司徒王衍出面了，他说危难之际，所有人更应该保持镇定和勇气，和敌人奋战到底，洛阳是王朝的都城、天下的中心，放弃它是懦夫的行为。为了显示死守洛阳的决心，王衍还带头卖掉了自己的牛车。

王衍，早年在洛阳遇见过年少的石勒，曾评价石勒"有奇志""将为天下之患"。他出身世家大族琅邪王氏，外表俊美，风姿文雅，是一位善于清谈和玄理的名士。无论朝廷高官，还是在野人士，都很仰慕他，称他为"一世龙门"，视他是士族领袖。

只不过，王衍的名士头衔名不副实，他所谓的"清谈"更多的是空谈，史书上从未记载他对玄理有什么贡献，历代文献也没有收录过他的著作。王衍大部分的精力用在了专营和牟利上，他先后与晋惠帝的太子司马遹、贾南风的义侄贾谧和司马越的王妃裴氏联姻，从而长期在朝中担任高官。司马越得势后，他位列三公，不遗余力地为司马越引荐士人，装点朝堂。一些爱慕虚荣的名士便在王衍的号召下来到朝中任职，充当司马越的党羽爪牙。

身逢天下大乱，王衍深知这是扩张家族势力的好机会，早早便开始布局。他攀附司马越后，让自己的弟弟王澄出任荆州刺史，族弟王敦担任青州刺史，让他们在地方上培植力量，控制战略要冲，方便琅邪王氏将来在乱世中保有一方势力。他还对弟弟们说："荆州有长江、汉水的坚固，青州有背靠大海的险要。你们两个镇守外地，而我留在京师，就可以称得上三窟了。"

他这看似滑头的安排，为不久之后琅邪王氏登上东晋的历史舞台打下了部分基础。

但是，王衍没有等到家族霸业得到实现的那一天，风雨飘摇的西晋王朝即将拉他陪葬了。

刘聪靠政变夺权，皇位尚不稳固，他忙于稳定政局，就没有立即指示各路汉军下一步的作战目标。石勒军休整了两个月，没有了补给，便开始寻找目标进军。

因为之前在洛阳方向吃了败仗，石勒不再考虑西去洛阳。而北面的冀州和幽州有王浚，东面的青州和兖州有苟晞，只有南面的荆州没有强手。荆州北部正陷入各支流民武装的混战中，攻打他们应该是轻而易举的。

于是，石勒绕开洛阳，于这年十一月带兵南下入侵荆州。他利用流民武装之间的矛盾，只用了一个多月就攻占了襄城（今河南襄城）、宛城（今河南南阳）、襄阳等三十多座城市和堡垒，轻而易举地占据了汉水到长江一带的大片土地，还吞并了两支流民武装。

石勒占领了荆州北部，这里天高皇帝远，没有了刘聪的管制，周围又没有强悍的敌人，长期流动作战的石勒觉得终于有了一个落脚之地，便计划把这里作为根据地。他下令修缮城池，打算长期居住在此。“谋主”张宾则坚决反对在荆州立足，他认为军中大多是北方人，不能适应南方的生活，应该往北方发展。但石勒没有听从。

石勒据守江汉地区的决定很快就被证明是错误的，因为水土不服，军中爆发瘟疫，而当地粮食又歉收，军中病死饿死者将近半数。石勒只好听从张宾的建议，于永嘉五年（公元311年）正月烧毁辎重，轻装向东北方向进军，攻下了江夏（今湖北安陆）、新蔡（今河南新蔡）和许昌三座大城市，获得了当地的粮草和装备后，实力总算得以恢复。

就在石勒南下荆州与流民武装火并的时候，在洛阳的司马越已成了惊弓之鸟。由于司马越独断专行，滥杀大臣，他在朝中的声望每况愈下。眼见洛阳周边的战事陷入危局，司马越惶恐不安，便决定提早开溜。

于是，司马越以讨伐石勒为名，把自己的家眷、亲信、军队，以及朝中的重臣（包括王衍）、王公一并带走，迁往兖州和豫州。

司马越这一走几乎要搬空整个朝廷，晋怀帝哀求道：“现在胡人入侵，逼近京城郊外，人人都没有坚守之心。现在朝廷社稷全依赖于您，您怎么可以这个时候远征，而放弃国家的根本？”

司马越却辩解道：“我出战，要是能打败贼寇，就能重振国威，总比在这里坐以待毙强！”

司马越不听晋怀帝的哀求，只留下了一部分军队守卫，带上部众和追随者离开了洛阳，停居在项县。

司马越逃跑后，洛阳城更加空虚，皇宫几乎没有了守卫，失去了安全保障，公主和宫女们时常被乱兵掳掠。城中盗贼横行，饥荒蔓延，各级官署只能挖沟自卫。晋怀帝之前就对司马越擅权极为愤怒，如今他又擅离职守，晋怀帝再也按捺不住怒火。

正巧，在兖州作战的征东大将军苟晞与司马越不和，之前他在冀州和青州平叛有功，司马越不予以嘉奖，反而嫉贤妒能，对他明升暗降，还让人诬陷他要谋反，气得苟晞早想把司马越碎尸万段。他上表谴责司马越，数落其罪状，晋怀帝便封苟晞为大将军、大都督，让他讨伐司马越。

但苟晞与晋怀帝的联络书信被司马越截获了，气愤之下，司马越下达檄文公布苟晞的罪状，派人征讨苟晞。但他还未来得及出师，苟晞便抢先行动，派兵冲进洛阳，杀死司马越的多名亲信。司马越见晋怀帝和苟晞在背后讨伐自己，前路又被石勒军阻拦，忧惧之下，于永嘉五年（公元311年）三月在项县病死。

司马越死后，其部众推举王衍为首领，但王衍自知无法统御这些武人，坚持拒绝。众人便一致决定带司马越的灵柩回其封地东海郡安葬，然后各自回家寻找出路。于是，司马越的部众十万余人，包括许多王公、大臣、军官、家眷、奴婢等，乱哄哄地离开项县，往东海郡行进。

消息被正在许昌的石勒得知，石勒平生最恨司马皇族和西晋朝廷，这支逃亡大军是他最好的袭击目标。而且，把这支来自洛阳的队伍全部消灭，洛阳城就没有了保障，推翻西晋王朝指日可待。

于是，石勒挑选骑兵轻装前行，日夜兼程追击司马越的部众，最终在苦县（今河南鹿邑）追上了他们。

面对突如其来的石勒铁骑，司马越的部众惊慌失措，很快就崩溃大乱。石勒先让骑兵肆意冲击践踏，又把他们包围起来用弓箭猛烈射击。司马越的部众在混乱中自相踩踏，尸体堆积成山。

石勒抓获了许多王公大臣，装模作样地把这些人安置在一间屋子里，然后问王衍："晋王朝为什么乱亡到如此的地步？"

王衍就以一些西晋朝廷旧事回答石勒，表示一切都是前人犯下的错误，和自己没有任何关系。石勒听了，觉得工衍说得有些道理，不停地点头。

王衍见石勒高兴，就打算撇清自己的关系，奉承一番石勒，好让石勒把他放了。王衍说："我以前就没有从政的志向，在朝廷任职也没有参与政事，只想安静地避开祸患。如今将军您功高盖世，天下无人可与您相比，不如早登大位，顺应天命！"

石勒心想，你王衍名满四海，竟然为了保命说出这种不要脸的话来，那些圣贤书都读进狗肚子里去了？于是，他厉声骂道："你名声传遍天下，身居显要职位，年轻时即被朝廷重用，怎么能说不参与朝廷政事呢？破坏天下，正是你的罪过！"

他命人把王衍押下去，又以同样的问题询问其他大臣和藩王。这些人大多怕死，争相以自己的观点阐述了西晋王朝衰亡的原因。只有襄阳王司马范对周围人骂道："事已至此，还有什么好说的！"

石勒根本没打算留下这些人的性命，他问这个问题，只不过是羞辱这些西晋大臣和王爷们，让他们明白如今的局面是谁造的孽而已。

当天晚上，石勒就命人推倒墙壁，把这些大臣和王爷们全部压死了，当中也包含王衍。

石勒又派人将司马越的尸体从棺材中挖出来，放火烧毁。他借此昭告天地说："搞乱天下的就是这个人，我为天下报仇，焚烧他的遗骨来通告天地。"

而原本被司马越留下来守卫洛阳的那支部队，得知司马越病死后，也带着许多皇室宗亲向东逃去。石勒带兵将他们全部消灭。

至此，洛阳城失去了最后一支保卫力量，西晋王朝的末日即将到来。

随着司马越部众的覆灭，洛阳不可能抵挡得住汉军的下一轮围攻了。苟晞清楚洛阳的处境，但自己的地盘在青州和兖州，鞭长莫及，而且在少数民族军队和流民的多年攻击下，他自身尚且难保，不可能前去保卫洛阳。

于是，苟晞上书建议晋怀帝迁都到自己管辖的仓垣，便于保护他。为此，苟晞派了一些人带着粮食乘船逆黄河而上，到洛阳近郊迎候晋怀帝。

但软弱的晋怀帝不敢做主，就征询百官们的意见。许多官员贪恋留在洛阳的财产，不愿意迁都。争论了好几天，晋怀帝总算下定了决心迁都，但居然凑不齐足够的护卫，刚出皇宫不久，就遭到了强盗的袭击。晋怀帝只好逃回深宫，再也不敢出来，迁都计划就这样泡汤了，他放弃了最后一次延续性命的机会。

五月，刘聪命令刘曜和王弥率领大军再次进攻洛阳。洛阳周边城镇无力抵抗，纷纷失陷，汉军沿路斩杀晋朝军民三万多人，于六月攻克洛阳，晋怀帝和大臣们束手就擒。

洛阳城失陷后再次遭到了大规模洗劫，汉军抢走了一切可以带走的财宝、妇女，无法搬走的宫殿、宗庙、园林等全部被纵火烧毁，自曹魏时期经营建造的洛阳皇宫以及众多华美的园林楼阁在大火中毁于一旦，洛阳沦为一片焦土。

刘曜对被俘的西晋宗室和不屈服的晋朝士人毫不留情地杀戮，包括太子在内的数万名晋朝皇族、大臣和士人遭到屠杀。这些人的妻子女儿被赏赐给汉军将士，刘曜则把晋惠帝司马衷的皇后羊献容（贾南风死后被立为后）纳为自己的妾。

洛阳城遭遇到的这场浩劫，史称“永嘉之乱”。

至于晋怀帝，被刘曜送往汉帝刘聪处。刘聪假意善待，封他为平阿公、左光禄大夫，实际上却对司马炽百般羞辱，还命他做宴会上斟酒的仆人。一些西晋老臣对此经常痛哭流涕，这引起了刘聪反感。最终在两年后，永嘉七年（公元313年）二月，刘聪用毒酒将晋怀帝毒死。

7. 长安

永嘉之乱后，西晋朝廷尚未完全消亡，仍然有许多地方军阀和藩王效忠晋室。其中实力较强的主要有在扬州的琅邪王司马睿、在兖州的大将军苟晞、在关中的南阳王司马模、在凉州的刺史张轨、在幽州的大司马王浚、在并州的刺史刘琨。

但是，这些军阀和藩王们在国家危难之际，没有抱团取暖、光复晋室的意思，他们互不服从，各自为政，使得西晋彻底丧失了翻盘的可能，也给了汉国军队将他们各个击破的机会。

首先遭到汉军攻灭的是南阳王司马模。司马模率众驻守长安，此时的关中地区爆发了大饥荒，到处是饿殍白骨，司马模军也未能幸免，粮仓空空如也，饥饿的士兵们纷纷逃亡。刘聪便命令正在洛阳劫掠的刘曜乘机率军攻取长安。永嘉五年（公元311年）八月，司马模向刘曜投降。刘曜处死了司马模，占据了长安城。

接下来被消灭的是兖州苟晞。

此时的苟晞还做着一人之下、万人之上的美梦。洛阳陷落后，他找到一位晋室藩王，奉其为皇太子，自任太子太傅、录尚书事、都督中外军事。他大造行宫，蓄养了婢女千人，纳妾数十人，纵情享乐，无视部下处境艰难。

很快，在兖州活动的石勒军向苟晞发起了进攻。

苟晞是石勒的宿敌，当年在冀州两次击败石勒，把石勒和汲桑追得穷途末路。但十年河东，十年河西，此时的苟晞已没法和石勒相比。

苟晞向来高傲自负，而且为人严苛，个性非常不受人欢迎，多年征战下来，他损兵则将，部众流失，盟友也没有几个。立了皇太子之后，他贪图享乐，导致军备废弛，部下叛离。而石勒麾下已经有了数十万大军，且身经百战，作战勇猛，对苟晞具压倒性优势。

九月，石勒对苟晞的大本营蒙城（今河南商丘北）发动进攻，很快攻下蒙城，俘虏了苟晞和他所立的皇太子。

为了好好羞辱这位宿敌，石勒用锁链锁住苟晞的脖子，名义上封他为左司马，实则把他当作奴隶呼来喝去。苟晞不甘受辱，联系旧部打算反叛，但很快被石勒发现。石勒将苟晞及其旧部全部处死。

击败苟晞后，石勒忽然收到了王弥派人送来的祝贺信。王弥在信中说："听说您擒获了苟晞，是多么厉害啊！让苟晞在您左边辅佐，我在您右边辅佐，天下就不难平定了。"

王弥此时已官居汉国大将军，职位比石勒高，但他在信中却阴阳怪气地说要"辅佐"石勒。石勒看后，清楚地感觉到了王弥的嫉妒和不满。

原来，此时王弥在和刘曜闹不和，刘渊死后，他在汉国失去了靠山，势单力孤，便打算叛离汉国，在兖州、青州一带建立自己的地盘。石勒正好在兖州，王弥便打算吞并石勒这个劲敌。

但是，王弥此时的兵力不如石勒强大。于是，他一面在表面上与石勒交好，一面派人联络青州军阀曹嶷，约定共同夹击石勒。然而，王弥派往青州的密使被石勒部下抓获，这位密使全盘交代了王弥的计划。石勒明白王弥这位"老战友"是准备和自己火并了。

但张宾劝石勒不要愤然与王弥绝交开战，那样徒然增加伤亡。张宾建议将计就计，不动声色，继续与王弥称兄道弟，找机会把王弥抓起来，以最小的代价消灭他。

石勒听从张宾的计策，继续在表面上和王弥保持关系。当王弥的部队和一支乞活军发生战斗时，石勒带兵增援，帮助王弥消灭了敌人。王弥一高兴，就暂时停止了诱杀石勒的计划。

十月，石勒在己吾（今河南宁陵西南）设宴邀请王弥，王弥未加怀疑就前往。石勒在席间趁王弥不备，亲手将他杀死。石勒随后表奏汉主刘聪，称王弥谋反，已先行诛杀。刘聪当然不会相信，但此时的石勒兼并了王弥的部队，力量更加强大，刘聪只好默许了石勒的所为，并加封他为镇东大将军。

此时的刘聪的确无暇顾及东边的石勒，因为他之前派刘曜攻下的长安又给丢了。

原来，汉军占据长安后，因为兵力薄弱，没有荡平关中地区的晋军。司马模的儿子司马保逃到秦州，承袭南阳王爵位，重新纠集父亲的旧部。雍州刺史贾疋（音yǎ）和始平（今陕西咸阳）太守麴（音qū）允也向氐族和羌族借兵，一起向长安城发动反攻。

在长安的汉军因为连战连胜，骄傲轻敌，被晋军打得落荒而逃。刘曜不得不放弃长安，逃回黄河东岸。

长安失而复得，晋臣们似乎看到了复兴的希望，很多流亡民间的晋臣纷纷汇集到长安。在众人的拥护下，贾疋拥立流落民间的秦王司马邺为皇太子，然后分封百官，简单重建了晋室朝廷。永嘉七年（公元313年）二月晋怀帝被刘聪杀害，四月，司马邺继任为帝，是为晋愍帝，改元建兴。

司马邺，晋武帝司马炎之孙，被推举为皇太子时年仅十二岁。动荡的时局迫使这位懵懂少年走上台前，成为一个破碎王朝的国家领袖，而他勉强支撑的这个小朝廷已是穷困潦倒，势单力孤。

秦州的司马保因为不满于未被贾疋等人拥立，拒绝服从晋愍帝司马邺的指挥。晋愍帝朝廷所能控制的，只有首都长安周边的十几座城池而已，军民不过十万，长安民户不足百家，宫殿里荒草丛生，公私车乘只有四辆，百官没有朝服和印章，官职名号只用木板书写。

但在这艰苦的环境下，晋愍帝的小朝廷众志成城，仍然坚持了六年之久，并且得到了并州刺史刘琨、凉州刺史张轨的拥护，其余军阀如司马睿、王浚、司马保等人虽然不服，却也算是承认了晋愍帝的帝位。

西晋朝廷重建使得各路晋军有了名义上的共主，晋军士气大振，汉军的攻势没有以前那般顺利了。

永嘉六年（公元312年），石勒吞并了王弥的军队，兵力增强，便打算南下攻打在建康（今江苏南京）的琅邪王司马睿，扫除这位晋王朝势力最大的藩王。石勒于二月率军进驻葛陂（今河南平舆东），在这里打造战船，为南征做准备。司马睿得知消息，连忙在寿春集中兵力，准备抵挡石勒的进攻。

双方还没有开战，石勒军自己先乱了。由于葛陂地区连续大雨，石勒军中爆发了瘟疫，加上粮食告罄，军中死者大半，打造战船的工程被迫中止，又传闻寿春的晋军即将进攻葛陂，搞得人心惶惶。

石勒进退失据，只好召集众将商议。有人建议向司马睿请和，有人则建议强攻寿春，夺取晋军的粮食。石勒正打算听从后者，和司马睿争个你死我活，谋士张宾连忙反对说："天降大雨，是老天警示我们不能在此逗留。我们继续南下行军，只会陷入更大的困境。邺城四通八达，又有山川和高台拱卫，将军如果依托邺城在河北立足，天下就没有能立于将军之上的人了。"

张宾建议石勒在取天下之前先建立根据地，不能靠流动劫掠生存，而理想的根据地，仍然是以邺城为中心的河北地区。

石勒听了张宾的建议，大笑道："还是张君的建议好啊！"

于是，石勒下令全军开拔，让辎重部队先行。为防止寿春的晋军追击，他派侄子石虎带两千骑兵佯攻寿春。石虎的部队因为饥饿，忙于抢掠，佯攻被晋军击败了，不过，寿春的晋军担心石勒军有伏兵，没有追击，石勒军幸运地全身而退。

但石勒北上邺城的路程并不是十分顺利，因为石勒军在兖州和豫州（今河南东南部、安徽北部一带）地带盘踞多时，靠劫掠为生，当地的百姓深恶痛绝，纷纷坚壁清野，藏躲一空。本就缺粮的石勒军队找不到粮食，军中饥荒更加严重，达到了人相食的程度。

好不容易坚持到了黄河南岸，石勒得知附近有一处坞堡，首领名叫向冰，带着几千人驻守，坞堡内有不少粮食，就想夺为己有。但向冰的坞堡在黄河北岸，石勒军没有船只，靠木筏过河，很容易被向冰击退。

张宾探听到向冰有一批船只停放于河中，没来得及拖上岸，就建议石勒夺来渡河。石勒便派人乘坐木筏，趁夜色夺取了向冰的那批船只。依靠这些船，石勒的部队渡过了黄河，攻下了向冰的坞堡。靠着坞堡里的粮食，石勒军总算恢复了元气。

渡过黄河后，石勒本打算立刻进攻邺城，但并州刺史刘琨的侄子刘演驻守在三台①，阻碍了石勒的进军。刘演手下虽然只有几千人，但他依靠三台周边的有利地形和高大的城墙建立起了坚固的防线。而石勒的部队长途行军，又经历了饥荒，减员严重，攻打邺城力不从心。张宾就劝石勒绕开邺城继续北上，占领邯郸或者襄国（今河北邢台），先积蓄力量，再做下一步行动。石勒听从建议，便绕道北上占领了襄国，接着派兵征讨周边的郡县和坞堡，迫使这些地方全部归降。

襄国位于冀州和并州的交界地带，原来是刘琨的地盘。但刘琨此时正在并州和刘曜率领的汉军激战，无暇顾及石勒军。石勒要面对的主要敌人便是王浚。

---

① 邺城附近的三座台式建筑，即金凤台、铜雀台、冰井台。

这年腊月，在襄国站稳脚跟的石勒出动大军进攻王浚军驻守的苑乡（今河北任县东北），苑乡守军连忙向王浚求援。王浚再次调遣段部鲜卑，出动五万精兵奔袭襄国，行围魏救赵之计。

段部鲜卑作战凶狠，而且拥有大量骑兵，是很难对付的敌人。石勒之前吃过他们的亏，不敢与他们野战，就在襄国周边修建壁垒防守。此时的段部鲜卑首领是段务目尘之子段疾陆眷，他见石勒守城不战，就在城外打造攻城器具，准备强攻襄国。

襄国城小墙矮，难以抵挡大量攻城器具的围攻，一旦开战，凶多吉少。石勒连忙召集众将商议，张宾献计说："段部鲜卑之中，属段末柸最为骁勇，鲜卑人的精兵也大多在他的麾下，如果我们能够俘虏段末柸，那么敌军就会不战而溃了。如今鲜卑人远道而来，一定感到疲惫，而我们拒不出战，也会让他们觉得我们胆怯，精神必定松懈。我们可以挖掘暗门暗道直通城外，趁他们松懈之际攻打段末柸的军帐，捉住段末柸。"

石勒依计行事，在北城墙凿出二十几条暗门和暗道。他亲自登上城墙观察，看见段末柸的士兵正在休息，很多人放下兵器在地上躺着，便立刻下令暗道里的伏兵出击。石勒军从暗道里杀出，直扑段末柸的军帐。但段末柸武力高强，石勒的突击队无法取胜，只得慌忙退回城中。有勇无谋的段末柸领兵追杀，追到城门口，中了陷阱，被石勒军抓获。

段末柸被俘后，鲜卑人大为惊恐。石勒派兵出城反攻，鲜卑军果然一溃千里，五千多匹战马被石勒缴获。

有人劝石勒处死段末柸，然后乘势消灭段部鲜卑，但石勒反对说："鲜卑人是强悍的民族，和我们素来没有仇怨。他们和我们交战，是受到王浚的指使而已。我们没有必要和他们结仇，如果我放了段末柸，送上金银珠宝和他们结交，他们一定会感念而不再与我为敌，这样就能削弱王浚的力量。"

于是，石勒派人以释放段末柸为条件到段疾陆眷处和谈。段疾陆眷也不愿再战，同意换回段末柸，并表示愿意送上人质和石勒结为盟友。石勒便派侄子石虎送上珠宝和段疾陆眷修订盟约，结为兄弟。随后，石勒好生款待了段末柸，并收他为义子。段末柸对石勒感激不尽，在被释放回去的路上，他朝石勒的方向拜了三拜，立誓永不背叛。

至此，段部鲜卑与石勒结盟，再也不听王浚的调遣。王浚大怒，便向鲜卑的另外一个部族拓跋部行贿，唆使他们攻打段部。但段疾陆眷没有屈服，反而击退了拓跋部的进攻。

就在王浚忙于向段部鲜卑报复之时，石勒趁机攻取了王浚在青州和冀州的地盘，并击败刘演，攻下邺城，实力大为增强。原本支持王浚的乌丸人见状，倒戈到石勒这一边，王浚只能退守到幽州固守。

但其余作战的汉军就没有石勒这样的战绩了，刘曜在并州被刘琨军击败，丧失了在并州的所有据点。晋愍帝见汉军接连败仗，以为形势向好，便于建兴二年（公元314年）正月下诏，封司马睿为左丞相，命其率兵攻取洛阳；封司马保为右丞相，命其率兵保卫长安；封刘琨为大将军，王浚为大司马，命两人联合幽、并二州兵力，攻打汉都平阳。四人协力，光复西晋江山。

然而，晋愍帝的诏书最终还是变成了一张废纸，四人接受了封官，却都按兵自保，不愿出力。四人之中，又以王浚最为狂妄。

晋愍帝称帝之前，王浚也立了一个太子，他自认尚书令，大肆分封部下。晋愍帝称帝后，他心有不甘，反而做起了皇帝的迷梦，打算称帝自立。他向身边人询问称帝的事宜，一旦有人表示反对，王浚就勃然大怒，将对方处死。

此时幽州遭遇蝗灾，粮价飞涨。王浚不知道体恤百姓，大量征收赋税征发民力，部下也乘机大肆搜刮，幽州百姓们纷纷逃散，许多人逃往北方的慕容部鲜卑。王浚对此非但没有感到慌张，反而大造宫殿，准备皇帝的仪仗器具，致使名声扫地，并州军阀刘琨厌恶他的为人，宣布和他断绝关系。

石勒已经占据冀州、兖州、司州（今山西南部、河北南部、河南北部一带）大部分土地，有了和王浚一较高下的实力。他打算对王浚发动总攻，消灭这个劲敌。但他不清楚王浚的底细，就向张宾征求建议。张宾说："王浚名为晋臣，实际上早就想自立为帝，只是顾及四境之内没有人顺从罢了。王浚想获得将军您的支持，就像当初项羽想拉拢韩信一样。如果将军假装听从于他，用谦卑的言辞和丰厚的礼物侍奉他，王浚一定会相信。到时候，将军就可以派人进入他的领地探听虚实。"

石勒依照张宾的计策，用卑微的言辞写了封信，表示拥护王浚称帝，派使者拜访王浚，带去信件和珠宝。王浚正为段部鲜卑和境内百姓的叛离烦恼不已，看到石勒的信大喜不已。他重赏石勒的使者，并派人去往石勒的襄国城回访。

一位依附王浚的流民首领企图叛变到石勒这里，石勒将他的使者杀掉，向王浚表明忠心。石勒得知王浚的使者要来，连忙把麾下的精锐藏起来，换上老弱士兵。他在面见王浚使者的时候恭恭敬敬，接受王浚的信时一拜再拜，王浚送来的礼物他不敢拿在手上，而是挂在墙上叩拜。王浚的使者看见石勒麾下都是老弱，接待又十分谦卑，以为石勒果真是力量虚弱，不敢与王浚为敌。

王浚对石勒不再怀疑，石勒乘机请求几个月后亲自来幽州拥戴王浚为帝，王浚同意了。

从王浚那边回来的使者早已把王浚的底细一五一十地报告给了石勒，石勒看清王浚外强中干，对身边的人笑着说："王浚可擒也！"

他与部将商定了计策，以拥戴王浚称帝为幌子，亲自带兵偷袭王浚所在的蓟城（今北京西南）。为了防备刘琨乘虚袭击襄国，石勒又依照张宾的计策，派人向刘琨言和，并送上人质，说自己之前有罪，要以讨伐王浚来报效刘琨和西晋朝廷。素来与王浚不和的刘琨相信了石勒所言。

建兴二年（公元314年）三月，石勒按照约定的时间，率领精兵伪装成朝贺的队伍，进入幽州境内。王浚的一些部下觉得石勒此举不寻常，劝王浚拦住石勒的队伍，王浚却大怒道："石公是来拥戴我称帝的，有谁敢阻拦，斩！"

石勒一路畅通无阻，很快就来到蓟城城外，他欺骗守城官兵打开城门，把一群羊赶入城中，声称是给王浚的献礼。城中大街小巷里都是羊群，王浚的士兵难以通行，来不及去保卫王浚。

石勒的部队拿出隐藏的兵器，直扑王浚住所。王浚被活捉，押到石勒面前，他大骂石勒："你这个胡人奴隶，敢戏弄老子我！真是一个凶恶悖逆之徒！"

石勒反驳说："你贵为晋朝重臣，守护一方，却坐视朝廷倾覆，不去救援，还想称帝，你才是真正的凶恶叛逆！你在幽州期间，起用奸诈小人，残害忠良，虐待百姓，你的罪过还不够大吗？"

石勒让人把王浚押往襄国斩首示众，并处死了王浚任命的一批贪官污吏，查抄他们的家产。为防止王浚旧部反叛，他又坑杀了王浚手下的一万多名将士。但对一些贤良的官员，石勒不仅以礼相待，还招揽他们为自己效命。

在蓟城停留了两天，石勒便返回襄国，他派人带上王浚的首级向汉帝刘聪报捷。刘聪封石勒为持节、大都督、骠骑大将军、东单于，石勒的声威更加强大。

刘琨在王浚被石勒杀死后，明白自己中计了，有了唇亡齿寒之感。他环顾四周，自己只有并州，石勒却坐拥好几个州。刘琨惶惶不可终日，便与北方的拓跋部鲜卑交好，吸收了箕澹率领的两万多名鲜卑部众归附，作为自己的力量补充。

石勒没有立刻对刘琨发动进攻，因为冀州、司州一带在这年爆发了大饥荒，石勒不得不停止用兵，发动生产，赈济灾民。刘琨幸运地躲过了一场大战，但他的领地也受到了饥荒影响，不得不暂停征战。

石勒和刘琨休战，给刘聪以机会向西反攻长安。建兴二年（公元314年）五月，刘曜再次率军西渡黄河，进攻长安。晋军虽然兵少粮少，但所有人都奋勇抵抗，在骠骑将军麴允的指挥下击杀多位汉军将领，多次挫败汉军的进攻。

但是，晋军力量毕竟薄弱，苦战两年后损失十分巨大，兵力消耗殆尽。晋愍帝向刘琨、司马保和张轨求援，命他们带兵拱卫长安。但刘琨和张轨距离太远，派出的援军在路上就被汉军或其他叛军拦截。司马保虽然靠近长安，但他不奉旨意，拒绝派兵。

建兴四年（公元316年）九月，汉军攻入长安近郊，包围了长安城。晋朝君臣坚守了两个多月，吃尽了所有粮食，军民饿死三分之二。年仅十六岁的晋愍帝见城中惨状，痛哭着说："如今穷困危急到这种地步，外面没有救援，为社稷而死是朕所应该做的。但想到将士们遭受的磨难，朕认为还是应该忍受耻辱去投降，或许可以使百姓免受屠戮之苦。"

于是，晋愍帝派人向刘曜宣布投降，献出了长安城。群臣纷纷痛哭流泪，包括麴允在内的众多晋臣自杀。

刘曜占领长安后，给晋愍帝面子，没有屠掠城中百姓。他把晋愍帝送到汉都平阳，刘聪封他为怀安王，两年后将他杀害。

长安陷落后，北方地区再也没有晋室藩王称帝，西晋王朝宣告灭亡，晋朝在北方的领土除了凉州、秦州、并州、青州以外全部沦陷。

在这一年，石勒和刘琨之间也展开了决战。十一月，石勒亲率大军进攻刘琨的坫城（今山西和顺西北）。刘琨军倾巢出动，以箕澹的鲜卑骑兵为先锋发起进攻。

石勒对鲜卑人的作战风格十分了解，知道这些人虽然勇猛凶悍，但大多有勇无谋，很容易用埋伏将他们打败。于是，他斥责那些建议避战坚守的部下，下令出战。他在阵前布置一些弱兵，吸引鲜卑人来进攻，然后在险要的地势布置伏兵，当鲜卑人进入伏击圈后群起攻之。一仗下来，鲜卑骑兵几乎全军覆没，箕澹仓皇逃走。

刘琨军本就因为王浚和晋愍帝的覆灭惶恐不安，鲜卑骑兵的失败也大大打击了他们的士气，刘琨的部下畏惧于石勒的强盛，丧失了斗志，并州的坞堡和郡县纷纷归降石勒，石勒军长驱直入。刘琨自知大势已去，便逃亡到了段部鲜卑，几年后因卷入段部鲜卑内乱而被一位名叫段匹磾（音dī）的鲜卑首领杀害。

被杀前，刘琨给外甥卢谌写了一首长诗，即留名文学史的《重赠卢谌》：

握中有悬璧，本自荆山璆。惟彼太公望，昔在渭滨叟。
邓生何感激，千里来相求。白登幸曲逆，鸿门赖留侯。
重耳任五贤，小白相射钩。苟能隆二伯，安问党与雠？
中夜抚枕叹，想与数子游。吾衰久矣夫，何其不梦周？
谁云圣达节，知命故不忧。宣尼悲获麟，西狩涕孔丘。
功业未及建，夕阳忽西流。时哉不我与，去乎若云浮。
朱实陨劲风，繁英落素秋。狭路倾华盖，骇驷摧双辀。
何意百炼刚，化为绕指柔。

刘琨的一生是充满传奇和唏嘘的。年轻的时候，他放荡不羁，终日沉迷诗歌和酒精，与纨绔子弟厮混。八王之乱期间，他在诸王的争斗中朝秦暮楚，当了一个反复无常的角色。然而，当刘琨被司马越任命为并州刺史，在赴任途中看见累累白骨绵延不绝，目睹乱世百姓流离失所、卖儿卖女的惨状后，他心中悲天悯人的侠义之心点燃了，他不再关心自己的前途，而是一心扑在了拯救苍生、光复晋朝的梦想上。

刘琨从招募的几百名民兵开始，一点点地苦心经营，使几乎沦为地狱的并州重生。在并州刺史任上的十二年间，他手下的部队逐渐发展成一支足以牵制匈奴汉国的力量，在匈奴的多方打击下毅然坚持。

但西晋王朝的崩溃、士族军阀之间的内斗，让刘琨的一切努力都化为了泡影。他独木难支，最终牺牲了生命，但他的执着和坚守已然成为一座永恒的丰碑，无法磨灭。

8. 摊牌

消灭刘琨后，石勒基本统一了河北地区，坐拥上百万人口、十几万军队，实力上超越了汉主刘聪。但是，石勒仍然对刘聪毕恭毕敬，没有做出任何反叛之事。因为石勒明白自己多年来一直在汉国刘渊父子的庇护下，没有正当理由贸然叛乱，只会大失人心和威望。所以，石勒依旧以汉臣自居，继续听从刘聪的指示。

然而，石勒与汉国之间的对决不可避免。

麟嘉三年（公元318年）七月，汉帝刘聪病逝，太子刘粲继位，改元太兴。刘粲是个荒淫无道的昏君，在守丧期间公然和父亲的妻妾淫乱，引得群臣侧目。刘粲担心臣下有人造反，就肆意诛杀大臣，并计划讨伐军力最强的石勒。但仅仅过了一个月，国丈靳准就发动政变，杀死了刘粲，并且处死了平阳城中所有刘氏皇族。

靳准自封汉天王、大将军，但他做贼心虚，惧怕被领兵在外的刘曜和石勒攻击，便派人向南方的司马睿示好，送还晋怀帝和晋愍帝的遗体，并打算把晋廷御玺也交还给司马睿。

靳准很快就遭到刘曜和石勒的合力讨伐。刘曜在进军途中即位称帝，封石勒为大司马、大将军，进爵赵公。石勒军和刘曜军于当年腊月攻下平阳，诛杀了靳准及其家族。

靳氏被消灭后，刘曜和石勒之间的裂痕不可避免地产生了。

太兴二年（公元319年）正月，石勒派使者向刘曜献俘告捷。此时的刘曜已经对军力强大的石勒满怀忌惮，有人趁机向刘曜进谗言，说石勒表面忠诚，内心其实早想叛变，他派使者前来，名为告捷，实际上是来探听虚实，当初石勒就是这么对付王浚的。

刘曜大惊，下令处死石勒的使者。消息传到石勒那里，石勒大怒道："我侍奉刘氏，已经超出了一个臣下该做的本职工作。刘氏的基业是我亲手为他们打下的，现在反而来算计我！皇帝什么的，我自己就能做，哪里用得着等他们封赏？"

这一年，刘曜认为匈奴兴盛于北方赵地，不必再用汉家旗号，便改国号为"赵"，史称前赵。石勒也自封王，宣布率领自己统治下的河北二十四郡自立，也立国号为"赵"，史称后赵。对北方地区统治权的争夺在匈奴和羯族之间展开。

虽然刘曜和石勒撕破了脸皮，各自立国，但两军没有立即展开战争。因为此时在北方仍有诸多大小军阀，刘曜和石勒要想给对方致命一击，就必须先稳定自己的后方，清除这些异己势力。

刘曜，匈奴人，刘渊的养子。他自小勇猛好学，不仅武力高强，而且精通书法，深得刘渊喜爱。刘渊立国后，刘曜带兵南征北战，立下赫赫战功。但他为人骄傲自负，又喜欢饮酒杀人，周围人对他都很畏惧。

刘曜建立的前赵国疆域在关中地区，以及洛阳和平阳一带，定都长安。他后方的威胁主要来自秦州的司马保、凉州的张骏（张轨之孙）和关中地区的氐族和羌族。

太兴三年（公元320年），司马保的部众发生内乱，司马保本人被作乱的部下杀死，他的部将陈安乘机投降了刘曜，并帮助刘曜讨灭了叛乱的司马保部下。关中的氐族和羌族起兵三十万反抗刘曜。刘曜采取剿抚并用的政策，迅速平定了两族叛乱。

秦州名义上被刘曜军占领，实际的控制者却是降将陈安。陈安首鼠两端，于太宁元年（公元323年）宣布归顺晋朝，自称秦州刺史。刘曜亲率二十八万大军征讨，消灭了陈安，并乘胜进攻凉州。凉州的张轨早已去世，他的孙子张骏统领着凉州。张骏自知无法与刘曜的大军抗衡，只得投降，凉州便被纳入前赵版图。

石勒建立的后赵疆域主要在河北地区，定都襄国。其后方威胁来自北方边境的鲜卑人、占据青州的军阀曹嶷，以及南方新建立的东晋王朝。

来自段部鲜卑的段匹磾因为不服从首领段疾陆眷联合石勒的方针，率部从段部分裂，占据了幽州。石勒便于太兴二年（公元319年）出兵北伐段匹磾，花费了两年多时间最终击败了这个顽强的敌人，夺回幽州。永昌元年（公元322年），石勒又派侄子石虎南征青州曹嶷。石虎击杀曹嶷，坑杀三万多降兵，将整个青州占领。

石勒军的攻势并非一帆风顺，在北伐慕容部鲜卑时被击败，再也无法向辽西地区扩张，在与东晋的北伐将领祖逖（音tì）的交战中，也少有胜绩。祖逖死后，石勒军再次南下，占据豫州，侵入徐、兖二州，迫使东晋军队南退。

太宁二年（公元324年），石勒确定已经没有后顾之忧，正式举兵向刘曜发动了进攻。

刘曜不是那些只知自保的军阀，他可以说是石勒起兵以来最强大的对手。刘曜继承了原汉国的军事遗产，又吸纳了关中地区的氐族和羌族，军力超过二十万人。而石勒，虽说国土比刘曜的大，但在南北边境还要分别防备东晋和鲜卑军队，因此他真正能调动的军队比刘曜要少很多。

但是，石勒军大多由各地归附的羯族人构成，是石勒南征北战锤炼出来的精兵。石勒尤其重视骑兵，利用境内的马场资源，还向北方草原的鲜卑人买马，发展出二万七千人的骑兵部队。而且石勒极其重视军队的训练和纪律，多年征战中，石勒军一直保持号令整齐、军纪严明的传统。这些都为石勒军在接下来的战斗中提供了优势。

这年正月，石勒命侄子石生率兵攻打新安（今河南渑池东），斩杀了刘曜的河南太守，掳走当地五千多户居民。第二年，石生再次出击，攻打颍川（今河南许昌东）。刘曜大怒，派遣中山王刘岳带精兵一万五千人自函谷关东进，击败石生，将他包围在金墉城内。

石勒见状，派自己的另一个侄子、猛将石虎率兵四万救援石生。石虎大败刘岳，将他包围，还击杀了一名前来增援的刘耀军将领。刘曜得知消息后，亲自率军救援刘岳。石虎派出三千名骑兵迎战，但被刘曜击退。

刘曜率军进驻金谷（今河南洛阳金谷园附近），本想给予石虎最后一击，没想到手下士兵在大战前精神压力太大，夜间无故惊乱营啸，整个部队陷入歇斯底里的状态，甚至自相残杀。刘曜担心被石勒军突袭，慌忙撤退到渑池（今河南洛宁西），但大军再次发生营啸，只好返回关中。石勒军于是俘虏了刘岳全军，将其坑杀，攻取了淮河以北的整个河南地区。

咸和三年（公元328年）七月，石勒再命石虎率兵四万自轵关（今河南济源西北）西进，意图占领刘曜在黄河以东的土地。石虎一路势如破竹，前赵五十多座城池望风投降。石虎军随即开始进攻黄河渡口蒲阪（今山西永济西）。

刘曜闻讯大惊，蒲阪是西渡黄河的重要据点，如果失守，石勒军就能入侵关中。于是，刘曜决定倾全国之兵与石勒决战，争取一战制胜，一举解决石勒这个劲敌。

刘曜尽起大军，亲自率领东渡黄河，直扑石虎。石虎见刘曜来势汹汹，慌忙撤退，但他的部队还是在高侯（今山西闻喜北）被刘曜的大军追上。石虎军大败，战死两万多人，尸体铺满两百多里，只有石虎带领少数人突出了重围。

击败石虎后，刘曜挥师南下，渡过黄河进攻洛阳的石生，并掘开河水灌城。石生坚守不降，刘曜一时难以取胜，便派偏师进攻河内和汲郡。两地太守望风投降。

十一月，石虎战败和洛阳告急的消息传到襄国，石勒大惊，连忙召集将领和谋士们商议。石勒对众人说：“刘曜带领大军攻打洛阳一百天都没能取胜，他正是士卒疲惫、将帅懈怠的时候，我们如果出动精锐攻打，说不定可以一战就擒获他。如果刘曜攻下洛阳，他会接着进攻冀州，那样我们就危险了。大家以为如何？”

谋士徐光说：“刘曜在高侯击败石虎，本可以乘胜进攻襄国，却反而南下进攻洛阳，可见他是个庸才。大王如果亲率大军出征，以大王的智略和声威，定能击溃敌军，一举平定天下。大王切不可失去良机。”

石勒笑道：“你说得对！”

于是，石勒亲自率领四万多精兵自襄国南下。行军途中，他对身边的人说：“如果刘曜在成皋关（今河南荥阳西北）屯兵，对于他来说是上策；如果他沿洛水设防，对于他来说是中策；如果他集中兵力于洛阳，那他就只有束手就擒了。”

石勒一路行军经过成皋关，并在这里集结各地的人马共八万七千人，却没有刘曜的一兵一卒在此阻击。石勒高兴地说：“这是天意啊！”

石勒下令全军轻装前行，加快前行，很快就赶到了洛水附近。

刘曜围困洛阳后，自以为指日可下，便终日饮酒赌博，疏于戒备，有人劝谏，他反而斥之为妖言惑众。直到石勒逼近洛水的消息传到刘曜军中，他才慌忙整顿军队前往洛水布防。

但匆忙赶来阻击的刘曜军根本来不及布置防线。看见他们手忙脚乱的样子，石勒对身边的人说：“你们可以祝贺我将要取胜了。”

腊月初五，石勒下令对刘曜军发起总攻。石勒披挂上阵，身先士卒，率领手下将士猛攻。在石勒的激励下，石勒军以一敌十，锐不可当，杀得刘曜军节节败退。在这关键时刻，身为总帅的刘曜居然喝醉了酒，因为头脑昏沉，在后退时连人带马掉进了冰河之中，最终被石勒军俘虏。

刘曜被俘后，他的大军更是一溃千里，石勒军一路追杀，斩首五万多人，剩下的残兵败将灰溜溜地逃回了长安。

石勒把刘曜押回襄国。刘曜想求饶，对石勒说："石王，还记得我们以前的盟约吗？"

石勒根本不想理会他，让人代为传话说："今天的事完全是天意，还有什么好说的。"

石勒把刘曜软禁了一个多月，然后让他写信给长安的刘熙（刘曜太子）劝降。但刘曜反而在信中劝儿子"与大臣匡维社稷，勿以吾易意也"，石勒便处死了刘曜。

到了第二年，咸和四年（公元329年），在长安的刘熙惊闻父亲被杀，担心石勒派兵来攻，便率领文武百官逃往上邽（今甘肃天水）。在洛阳的石生便率军开进关中，占领了长安。

八月，刘熙的哥哥刘胤发现在长安的石生兵力不多，便重新聚集大军向长安进攻。石勒派石虎率兵增援长安，双方在义渠（今甘肃宁县西北）交战，石虎大败刘胤军，并乘胜攻克上邽。

石虎抓获了刘熙和刘胤在内的三千多名前赵王公和大臣，将这些人全部坑杀。至此，刘曜建立的前赵国仅仅十年便灰飞烟灭。

石虎随后率军平定了秦州的氐族和羌族，却在凉州被张骏击败。不过，张骏不敢与石勒长期为敌，派人向石勒称臣纳贡。石勒大致统一了北方。

咸和五年（公元330年），石勒终于实现了自己多年的梦想，在襄国正式称帝，年号建平。第二年，石勒在邺城营造宫殿，准备迁都邺城。

迁都邺城是张宾当初在葛陂时为石勒做的规划，但张宾早已在永昌元年（公元322年）去世。张宾去世时，石勒痛哭不已，追封他为散骑常侍、右光禄大夫，并亲自为他送葬，悲泣道："老天是不打算让我成就事业吗？为什么这么早带走我的右侯（张宾的封号）？"

石勒一直勤俭立国，当时战乱频繁，粮食缺乏，石勒便下令禁止酿酒和饮酒，这对于好酒的胡人来说可谓极其需要魄力。石勒一直居住在小城襄国，不建造高大的宫殿，直到称帝后才在邺城建了一部分宫殿，所用木材还是取自洪水冲来的木头。

石勒亲身经历西晋末年的动乱，知道农民流亡和民族矛盾对国家有巨大的伤害。虽然他在早年也有滥杀降卒、在蝗灾中抢夺农民口粮的恶行，但他在根基稳定之后做了纠正，致力于在境内鼓励生育，发展农业，并设立专职官员劝课农桑，依法征收租税。他对汉人士族委以要职，明令不准欺侮衣冠华族，还恢复魏晋以来的九品官人制度，维护士族特权，以缓和汉人和少数民族之间的矛盾。在石勒的治理下，后赵的社会秩序井井有条，百姓生活比起西晋末年有了很大改善。

石勒一直不识字，他特别重视教育，在国都建立太学，在各地建立小学，要求适龄的胡人贵族子弟必须入学。他还经常亲临学校，对学生的成绩进行考核，成绩优秀的他不吝赏赐。

石勒功成名就之后，有一天问谋士徐光，自己可以与历史上哪一位帝王相提并论。徐光说他可以与汉高祖刘邦相比，石勒却摇头说："我若果与刘邦同时，就当作他的臣下，与韩信、彭越皆为其将；若果与汉光武帝刘秀同时，就会与他争夺中原，不知鹿死谁手。大丈夫行事，应该磊磊落落，如日月皎洁，绝不可以像曹操、司马懿那样欺负孤儿寡妇，用奸计夺取天下。"

在石勒心中，像自己这样白手起家的才是真英雄，篡权夺位的曹操和司马懿不过奸贼而已。可惜的是，石勒没能完全推翻自己看不起的司马家族，在后赵的南方，还有司马睿建立的东晋王朝在与他对峙。

东晋咸和八年（公元333年），五十九岁的石勒在襄国去世，谥号明皇帝，庙号高祖。

风云未定，乱局依旧，一个旷日持久的大分裂时代缓缓拉开了序幕，中国历史的格局在动荡中继续发生着翻天覆地的变化。

第三部 南渡

1. 江左

永嘉元年（公元307年）的一天，王导匆匆忙忙地在下邳（今江苏睢宁北）的街道上行走着。这位出自名门琅邪王氏的贵族子弟要去的地方是下邳官署，去见他的上级——琅邪王、安东将军司马睿，此时他的身份是司马睿的司马。

王导一进府中，司马睿就高兴地拿着一份圣旨，对他说：“茂弘（王导的字），果然如你所料，朝廷批准了。”

王导看了看圣旨上的内容，如释重负。

司马睿接着问：“我们几时启程较好？”

王导回答：“越快越好。”

王导和司马睿年轻时同在洛阳，两人相交甚深。而且琅邪王氏的家园所在地琅邪国正是司马睿的封地，这使得两人在情感上更为亲近。司马睿欣赏王导的气度与智慧，王导则欣赏司马睿的淳朴与和善，两人名为上下级，却与老友无异。王导为人随和，思维敏捷，对于木讷老实的司马睿来说，不仅性格方面互补，也是一位得力的工作助手。两人互相援引，结成了政治同盟。

这次，司马睿在王导的建议下，被皇帝批准离开北方，出镇南方的建邺（今江苏南京）。

司马睿，司马懿的曾孙，祖父是司马伷。他能力平庸，为人老实，且宗室关系疏远，过去一直不受人重视，在司马氏诸亲王中属于人微言轻的角色。他的发迹源自于投效东海王司马越。

在八王之乱后期，成都王司马颖消灭了长沙王司马乂，强迫晋惠帝封他为皇太弟，坐镇邺城遥控朝政。司马越为了联合力量对抗司马颖，招揽了一些血脉关系较为疏远的宗室王公，司马睿便在此背景下投靠了司马越，率领军队参加了讨伐邺城的行动。但在荡阴之战中，司马越的联军大败，司马睿连同晋惠帝一起被俘虏到了邺城，但司马睿想方设法逃回了洛阳。

这一站队选择为司马睿赢得了一笔不小的政治资本。司马越认为司马睿与司马颖有血仇，对自己也足够忠实，便引为亲信。后来司马越再次起兵讨伐河间王司马颙时，便任命司马睿为平东（后迁安东）将军兼徐州诸军事，留守下邳，帮他看管后方。

此时已是西晋末年，天下大乱，起义与叛乱此起彼伏，西晋王朝犹如一艘破旧的大船，在狂风暴雨的大海上飘摇，随时会倾覆。各地的藩王和士族都试图扩张势力，抢夺地盘，保障自己和家族的最大利益。司马睿觉得下邳处于司马越的势力范围之内，不可久留，应该摆脱这种附庸地位，寻找一个可以安身立命之处。

王导便帮他想到了一个好地方——江东。

江东即今天的江南地区，因为长江流到安徽芜湖后转向东北方向流动，在地图上，这片地区位于长江以东，故在古时称为“江东”。古人以东方为左，故又称“江左”。

春秋战国时代，江东在吴、越、楚三国的治理下颇有发展。秦汉时期，因为有长江天险阻隔，江东极少受战乱波及，不少北方人为避战乱南渡至此居住，带来了先进的文化与农耕技术。加上江东地区气候湿润，灾害较少，利于农耕，经过多年开发，到了汉末已成沃野富庶之地，在三国时期成为孙吴政权的根据地。

西晋末年，各地都有战乱，江东也没能幸免，先后遭流民武装和叛乱军阀攻击。但这些乱军很快就被当地的士族联合晋军平定，没有给江东带来大的破坏。天下战乱不息之际，江东就像世外桃源，当地的士人和农民仍然过着相对惬意的生活。

江东本地士族十分惧怕这种惬意的日子不能持久，一旦北方时局变化，大股叛军入侵，江东将沦为焦土。因此，他们迫切需要像孙策、孙权那样的强势领导人保护这一方的安宁。

西晋王朝不是没有想过在江东分封亲王，但江东士族抗拒而扰乱了这一部署。晋朝消灭吴国后，为了维护北方士族的利益，一直提防和歧视江东士族，限制其仕途，朝中大臣中来自南方的不足十分之一，重臣高官更是无一南方人。所以，江东士族对晋王朝一直愤愤不平，"易动难安"，加上八王之乱的影响，分封一事始终没有成行。

司马伦上台后，干脆把江东作为搜刮钱粮的金矿，派陈敏做广陵度支，负责把南方的粮食运到北方。但陈敏野心勃勃，趁乱世独霸江东。江东士族一开始也支持陈敏，希望能得到他的保护，但司马越上台后，也拉拢陈敏为自己效力。陈敏欲壑难填，企图称帝自立，又排斥江东士族，司马越便与江东士族联手将陈敏消灭。

通过消灭陈敏，江东士族总算和司马皇室取得了一定程度的互相信任，他们愿意接受司马宗室在此坐镇。因此，王导选择江东作为司马睿的避祸之地，从地理、经济和时机来说都是最恰当的。

王导把想法告诉司马睿，司马睿也早想远离北方战乱，对王导的建议十分赞同。很快，他就拿到了朝廷的诏书，被任命为安东将军、都督扬州江南诸军事，持符节，移镇建邺。

史书上没有明确记载司马睿是如何得到批准的。《晋书·元帝纪》说"永嘉初，用王导计，始镇建邺"，好像是王导的计谋，但没说是什么计划；《晋书·东海王越传》中又说“初，元帝镇建邺，裴妃之意也……”，似乎是司马越王妃裴氏的谋划；《晋书·王羲之传》中记载“元帝之过江也，旷首创其议”，王旷是王羲之的父亲，也是王导的堂弟，渡江似乎又成了王旷的功劳。

无论是谁促成了这件事，一定都得到了当权者司马越的同意。

司马越和士族领袖王衍的关系还算密切，王衍为家族谋划、狡兔三窟的做法肯定也让司马越受到了启发，他也想在徐州之外再谋一处可靠的根据地，一直没有藩王镇守的江东自然成了他心目中的理想选择。所以，比较有可能性的情况是王导利用家族关系，让同为琅邪王氏的王衍、王旷、王敦等人出谋划策，施加影响，又依靠裴氏的帮助，从而说服了司马越，让他相信提前把司马睿派往江东是一件利在千秋的战略布局。

而司马睿虽然乐意南迁，但前前后后都是被动接受者的角色，这为将来东晋皇帝的软弱埋下了伏笔。

此时的司马睿根本想不到这么多，高兴地认为王导等人为自己办了一件了不得的事。他立刻召集僚属，准备物资，开始南迁。

琅邪王要移镇建邺、经营江东的消息不胫而走，周边的士族无论世家还是寒门，都纷纷携带财产、家眷、部曲（士族的私兵）、宾客、乡邻以及依附的农民，跟随司马睿的部众南迁，至此开启了北方士族携带大量人口大规模南迁的序幕，史称“衣冠南渡”。这场南迁延续了百年之久，深刻改变了中华文明的格局。

这年九月，是江南阴冷多雨的深秋时节，司马睿一行风尘仆仆地来到建邺。但迎接他们的，不是簇拥的人群和盛大的仪式，而是几个地方官员例行公事地来装装样子，江东地区的世家大族没有一个前来迎接，就连当地的百姓都没有来。

司马睿心中满是失落，进入建邺城后，眼前的情景令他更加失望。建邺过去是吴国首都，吴国灭亡后，晋朝为防止吴国遗民怀念，有人借机造反，便将建邺的宫殿和城墙拆毁，只留下一片低矮的居民区。建邺名为大城市，看起来却像乡间村镇一般。司马睿无可奈何，只能暂住在官府之中，王导则与一些迁来的北方士族住在乌衣巷，那里曾经是吴王禁军的驻地。

一切安顿好之后，司马睿开始着手处理工作。但他发现，自己几乎什么事情都办不了。因为他来了一个多月，建邺城内的世家大族没有一个前来拜见他，自己就好像是一位来江东的游客，屡被敷衍搪塞。

江东士族们看不上司马睿。

司马睿这一脉属于庶系，在西晋皇室一直默默无闻，他的祖父和父亲都属于平庸之辈，他本人也没什么名声，权位也不高。江东士族希望有一位强力的领导坐镇，没想到来了这么一个懦弱的小角色，他们的心里自然满是不高兴。对于北方迁来的士族，江东士族也满是鄙夷，暗中称他们为“伧父”，意思是粗俗的乡下人，把他们当作来江东避难的流浪汉。

从司马睿和王导带领北方士族踏上江东土地的那天起，就注定了和江东士族充满了矛盾。

江东士族的冷漠，王导看在眼里，急在心里。这样下去的话，不仅经营江东将成为空谈，就连在江东立足都会成为问题。

王导觉得，非常有必要帮司马睿在江东士族中树立威严，先让江东士族们知道司马睿不是一个小人物。

王导打听到禊（音xì）祭[1]时，江东地区的士族百姓都会出门，在水边聚集观看。王导便打算利用这个机会，向建邺的士人百姓展示琅邪王仪仗威严。

王导想办法准备了一套高规格仪仗。禊祭那天，司马睿坐在大轿子

① 古人在春秋两季所举行的临水祓除不祥的祭事。

中，仪仗队、乐手和卫兵簇拥，北方士族皆骑马跟从，一行人浩浩荡荡地在建邺的大街上穿行。

如此隆重的出行队伍让建邺的士族和百姓们纷纷驻足围观，威严的气氛让许多士人百姓主动下跪叩拜。一圈下来，全城的士人百姓都惊异于这浩大的仪仗，觉得这位琅邪王或许是个位高权重的人物，也就不再轻视他。

王导见这次出行达到了效果，紧接着实行下一步策略。他对司马睿说："顾荣、贺循是本地最有名望的人物，应当结交他们来收服人心。只要他们两人来了，其他人自然也会来了。"

顾荣和贺循是江东士族中少有的与司马越有交情的人，王导建议先结交他们，打开眼下尴尬的局面。司马睿便让王导去拜访顾、贺两人，王导本就是个善于交际之人，一番劝说之后，顾荣和贺循同意了出来辅佐司马睿。司马睿授予两人官职，和他们商讨军政大事，顾荣和贺循对司马睿印象不错，也就帮忙引荐了其他士族。

为了给司马睿改善形象，王导又提出了建议："用谦逊的态度对待士人，用节俭的作风保障用度，用清静无为的风格处理政务，安抚好旧部和新人。"

司马睿按王导的建议一一照做，并听从他的劝说，戒掉了饮酒的习惯。如此一来，司马睿更具备领导者的风范，在江东士族中的形象大为改观。他们逐渐对司马睿信任认可，纷纷前来拜见他。司马睿也给予他们相应的官职，建邺的幕府渐渐热闹起来。

到此，大部分江东士族都选择支持司马睿，但不认同的也大有人在。

这些人主要是本地豪强，他们聚集在三吴地区①，家族人口众多，产业丰富，又有数量不少的部曲。他们本就有称霸一方、保护家族的实

---

① 指晋朝在太湖和钱塘江流域设置的吴、吴兴、会稽三郡。

力，根本不把司马睿当回事。其中，来自吴兴郡（今浙江湖州、江苏宜兴一带）的钱璯（音kuài）、周玘（音qǐ）和沈充三人实力最强。

钱氏、周氏、沈氏都是江东土生的豪强望族，在地方上说一不二，乡民都听从于他们。司马睿在处理与三家的关系上不得不捏一把汗，小心翼翼地沟通与交好。三家在表面上对司马睿表示了恭敬和顺从。

但是，司马睿最不愿意看到的一幕还是发生了。

永嘉四年（公元310年）春，洛阳的司马越见汉军围攻越来越激烈，洛阳守备吃紧，便征召扬州刺史王敦和时任建武将军的钱璯，让他们带兵增援洛阳。

对于司马越的这一命令，钱璯是一百个不愿意，他不仅要带领部下远离江东老家，还要与凶悍的胡人作战，水土不服不说，还有尸骨无存的凶险。钱璯硬着头皮带兵抵达广陵（今江苏扬州），就再也不愿前进了。

司马越得知，让晋怀帝下诏责骂钱璯，限定他在规定的时间内必须赶到洛阳，不然就处斩。钱璯一怒之下，决定杀死同行的王敦，率领部下叛乱。王敦是王导堂兄，机灵的他察觉钱璯图谋不轨，便提前逃离广陵，跑到建邺向司马睿告变。钱璯见王敦逃走，就放火烧毁广陵官府，自称平西大将军、八州都督，正式举旗叛乱，开始南下进攻江东。为了获得江东士族的支持，他还劫持了东吴末代皇帝孙皓的儿子孙充，立为吴王，摆明了要与司马睿分庭抗礼。

司马睿惊闻钱璯叛乱，连忙派兵讨伐。但是，司马睿军人少，又多是新兵，不敢向钱璯的叛军发起进攻，只敢在不远处设防，阻拦钱璯攻打建邺。钱璯的叛军便在太湖沿岸流窜，劫掠士族百姓。

在这一关键时刻，同为吴兴人的周玘为了保卫家乡，起兵反抗钱璯。周玘率领部曲和周边乡民攻打钱璯，只用了一个月就消灭了叛军，将钱璯的首级送到了司马睿处。

周玘消灭了钱璯，让司马睿又惊又喜，惊的是周玘的力量如此强大，喜的是自己未加努力就平定了钱璯的叛乱。为了笼络，也为了表彰，司马睿对周玘大加赞赏，上奏朝廷封他为建威将军、吴兴太守、乌程县侯。

但是，周玘也并不简单。

周玘的祖父是三国时吴国名将周鲂，父亲是西晋初年的猛将周处。

一个有名的典故与周处有关。据说周处年轻时争勇斗狠，乡里人都很惧怕他，把他与山中的老虎、水中的蛟龙并称为“三害”。周处得知后，决定改过自新，上山射杀了老虎，下水打死了蛟龙，受到了乡邻们的称赞。

西晋统一三国后，周处被晋武帝征召为御史中丞，但因为刚直不阿，又是吴人出身，受到了朝臣的排挤和孤立。晋惠帝时，关中氐族叛乱，周处被派去平叛，被同僚陷害，孤军深入敌阵，奋战至死。

周处的子孙一直留在老家吴兴郡，周玘便是周处的长子。由于家族两代从军，周玘也颇悍勇，在家乡训练上万人的部曲。之前江东遭遇流民武装和军阀陈敏侵袭时，周玘都积极起兵参与平叛，算上这次平定钱璯，周玘已是“三定江南”了。

因为父亲的缘故，他对晋室没有好感，曾出仕过一段时间，虽有战功，却拒绝了朝廷给予的奖赏，只愿意无官一身轻，在家乡自在地生活。司马睿来了，他给其面子，担任了仓曹属这样的小官。

周玘的强大令司马睿寝食难安，但周氏在江东名望很高，不能轻易动手。司马睿在王敦的建议下，决定对周氏采取限制和离间的措施。司马睿将周氏族人排斥在高等官职之外，不给周玘升迁，让他一直做建武将军和吴兴太守。

司马睿的所作所为让周玘有所察觉，加上北方士族对周氏的排挤，周玘愤怒之下决定起兵叛乱。建兴元年（公元313年），他收买了一位流民首领，派他到淮水一带收罗流民发起叛乱，自己则计划举吴兴的兵马响应，从而南北夹击建邺。

然而，周玘指使的这位首领在临淮（今江苏盱眙）纠集流民时，被当地太守抓住处死了。司马睿派人调查这件事，发现了其中的不寻常之处。周玘慌忙把相关的联络人杀死灭口，但叛乱的密谋最终还是泄露了。

司马睿怕逼迫太紧，会让周玘狗急跳墙，就不动声色，装作对周玘的计划一无所知，只是封周玘为镇东司马，把他调离吴兴。周玘刚出发不久，司马睿改封他为南郡太守，过了一段时间，又改封他为军咨祭酒。周玘见自己的官职被一改再改，知道阴谋已经败露，最终忧愤而死。

临终之前，周玘叫来自己的儿子周勰（音xié），气愤难平地说："害死我的是那些中原来的伧子！能为我报仇，才是我的儿子！"

周玘的遗嘱是让周勰一定起兵，向司马睿和北方士族报复。周勰在周玘死后，遵从父亲的遗愿，继续策划叛乱。周勰知道自己名望不高，担心无法号召周氏族人，就派人假借叔叔周札的名义召集周氏的部曲，并收罗各地的亡命之徒，准备在吴兴发动叛乱。

但是这场叛乱刚一冒头就被扑灭了。原来，周札得知周勰借用他的名义起兵，连忙与叛军撇清关系，并向周边的郡县告变。胆小的周勰得知情况，不敢向外发兵。叛军随即发生动摇，在内讧中自行溃散了。

吴兴周氏经过这次内讧一蹶不振，再也无法撼动司马睿的江东政权了。司马睿为了收买人心，没有追究周勰和周札的责任，而是安抚他们，对他们继续封官。周勰在碌碌无为中去世，周札则在几年后，被王敦罗列罪名处死。至此，周氏家族的地位一落千丈，在江东士族中无足轻重。

平定了两次兵祸，清除了钱氏和周氏，司马睿终于稳稳地在江东扎下了根。另一大族沈氏虽然在吴兴一家独大，但沈充在王敦的拉拢和制约下，不敢轻举妄动。

为了缓和北方士族和江东士族在土地方面的纠纷，司马睿和王导鼓励北方士族避开人口稠密的长江下游地区，去往更南方的今浙南、福建、江西一带居住。这些地区多山，人口较少，未开发的土地很多。因而，大量的北方士族带着宗族、部曲和佃农涌入这些地区，他们带去了人口、农业技术和文化，使这片蛮荒之地变得生机勃勃。他们在这里繁衍生息，一直延续到现在，现今福建地区的大姓林、陈、郑、黄大多是当年衣冠南渡的后人。

在南迁人口的辛勤劳动下，南方地区得到了进一步开发，为将来南方经济领先北方奠定了基础。

2. 楚囚

在缓和与江东士族矛盾的同时，司马睿也在尽力处理与北方士族的关系。

司马睿心里明白，自己在江东毕竟是外人，能最大程度支持他的，只有那些衣冠南渡的北方士族。王导也时常提醒他，要选取南迁士族中的“贤人君子”，与之共商大事。相较于江东士族，司马睿更加倚重北方士族，属下的高官要职都授予北方人。对于一些南迁的名门望族，司马睿给予了特殊的照顾，赐钱赐兵。

司马睿还在北方人聚居的地区设立侨州郡，改为北方地名，并特别在前面加一个“南”字，以示区分。如江乘县（今江苏句容北）有许多琅邪人，司马睿便在此设立南琅邪郡。后来，一些州也如此改名，如南徐州、南兖州、南青州、南豫州等诸多州郡。

这些侨州郡的设立缓解了南迁人口的思乡之情，也保留了世家大族的郡望。在那个门阀兴盛的时代，士族们竞相标榜自己的出身和名望，姓氏之前加上祖居地，即可达到这一效果，如“琅邪王氏”“陈郡谢氏”“颍川庾氏”等称呼。这些北方士族南迁，其郡望若换成南方地名，等于让他们放弃家族标志，他们是不会愿意的。

侨州郡的设立也安抚了跟随士族南迁而来的数以百万计的农民。司马睿下令，南迁农民只要在侨州郡中登记户口，就可以免除一定年份的劳役，并享受减税优待。这一举措受到南迁农民欢迎，江东的社会秩序没有因为人口大量涌入而遭受破坏。

面对这些关系，让司马睿最感压力的是南来的流民武装。

南迁百姓的情况不尽相同，有的是单独行动，有的是跟随士族而来，有的则是在坞堡主的率领下，手持兵器，以成千上万人的规模浩浩荡荡地南下。后者往往从北方战乱摸爬滚打而出，性情剽悍，团结互助，只认统帅和亲族，不服从朝廷指挥。司马睿担心他们成为颠覆政权的不稳定因素。

因此，司马睿对他们的态度是既笼络又防备，一面将他们拦截于江北，不让他们到江南骚扰，一面保留他们的编制，授予他们太守、刺史、将军等官职，划分地盘，让他们在北面抵挡叛军。

大部分流民统帅都接受了司马睿的安排，在江北以半独立的姿态生存。但有一个人不一样，他不想待在南方，他要北伐收复失地。

这个人便是来自范阳遒县（今河北涞水）的祖逖。

祖逖年少时与并州刺史刘琨是好友，两人经常同榻而眠，一起学习经书和武艺，畅谈天下大事。祖逖十分刻苦用功，黎明时分听见鸡叫后，便立马起床练武，这就是“闻鸡起舞”的典故。

刘琨在祖逖的带动下也刻苦学习，两人长大分别时互相说道：“如果天下大乱，豪杰并起，我们在战场上相遇，可要互相避让啊。”

后来，刘琨在永嘉之乱后升任并州刺史，坚守并州十余年，多次击败刘聪和刘曜的汉军，成为一代英豪。

祖逖也因为军事才能得到重用，在八王之乱中先后效力过齐王司马冏、长沙王司马乂和东海王司马越。经历了多年内乱，祖逖觉得自己并没有为国家和百姓做出贡献。因此，晋惠帝被挟持到长安后，他没再接受其他藩王征召。后来他干脆以为母守孝为由，躲在家中不愿出仕。永嘉之乱发生，祖逖的家乡也遭遇了战火，祖逖便带着自己的家人与乡邻共几百户逃往南方。

逃难途中，祖逖照顾老幼，把自己的马车让给老人和病人，粮食也与大家共享，乡民都很拥戴他，一些豪杰和流民慕名前来投靠他。祖逖带众迁到京口（今江苏镇江）后，司马睿表彰他的功绩，授予他军咨祭酒的官职。

但祖逖的理想从来就不是避居江东，他的好友在并州孤军奋战，他也迫切地希望参与保卫国家的战斗。尤其是永嘉之乱，汉军掳走了晋朝皇帝，杀害晋朝士民，烧毁洛阳城，让祖逖感到刻骨的耻辱。祖逖早已立下决心要北上收复洛阳。

祖逖在江东安定下来后，立刻上书司马睿，说："晋朝的祸乱并非由于君主无道、下民怨恨反叛，而是藩王争权，自相残杀，胡人由此趁虚而入，荼毒中原。现在黎民遭到残害，人人都有奋起反击的志向。大王如果能任命将领，安排我这样的人做军事首领，北伐中原，那么北方豪杰一定会群起响应，定能洗刷国耻！愿大王考虑。"

收到祖逖的上书，司马睿左右为难。司马睿本就不是雄才大略的人物，只希望安安稳稳地守住一方，收复中原这样的重担司马睿感到难以承受。而且，眼下他在江东还未立稳脚跟，还在为处理士族之间的矛盾而焦头烂额，他手下那点儿兵马能守住建康就很不容易了，此时出兵北伐，实在是不具备条件。

对于祖逖个人，司马睿也没有太多好感。祖逖颇有豪杰气概，聚集在他身边的门客部曲也大多是彪悍粗暴的好汉，这些人时常偷盗抢劫，扰乱当地治安。祖逖为人义气，非但不加以管制，反而经常为他们开脱，士族们因此普遍看不起他。祖逖在士人中风评不太好，司马睿打心眼儿里不愿意支持他。

但永嘉之乱毕竟是汉族士人心中的痛，呼吁北伐的人不在少数，司马睿又是晋室亲王，他总应该对此表明一下态度。

经过一番考量，司马睿终于批准了祖逖的上书，任命他为豫州刺史、奋威将军，授予他北伐权力。但司马睿没有拨给他一兵一卒，也不提供军械，只给了他一千人的口粮、三千匹布帛，让他自己募兵，自行解决后勤。

如此寒酸的物资让那些支持北伐的人们心寒，但祖逖意志顽强，丝毫不惧怕眼前的困难。建兴元年（公元313年），他带着忠心追随自己的百余家门客和部曲北渡长江。站在船头，祖逖慷慨激昂地对众人说："我祖逖如果不能克复中原，复兴晋室，就有如这大江一去不返！"众人都为祖逖的勇气和决心折服，纷纷表示愿意跟随到底，不驱逐胡虏、恢复中原，就绝不回来。

祖逖渡江后先在广陵驻屯，在当地一边打造兵器和铠甲，一边招兵买马，招揽南下的难民入伍。司马睿提供的军费用完了，祖逖就想办法向志士仁人们募捐。经过不懈努力，祖逖招募了两千多人。

祖逖正式出兵，首先开进豫州谯郡（今安徽亳州到蒙城一带）。此时司马睿已建立东晋（后文详述），流民首领张平和樊雅在谯郡聚众盘踞，祖逖不想与汉人交战，就派人联系二人。但张平和樊雅拒绝投效祖逖。更糟糕的是，祖逖的使者态度傲慢，激怒了两人，张平和樊雅集合兵力防守，阻拦祖逖北上。

祖逖只能与他们开战，但因为兵力太少，作战一年都没能取胜。祖逖便用计，诱使张平的一名部下杀死张平。张平死后，樊雅继续领兵抵抗祖逖，甚至派兵夜袭，攻入祖逖的帐幕。祖逖与部下奋力反击，才把樊雅的部队击退。

北伐了一年多，祖逖军连在区区谯郡都没能前进半步，志士们有些灰心，一些士族更是对祖逖冷嘲热讽。

祖逖顶住了压力，他觉得不能再和樊雅死磕下去，应该广结盟友，加快北伐进度。此时，东晋将领王含驻扎在附近的庐江郡（今安徽舒城到安庆一带），坞堡主陈川驻扎在附近的陈留郡（今河南开封到睢县一带）。祖逖便向这两人晓以大义，请求援助。在祖逖的不断劝说下，王含和陈川都派兵前来援助。

樊雅被劝降，祖逖占领了整个谯郡，他好生对待樊雅及其部下，成功地把他们纳入自己麾下。

这时，祖逖又遇到了其他麻烦。陈川的一名部将在协助祖逖作战的过程中，对祖逖的为人钦佩不已，打算带部下投奔到他那里。但事情败露，陈川愤怒之下将这名部将杀死，并派兵袭击祖逖。祖逖据城防守，陈川军没占到便宜，便在豫州四处劫掠，掳走许多妇女和财物。

听说了陈川军的恶行，祖逖决心惩治他。他在陈川军回去的必经之路上设伏，大败陈川军，夺回了被抢的妇女和财物。

祖逖下令部下不得侵占这些妇女和财物，派人将其全部送还本家，物归原主。大义之举使祖逖名扬豫州，附近的郡县和坞堡纷纷归顺他。陈川见自己在豫州已无立足之地，便率部投降石勒。

历经数年的艰苦奋斗，到太兴二年（公元319年），祖逖终于将豫州全部收复，势力抵达黄河南岸。

祖逖北伐引起了石勒的警觉，此时石勒正在幽州和段匹磾作战，无法派出大军进攻祖逖。他便派侄子石虎率兵五万南下，以帮助陈川为名进攻豫州。

石虎是石勒的猛将，其手下都是精兵，并有数量不少的骑兵。祖逖没有骑兵，明显不是石虎的对手，在石虎的攻击下只能后退，一直退到淮河以南。石虎见祖逖败退，觉得对方不足挂齿，便大掠豫州后返回襄国了。

临走之前，石虎留下部将桃豹驻守陈留（今河南开封东北），以防备祖逖北渡黄河。桃豹兵少，无法控制整个豫州，祖逖趁机杀回，重新收复失地，一直打到陈留城下。但桃豹死守城池，祖逖攻城四十多天都未能成功。

见陈留城久攻不下，祖逖想了一个主意。

他知道桃豹军中缺粮，便命人用米袋装满泥土，堆积在高台和路边，做出自己军中粮食充裕的假象。桃豹的士兵饥肠辘辘，看见祖逖那边有这么多粮食，士气大挫，开始怀疑能否坚守下去。

后赵派人送粮食给桃豹，但运粮队在中途被祖逖截获。祖逖派人把俘获的运粮兵和运粮驴子在阵前展示给桃豹方看，桃豹军军心大乱，当天晚上便弃城逃跑了。

祖逖扫清了残余的后赵军队，重新把战线推进到黄河南岸。他知道自己的力量还很有限，要消灭黄河北岸的石勒非一蹴而就之事，需要做好打持久战的准备。

于是祖逖四处派人广泛联络黄河南岸的坞堡和军阀，调解他们之间的矛盾，晓以大义，剖析利害。在祖逖的不懈努力下，不少军阀和坞堡主接受了他的调度和指挥，他的领地扩展到了司州。黄河沿岸有一些依附石勒的坞堡，因为有人质在石勒那儿，不敢背叛石勒，但他们仰慕祖逖，经常把石勒军的情报透露给他。

为了积蓄力量，祖逖带头发展农业生产，安置流民，自己勤俭节约，不积蓄财物。他与将士们同甘共苦，吃一样的食物，穿一样的衣服，士兵们都十分爱戴他。

祖逖在黄河南岸的活动让石勒颇为头疼，但幽州的劲敌段匹磾还未消灭，石勒不敢大举南下。为了稳住祖逖，石勒派人修缮了其祖父和父亲的坟墓，派专人看守，然后写信给祖逖，希望双方互不侵犯，互通使节，开放贸易。

祖逖明白这是石勒的缓兵之计，但自身力量还不足以与石勒大战。他没有回信，但默许了双方开放贸易，从中获取了不少利润。

石勒继续向祖逖示好。祖逖有部下叛逃到石勒处，石勒将他杀死，派人把首级送给祖逖并带话：“将军所憎恶的人，也是我憎恶的人。”

祖逖是个重义气的人，见石勒也如此重情义，便下令不再接收从石勒那边叛降过来的人，并禁止部下侵犯石勒的地界。边境安宁下来，双方都得以休养生息。

但祖逖从来没有忘却自己的理想，他继续修缮城池关卡，积蓄粮草，训练士兵，为将来北渡黄河进攻石勒做准备。

然而，司马睿的一纸诏书给祖逖的热情浇了一盆冷水。

太兴四年（公元321年），司马睿为了集中兵力，防范势力越来越大的王敦，决定收缴祖逖的兵权。他派戴渊为征西将军，都督六州军事，让祖逖听从戴渊指挥。

戴渊是个文人，不懂军事，没有什么才干，更没有北伐的远大志向。祖逖辛辛苦苦收复了失地，不仅没有得到赏赐，反而空降来一位无能的上司坐享其成，他的心情十分抑郁。

这时，有人从南方来，告诉祖逖一个不好的消息：司马睿与王敦不和，恐怕将有变乱。祖逖担心朝廷一旦发生变乱，自己的北伐大业会功亏一篑，他忧愤成疾，终于病倒了。

病重期间，祖逖仍不忘继续为北伐做准备，他修缮了虎牢关，还在黄河沿岸修筑营垒。然而，他没能看到这一系列工程完工。

这年九月，祖逖在雍丘（今河南杞县）与世长辞，享年五十五岁。

祖逖去世后，豫州各地的士人百姓都悲痛万分，纷纷为祖逖修建祠堂。河北石勒也为祖逖去世深感惋惜。

祖逖壮志未酬，他去世后，之前的努力全部付之东流。弟弟祖约继承了祖逖的职位，统领他的部众，但祖约的名望和才能都远远不如祖逖，将士和百姓逐渐离心。第二年，石勒和刘曜大举进攻河南地区，祖约不敌，只好南退，已被祖逖收复的土地又全部丢失了。

而在祖逖殚精竭虑北伐这几年，司马睿的朝廷不但没有给予半点支援，反而忙着内斗和享乐，只把北伐当作自我标榜的政治秀。

长安失陷，晋愍帝司马邺被俘后，司马睿特意身着戎装，带着士兵露宿野外，并向各地发布檄文，要限期北伐。结果则是不了了之。为了堵悠悠之口，司马睿斥责负责督运粮草的官员延误日期，破坏了北伐，拿他当替罪羊斩首示众。

南渡的士族初来江东时，因为思念故土，常常聚在一起谈论北方战事。有一次在建邺城外长江岸边的新亭，来自北方的士人举办宴会。有人看着亭外的风景，感慨道："风景没有什么不同，只是这江山已经换了主人啊！"

说完，士人们都流下了眼泪。

王导当时在场，为众人鼓气道："当共戮力王室，克复神州，何至作楚囚相对！"

众人听后，都对王导表示拜服。

然而，王导的这番话只是没有实际行动的空话。他这么说，只是为了安抚北方士族的情绪。

司马睿和王导都只想保全南方的半壁江山，所以他们尽量避免刺激石勒和刘曜，只将北伐停留在口头上。而南迁士族渐渐安定下来，沉溺于酒精和美景，习惯了南北分裂的局面，把国仇家恨抛诸脑后，对北伐越来越不热心。只有祖逖用一腔热血在边境孤独地努力着。

就像滔滔的长江水向东奔流，一去不返，祖逖和好友刘琨的信念和理想随着二人的去世逐渐湮没，南渡士人的血性和荣光也被时光冲刷殆尽，北方的土地再也不是晋人的了。

3. 背叛

讲述完祖逖的故事，回头来说一下东晋的建立。建兴四年（公元316年），长安失守，晋愍帝司马邺被俘，西晋灭亡。全天下最有势力的藩王除了司马睿之外再无他人，在群臣的“苦劝”下，司马睿在第二年即位称“晋王”，改元建武，立长子司马绍为太子。建武二年（公元318年），司马邺的死讯传来，司马睿称帝，改元太兴（或称大兴），传承晋朝，史称东晋。

从最初只想避祸安居到现在继承大统，人生的发展大大超乎司马睿的意料。他这个原本平庸的小人物居然实现了八王当初杀得血流成河都没能实现的目标，还获得了众多士族的赞许和拥护，司马睿的内心无比欣喜。

荣耀加身的还有司马睿倚重的好友兼助手王导。

王导是司马睿政权的灵魂人物，渡江以来，大部分政策措施出自他之手，维护士族之间的团结、与各地士族结好、争取士族们对江东政权的支持，也基本上由王导出面。即便公务繁忙，王导也会尽量抽时间参加士族聚会，与之一起饮酒、作诗、清谈；他也能与僧人们高谈阔论当时新潮的佛学。几乎所有的士人都对王导持正面评价。有人赞扬他：“向见管夷吾，无复忧矣。”

士族们欣赏王导，对司马睿政权的支持便水到渠成，因此王导深受司马睿信任和重用。称帝之时，司马睿希望王导能与他同坐，接受百官朝贺，但王导以皇帝尊贵为由断然拒绝。称帝后，司马睿封赏百官，以王导为骠骑大将军、仪同三司，封武冈侯。三年之后，王导又进位侍中、司空、假节、录尚书，领中书监，几与宰相无异。时人称王导“仲父”，又称“王与马，共天下”。

在司马睿和王导等人的努力下，晋王朝在南方得以延续。东晋王朝不仅据有江东地区，还向长江中游和岭南地区扩张，其疆域与三国时的吴国相当。

司马睿和王导宽和的政策也促使南方地区的经济得到了发展，尤其是江东地区，民户殷实，物产丰富，商业繁荣，与战乱北方的贫瘠形成鲜明的对比。

首都建康（原建邺，此时已为避晋愍帝司马邺讳而改名建康）得到扩建，高大的皇宫和城堡拔地而起，玄武湖到秦淮河之间遍布精美的园林和民居，定居人口将近百万，几乎可与当年的洛阳相媲美。

“王与马，共天下”造就了东晋王朝一时的辉煌，但很快，司马睿和王导家族反目成仇，一切摧毁于战火之中。

实际上，东晋王朝的政治格局是畸形的。司马睿素无大才，名望又低，从谋划渡江到东晋立国，都是在以王导为首的琅邪王氏的指挥和包装下进行。在公众场合，司马睿和王导仍然维持着亲密关系，但在私底下，司马睿早已厌倦了王导对自己指手画脚，希望自己成为王朝真正的主人。

司马睿逐渐疏远王导，机要大事不再与之商量，遇见他也没有好脸色。他在朝中大量起用非琅邪王氏的大臣，把刘隗、刁协等与王导不和的士人引为心腹。王导在朝中的位置越来越边缘化，他原先制定的一些政策也被改变，但他不改名士气度，选择了忍耐与沉默。

王导很清楚，无论怎样，司马睿也不可能把琅邪王氏赶出朝堂，因为东晋王朝的兵权在他们家族手中。

执掌兵权的是王导的堂兄王敦。

王敦，字处仲，他眉清目秀，喜好音乐，是一位深受女性喜爱的美男子。他年轻时便娶晋武帝司马炎之女襄城公主为妻，官拜驸马都尉[①]。

王敦并不喜欢美色和钱财，他一直怀有远大的志向。王敦曾经拥有数十名姬妾，有人劝谏享乐误事，他当天便把姬妾遣散，专心读书习武。他为官多年，从不积蓄资产和财宝。

王敦与堂弟王导个性截然相反。王导平易近人，性格温和；王敦却洒脱高傲，冷酷无情。传闻两人年轻时同去参加富豪石崇的宴会，石崇派美人给宾客劝酒，如果宾客不喝酒，石崇就命侍卫把美人杀死。王导酒量不好，但美人劝酒时还是勉强喝下；王敦有些酒量，却硬拗着不喝，石崇接连杀了三个美人，王敦仍旧不喝。在回家的路上，王导责备王敦不近人情，王敦却不屑道："他杀他自己家的人，关你什么事！"

王导回家后不禁感叹："处仲内心冷酷，将来恐怕不会有好结果啊！"

虽然性格孤傲，王敦仍然是东晋难得的将才。司马睿渡江后，政务上主要依靠王导，军事上主要依赖王敦。王敦先是担任扬州刺史，后又升为左将军、都督征讨诸军事，在军中树立起威望。

永嘉之乱发生后，晋室无主，司马睿被各地诸侯推举为盟主。而江州（今江西与福建一带）刺史华轶不服司马睿，拒绝听从指挥。司马睿派王敦带兵攻打华轶，王敦将华轶杀死后率部镇守江州。

不久，湘州（今湖南及湖北南部一带）爆发流民起义，起义军袭击了武昌和长沙等重镇。司马睿派王敦西进。王敦击败流民起义军，平定了荆州和湘州，随后南下广州（今广东与广西一带），平定了当地的叛

① 自晋朝开始，皇帝的女婿大多任驸马都尉，"驸马"一词后来便专指皇帝女婿。

乱。因此大功，王敦升任镇东大将军、开府仪同三司，加都督江扬荆湘交广六州诸军事、江州刺史，封汉安侯。

司马睿称帝后，王敦又进拜大将军，加侍中，领江州牧（后改授荆州刺史）。

至此，王敦坐拥江、荆、广三州军政大权，势力愈来愈大。王敦还得到特许，可以自选官员管理三州郡县。在平乱过程中，王敦收降了一些叛军，他挑选其中能征善战的人充实到自己的麾下。对于一些投奔他的当地士族，王敦也私下里授予官爵。此外，王敦还与吴兴豪族沈充勾结，将势力扩展到江东。

王敦在各地培植自己的力量，令司马睿忧心忡忡。但司马睿清楚自己处于弱势，没有足够的力量镇压王敦，只能暗度陈仓，用各种政治手段一点点地削弱他的兵权。司马睿先是任命周访为梁州（今陕西汉中、四川东北部一带）刺史，驻屯襄阳；甘卓为湘州（今湖南中东部及广东北部一带）刺史，驻屯长沙。这两个人都不是王氏一党的成员，能在一北一南牵制王敦。然后，司马睿又给广州刺史陶侃升官，进号平南将军，加都督交州军事，把岭南的军权切分给陶侃。

这样的人事安排使王敦非常生气，觉得司马睿过河拆桥，当上皇帝就把琅邪王氏一脚踢开。郁闷的他常常在喝酒后吟唱曹操的诗句：“老骥伏枥，志在千里；烈士暮年，壮心不已。”他一边吟诵一边用如意敲打唾壶来宣泄不满，将唾壶打得坑坑洼洼。

王敦没有郁闷多久，事情忽然间出现了转机。

太兴三年（公元320年），梁州刺史周访病逝，王敦立马抓住时机，利用距离优势派亲信北上襄阳，稳住梁州的军队。司马睿见状，连忙调甘卓为梁州刺史，但为时已晚，梁州已尽入王敦的掌控之中，甘卓只能做个光杆司令。

甘卓走后，湘州刺史一职又出现空缺。王敦本也想让自己的亲信接任，但司马睿抢先了一步，任命谯王司马承为湘州刺史。司马睿知道，王敦迟早会展开报复，他必须好好准备战斗了。

东晋朝廷军队的力量非常薄弱，因为士族强大，占据了大量的农民和土地，使得直接归属朝廷的自耕农不多，朝廷很难从中凑集到足额人员组成军队。为了征兵，司马睿听从刁协的建议，以防范胡人入侵为由颁布法令，削减士族的奴客数量，让部分奴客恢复良民身份，以备征役。司马睿把征发来的兵卒分配给刘隗率领，同时，他任命戴渊为征西将军，企图调动祖逖的北伐军拱卫建康。

接着，司马睿对王导下手，将他明升暗降，剥夺他的军权。王敦对此大为不满，他不管三七二十一，上书司马睿，陈说古今忠臣如何被皇帝猜疑、如何被小人离间等，影射司马睿是个昏君。司马睿看后大怒，王敦竟敢上书指责皇帝，真是目中无人，跋扈至极！但他没有发作，而是给王敦增加属官、赏赐羽葆鼓吹等仪仗，以示安抚。

但王敦并不在乎这些，如今他已收服梁州，且北方的祖逖已去世，他没有了后顾之忧，可以向司马睿摊牌了。

永昌元年（公元322年）正月十四日，王敦以讨伐奸臣刘隗、清君侧为名，在武昌举兵十万，乘船数百艘，顺江而下进攻建康。与此同时，他联络在吴兴的党羽沈充，命其在太湖周边起兵，切断三吴地区对建康的粮食供应。

得知王敦起兵，司马睿大发雷霆。他破天荒地下诏严厉谴责王敦，悬赏五千户侯爵要王敦的人头，同时，他下令刘隗、戴渊等人立刻带兵协防建康。

刘隗到达建康后，建议司马睿杀尽城中的王氏族人，但司马睿从各方面考虑，认为这样做会激化矛盾，对自身形象也不利，就没有同意。王导得知王敦叛乱，生怕自家受到牵连，便连续多天，每天带着宗族子弟二十多人跪在宫门口向司马睿请罪。

王导这番“忠臣”表演使得司马睿更加没有理由杀他。司马睿干脆顺水推舟，把王导作为分化琅邪王氏的一枚棋子。他让人把朝服还给王导，并召王导进见。王导见到司马睿，连忙磕头痛哭道：“叛臣贼子，哪一个朝代都有，没想到这一次竟出现在臣的宗族中！”

司马睿拉起王导的手，说：“茂弘，我正要把方圆百里民众的性命委托给你，你怎么能这么说呢！”

司马睿随后任命王导为前锋大都督，会同刘隗、戴渊等人率兵前去迎战王敦。司马睿以为，王家堂兄弟在阵前对战，会让王敦无奈退兵。

然而，司马睿的小聪明没有奏效，双方刚一接战，朝廷军队就溃散了。王敦为了叛乱精心准备了近十年，他的军队装备精良，训练有素。反观朝廷军队，领兵的王导自然不会卖力，刘隗和戴渊等人都是不知兵的文人，手下军队又是临时聚集的，兵员多征发自奴客，战斗意志不强。江东士族因为被征发了奴客，心中对司马睿多有不满，都态度暧昧，不愿站出来反对王敦，致使战场形势完全是一边倒，朝廷军队很快就大败。

王敦占领了建康城西郊的要塞石头城，其前锋攻入建康，在城内大肆劫掠。皇宫内的百官和宫人在混乱中四散逃跑，刁协被乱兵杀害，刘隗则逃亡去了后赵。

王敦抓获戴渊，将其与其他反对他的官员全部处死。同时，他留在荆州的部队进攻湘州，将谯王司马承杀害。梁州的甘卓也被王敦在当地的党羽杀死。不过对于自己的堂弟王导，王敦没有和他计较，而是责怪他说：“当初你不同意我立幼主为帝，现在害得我们差点灭族！”

原来，在司马睿称帝之前，为便于控制，王敦本打算拥立一位年幼的皇帝，但遭到王导反对，最后不了了之。

王敦没有杀害司马睿，毕竟他起兵的借口是清君侧，而不是推翻皇帝，况且废杀皇帝会使琅邪王氏成为众矢之的。司马睿被王敦囚禁在宫中，不得不任命王敦为丞相、都督中外诸军事、录尚书事、江州牧，封武昌郡公，朝政大权至此完全落入王敦手中。

王敦得势后更加嚣张跋扈，他不愿在建康久住，便回到武昌，在武昌遥控朝廷。朝廷高官和地方大员都是琅邪王氏的党羽，这些人在王敦和王导的纵容下无法无天，肆意杀害异己，为非作歹。司马睿见自己被当年的好友如此背叛，辛苦缔造的东晋王朝落得如此地步，忧愤成疾，于当年十一月初十在建康皇宫中病逝，享年四十七岁，谥号元帝。

司马睿去世后，太子司马绍即位，是为晋明帝。

司马绍，司马睿的长子，母亲是鲜卑人，所以他的外貌与汉人略有不同，长着黄色的胡须，皮肤较白。司马绍自小就很聪明，有一个著名的典故，说司马绍只有几岁的时候，司马睿问他："太阳和长安哪个更近？"

司马绍答："长安近。因为从来只听说有人从长安来，却从没听说有人从太阳来。"

司马睿很惊异，第二天又问他相同的问题。司马绍却答："太阳近。"

司马睿不高兴道："为什么和昨天回答的不一样？"

司马绍就解释说："我们抬头就能看见太阳，但看不见长安啊。"

司马绍长大之后，勤于读书，礼遇士人，深受士族们喜爱。他即位后，改元太宁，计划除掉王敦。但狡猾的王敦早已对司马绍心怀警惕，上一年攻下建康之时，王敦见司马绍有怨恨之色，曾打算废黜他的太子之位。但以温峤为首的士族们据理力争，认为太子从无过错，没有理由废立，王导怕把事情做得太绝，也不赞同废立太子。王敦见此举得不到众人支持，只好作罢。

司马睿去世前，在遗诏中把王导立为辅政大臣，而把身为丞相的王敦排除在外，企图离间这两人的关系。王敦担心司马绍上台后拉拢王导，难以控制，便计划将司马绍废黜。

太宁元年（公元323年）夏，王敦上表司马绍，暗示征召自己入朝。

司马绍假意服从，亲手拟写诏书，征召王敦入朝，并赐予他黄钺、班剑武贲二十人，以及奏事不名、入朝不趋、剑履上殿等特权。王敦见司马绍如此痛快答应，以为司马绍畏惧自己，便带兵七万，乘船大摇大摆地开进姑孰（今安徽当涂）。因为担心建康城中有埋伏，他没有继续前进去参拜司马绍，而是在姑孰驻扎下来，并把将军府设在姑孰城南的于湖。

司马绍依旧对王敦恭恭敬敬，派自己的妻兄庾亮到王敦那里，与他商量朝廷大事、谈玄论理。这让虚荣的王敦很是受用。

王敦进驻姑孰后没有立即采取废立行动，因为他清楚这两年琅邪王氏一家独大，引起了世家大族和江北流民统帅反感，贸然逼宫并不稳妥。他在姑孰城按兵不动整整一年，殚精竭虑，与亲信日夜谋划，力求一举夺权成功。

王敦对司马绍身边的士族和流民帅采取分化策略，他把温峤和郗鉴叫到姑孰，许诺给他们高官，并与两人称兄道弟，企图让两人叛离司马绍。但是，王敦的企图没有成功，温峤和郗鉴都不愿被他收买。

郗鉴性情刚烈，与王敦话不投机，王敦便把郗鉴关押了起来，但后来又把他放走了。温峤相对圆滑，假装迎合王敦，帮助王敦处理府中事务，积极为王敦出主意。王敦以为温峤被自己收买了，就任命他为丹阳尹，让他回建康观察朝廷的一举一动。温峤离开姑孰后，立刻告诉司马绍王敦那边的情报，并建议做好迎战准备。王敦知道此事后，气得大骂道："我居然被这个小东西骗了！我一定要活捉他，亲手拔了他的舌头！"

王敦精心策划了一年，没有达到自己想要的效果，自己却先病倒了。为了防备司马绍发动袭击，他越过司马绍，将自己的三名族弟任命为地方都督，保证地方军权掌握在琅邪王氏手中。但三名族弟是贪图享乐、嚣张暴戾之人，其属下官员都不愿听从指挥。

琅邪王氏家族内部此时也出现了分裂。尤其是王导，担心王敦若再次举兵，司马绍不会像其父司马睿那样客气了，会对留在建康的王氏族人尽行屠戮，所以，他对王敦的叛乱计划并不支持。王敦阵营的部分王氏族人见王敦病重不起，觉得废立无望，也投奔到司马绍这一边。王敦的侄子王允之还连夜跑到建康，向司马绍报告偷听到的王敦密谋，司马绍因而获悉了王敦的叛乱计划。

早在王敦刚抵达姑孰之时，司马绍就着手征集兵力，准备抵御王敦。当时，司马绍几乎无兵可用，国库被王敦洗劫过后也是一穷二白，连招募士兵的钱粮都掏不出来。他唯一能依靠的就是江北地区的流民武装了。

流民武装一直是半独立的，以往，他们对东晋朝廷和士族态度相当冷淡，一副事不关己、高高挂起的样子，但这次情况不同了，司马绍的身边有郗鉴。

郗鉴，字道徽，高平郡金乡县（今山东金乡）人。他虽然是东汉御史大夫郗虑的玄孙，但自小贫苦。永嘉之乱中，他颠沛流离，辗转于流民武装之间，因为能力突出、待人恩义，被推举为流民统帅，带领了一群北方百姓南归东晋，在江北的流民武装中有非常广泛的人脉和影响力。

郗鉴尽管做过流民统帅，却博览群书，温文尔雅，在士族中也说得上话。更重要的是，他忠君爱国。因而，司马绍任命他为兖州刺史，都督扬州江西诸军事，驻守合肥。郗鉴通过自己的关系，又联络了苏峻、刘遐等流民统帅声援东晋朝廷。有了这些流民武装的支持，司马绍拥有了与王敦抗衡的底气。

为了在战前一探王敦军队的虚实，司马绍亲自前往于湖查探。他带了几名侍卫微服出城，赶到王敦的军营前观察。因为司马绍的相貌不同于一般的汉人，王敦的士兵发现了他。王敦得到军士的报告后认定是司马绍来了，说："一定就是那个黄胡子的鲜卑小奴。"

王敦派了一队骑兵前去追赶，司马绍连忙逃走。为了制造自己已经逃远的假象，他命令侍卫给马的粪便泼冷水，使之冷却。途中遇到一位卖吃食的老妪，司马绍把自己的马鞭交给她，并嘱咐她："如果后面有骑士追来，你就把这个给他们看，说我已经走远了。"

不久，追兵来了。那老妪按照司马绍的吩咐拿马鞭给他们看，并说此人很早之前在自己这里吃过东西，已经走远了。追兵信以为真，又发现路上的马粪已经冰冷，便确信司马绍已经走远，不再追赶了。司马绍得以脱身，回到建康。

太宁二年（公元324年）六月，司马绍完成了兵力调动和人事安排，决定不再拖延下去。为了消除将士对王敦的畏惧之心，他假称王敦已死，示意王导带着宗族子弟在建康大张旗鼓地为王敦发丧。晋军士气大振，司马绍乘势下诏，宣布王敦的党羽钱凤为奸恶逆贼，要天下共同讨伐他。

讨伐诏书送到王敦那里，王敦气急之下，病情更加严重了。他没法亲自率领军队，便以讨伐奸臣温峤为由，派兄长王含联合钱凤，率兵五万，水陆并进向建康进攻。

王含，字处弘，早先任中郎将、徐州刺史，驻兵北方，曾派兵援助过北伐的祖逖。他为人凶暴贪婪，为世人所厌恶。倚仗弟弟王敦，他官运亨通，升任骠骑大将军。他一直积极参与叛乱，充当王敦的先锋打手。

王含气势汹汹地率领叛军杀向建康。此时江北的援军尚未赶到，司马绍的人马只够守卫建康。有人建议趁王含远道而来、立足未稳之际出城袭击，或许有机会取胜，但郗鉴反对道："乱党人数多于我们，战斗力也强于我们百倍，他们来势汹汹，锐不可当，我们只能依靠计谋取胜，不能力敌。我们应当据城坚守，敌人久攻不下，必然士气受挫。而乱党历来军令不齐，劫掠不断，官民们对他们极其厌恶，战事旷日持久，士民们更会站在我们这一方，到时何愁不能克敌！"

司马绍听从郗鉴的建议，将兵力集中于建康固守，他自己也身穿戎装，在皇宫中坐镇指挥。

建康城沿山靠水，因此除了台城（即宫城）之外没有砖石城墙，城市外围城墙是由木栅围成，城防主要依靠周边依山而建的城堡，如石头城、白石垒等。叛军为了尽快解决战斗，决定绕开这些堡垒，从城南的秦淮河突破进入市区，直扑台城。

七月初二，王含的先锋部队乘船抵达建康城郊，叛军们冲下战船，蜂拥扑向城南的秦淮河。但温峤预料到了叛军的进攻路线，已经派人烧毁了秦淮河上所有的桥梁。叛军无法前进，只能在南岸驻守。

随后，叛军的后续部队抵达，王含组织人员制造竹筏，多次企图渡河。但司马绍已经在秦淮河北岸设置了拒马和栅栏，并安排弓箭手在背后射击，叛军的竹筏难以靠岸，进攻被击退。

初三日，司马绍亲临前线，与将领们共同商定了一个奇袭计划。当天夜晚，司马绍征集了一千多名勇士，趁夜色渡过秦淮河，偷袭叛军的前锋大营。叛军没有防备，在混战中大败，弃尸数千具，前锋将军也被斩杀，王含率兵狼狈撤退到几十里外。

败报传至病床上的王敦，王敦气急，连声喊道："大事完了！大事完了！"

王敦想亲自领兵再战，但身体虚弱的他怎么也起不了身。他自知命不久矣，便把王含的儿子王应叫到床前，将后事与军队托付于他（王敦没有儿子，将王应收为嗣子，视作继承人培养）。他对王应嘱咐道："我死之后，你应该及早即帝位，先设置朝廷，封赏百官，再安排我的葬礼。"

不久，王敦一命呜呼。

然而，王应是个顽劣成性的纨绔子弟，对王敦托付的重任完全不当一回事。他隐瞒王敦的死讯，将王敦的尸体外面涂上蜡，用席子包裹，埋在议事厅中。做完这一切，王应便与身边人日夜纵酒淫乐，全然不顾眼前的危局。

而建康城外，王含率领的叛军仍在继续战斗。此时，沈充率兵一万前来与王含会合，使叛军恢复了元气。王含稍作休整，再次围攻建康，攻防双方继续在秦淮河两岸交战，不分胜负。

十七日，坚守了半个多月的东晋军终于等来了江北赶来的援军，兖州刺史刘遐和临淮内史苏峻率领援军一万人从淮河流域长途行军驰援建康。但他们赶到建康郊外时，士兵们疲惫不堪，暂时无力发起反击。王含和沈充得知情报，便计划利用这一时机全力发起强攻。

二十五日夜，叛军乘坐竹筏偷渡秦淮河，突袭北岸守军。守军防备不及，被叛军击退。叛军乘势进攻台城，守城的卫士拼死抵抗。就在此时，刘遐和苏峻突然率领流民军从叛军侧后方出击。叛军被前后夹击，终于全线崩溃，攻城主力大部分被歼灭，剩下逃跑的又在渡河时遭到伏击，三千多人溺死。

王含见败局已定，便烧毁营寨，连夜逃遁。姑孰的王应隐瞒不住王敦死讯，叛军得知主帅已死，更无斗志，一哄而散。沈充不愿去姑孰，打算逃回老家吴兴，但在中途迷路，四处狼狈躲藏，最终为叛变的部将所杀。王应和父亲王含率领残兵败将弃守姑孰，打算投奔同族的荆州刺史王舒。但王舒见风使舵，将王含王应父子全家及部众全部沉江杀死。

至此，历时三年的王敦之乱终于平息。

平定叛乱后，司马绍大赦天下，唯独没有赦免王敦的党羽。历经数月，王敦的党羽基本被剿灭，剩余一些罪责较轻的或被胁迫的，司马绍予以从轻发落。至于琅邪王氏，除了参与叛乱者，其他人都没有受到责罚。

然而，平定王敦之乱的次年（太宁三年，公元325年），司马绍病逝于建康皇宫中，年仅二十六岁，得谥号明帝。

司马绍是东晋王朝中唯一一位可称作“明君”的帝王，他刚毅果断，聪慧明理，在与王敦的较量中力挽狂澜，扭转了王朝的命运。可惜的是，与王敦斗智斗勇一年多，巨大的压力摧残了他的身体，他年纪轻轻便离世，撇下了年仅三岁的皇太子司马衍。

司马绍年少有为，但就算他能活得更久些，恐怕也难以挽救羸弱的东晋王朝。这个王朝实质上从一开始就是士族和流民武装在南方建立的“联盟体”，晋室不过是他们“联盟”的旗号，司马家族并无多少实权。

士族们垄断了朝政和仕途，并在开发南方土地的过程中占有了大片山川和田地，吸纳了众多部曲和农民。东晋王朝的经济命脉和政府组织都处在门阀士族的控制下，皇帝难以管理土地和人民，就连对官员的任命也无法完全做主。士族们还通过拉拢或火并流民，控制了众多武装力量，垄断了东晋王朝的军事。皇帝的军令出不了皇宫，想调动建康城外的一兵一卒，得看士族们的心情和脸色。

司马绍这次能成功平定王敦，很大程度上依靠了其他士族对琅邪王氏一家独大的不满，他们愿意帮助司马家打垮王敦。但琅邪王氏衰落之后，这些士族又把司马皇室冷落一边，互相争权夺利。司马绍纵然是个天才，没有兵权也是巧妇难为无米之炊，无法继续壮大东晋王朝。

司马绍之后的东晋帝王，要么年少无知，要么能力平庸，对国家的掌控进一步丧失，沦为士族们的傀儡。他们只能躲在建康皇宫中纵情声色，在士族的互相争斗中苟延残喘，即便想有所作为，也无能为力。

东晋王朝开启了门阀士族的鼎盛时期，也在世家大族的强盛中泯灭了皇朝尊严，晋王朝名存实亡。

司马绍在世时曾经和王导畅谈，王导讲述了晋朝建立的历史，说到司马懿父子为了夺权而诛杀魏帝曹髦和反对的官员，宠信支持自己的士族门阀。司马绍听后，感叹道：“如果像你所说的这样，晋朝国祚怎么会长久呢！”

4. 污尘

太宁三年（公元325年），年仅四岁的太子司马衍即位，是为晋成帝。按照司马绍的遗诏，司徒王导录尚书事，与中书令庾亮共同参辅朝政。因为成帝年幼，国政由母亲庾太后主持。庾太后不擅长政治，就让自己的哥哥庾亮帮忙决断政务。而王导在王敦之乱后名声受损，处世低调，庾亮便成了东晋王朝的实际掌权人，王朝统治权落入庾氏家族手中。

庾亮，字元规，颍川鄢陵县（今河南鄢陵北）人。颍川庾氏虽是门阀士族，但在此前并没有多少事迹记载，想来那时并不算是很高贵的家族。直到庾亮成为王朝外戚，攀上司马绍这根高枝，颍川庾氏才真正发迹，成为与琅邪王氏平起平坐的一大家族。

庾亮姿容俊美，善于言谈，喜好老庄之学，为人严肃庄重，一举一动遵礼而行，极具名士风度。虽然风度翩翩，但庾亮并不像王导那样为人和善，他行事严苛，高傲自负，不是很好相处。

他执政之后，主要做了两件事情：

第一件事是排斥朝中皇室宗亲的势力。司马绍平定王敦后有感于士族势力的庞大，曾试图加强皇权。临死之际，他准备让宗室西阳王司马羕和南顿王司马宗辅佐太子司马衍，而把王导和庾亮等人排斥在外。庾亮得知消息后闯入皇宫，向司马绍陈述这些宗室王公并不可靠，不利于国家稳定，应该让他们士族来辅政，而把王公们剔除出去。司马绍虽然没有答应废黜司马羕等人，但迫于压力，还是让庾亮与王导等士族参与辅政。

庾亮主政后觉得这些宗室王公碍手碍脚，就明升暗降，把司马宗任命为骠骑将军，剥夺了他参与朝政的权力。司马宗对此愤愤不平，恨不得把庾亮给杀了，他暗中招集亡命之徒，计划发动政变。但庾亮抢先下手，以司马宗谋反为名下令拘捕他。双方在建康城内交战，司马宗最终不敌被杀，家族被废为庶人。

受司马宗牵连，西阳王司马羕被免去太宰之职，降爵为弋阳王；汝南王司马统被废为平民；与皇族勾结的大臣也遭到贬职。司马皇族大受打击，已经没有力量抗衡以庾亮为首的士族势力了。

这场变乱使庾亮巩固了士族不可撼动的政治地位，也让一些人觉得庾亮铲除异己、威逼天子，坐实了“奸臣”之名，他们必须采取“清君侧”的行动了。

这部分人就是江北的流民统帅。

于是，庾亮着手做了第二件事：打击这些跋扈的流民统帅。首当其冲的是在平定王敦之乱中立了大功的苏峻。

苏峻，字子高，青州掖县（今山东莱州）人。他的家族地位不高，原来只是地方上的寒族。苏峻本是文人出身，永嘉之乱时，他在家乡修建坞堡，招揽了数千家百姓。他学习军事，训练民兵，并主动掩埋暴尸荒野的枯骨，获得了许多人拥戴，逐渐成为当地颇有势力的豪强。

后来，青州被军阀曹嶷占据，苏峻便率众南渡投奔司马睿，司马睿封他为鹰扬将军。后来淮河一带有人造反，苏峻前往平定，因功升任淮陵内史。苏峻割据淮河流域多年，截留当地赋税，积极扩充军队，成为江北实力最强的流民武装之一。

王敦刚起兵谋反时，司马睿曾诏令苏峻前来勤王，但苏峻占卜结果不吉，就拖延进军日期，任凭王敦攻破建康。王敦掌权后，为了笼络苏峻，加封他为奋威将军，但苏峻也不打算接受王敦的收买。

后来，王敦再次谋反，司马绍下诏讨伐。他在郗鉴的帮助下说服了苏峻，苏峻带兵驰援建康，最终一举击溃了王含和沈充率领的叛军。苏峻因为这场战斗晋升为持节、冠军将军、散骑常侍、历阳内史，封邵陵公，食邑一千八百户，整个建康上游的防务都托付于他。

荣耀加身后，苏峻的尾巴翘了起来。他觉得自己是国家的功臣，希望能得到朝廷和士族更多的敬重。但士族们并不把他这个糙汉子当回事，不屑于和他为伍，因此苏峻仍然被排斥在朝堂之外，请求升职也总是得不到批准。为了泄愤，他纵容手下四处横行，抢掠百姓和商人。司马绍去世后，他更加目中无人，不断要求朝廷增加其军费和军粮，稍不如意就肆意辱骂朝廷，殴打官员。他还到处招纳亡命之徒和罪犯编入自己的军队，并加紧打造兵器和战船，意图武力恫吓朝廷。

苏峻的驻防地在历阳（今安徽和县），距离建康不足两百里，极易顺江而下袭击建康，因此他成了庾亮心头的一块巨石，压得庾亮喘不过气来。庾亮认为此人日久必会作乱，必须趁早削夺其兵权。

咸和二年（公元327年），庾亮召集重臣商议，计划征召苏峻入京，剥夺他的兵权。但王导反对道："苏峻猜疑阴险，必定不会奉诏前来，不如暂且容忍他。"

庾亮不以为然，说道："苏峻狼子野心，最终必会作乱。今天征召他，纵然他不听从上命，造成的祸乱也还不大。如果不这样做，再过些年，就无法制服他，就如同汉时的七国一样。"

庾亮不顾王导及群臣的反对，下诏征召苏峻为大司农，要求其入京任职，兵权交于其弟苏逸。苏峻大吃一惊，连忙上表拒绝，说："征讨贼寇，在外任职，无论远近我都唯命是从。至于在朝廷内辅政，实在不是我能胜任的。"

庾亮不予批准，派使者反复催促苏峻立即赴京。苏峻一怒之下骂道："朝臣说我谋反，我还有活路吗？以前国家危难，是我拯救的，现在是兔死狗烹的时候了吧。我就是死，也要向这次的主谋报仇！"

于是，苏峻以讨伐奸臣庾亮为名，举兵进攻建康。他还派人联络了驻守寿春的祖约（祖逖之弟）。祖约同为流民统帅，在王敦第二次作乱时也支援了朝廷，却没有得到应有的奖赏，而他遭到后赵军队攻击时，朝廷也没有派兵支援，因此他一直怀恨在心。这时，祖约不顾亲属的强烈反对，响应苏峻，也派兵进攻建康。

苏峻和祖约同时举乱，庾亮居然毫无紧张的感觉。他自视甚高，认为苏峻不过是个小人物，而且兵力不多，起兵作乱不啻于飞蛾扑火。有人建议朝廷主动出击，阻挡叛军渡江或把叛军围堵在历阳附近，庾亮认为大军出动会给苏峻以直扑建康的机会，便没有听从，从而把战争的主动权拱手相让。

苏峻知道自己的兵力不足与朝廷长期作战，要想取胜，只有一个办法——速战速决。他指挥叛军乘坐战船迅速渡江，以最快的速度袭击建康上游的重镇姑孰。姑孰城的晋军未料到叛军这么快就直抵城下，猝不及防之下被叛军击败。腊月初一，姑孰失陷。

庾亮这时才感到恐惧，连忙宣布建康戒严，增兵守备石头城，并下令附近的官军阻击苏峻。一些早已对庾亮不满的司马亲王此时纷纷倒戈，为苏峻指路。苏峻的叛军长驱直入扑向建康。

咸和三年（公元328年）二月，苏峻绕过庾亮重兵把守的石头城，没有选择当初王含从秦淮河进攻的路线，而是通过建康南郊的山丘小道迂回到建康城东北方，出其不意地占领了覆舟山。覆舟山是建康城北的屏障，消息一出，立刻在建康城中引发了巨大的恐慌，许多人携家带口逃离。

庾亮连忙调整布署，派兵出城与叛军交战，但慌乱之下，晋军大败，伤亡数千人。二月初七日，叛军乘胜进攻建康东北部的木墙青溪栅，并四处纵火，大火顺风蔓延至建康城内，烧毁了城中大量的官署和民居。在大火和浓烟之下，青溪栅的守军根本无法立足。最终，在叛军的猛攻下，晋军主将卞壸（音kǔn）与一众将领战死，青溪栅失守。

叛军攻入城内，庾亮还想收拾残兵在台城抵抗，但军无斗志，士兵们纷纷逃散。庾亮只好带着家人乘船逃走，将七岁的晋成帝司马衍抛弃了。

只剩下王导带领一些大臣守卫在皇宫正殿，保护司马衍不被乱兵伤害。当一些乱兵闯入正殿时，王导便和大臣们斥责道："皇上在此，你等军人岂可靠近！速叫苏峻前来见驾！"

乱兵们见王导等人声色俱厉，就退出正殿，不再进来。

苏峻的叛军混入了许多亡命徒和罪犯，他们占领建康后，军纪较以前王敦的士兵更加败坏。乱兵不仅洗劫了皇宫，掳掠了宫女、财物和粮食，还四处侮辱士民，城中到处是被剥光衣服的男男女女，他们只能用破席和枯草遮蔽身体。

叛军还驱使城中的男子服劳役，不管是官员、士族还是百姓，都被叛军用鞭子或棍子驱打，去修建营垒或搬运物品。建康城内哭天喊地，哀号之声不绝于耳。留守的庾太后见叛军胡作非为，在抑郁中病死。

苏峻攻占建康后，自封骠骑将军、录尚书事，封盟友祖约为太尉、尚书令。王导声望很高，苏峻不便伤害他，就让他继续担任原职，帮助自己恢复朝廷秩序。

逃走的庾亮在长江逆流而上，来到了寻阳（今江西九江），在这里与时任江州刺史的老友温峤会合。

庾亮和温峤素来要好，年轻时温峤好赌，经常输光了钱被人扣押在船上没法回家，就对岸上的庾亮喊："卿可赎我！"

庾亮每回都取来钱帮温峤还赌债，令之脱身，两人的友谊一直延续。庾亮主政后严苛，做了不少让人不满的事，温峤始终坚定地站在庾亮这一边。这一次，庾亮落魄前来投靠，温峤对他非常尊重，还把自己的军队分出一部分给他。庾亮对温峤感激涕零，宣布以妹妹庾太后的名义下诏（他不知庾太后已死），升温峤为骠骑将军，开府仪同三司。但温峤拒绝道："现在最要紧的是消灭贼人。还没立下功劳就接受赏赐，这让天下人怎么看呢？"

庾亮打算动用温峤在江州的人马讨伐苏峻，但是江州兵力不多，进攻苏峻并没有把握。有人便向温峤和庾亮建议，邀请时任荆州刺史、征西大将军陶侃加入，陶侃兵力强盛，可以推举他为盟主。

陶侃，字士行，江州枭阳县（今江西都昌）人。陶侃先世并无显赫的记载，说明他出身寒门，因此他年轻时只能担任县中小吏，但他为人勤勉，学习刻苦，而且胸怀大志。

有一个非常有名的典故，说陶侃在书房里放了一百块砖，每天早上把砖搬到门外，傍晚时分又搬回房内。周围人不解，陶侃便解释说："我有志于中原，怕自己太安逸了，不堪重任。"

在晋朝的士族门阀政治体系中，寒族士人出头的机会少之又少，在战场上用性命换取军功，是寒族实现阶层跨越的主要方式。陶侃也不例外。八王之乱时，南方的荆州和扬州都爆发了流民起义，陶侃在平定叛乱的战斗中表现优异，因功升任江夏太守、鹰扬将军。司马睿南渡后，陶侃归顺，担任奋威将军，后升任龙骧将军、武昌太守。

陶侃升官后依旧保持勤勉的作风，不浪费一点儿时间，工作之余还亲自过问府中和军中的大小事务，从来不去参与无意义的酒宴和游乐。他说："大禹是圣人，还十分珍惜时间，普通人更应该珍惜分分秒秒，怎么能够游乐纵酒？活着的时候没有益处，死了也不被后人记起，这是自我毁灭啊！"

正因为陶侃工作勤勉，所以他率领的军队严肃整齐、将士用命，管理的地区治安良好、生产积极，他本人深受军队和百姓爱戴。

陶侃一度为王敦效命，帮助王敦平定了荆州的叛乱。但王敦嫉妒陶侃的军事才能，让他改任广州刺史、平越中郎将，将陶侃赶去了岭南。

陶侃任劳任怨，又平定了广州和交州的叛乱，牢牢守住了东晋王朝的南疆。他因此被封为柴桑侯，不久进号平南将军，加都督交州军事。后来又进号征南大将军、开府仪同三司。

王敦之乱平定后，司马绍为了限制士族的势力，决定重用陶侃这样的南方本土寒族，封他为荆州刺史、征西大将军，都督荆、湘、雍、梁四州军事，领护南蛮校尉，掌管王敦的旧地。如今陶侃官职显赫，仍旧谨守本分，在领地内劝课农桑，赈济灾民，维护安定。

陶侃都督四州军事，手下兵强马壮，这让上台之初的庾亮十分惧怕，担忧他会成为第二个王敦。当时传言庾亮删改了司马绍的遗诏，把陶侃和祖约排除在辅政大臣的行列之外，还把老友温峤派出去担任江州刺史，出镇武昌，用以防备陶侃。这让陶侃十分气愤。

但是眼下，只有陶侃的兵力能够对抗苏峻的叛军。要平定苏峻之乱，非调动陶侃的部队不可。温峤和庾亮也明白，陶侃的兵多，必须让他担任讨伐军的盟主，以前的恩怨要为了国家大义让步。

于是，温峤亲自写信，对陶侃晓之以理，动之以情，劝说他拯救国家于水火之中。陶侃起初因为讨厌庾亮，怄气不肯出兵，回复说："我是在外守边的将领，不敢僭越。"

但温峤连写三封信，不懈地劝说他。陶侃最终同意了，派人来开展联络工作。有了陶侃的支持，温峤传檄天下，宣告苏峻的罪状，号召各地共举义兵讨伐苏峻。正带兵驻屯在广陵的郗鉴当即响应，派使者到寻阳联络。

五月，陶侃率领三万精兵抵达寻阳。庾亮知道陶侃一直讨厌自己，就向他谢罪。大义面前，两人尽释前嫌，谈笑宴饮了一天。

随后，三人共同举兵，集合了四万多人从寻阳出发，旌旗绵延上百里，鼓声响彻云霄。檄文传送到各地，三吴的驻军和士族起兵响应。郗鉴也按照约定，率兵渡江赶来会合。

面对四面进攻，苏峻听从属下的建议，针对讨伐军水军多、步军少的弱点，以石头城为中心，分兵固守各个临水要塞，阻止他们从水路进攻建康。他还让祖约的军队驻防江北，作为外援。

六月，陶侃率领的讨伐军主力抵达建康。众将认为可以利用兵力优势，一战消灭叛军。但经验丰富的陶侃认为叛军意志顽强，只能采取持久战，以计谋击败。果然，叛军依靠精良的装备和坚固的堡垒打退了讨伐军一次又一次的进攻，双方混战了三个多月，依旧相持不下。从三吴地区赶来的讨伐军也进展不顺，被叛军击退。

恰巧这个时候，陶侃与温峤在军粮分配问题上发生了分歧，陶侃一气之下，打算带领兵马退回荆州。

在部下的劝说下，陶侃最终还是留了下来。陶侃明白，自己身为盟主，若是中途退兵，会极大地打击讨伐军的士气，这场战争就会彻底失败。

不过，讨伐军也并非一无所获。江北的祖约试图南下增援苏峻，派兵抄陶侃军后路，但被击退。而北方的后赵军队趁祖约军南下之际发起进攻，祖约腹背受敌，最终大败而逃，只能带领残部龟缩在历阳，再也无法为苏峻提供援助了。

郗鉴则带领江北的流民武装屯驻京口，修建大业（今江苏丹阳北）、曲阿（今江苏丹阳）等营垒，切断了建康城与三吴地区的粮道。陶侃的部将也袭破了叛军的两处存粮之所，重挫了叛军士气。

苏峻决心打破僵局，意图攻下京口附近的讨伐军营垒，方便叛军从三吴地区获取粮食。他从建康分兵围攻大业。大业的守军被叛军切断了水源，只能饮用尿液以坚持抵抗，形势万分紧急。

陶侃得知消息，打算立刻派兵救援大业。但有人认为苏峻分兵去打大业，石头城的防守力量一定削弱了，此时去攻打石头城，叛军一定会回援，大业的包围自然就解除了。陶侃听从了建议。

九月二十五日，陶侃指挥一万精兵猛攻苏峻所在的石头城。石头城是建康城外最重要的要塞，它一面临江，三面依托周围的高山营建工事，居高临下，易守难攻。苏峻挟持晋成帝司马衍躲藏于城中。

苏峻并没有据险固守的意思，轻敌的他带领八千士兵主动出击，很快打退了讨伐军。

苏峻由此认为讨伐军都是些窝囊废，更加骄纵松懈。他在战前犒赏众将并一起饮酒，已经喝得醉醺醺的，看见远处讨伐军败退的身影，他轻蔑地对部下说："你们都能败敌，难道我还不如你们吗？"

接着，苏峻披甲上马，率领一队骑兵出阵，企图一举冲垮讨伐军，也砍几颗人头回来。但讨伐军重整队形迎战，不给苏峻可乘之机。苏峻见突击不成便掉头后撤，不承想，他醉酒走错了路，坐骑失足，讨伐军趁机投射长矛刺中他的身体。苏峻摔下马来，被紧随其后的讨伐军杀死。

讨伐军抢走苏峻的尸体带回去。陶侃命人将其斩首分尸，焚烧之后挫骨扬灰。苏峻的死令讨伐军士气大振，但叛军仍然拒绝投降。他们推举苏峻的弟弟苏逸为新主公，关闭了石头城城门，继续负隅顽抗。这些流民军知道自己是东晋王朝的边缘人物，即使投降了也不会有好结果，而且他们追随苏峻多年，已经和苏家建立起了深厚的情义，所以，他们决定战斗到最后一刻。

战事拖延到了第二年（公元329年）二月，各路讨伐军歼灭了各地的叛军后，对石头城发起最后的总攻。

十三日，总攻开始了。数万讨伐军从四面八方猛攻石头城，精疲力竭的叛军全线崩溃，企图突围向东逃窜。混乱中他们自相踩踏，死者上万人。苏逸被俘虏，押往军中斩首示众。晋成帝被讨伐军将士抱出，安置在温峤的船中。残余叛军企图向太湖南岸逃亡，但被郗鉴的部队剿灭。

历阳的祖约已在上个月被讨伐军击败。他仓皇逃往后赵，但石勒鄙夷他的为人，待他并不好，一年之后更是将他及族众一百多人全部杀害。

历时一年的苏峻之乱终于被平定，晋成帝得以回到建康的皇宫。但经历战火蹂躏的建康城满目疮痍，皇宫中没有几处像样的宫殿，城中的房屋也大多被烧毁。

由于建康城残破不堪，朝臣中很多人建议迁都。但王导没有同意，他说："建康即古时的金陵，在过去就是帝王之都，孙权、刘备都说这里是帝王的宅邸。古代帝王不会因简陋而移都，只要认真劳作，务本节用，则无事不成。若不勤勉，耽于安乐，即使找到一块乐土，也会变成废墟。况且北方的敌寇一直窥伺着我们的空隙，我们一旦有胆怯的表现，跑到南越之地，再想得到威望和实力，恐怕就很难了。我们现在应该保持镇静，民情便可自安了。"

王导此时仍是司徒，在讨伐军围攻建康期间，他带着两个儿子逃离了苏峻的控制，回到讨伐军阵营。虽然很多人鄙夷他曾与苏峻合作，但念在他是开国老臣，且来自名门高族，还是让他官居原职。

王导也知道自己操守有亏，但他看出讨伐军内部矛盾丛生，就把自己定位为和事佬的角色，以稳定大局为己任。这次迁都之议，背后实际上是各大地方士族的博弈，都希望把皇帝弄到自己的地盘上。王导以一番义正词严的话平息了议论，维持了各大家族之间的均势。

在残破的皇宫中，晋成帝登上宝座，接受百官和士民朝拜。在王导的主持下，他对参与讨伐叛军的士族论功行赏。盟主陶侃功绩最大，被授予侍中、太尉之职，加授都督交州、广州、宁州等七州军事，加羽葆鼓吹，封爵长沙郡公，食邑三千户；其次是郗鉴，任司空，加侍中，封南昌县公；再次是温峤，任骠骑将军、开府仪同三司，加散骑常侍，封始安郡公；其他人也各有赏赐。

大家各安其职，开始重建建康。只有一个人除外，那就是庾亮。

庾亮自知对苏峻叛乱负有重大的责任，他向晋成帝叩首谢罪，哽咽流涕，请求免去自己的职务，允许他带领全家归隐山林。

但年仅七岁的晋成帝哪懂得什么，他在近臣的指点下，下诏安慰庾亮说："这是社稷的灾难，不是舅舅您的责任。"

庾亮三番两次上书请罪，还主动乘船离开建康。晋成帝将庾亮的奏书全部驳回，并派人把庾亮的船牵引回来。

当然，这只不过是庾亮的表演。庾亮家族势力庞大，不可能完全放弃手中的权力。他请罪辞职，是做给天下人看的，也避免被人秋后算账，追究引发叛乱的罪责。

不过，庾亮真的没有脸面继续留在建康，留在晋成帝身边了。最终，在晋成帝的任命下，他去了芜湖（今安徽芜湖），任都督豫州、扬州之江西宣城诸军事，平西将军，假节，豫州刺史，领宣城内史，镇守建康城的上游，实际上仍然监控着朝政。

朝中没有了庾亮这样的人制造矛盾，改由"老好人"王导主政，但内战的阴云并未消散。

虽然庾亮处置失当，引发了苏峻之乱，但终归是消灭了苏峻和祖约这两支危险的流民武装。一些参与叛乱的司马宗室也被尽数诛杀。士族门阀的权势得到充分巩固，各大家族之间的矛盾便上升到台面上了。

温峤在平乱的这一年去世，朝中剩下庾亮、陶侃、王导和郗鉴四位手握权柄的重臣，他们很快展开了各种明争暗斗。

同年年底，在苏峻之乱中立功的流民统帅郭默在江州作乱，杀害了当时的江州刺史刘胤。王导为了拉拢郭默，以牵制荆州的陶侃，便故意采取姑息态度，任命他为新任江州刺史。陶侃看出王导的意图，便以平叛为由，率兵占领江州，将郭默处死，并批评王导姑息养奸。

理亏的王导只好加陶侃为江州刺史，承认了他占有江州。陶侃坐镇上游，手握八州军权，地位有如昔日的王敦。他见王导软弱可欺，便打算起兵废黜王导，执掌朝政。但他最终没有把这个想法付诸实践，因为庾亮和郗鉴并不站在他这一边，而且他只是一介寒族，家族势力很小，不太可能篡位成功。

咸和九年（公元334年），陶侃以七十五岁的高龄去世。他一生兢兢业业，谨守本分，死后获得了朝廷嘉许，追赠大司马，享太牢礼祭祀。他的子孙承袭了他的爵位，得到食邑。几十年后，陶侃的一位曾孙厌倦了官场生活，“不为五斗米折腰”，辞职到乡村隐居。此人即中国历史上著名的田园诗人陶渊明。

陶侃去世后，庾亮成了大赢家。陶侃的子孙不够强势，庾亮凭借距离优势和国舅身份接替了陶侃的职务，移镇荆州，军力大增。继而他依仗军力干预国政，对王导的施政方针指手画脚。

王导愤愤不平，一次与士族宴饮时，江上吹来西风，王导便以扇遮面，叹道：“元规（庾亮的字）尘污人啊！”

为了防备庾亮顺江而下进攻建康，王导把琅邪王氏子弟派遣到上游的各个军事重镇，还把自己的职位抬升为丞相、都督中外诸军事，以示他才是掌权者。

庾亮也不示弱，咸康五年（公元339年），他宣称北伐，却命其弟——辅国将军、梁州刺史庾怿从北伐前线回师东下，就任豫州刺史，镇守芜湖，将王导的堂侄王允之赶走。在这之前，庾亮还致信镇守京口的太尉郗鉴，指责王导任用小人，在晋成帝成年后仍不归政，挟持百官，希望联合郗鉴一起扫除“大奸”。但郗鉴不想再起战火，不肯同意。

郗鉴不愿和庾亮联合，还有一个原因是他与琅邪王氏是亲家。郗鉴当初选婿时，打算和琅邪王氏结亲，便亲自到王导府上考察。琅邪王氏的年轻子弟听说后，纷纷打扮整齐来见面。唯有一个王氏子弟袒露胸腹，在东边房间里的床榻上呼呼大睡，仿佛选婿之事与他无关。

郗鉴看见后，笑道：“正此好！”

郗鉴与这个年轻人谈论了几句，觉得他谈吐不凡，既文雅又洒脱，便当场下了聘礼，招此人为婿。

这个故事便是“东床快婿”典故的由来。这个年轻人，名字叫作王羲之。

高平郗氏原本是弱小士族，郗鉴与琅邪王氏这样的高贵门阀结亲，是抬升家族地位的明智选择。而且，以庾亮为首的颍川庾氏太过强势，郗鉴不想被其吞并，也只能和琅邪王氏抱团取暖。

没有郗鉴及江北流民武装的支持，庾亮最终没敢轻举妄动。

咸康五年（公元339年）八月，郗鉴去世。晋成帝派专人主持了他的葬礼，追赠太宰，以太牢礼祭祀。

第二年，庾亮去世。晋成帝亲自出席葬礼凭吊舅舅，追赠他为太尉。庾亮的职位由其弟庾翼接任。五年后，庾翼去世，职位由一位年轻人继任，名字叫作桓温。

王导则早于郗鉴，在咸康五年（公元339年）七月去世，享年六十三岁。直到生命的最后时光，他仍然在为琅邪王氏苦心操劳。

由于王敦之乱的影响，以及家族子弟多不成器，琅邪王氏已经衰落，再也没有了当初“王与马，共天下”的风光。王导不得不在朝中宽厚待人，甘愿承受骂名，包容着那些品行不好的士族和武官们。面对国库空虚，王导带头厉行勤俭，不穿两件帛衣，家中也不留余财余粮，多余的财物全部捐献出去。凡此种种，都是为了维持琅邪王氏的声望，获取更广泛的支持，以对抗咄咄逼人的颍川庾氏。

年老之际，王导时常去晋元帝司马睿的陵前祭拜，每次都痛哭流涕，百官为之动容。

王导虽然生前遭遇了许多非议，但去世时还是得到了一位人臣所能得到的最高规格的葬礼。晋成帝派官职最高的礼仪官员大鸿胪亲自主持葬礼，率领朝臣为他哀悼三天，赐九游辒辌车、黄屋左纛、前后羽葆鼓吹，规格与西汉时的霍光相当。

斯人已逝，一个时代过去了，南渡士族的第二代成长起来，东晋王朝继续运转。而在北方，一场血腥的大动乱即将拉开帷幕。

5. 魔王

咸和五年（公元330年）九月，后赵国首都襄国举行了隆重的登基仪式。五十六岁的石勒一身龙袍，在百官和万民的跪拜下登上了皇帝之位。

石勒从跟随汲桑起兵开始，足足奋斗二十五年了。如今他统治下的后赵国北起长城，南至淮河，东临黄海，西到陇南。普天之下，只有偏安南方的东晋能与后赵抗衡，但东晋太过软弱，不足以对后赵产生威胁，后赵是当前当之无愧的第一强国。

石勒望着自己统治下的大好河山，十分自得。但他想不到，从自己称帝的那一刻起，后赵的国运就进入了倒计时。他亲手缔造的帝国以及数十万羯族人的命运将在不久后走向毁灭。

这个祸根正是石勒亲手埋下的。

石勒称帝后，封次子石弘为太子（长子石兴早亡）；另一个儿子石宏为秦王、骠骑大将军、都督中外诸军事、大单于；侄子石虎为中山王、太尉、尚书令；其余子侄也各有分封，拥有领地和兵权。

让宗室掌兵，这个令西晋灭亡的国策在后赵得到了延续。石勒这么做也是迫不得已，北方民族众多，如果不维持羯族石氏的强大武力，是无法压制其他民族的反抗的。

这次分封还是造成了许多不满。最不满的当数石勒的侄子石虎。他得知大单于之位由石宏获得后颇为不平，对身边人说："主上（指石勒）自从建都襄国以来，都是端身拱手，坐享其成，靠着我冲锋陷阵、征战四方，才夺得了天下。成就大业的是我，大单于应该授予我，现在却给了奴婢生的小子（指石宏），真让人气愤！等到主上驾崩之后，我一定不会让他活着！"

大单于是北方少数民族领袖的尊号。石勒立国以来，因胡汉文化不同，采取胡汉分治的政策，委派不同的官吏。胡人这一边，石勒按照传统，设立大单于统率。胡人悍勇好战，大多从军，谁担任了大单于，就相当于统领了半个国家。

石虎率领羯族武士南征北战，立下许多战功，在羯族人中颇有威信，对大单于之位一直势在必得。如今，这个尊位却被授予年轻的石宏，石虎怎会不愤怒？在他心中，已经对石宏有了杀意。

生性残暴的石虎做事从来不考虑后果，他不喜欢的人只有死路一条，他只等石勒去世便动手。

石虎，字季龙，石勒堂侄，从小就由石勒的父亲抚养。八王之乱时，并州饥荒，石勒的父亲和一些族人饿死，石勒随流民外出逃荒，石虎一直和奶奶（石勒的母亲）相依为命，以盗抢为生。后来，并州刺史刘琨捉到了石虎和石勒的母亲，为了向石勒示好，他把两人送往石勒处。石勒以厚礼答谢刘琨，并送还在邺城被俘的刘琨侄子刘演。

回到石勒身边的石虎才十六岁，多年的强盗生涯使他身手敏捷、弓马娴熟，石勒赏识他的武力，封他做了征虏将军，让他带兵打仗。石虎性情残忍好杀，石勒杀人虽多，还会事先甄别，留下有用之人，石虎杀人却是不分青红皂白，带兵攻下一地，就屠尽男女老少，极少有幸存者。

太宁元年（公元323年），石虎攻打青州军阀曹嶷。城破后，石虎不仅坑杀了三万多战俘，还屠杀了几万无辜的百姓。幸亏随行的青州刺史刘征（由石勒任命）抗议阻拦，称把人杀光了，自己这个官手底下就没有人民，没法做了，石虎才很不情愿地赦免了七百名百姓，交给刘征管理。

石虎的残暴曾令石勒不满。初加入石勒军中时，石虎沉迷于游猎，喜用弹弓打人，被许多人视为祸害，石勒因此气呼呼地对自己的母亲说："这小子凶暴无赖，如果被军队里的人杀掉，有损我家的声名，还不如我们自己把他除掉！"石勒的母亲劝道："壮牛在牛犊之时大多性情暴烈，会损坏它拉的车。石虎也一样，你应当容忍他啊。"

石勒素来孝顺，就听从了母亲的劝告。而他没有废杀石虎，还有一个原因是石虎确实是一位将才。石虎治军严格，作战勇猛，将士们都敬畏于他。他几乎每次作战都得胜而归，日渐成为石勒军中猛将。

石勒愈来愈倚重他，不再责怪他嗜杀，还不断对他加封。石勒称赵王，建立后赵时，石虎被授予单于元辅、都督诸禁卫军事、侍中，相当于石勒的副手。

石虎自以为得到了叔父的信任，将来大单于之位非他莫属，没想到石勒终究"食言"了，这让石虎大失所望，也对石勒产生了怨恨之心。

与石虎相反，太子石弘是一位儒雅温和之人。石勒自己不识字，故尤其重视子女的教育，经常让汉人学士给儿子们上课，石弘因此深受汉文化熏陶，喜好文章诗赋。不少大臣担心文弱的石弘将来无法控制住石虎，暗中劝谏石勒尽早除掉石虎。石勒却说："当今天下未定，战乱不止，太子柔弱，正需要石虎这样得力的将帅辅佐，他怎么会像你们所说的那样？"

大臣们多番苦劝，石勒就是不听。因为石勒清楚，后赵看似强大，四周却强敌环绕，国内的民族矛盾也错综复杂，要是杀掉石虎这样的统兵之才，还能保障江山吗？

咸和八年（公元333年）五月，石勒病重不起，石虎抓住时机抢班夺权。他假传圣旨，禁止任何人出入石勒宫室，为防止掌握大权的秦王石宏反对，又矫诏把石宏骗回襄国软禁。太子石弘畏惧于石虎的淫威，任凭他为所欲为。

石勒此时已无法除掉石虎，临终前，他命人在遗诏中写道：“石弘兄弟，你们要好好相处，司马氏就是你们的前车之鉴。石虎应深深追思历史上的周公和霍光，不要给后世留下口实。”

七月二十一日，石勒病逝。石虎当天就把石弘劫持到大殿上，逼迫他下令把过去曾劝谏石勒废杀石虎的大臣全部逮捕处死，又命令自己的长子石邃带兵控制皇宫，驱散百官。

石弘吓得魂飞魄散，惊恐地向石虎表示要把皇位让给他。但石虎知道这样做名不正言不顺，拒绝道：“君王死，太子即位，这是法规，我岂敢破坏！”

石虎逼迫石弘即位，自己则担任丞相、大单于，并受封九锡，进爵魏王。随后，他摒弃前朝官员，任命自己的亲信亲属担任要职，尽数夺走后赵大权。

石虎政变很快引起了叛乱风潮。位于谯郡的大将石聪（石勒养子）和太守彭彪首先叛变，向东晋投诚；彭城王石堪（石勒的另一个养子）与刘太后（石勒正妻）联合，起兵攻打兖州；河东王石生联合洛阳守将石朗起兵讨伐石虎。

面对各地藩王的叛乱，石虎并不慌乱。他首先派兵袭击谯郡，杀死石聪和彭彪，接着击败力量较弱的石堪，将他抓到邺城处以火刑，并将参与叛乱的刘太后也处死，改立皇帝石弘生母程氏为太后。接着，石虎亲自率兵七万，南下攻打洛阳，将石朗抓获后杀死。

只在进攻镇守关中的河东王石生时，石虎首战失利，弃尸三百多里。原来，石生联合了关中地区的氐人、羌人和鲜卑人，军力较强。石虎便派人收买鲜卑人，使他们倒戈。石生因而战败，部下杀死他后投降了石虎。最终，石虎逼降了氐人首领蒲洪和羌人首领姚弋仲，平定了关中。

只经过数月战斗，石虎就消灭了所有反抗力量，稳定了权位。这与他擅长军事，且在羯族中有很高威望不无关系。国中的将领和羯族首领大多愿意听从于他，而不喜欢柔弱的皇帝石弘。

石弘知道自己无力回天，便在第二年带上御玺，亲自登门到石虎府上，请求把帝位禅让给他。石虎却鄙夷地说："帝王之业，天下人自有公论，你何必这样做！"

石虎不喜欢汉人王朝禅让那一套，要以石勒继承人的身份即位。他对身边人说："石弘昏庸无能，根本没有资格做皇帝，应该把他废黜，谈什么禅让！"

咸和九年（公元334年）十一月，石虎派人入宫，宣布废石弘为海阳王，将石弘、程太后、秦王石宏、南阳王石恢等人及族众囚禁起来，不久又将其全部杀害。石弘、石宏和石恢三人是石勒仅有的三个亲生儿子，一代枭雄就这样被自己的侄子绝了后。

石虎并没有立即称帝，他觉得皇帝是汉人的名号，代表美德，自己承受不起，就改称号为"天王"。

无论什么样的名号，石虎都已经是后赵的最高统治者了。强盗和行伍出身的他看似行事粗放，头脑简单，却是粗中有细，对治理国家有一套自己的想法。

石勒延续了魏晋以来的九品官人法，延揽汉族士人为官，并给予他们足够的敬重。但羯人不像两晋朝廷那样对士族无限谦让，石虎上台后，加强了对官员的考核和监督，务求"扬清激浊，使九流咸允也"。在他的严管下，后赵的士族官员大多自我约束，不像西晋王朝那样腐败。

石虎尤其重视农业，以防农民因饥饿而造反。他时常到地方上考察，一旦发现开荒和农桑工作没有做好，就会罢免当地官员。遇到灾荒，他下诏减免当地徭役，派遣官员到灾区赈济。年景不好的时候，石虎还开放皇家园林，鼓励地方官吏带领百姓上山采果，下河捕鱼，并命令有钱人家拿出粮食救济或安置饥民，帮助百姓渡过难关。

虽然性格粗暴，但石虎对汉学和佛教相当仰慕，他继续兴办教育，增加了太学里的编制，并派人到洛阳整理前朝遗留的经书。有一位西域来的高僧，名叫佛图澄，在战乱中被石勒军收留。石虎对佛图澄无比尊崇，允许他上殿讲道，坐辇出行，还让太子和王公每五天朝见他一次。中原王朝过去禁止汉人信教，石虎把这一禁令废除，使佛教得以顺利地在中原传播起来。仅佛图澄就有门徒一万多人，并在各地州郡建立了八百九十三所佛寺。

然而，石虎的这些有益政策只局限在农业和文化领域，大体来说，他的统治方式还是以荒淫残暴为主，将百姓视为蝼蚁和草芥，任意杀戮和驱使。北方各族百姓陷入了一段黑暗恐怖的岁月。

石虎嫌弃石勒建造的宫殿太少，掌权后立即开展了大规模的宫殿建设。他在邺城、洛阳、长安都建造了宫殿，工程断断续续持续了十几年，几乎在位的每一年都在建设，征发民夫上百万人次。他对工程要求严苛，期限又短，许多人被监工虐杀或因劳累、事故而死，丧生者不下十几万人。

石虎的宫殿极尽奢华，例如邺城的太武殿使用金子装饰瓦当，银子装饰楹柱，珍珠和玉石装饰门帘、墙壁。石虎还特意动用了上万民夫将洛阳的大钟、九龙、翁仲、铜驼、飞廉等搬运到邺城，安放在宫殿里作为装饰。为了搜集更多宝物，石虎还派人挖掘过去帝王的陵墓，连春秋时期赵简子的陵墓也不放过。

为了方便通行，石虎又下令在黄河上造桥。因为技术限制没能成功，石虎一怒之下斩了几位工匠。有人为石虎设计了一种由活人顶着火盘的新奇火炬，石虎很喜欢，用以布置邺城宫殿，但火油经常下漏，把顶着火盘的人烫死或烧死。石虎嫌晦气，就撤掉了这种火炬，杀死了设计者。

石虎因为东汉有宦官之祸，特别讨厌太监，所以他的宫中基本上没有太监，而是靠女官和宫女来行使原来太监的工作。为此，石虎在民间征集了十三到二十岁的少女三万多人入宫，其中绝大多数是强行抓去的。一些地方官员为了凑足摊派数量，不惜强抢有夫之妇，众多家庭支离破碎，家破人亡。为了容纳这些征集来的美女，石虎又发动人力四十万大兴宫殿。

石虎喜欢打猎，但因体胖无法骑马，改为用猎辇。他的猎辇装有豪华的华盖羽葆，由二十人推行，座下有转轴装置，可以根据猎物所在地转动。为了方便行猎，他把黄河以北的大片良田改为猎区，派御史监管，如有人在猎区猎兽则判“犯兽”处死。而这“犯兽”的刑法又被一些官员用来欺压百姓，若百姓家中有美女或良驹等家畜，官员要而不给，就诬陷其“犯兽”，因此被判死刑者甚多。

石虎在位期间多次对北方的慕容部鲜卑、西方的前凉[①]、南方的东晋用兵，但大多无功而返。为了增加兵源，支付战争开支，石虎对人民大肆搜刮。

北征慕容部时，石虎下令凡是有免兵役特权的家族，五丁取三，四丁取二，没有特权的家族则所有丁壮都需服役。后来，他又下令征用全国所有马匹，藏匿不交的人处以腰斩。

南征东晋时，石虎施加给百姓的兵役和徭役更重了。因为凑不足军费，他要求士兵们自己准备武器和装备，每五人出车一乘、牛两头、米谷五十斛、绢十份，不交者格杀勿论。百姓不得不卖儿卖女以凑齐，实在交不出来的只好上吊自尽。

后来石虎没有取胜把握，又把南征取消了。经过他频繁的横征暴敛，百姓们穷苦不堪，民怨沸腾。

对民众的怨恨，石虎并不以为意。在他看来，当权者的威风和暴力

① 永和元年（公元345年），张骏称凉王，定都姑臧，以所在地凉州为国号“凉”。

是维护统治的必要手段，百姓畏惧，便不敢反抗。他曾派自己的儿子们率领大军在全国巡游，沿路残杀百姓，挥霍民脂民膏。对此，他得意地说："我家父子威风如此，除非天塌地陷，有什么好忧愁的！"

后赵国中汉族占大多数，羯族人少，石虎维持暴政，也是为了削弱汉人的力量，保持羯族的地位。沙门吴进向石虎进言说："胡人的运势将尽，晋王朝将会复兴，应当大力役使晋人来压制晋朝的气势。"石虎便依照他所说，肆无忌惮地压迫汉民。羯族和汉族的民族矛盾空前激化。

早在西晋末年，汉人就修建坞堡自卫，抵制胡人的入侵和劫掠。石勒立国后，安抚汉族百姓，吸收汉族士人为官，沿用汉人的制度和文化，严令禁止胡人欺压汉族士人。后赵的民族矛盾因而缓和，国力强大起来。石虎上位后，延续石勒的政策，继续优待汉人士族。对普通汉民，石虎则是奴役搜刮的态度，视之为贱民，肆意欺侮。

暴政和民族矛盾使后赵的实力大幅衰退，经常有不堪欺压的汉族百姓揭竿而起。石虎依靠军队镇压住了反叛，统治暂时得以延续。

终于，家族内部的自相残杀给石虎和后赵敲响了最后的丧钟。

石虎儿子众多，他喜爱的是长子石邃、次子石宣和五子石韬。

最初，长子石邃最受石虎器重。他骁勇善战，颇有父亲的风范，石虎视他为得力助手，立他为太子，协助自己处理政务。

石邃的性格凶暴残忍，比父亲有过之而无不及。而且他不擅长处理政务，经常犯错。石虎恨铁不成钢，时常打骂他，令他很没面子。石虎觉得石邃残暴又无能，对他十分失望，便把注意力放在石宣和石韬身上，转而宠爱他们。这引起了石邃极度不满。

石邃生怕自己的太子之位不保，便产生了杀死石宣的想法。咸康三年（公元337年）七月，石邃称病不朝，暗中召集东宫官员一起饮酒。酒席上，石邃说道："我准备到冀州杀掉石宣，有胆敢不从者斩首！"官员们吓得魂不附体，纷纷跪地叩头，极力劝阻。石邃见应者寥寥，心中不快，就喝得烂醉如泥地回去了。

纸包不住火，这件事终究还是走漏了。石邃的母亲郑皇后派人责问石邃，石邃将来人杀害。石虎也听到传闻，派女官去询问他，石邃也把女官杀死。石虎认为石邃必有问题，便把东宫官员捉来亲自拷问，官员们全盘说出了石邃的阴谋。

石虎气愤难当，一怒之下把东宫官员三十多人处死，并下令软禁石邃。

念及石邃是跟随自己多年的长子，石虎冷静下来后，又赦免了石邃，打算给他一个改过自新的机会。

然而，骄横的石邃完全不领父亲的情。石虎宣布赦免他后，他居然一句感谢的话都没说，就转身大踏步离去。石虎气得大骂："你应该去朝见你的母亲，怎么可以急着离开！"但石邃头也不回，径直走掉。

石虎这回真的是气炸了，他断定石邃毫无悔意，日后必定作乱，绝不能再留下这个儿子了。

当天，石虎就下旨废除石邃太子之位，贬为庶人。到了晚上，他又下令将石邃及其全家二十六口全部斩首，其亲信和门客二百多人也一并处死。石邃的母亲郑皇后受到牵连，被石虎贬为太妃。

杀掉长子石邃后，石虎立次子石宣为太子，立石宣生母杜氏为新皇后。不过，比起石宣，石虎更喜欢石韬。久而久之，石虎的偏爱越来越明显，甚至赐予石韬与太子相同的待遇，让石宣和石韬轮流处理政务。

石虎一度打算改立石韬为太子，但毕竟已经立了石宣，随意废立不妥，就一直没有实行。但他从不在石宣面前避讳对石韬的喜爱，石宣有次犯错，他厉声骂道："真后悔当初没有立石韬为太子！"

石韬仗着父亲的宠爱更加傲慢无忌，出行的排场和居住的宫殿都要比照太子的规格，甚至对石宣颐指气使。

石宣忍无可忍。

永和四年（公元348年），石韬营建了一座新宫殿，命名"宣光殿”。石宣得知后，认为石韬故意冒犯自己的名讳，便派人把宣光殿的工匠杀死，并折断宫殿里的横梁。石韬大怒，派人把宫殿改建得更加高大。

石宣得知，心中积蓄多年的怒火全部爆发出来。八月的一天晚上，他派出三名刺客潜入石韬落脚的佛寺，趁其熟睡之际将其残忍杀死。刺客逃走之时，遗留了作案的刀具。

石韬惨死的消息传到宫中，石虎当场昏厥过去，许久才苏醒过来。他连忙要去现场查看，大臣李农提醒他：“杀害秦公石韬的凶手还不知道是谁，他可能还在京城之中，大王最好不要离开皇宫。”石虎便下令军队加强戒备，派人把石韬的尸首送到宫中悼念。王公大臣们都入宫参加悼念仪式，石宣到场后不仅不哭，还“嘿嘿”窃笑。

石宣的反常举动很快被人报告给了石虎。石虎怀疑他是凶手，打算召他来质问，又怕他警觉不肯前来，便假称其母病危，令他入宫探望。石宣入宫后，立刻被拘捕起来。但面对父亲的责问，石宣拒不承认是自己派人杀害了弟弟。

最终，有人主动向石虎告发了石宣的阴谋，并透露了几名刺客的身份。石虎将刺客抓获，刺客交代了事实。石虎悲愤到了极点，下令把石宣囚禁在皇宫的仓库中，用铁链穿透他的下巴锁起来，将他的饭菜倒入大木槽中，还逼他用舌头舐杀石韬之剑上的血。

石宣的哀号声响彻皇宫，高僧佛图澄劝石虎说：“石宣和石韬都是陛下的儿子，今天如果为了石韬的死而杀了石宣，那就是祸上加祸了。希望陛下能慈悲为怀，宽恕石宣，那样国祚还能延长。不然，石宣必然会化作扫帚星扫过邺城的皇宫。”

但失去理智的石虎完全不理会佛图澄的劝告，下旨以极刑处死石宣。石宣全家以及东宫的宦官和侍卫队长几百人也一同被处决。石虎还下令把东宫夷为平地，改成饲养猪牛的场所，将东宫的十万多名卫士发配到凉州戍边。

佛图澄的预言很快得到了验证。

处死石宣后，石虎一病不起。这时，佛图澄圆寂了，石虎更加感到人生的孤独和命运的无常。为了冲喜，石虎决定称帝。晋穆帝永和五年（公元349年）正月，石虎在邺城登基，改元太宁，大赦天下。

然而，称帝并没有给石虎带来多少喜悦。很快，发配凉州的东宫卫士聚众叛乱的消息传来了。

原来，这些东宫卫士受牵连而被发配边疆，心中深感无辜和委屈，得知皇帝登基大赦，自己却不在赦免名单中，他们陷入了绝望。发配途中，地方官员肆意欺凌他们，扣留他们的马匹和装备，导致他们彻底暴怒。这些士兵在行至雍城（今陕西宝鸡东北）时哗变，推举武官梁犊为领袖，要打回老家去。

梁犊自称晋朝征东大将军，率兵向东进攻。这些东宫禁军本来就是武力高强的武士，他们没有武器盔甲，就从民间抢来斧子，再安上一根长柄，在战场上以一敌十，把前来镇压的后赵军打得抱头鼠窜。

饱受石虎暴政之苦的关中百姓纷纷加入这支叛军，一路攻城拔地，抵达长安时人数已经突破了十万。长安守将连忙闭城固守，梁犊没有攻城，而是继续东行，攻破潼关（今陕西潼关东北），向洛阳杀去。

叛乱震动了邺城的石虎，他任命李农为大都督，率步骑兵十万前去讨伐。但李农军也大败，只能退守到成皋固守。

眼看这些愤怒的东宫禁军即将杀到邺城，病床上的石虎惊恐万分。忧惧之下，石虎的病情更加恶化，连话都说不清楚了。

在这最后时刻，石虎想到了一个人可以肩负平叛重任，这个人就是羌族首领姚弋仲。

十六年前，石虎觉得关中地区民族众多，不利于维持稳定，便把聚居在那里的羌族和氐族迁徙到了后赵首都襄国和邺城附近，并任命氐族首领蒲洪为龙骧将军、流民都督，居地在枋头（今河南淇县淇门渡），任命羌族首领姚弋仲为奋武将军、西羌大都督，居地在滠头（今河北枣强东北）。

石虎的这一安排有两个用意，一是方便监视这些桀骜不驯的民族，二是让他们为襄国和邺城生产物资，紧急情况下还能起到保卫作用。平常，石虎对蒲洪和姚弋仲称兄道弟，给予充分的尊重和特权。这次叛军失控，石虎不得不动用这两张王牌，让氐族人和羌族人去剿灭他们。

见到石虎，姚弋仲大大咧咧地对他说："儿子死了，很忧愁吧，要不然为什么病了呢？儿子小的时候你不选择好人教育他，才使他长大后干出了叛逆之事；既然是因为干了叛逆之事才杀了他，又有什么可忧愁的呢？再说你已经病了很久，新立太子年龄幼小，如果你病情不见好转，天下必将大乱，这才是首先应该忧虑的，不必忧虑那些乱贼！梁犊等人穷困无路、思家心切才相聚成为强盗，他们一路烧杀抢掠，能成什么事！老夫为你一举消灭他们！"

石虎知道姚弋仲脾气直爽，而且在关键时刻正需要他，就没有计较什么，当场任命他为征西大将军、侍中、持节。继而以儿子石斌为大都督，担任平叛主帅，统领姚弋仲和蒲洪一起带领羌族和氐族的士兵数万人出发。出征前，石虎还抱病出来送行，送给姚弋仲一匹战马。姚弋仲说道："你看我这个老羌人能不能给你破贼？"说完他就策马狂奔，不辞而别了。

姚弋仲没有食言，他很快打败了梁犊，镇压了叛乱。

然而，石虎的生命正在走向尽头。永和五年（公元349年）四月，石虎病死，享年五十四岁。

邺城皇宫里一片愁云惨雾，臣民们都感觉到后赵江山摇摇欲坠。十五年的暴政摧毁了国本，失尽了民心，使民族矛盾激化到无以复加的地步。

6. 天命

永和五年（公元349年）五月，剿灭了梁犊叛军的石闵率部向邺城返回。他是后赵的征虏将军，在司空李农的麾下参与平定叛乱。但他们之前作战不力，被梁犊打败，石虎不得不动用氐人和羌人来平叛，这让石闵颜面扫地，担心回去之后会被石虎惩罚。

石闵其实不是羯族人，他是石虎的一名养孙，本是一个汉人。他字永曾，小名棘奴，父亲是原乞活军的小将冉良，故而他本名冉闵（为方便叙述，下文一律称其冉闵）。

乞活军战败后，冉良被石勒俘虏，他当时年仅十二岁，却已在残酷的战争中成长为雄壮有力的战士。石勒赏识冉良的勇武，命石虎收他为义子，冉良便改名为“石瞻”，跟随石虎征战沙场，直到咸和三年（公元328年）在与刘曜军交战中战死。

父亲战死时，冉闵年仅八岁，石虎将其带在身边收养。他自小在后赵皇宫中长大，重武力而轻智谋，性格暴躁直率又单纯。受父亲影响，冉闵同样勇猛善战，武力过人。石虎素来欣赏勇士，对这个养孙十分喜爱，没有因为他的汉族血统而嫌弃他，而是把他当作自己的亲孙子宠爱、教导。

冉闵长大后一直为石虎效力，他武艺高强、治军严格，很少打败仗。十五岁时，冉闵带兵北伐慕容部鲜卑，其他参战的后赵军队都战败溃散，只有他的部队冲破鲜卑人的围追堵截，全身而退。后来他一直带兵驻防荆州，与东晋军队对峙，他多次击败晋军，杀死晋兵一万多人，掳掠了七万多户东晋百姓。

但冉闵这次讨伐叛军时表现不佳，完全被姚弋仲抢去了风头。失落的冉闵带兵返程，路上，他遇到了同样满脸失落的彭城王石遵。

石遵是石虎第九子，与已死的长子石邃是同母兄弟。他懂礼乐，重教化，是个彬彬有礼的人，在石虎的儿子中与众不同。但在这样的外表下，石遵本质上也是一个不择手段的阴险人物。

几个月前，石虎处死石宣后，召集大臣们商议立新太子。有人提出彭城王石遵有文化素养，是储君的合适人选。石虎表示赞同，道："你的话正合我的心意。"然而，一位名叫张豺的将军提出反对，他说："彭城公石遵的母亲因为前太子石邃而被废黜，如今再立石遵为太子，我担心他的心里会有记恨，还请陛下慎重考虑。"

石虎想了想，觉得张豺言之有理。之前石邃和石宣两个逆子已让他心力憔悴，万一石遵因为母亲的缘故也谋逆，石虎真是难以招架了。

张豺趁机推荐了自己的人选，那就是石虎最小的儿子石世。石世当时年仅九岁，他的母亲是刘曜的小女儿。前赵败亡时，张豺掳掠刘氏，将她献给了石虎。如今张豺想依靠与刘氏的关系，帮她把儿子送上皇位，自己就可以获取高职了。

张豺向石虎说明了推荐石世的理由："陛下以前两立太子，都因为他们的母亲出身低贱而生祸乱。这一回陛下应该立母贵子孝者为太子。石世的母亲本为公主，贵不可言。"

石虎听信了张豺所言，并且说："我内心污秽，所以上天才惩罚我专生凶恶的儿子，让他们一过二十岁就谋害我！现在石世才十岁，等他二十岁时，我也死了，他也就不会害我了！"

于是，石虎把石世立为太子，刘氏立为皇后。石遵得知自己原本有机会继承皇位，却被张豺和刘氏母子夺了去，心中愤愤不平。

石虎临终前，意识到石世年纪尚小，不能治国，便下诏任命石遵为大将军，镇守关中地区，任命燕王石斌为丞相、录尚书事，主管朝政，任命张豺为镇卫大将军、领军将军、吏部尚书，守卫都城，三人共同辅佐石世。

然而，这道遗诏令刘氏和张豺心生不满。有两个年长的皇子一起辅政，石世岂不是变成了傀儡？

于是，刘氏与张豺合谋，趁石虎病危之际矫诏谋杀了燕王石斌。石虎去世后，他们又把诛杀目标对准了李农。因为李农当初在确立石世为太子时态度暧昧，而且他位高权重，不利于刘氏和张豺掌权。李农提前得到风声，逃离邺城，躲藏在广宗（今河北威县东），被自己的旧部保护起来。张豺派出禁军前去搜捕，双方僵持不下。

此时石遵正带领三万禁军前往关中，之前他来邺城探望父亲，却被刘氏和张豺阻拦，连父亲的最后一面都没见到就被直接调往关中。他心中苦闷，在半路遇到了打败梁犊叛军的姚弋仲、蒲洪和冉闵等人，便把心事告诉了他们。

冉闵等人对石遵说："殿下您年长而且德才兼备，先帝也有意立您为太子，只不过他晚年一时昏聩，听信了张豺的谗言。如今女主当道，奸臣当权，朝中早已不满。京城此时防守空虚，禁军被派到了外地，我们只需击鼓前进，京城的人必然放下武器，打开城门欢迎我们。"

石遵听了冉闵等人的劝说，心中豁然开朗，当即决定起兵。冉闵作为石氏家族成员，也跃跃欲试，要加入其中。石遵便与他联手集结了九万大军向邺城进发。石遵担心会遭到顽强抵抗，便以冉闵为先锋，并许诺说："等我登上帝位，我一定让你做太子！"

石遵没有儿子，这个承诺对冉闵极具诱惑力，从来没有奢望过皇位的他高兴不已，干劲十足，带着兵士向邺城飞奔而去。

石遵给张豺送去了讨伐檄文，要求他趁早投降。张豺见到檄文，慌忙调回搜捕李农的禁军，同时召集邺城周边的羯族士兵进行抵御。然而，这些羯族人不愿为张豺这个汉人卖命，纷纷倒戈前去迎接石遵，就连皇宫的两千余卫士也跑向了石遵那一边。刘氏见此情景，顿时手足无措，召来张豺哭泣道："先帝还没入土，祸乱就严重到这种地步了。如今皇上年幼，只能全仰仗将军你了啊！将军打算怎么办？我想对石遵封显赫的官职以安抚他，你觉得能让他退兵吗？"

张豺也是惊恐不已，不知道怎么办才好，随口回应说："可以，可以！"

刘氏便下诏封石遵为丞相、大都督、录尚书事，加九锡。但这些封赏没能阻止石遵进军，他很快就来到邺城郊外。张豺慌忙出来跪拜迎接，石遵命人将他拿下。

石遵进入石虎的灵堂，对着父亲的灵柩大哭了一场。过后，他下令将张豺斩首，夷其三族。第二天，他废石世为谯王，刘氏为太妃，即皇帝位。不久，他又毫不留情地把刘氏和石世母子杀害。石世在位总计三十三天。

石遵即位后，为表示感谢，封冉闵为都督中外军事、辅国大将军、录尚书事，让他辅佐朝政。但对于把冉闵立为太子的承诺，石遵拒绝承认，却把兄弟石斌的儿子石衍立为太子。冉闵感觉自己被骗了，气愤不已。

不过，冉闵此时并不打算和石遵内讧，因为石遵篡权弑君，帝位并不稳固，后赵国陷入了类似当年八王之乱的混乱局面。沛王石冲首先起兵讨伐，率兵五万从蓟城南下，沿途散布檄文，又聚集了五万多人马，直逼邺城而来。

冉闵和石遵是一根绳上的蚂蚱，在这危急时刻，冉闵只能暂时放下心中的不满，接受石遵调遣，率领十万精兵迎战石冲。双方在平棘展开大战，冉闵身先士卒，带领士兵们呐喊着向石冲的军队突击。石冲军很快大败，石冲本人连同三万多名部下被俘。石遵命冉闵将他们全部活埋。

石冲败亡后，镇守长安的乐平王石苞又打算发难。但是石苞正准备起兵时，东晋军趁后赵国内乱侵入了关中，他不得不放弃了起兵计划。石遵以反击晋军为由，派兵攻入长安，将石苞捉到邺城软禁起来。

石苞被捉后，其他藩王都不敢轻举妄动了。石遵见此情景，认为皇位已经稳固，那个莽夫冉闵就没有利用价值了，而且冉闵掌管着全国的军队，十分危险，必须想办法将其除掉。

于是，石遵开始排挤冉闵。他拒绝加赏冉闵的部下，还贬损这些将士的品德；然后他在军中安插自己的亲信，削夺了一些冉闵的兵权。

石遵身边有不少人都劝他尽早杀掉冉闵，防止他势力坐大，但石遵觉得鲁莽下手会引火烧身，此事务必慎重考虑。他召集了几个同族兄弟见母亲郑太后，举行家族会议，商议杀掉冉闵。郑太后不愿再看到皇族内部自相残杀，就劝石遵说：“从你起兵到登基，没有他哪里有你的今天。就算他略微有些骄纵，你也没必要杀他呀！”

家族会议最终没有讨论出个所以然来。参加会议的义阳王石鉴做了叛徒，出宫后即向冉闵告密。

石鉴，石虎第三子，素无才能且胆小懦弱，却是个有政治野心的两面三刀之徒。当初，石邃（老大）、石韬（老五）、石宣（老二）先后死去，排行老三的他成了长子。他因此异想天开，以为按年龄大小排序，自己理应成为太子了。

没想到，父亲石虎根本就看不上他，甚至不曾考虑他一下。石鉴只好在众人的无视中，看着比自己小许多的弟弟石世（最小）和石遵（老九）先后登上皇位，这让他苦闷不已。当他发现石遵和冉闵产生了矛盾，他觉得机会来了。只要怂恿冉闵杀掉石遵，自己就能得到冉闵的拥护，成为新皇帝了。

接到石鉴的密报，冉闵顿时火冒三丈。他觉得自己为石遵立下了汗马功劳，石遵食言没立自己为太子也就算了，现在竟然要暗算自己！愤怒的冉闵此时只剩下一个想法——杀掉石遵这个背信弃义之徒！

冉闵立刻派出三千甲士入宫搜捕石遵及其家人。石遵对突如其来的政变毫无防备，当士兵们冲入他的宫室时，他正与一群宫女嬉戏。他看见全副武装的士兵冲进来，知道已无力回天，便问："是谁指使你们谋反的？"

带头的武官没有直接回答，而是说："义阳王石鉴当立为君主！"石遵明白是三哥石鉴背叛了他，便诅咒道："我尚且如此，他石鉴又能维持几时！"

石遵被士兵押到大殿，斩首示众。冉闵又斩草除根，将石遵的家人和亲信们全部诛杀。曾为冉闵说话的郑太后也没能幸免，成了刀下冤魂。

此时是永和五年（公元349年）十一月，石遵在位共一百八十三天。

石遵是冉闵名义上的叔叔，虽然两人并无血缘关系，但冉闵仍是石氏家族成员，他发动政变杀害石遵，在外人看来无异于弑君弑父。

一时间，兵权在握又杀人如麻的冉闵成了人们恐惧和厌恶的对象。冉闵虽然遵照约定立石鉴为皇帝，但他明显感到自己成了众人排斥的对象，朝廷内外杀机四伏。冉闵知道是不可能指望石鉴这种人协助自己的，他迫切需要一位有权势的盟友帮助自己稳定政局。

冉闵找到了李农。

李农，汉族人，原是乞活军将领，因足智多谋被石虎收为智囊，官至"三公"之一司空。他是石虎晚年最信任的汉臣，石虎去世后，他遭到张豺追杀，被逼逃往广宗。

张豺死后，李农回到邺城。石遵让他官复原职，依旧重用他。李农对冉闵抱有好感，经常为冉闵出谋划策，帮他应对朝政。冉闵发动政变诛杀石遵时，李农也予以支持。

李农支持冉闵的缘由史书上并无记载，比较可信的推测有两点：一是李农是汉人，当时民族矛盾极其尖锐，李农出于民族感情，乐于看见后赵内乱，石氏家族自相残杀。而冉闵具有汉人血统，他也就在心理上倾向于冉闵。二是李农圆滑世故，看出冉闵炙手可热又残暴好杀，投靠冉闵才能保住自己的权位和性命。

如今，在冉闵孤立无助的时刻，李农选择了站在冉闵这一边，让冉闵感激涕零。

在冉闵的要求下，石鉴封冉闵大将军、武德王，封李农大司马，与冉闵同录尚书事。冉闵负责军权，李农协助内政，两人结成了同盟，掌控了朝政大权。

二人执掌大权，引来了更大的反对浪潮。反对他们的除了石氏家族，还有几十万羯族人。因为在羯族人看来，后赵是他们统治的国家，如今却被两个汉人攫取了大权，这简直是颠覆了国本。

冉闵和李农成了羯族的全族公敌，暗杀和讨伐不断向他们袭来。

首先向二人发起暗杀的是两面三刀的新皇帝石鉴。他叫来被软禁在邺城的乐平王石苞，承诺放了他，前提条件是石苞带人去把冉闵和李农解决掉。

石苞只能硬着头皮，带着几十个人在夜里刺杀冉闵和李农。但冉闵和李农守卫森严，石苞没有得手，反而惊动了守卫，被一路追捕。石鉴担心石苞被抓会供出自己，便派人将石苞等人灭口。

冉闵还没有查出这次暗杀的主谋是谁，紧接着又发生了一场攻伐。

新兴王石祗（音zhī）联合蒲洪和姚弋仲，发动氐人和羌人一同叛乱，讨伐冉闵和李农。邺城周边陷入了一片战火。石祗的行动鼓舞了城内的羯族人，几名石氏宗室密谋趁乱诛杀冉闵和李农，但事泄被杀。

事件刚结束，孙伏都、刘铢两位羯族将军又暗中发动宫中三千多名羯族士兵，打算刺杀冉闵和李农。他们带人破坏了铜雀台附近的楼梯和通道，打算劫持正在台上的皇帝石鉴，以方便在政变后发号施令。

但狡猾的石鉴不想失去自由，他不咸不淡地回答："你们都是朝廷的功臣，好好为朕出力。朕会在高台上观战，你们不要担心成功之后没有赏赐。"

有了石鉴打的包票，二人放弃了劫持他的计划，带兵在宫中的胡天殿设下埋伏。

冉闵和李农对埋伏毫不知情，他们和往常一样，带着少量侍卫来办公，途中经过胡天殿。冉闵和李农踏入殿堂的一刹那，背后的殿门忽然关上了。

事先埋伏好的几十名羯族士兵冲出来，对着二人及其随从一阵刺杀。一些手无寸铁的随从惊慌失措地逃跑，却发现所有出去的通道都被堵死或破坏了。

冉闵暴怒，他拔出佩剑，只身冲向那些羯族士兵，瞬间刺死几人。羯族士兵们一拥而上，冉闵依旧毫不畏惧，继续与之展开厮杀。

一阵刀光剑影过后，又有十几名羯族士兵倒在地上，冉闵则只受了点儿轻伤。浑身血污的冉闵犹如怪兽一般，羯族武士们被其高强武艺惊呆了，吓得不敢近前。

冉闵带着李农从胡天殿杀出来，附近忠于冉闵的禁军闻讯赶来救援，孙伏都只得率领剩下的兵众退入皇宫深处，依托凤阳门防守。冉闵立刻调集数千士兵杀入皇宫。在高台上观战的石鉴看到冉闵还活着，知道孙伏都的埋伏失败了，便立刻像变色龙一样换了一副嘴脸，派人对冉闵说："孙伏都造反，你快点去讨伐他。"

有了皇帝的诏令，冉闵更加有恃无恐，带兵一路血洗皇宫，看见羯族武士模样的人就一刀砍杀下去。

战斗持续了将近一天，叛乱的羯族士兵全部被消灭，许多无辜的宫人也死于乱兵流矢之中，皇宫内尸横遍地，血流成河。

愤怒的冉闵还不解恨，下令道："城中还有哪个胡人敢拿起兵器，一律斩杀！"

短短一个月，冉闵接连遭遇了三场暗杀，尤其是胡天殿的埋伏，让他差点儿丢了性命。死里逃生的冉闵既恐惧又气愤，他想不明白，自己一直为皇室征战沙场，现在为何却有这么多人把他当作仇人，要杀他，就连城外的氐人和羌人也反对他。

冉闵想到了自己的亲生父亲，想起自己的血统是汉人。难道是因为自己有汉人血统，那些羯族人才一定要杀死自己吗？

冉闵怎么也不愿意相信。

我不是外人！我姓石，也是石家人啊！（此时冉闵还未改回原姓，仍称"石闵"）

那些羯人为何都仇视我，一心要杀我？

我到底是羯人还是汉人？我到底是属于哪一边的？

冉闵的民族认知和家族情感陷入了混乱和矛盾中，他无论如何都想不通。冷静之后，冉闵决定下一道命令试探一下人心，看看到底哪一边真正支持自己。

冉闵把石鉴软禁起来，在全城下令说："近日孙伏都、刘铢制造叛逆，他们的亲信党羽已经全被杀掉，好人没有参与其事的，从今天以后，凡是和我同心一致的人留下，不同心的人想去哪里，悉听尊便。我已下令城门不再关闭。"

命令一下，让冉闵大为震惊的一幕出现了。城中的少数民族纷纷携家带口出城，城外的汉人则蜂拥入城，出城和入城的人群把各个城门堵得水泄不通。

看见这一情景，冉闵终于明白了，汉人是自己永远抹不掉的身份，自己在羯人眼中一直是"外人"和"敌人"。

震惊、失望和愤怒扭曲了冉闵的心。

既然你们不认同我，把我当作敌人，我还留下你们干什么！

冉闵很快下了一道著名的命令：“汉人斩一胡人首级送凤阳门者，文官进位三等，武职悉拜东门。”

冉闵把命令散布到后赵各地，人们纷纷猎取胡人首级报官领赏，很多外表与胡人相似的汉人也遭到了杀害。四境之内一片血雨腥风，后赵国陷入了巨大的混乱之中。

冉闵借助这一命令收到了想要的成效。许多饱受欺压的汉族平民汇聚到邺城，积极踊跃地参加冉闵的军队。冉闵对自己得到这么多人的支持兴奋不已，豪爽地下令开放邺城仓库，把石虎搜刮来的粮食和财物分发给穷人。

为了标明自己和后赵脱离了关系，冉闵以谶文中有“继赵李”的字样为托辞，将国名从“赵”改为“卫”，把已是傀儡的石鉴从“皇帝”降为“国主”，把皇族姓氏从“石”改为“李”，他本人此时改名叫“李闵”。

然而，杀胡令的消极影响也很快显现出来。在这场空前绝后的大屠杀中，羯族人大半被害，其他少数民族也损失惨重。他们视冉闵为不共戴天的仇人，纷纷聚集起来发动叛乱。氐人和羌人追随其首领去往河东地区自保，新兴王石祗和汝阴王石琨占据了襄国。在这个危难时刻，羯人、氐人、羌人、鲜卑人、匈奴人，甚至一些反对冉闵的汉人，都摒弃过去的仇怨，结成同盟，并向各地散发檄文，号召天下一起讨伐冉闵。

后赵国境内的胡人将领也都拒绝服从冉闵，转而投效襄国的石祗。他们的叛变使得冉闵的卫国控制的范围被挤压到黄河中下游两岸、以邺城为中心的冀州、司州、兖州一带地区。

更严重的问题是，冉闵完全没有盟友。按理说，同属汉人国家的东晋应该援助冉闵。然而，冉闵自信于自身武力，又沉迷于杀胡令带来的声望，没有把和东晋结盟之事放在心上。而东晋皇帝软弱，士族腐化堕落，朝廷一直对北伐事业不积极，加上一直对冉闵存有戒备之心，不认为他是忠实可靠之人，因此东晋对北方之变只是观望而已。

冉闵在中原大地上开始了孤军奋战。

不过，冉闵没有感到丝毫惧怕。他自带兵以来所向披靡，从未遇见武力强于他的敌手。如今他以名马朱龙为坐骑，以双刃长矛为兵器，对手在他眼里不过是一群乌合之众而已。

永和六年（公元350年）正月，汝阴王石琨率领七万军队，首先向邺城发起进攻。冉闵只率领了一千多名骑兵迎击，他身先士卒攻入敌阵，手持长矛攻击，亲手击杀了数十名敌人。冉闵的骑兵在他的鼓舞下奋力突击，石琨军在骑兵冲击下大乱，丢下了三千多具尸体仓皇逃跑。

轻松击败石琨后，冉闵乘胜出击，带领三万精兵离开邺城去攻打原后赵将领张贺度的军队。被困在邺城的石鉴得知消息，动起了歪脑筋。他认为此时邺城空虚，正是发起叛乱的好机会，便派了一名宦官去与附近的反冉闵军联络，打算里应外合夺取邺城。

但这位宦官背叛了石鉴，跑去冉闵的军中告密。冉闵大怒，赶紧撤兵返回邺城，将石鉴及其家人全部处死。此时被关押在邺城的还有二十八（一说三十八）名石虎的孙子，冉闵为绝后患，将这些人也全部杀死灭族。

石鉴死后，国不可一日无主，众人都劝说冉闵称帝，开创新朝。冉闵本也有意，但他转念一想，还有情同长辈的李农在，按长幼顺序，应该让李农称帝才对。而且谶文中有“继赵李”的说法，不让李农当皇帝，不合天理啊。

于是，冉闵把称帝一事谦让给了李农，劝说李农即位。

但李农坚决推辞。

聪明的李农知道，冉闵是非常想称帝的，现在谦让只是给自己面子而已，要是自己真接受了，冉闵肯定会不高兴；而且，就算自己称帝了，兵权也全掌握在冉闵手中，他当这个皇帝有什么权力呢？

见李农推辞，冉闵又想，那不如尊奉南方的东晋皇帝吧，自己率领部众在北方裂土而治，自称州牧、郡守，领公爵或侯爵。

但这样做，冉闵又不甘心，自己奋斗了这么久，只混了个公、侯的爵位就太没意思了，而手下的将士们原本就是州牧、郡守了，如今不给他们升职，也说不过去啊！冉闵犹豫不决。

这时，有大臣识时务地劝冉闵说："大将军德行隆盛，顺应天意，理应登上天子之位。如今晋室衰败，偏安江南，哪有能力统领各路英雄，一统江山呢！"

冉闵大喜道："你真是识时务，知天命啊！"

于是，冉闵即皇帝位，立国号大魏，史称"冉魏"。不久，他认祖归宗，把自己的姓改回"冉"，并追封祖父和父亲为皇帝。

冉闵称帝自立激怒了以正统自居的东晋朝廷，他与东晋联盟的可能性更微小了。

襄国的石祗紧随其后称帝，延续后赵国号。他封弟弟石琨为相国，羌族首领姚弋仲为右丞相、亲赵王，其余投效他的将领也各有封赏。

氐族首领蒲洪因为素来不受石氏重用，又与姚弋仲不和，便在这一年宣布投降东晋，并改姓"苻"。他带领部众向关中地区进发，计划在那里自立为王。

石祗并没有关注苻洪这边，他一心只想跟冉闵报仇雪恨。四月，他再次派石琨率领十万大军进攻冉魏。

在这局势错综复杂的关键时刻，冉闵却做出了一件令汉族士人们心寒的事：他把李农给杀了。

史书没有记载杀害李农的原因，但分析一下，原因就一种：冉闵认为李农这个人碍事。

冉闵称帝后，封李农为齐王，授予太宰、太尉、录尚书事等职务，将其儿子也全部封为县公。然而，他俩注定不是一路人。李农虽然是乞活军出身，但文化程度高，且为官多年，人脉广泛，是个圆滑世故的老官僚；冉闵则自小被石氏家族收养，长年征战，杀气很重，没什么文化。两人观念不同，在许多问题上容易产生分歧，渐渐地，冉闵怀疑李农有异心。

而且李农和乞活军旧部仍然关系密切，李农在广宗躲避张豺追杀时，就是其乞活军旧部保护了他。如今，乞活军是冉魏军中一大派系，他们只听命于李农。而冉闵现在正四面受敌，迫切需要统合兵力，掌握国中所有的兵马作战，乞活军不听调动怎么行呢？冉闵决定杀掉李农，吞并乞活军。

冉闵是个性格鲁莽之人，登基称帝的荣耀冲昏了他的头脑，令他更加骄狂自负，他觉得，就算没有李农扶持，自己也能够掌控全局了。从冉闵认祖归宗，把姓氏改回“冉”就可以看出，他已经不再把李农视为亲近的长辈了。

最终，冉闵出于猜忌和集权，杀害了李农及其三个儿子和一些朝中亲信。

杀掉李农后，冉闵感到心虚，他派使者向东晋朝廷传话说：“叛逆的胡人使中原大乱，我已经诛杀了他们。如果能共同讨伐乱军的话，可以派遣军队前来。”

冉闵的这番言语傲慢无礼，本就对冉闵称帝耿耿于怀的东晋君臣更加不高兴，没有做出任何答复。

冉闵只好继续孤军奋战。

六月，石琨率十万大军进据邯郸。冉闵再次把石琨打得落花流水，杀敌一万多人。

八月，张贺度、段勤、刘国、靳豚集结三十万大军，声势浩大地从东南方向进攻邺城。冉闵毫不示弱，也率领二十万大军前去会战。双方在黄河北岸以仓亭（今山东阳谷北）为中心的上百里战线展开了激战。

冉闵在此战中展现了非凡的军事才能，他让部将率领十二万步兵沿战线固守，自己则率领八万精兵埋伏在敌人的侧翼。敌军进攻受挫、士卒疲惫之时，冉闵率兵从侧翼出击，一举斩首二万八千人。敌军大败，冉闵一直追击到阴安（今河南清丰北），斩杀靳豚，尽俘其众。接连胜利让冉闵声势高涨，军队达三十多万，旌旗、战鼓绵延一百多里。

意气风发的冉闵着手建设政府，他对前来投靠的汉族士人礼遇有加，据其才能授予官职，对儒学名士更是毫不吝惜地赐予高官厚禄。汉族士民对冉闵交口称赞，声言仿佛回到了魏晋初年。

然而，冉闵内心也有隐忧，因为杀胡令的恶劣影响，魏国处在四面皆敌的境地，长此以往必然把国力拖垮。他停止了大屠杀，开始"绥抚六夷"。他在称帝之后即派人拿着赦免书，到各地的胡人将领那里寻求和解。为了显示宽宏，他又恢复了胡人职位"大单于"，授予儿子冉胤，让他统领投降的胡人，还从被俘的胡人士兵中挑选一千多名身强力壮之人充当冉胤的卫士。

此举遭到了大臣韦謏（音xiǎo）的批评。韦謏说："胡人是我们的仇敌，他们归附投降不过是为了苟全一时的性命，万一他们哗变，您后悔都来不及。应该把他们斩尽杀绝！"

这番不合时宜的话让冉闵极其不高兴，冉闵便处死了韦謏和其儿子。

但和解只是冉闵的一厢情愿，魏国仍然遭到仇视，战火四起，没有一天是安宁的。

十一月，冉闵率领十万大军北上进攻襄国，打算一举消灭这个心腹之患。石祗率军顽抗死守。冉闵军挖地道、垒土山、造攻城车……用了各种办法，但围攻了一百多天，一直打到第二年二月，仍然没有攻下。

不过，襄国城也达到了坚守的极限，粮食耗尽，部众战死大半，难以再支撑下去。石祗不得不向附近的羌人和鲜卑人求援，但以后赵皇帝的名号向他们发号施令显然不太合适，石祗便去掉自己的皇帝号，自贬为“赵王”，派人向羌人首领姚弋仲以及过去的敌人慕容部鲜卑求援，并承诺把传国印玺送给鲜卑人。

羌人和鲜卑人都明白唇亡齿寒的道理，纷纷派出援军。此时石祗的弟弟石琨也在冀州纠集了一支部队，与羌人和鲜卑人同时向襄国进军。

冉闵得知襄国的三路援军向自己逼近，连忙分兵阻击。但对方攻势猛烈，冉闵派去的人马除主帅外全部战死。

败报传来，冉闵大怒，打算亲自带兵迎战。部将王泰连忙劝阻道：“如今襄国尚未攻下，外围的援军又云集，我们再举兵迎敌，会被前后夹击，陷入危险的境地。不如我们坚固堡垒防守，以挫敌人锐气，等到他们关系破裂之后再出击。更何况，陛下亲自上阵，万一出现意外，宏图大业就完了！”

冉闵一听，便打消了出战的念头。

然而，冉闵宠信的道士法饶进言说：“陛下包围襄国这么久却没有取得进展，如今对方援军赶来，您不去迎战，将士们会士气受挫，您将来怎么调动他们？贫道夜观天象，发现了胡王当死的征兆。陛下一定能百战百胜，不要错过这个机会！”

冉闵听后激动不已，他一甩衣袖，说道：“我出战已定，有再敢进谏者斩！”

冉闵召集了所有兵力，准备前去攻击距离最近的羌族军队。双方还未交战，慕容部鲜卑的援军赶到了，他们让马匹拖着树枝在几里外奔跑，扬起漫天尘土。冉闵军以为鲜卑人庞大的骑兵部队杀到，惊恐万分，军心大乱。石琨军和羌军趁机从侧翼杀出，襄国城中的石祗也率军从背后攻击。

冉闵军陷入了四面围攻之中，最终一败涂地。冉胤身边的胡人士兵立即叛变，把冉胤和左仆射刘琦等逮住送到石祗那里，石祗将其全部处死。冉闵在护卫骑兵的拼死保护下突围出去，逃回邺城时身边只剩下十几人，其余将领，包括数百名文武官员、十万多名士兵尽皆丧生。

逃回邺城的冉闵心情极度低落，儿子冉胤惨死的消息传来，他悲愤不已，杀了道士法饶。同时，他懊悔不听韦謏戒备胡人俘虏的劝告，追封韦謏为大司徒。

襄国之战惨败给冉闵造成的损失是难以弥补的。他丧失了十万精锐的部队以及众多能征善战的部下。无停歇的战争也掏空了冉魏的国力。当初冉闵开放仓库，把石虎遗留下来的粮食和财物分发一空，导致国库空虚，没有储备，而战乱以及民族仇杀扰乱了社会秩序，没人能安心耕种，因此饥荒蔓延，百姓们易子而食。战乱遗弃的大量尸体病菌滋生，又带来瘟疫流行。整个中原人口，十之六七死亡。

冉闵的魏国转眼间便风雨飘摇。

但冉闵并没有屈服，他只要存活一天，就还是中原的王者，没人可以让他投降！

7. 风雪

永和七年（公元351年）四月，冉闵兵败退回邺城不久，石祗便派将领刘显率兵七万来犯，一直打到距离邺城二十多里处。

冉闵连忙召集幸存诸将商议应战之策。之前在襄国劝说冉闵不可出战的王泰气愤于冉闵不听他的劝告，称病没有参加会议。冉闵亲自到王泰府上探望，王泰坚称病重不见。

冉闵大怒回宫，对左右道："没有你我就打不赢胡人了吗？等我打败胡人，再来杀了你！"

冉闵亲自领兵猛攻刘显。襄国之战后的冉魏军队已是一支哀兵，他们把心中的悲愤化作凶猛的战力，一战便击垮了刘显的部队，斩杀三万多名敌人。刘显被冉闵追杀得走投无路，请求投降，并提出愿意去杀死石祗报效冉闵。冉闵同意了，放他离开。

冉闵凯旋回来后便将王泰杀死。此举让许多冉魏将领寒心，一些地方将领便向邻近的东晋投降，冉魏国土进一步缩小。

刘显回到襄国后，果然发动政变将石祗杀死，将石祗首级送往邺城。冉闵将其焚烧示众，封刘显为上将军、大单于。石祗之死宣告了立国三十二年的后赵国正式灭亡。

但是，控制了襄国的刘显很快就背叛了冉闵。七月，刘显率兵再次进攻邺城。失利后，他返回襄国称帝自立。

冉闵对刘显的反复无常极为气愤，第二年（公元352年）正月，他出动大军再次包围襄国。不得人心的刘显没能守住这座城市，冉闵最终攻下襄国，将刘显及其官吏一百多人杀死，并把残留在襄国的石氏家族成员全部处死，焚毁了襄国宫殿，将襄国百姓全部迁到邺城。

石琨逃亡到了东晋。但东晋王朝不打算接纳仇人后代，当年便将其在建康街头处死。至此，石氏家族根绝。

经过这三年的战乱，羯族几乎遭到灭顶之灾，人口锐减，走向消亡。而原来盘踞在河东地区的羌族见襄国陷落，便宣布投降东晋。他们向南迁徙，寻找新的容身之所。

攻下了襄国，灭绝了石氏家族，又赶走了羌族，如此大胜让冉魏军队的士气大振。然而，一个严重的问题很快摆在了冉闵面前：军粮耗尽。

魏国已经不可能征集到粮食了。冉闵没有办法，只能像当初石勒的军队一样，做起“流寇”，让士兵们在中山（今河北定县）、常山（今河北石家庄）一带劫掠“游食”。

这些饿疯了的士兵四处扫荡，把一切可以吃喝的东西抢光吃尽。当地民众纷纷逃难，许多人逃往北方的慕容部鲜卑。鲜卑人趁机以讨伐冉闵为名大举南下，冉闵迎来了最后一位强大的敌人。

慕容部是鲜卑人的一支，原聚居在辽东的长白山区，以渔猎放牧为生。三国时，司马懿征讨辽东太守公孙渊，慕容部给予司马懿支援，从而受到了曹魏朝廷的嘉奖，首领莫护跋被封率义王，并被允许在棘城（今辽宁义县西北）建国居住。

慕容部就此走出森林，在辽河平原定居。他们学习汉文化，建立与汉制相仿的法律与制度，逐步放弃渔猎，和汉人一样耕种养殖，成了鲜卑诸部中汉化最深的部族。

晋朝建立后，慕容部继续向晋室效忠，即便在八王之乱和西晋末年大动乱时期，他们还是与晋朝保持着良好关系，时常与晋室互派使者交往。但慕容部无法避免与周边部族发生争斗，其先后击败同族的段部和宇文部，以及朝鲜半岛的高句丽，逐渐称霸辽东。

石勒和石虎将慕容部视为北方边患，都曾派遣大军征讨，但全部以失败告终，慕容部的声望因此高涨。慕容部采取与后赵相反的政策，轻徭薄赋，劝课农桑，在领地内尊崇汉文化，与境内汉民和睦相处，许多汉人因此慕名投奔慕容部，带去人口和先进的文化，促进了慕容部飞速发展。

咸康三年（公元337年），首领慕容皝（音huàng）自称燕王。慕容部由此建国，史称“前燕”。（其后，慕容部鲜卑建立的国家都以“燕”为国号，《天龙八部》中慕容复一心要复兴的“大燕国”就来源于此。）几年后，受东晋正式册封为燕王、大单于。

慕容皝去世后，其子慕容儁继承王位。此时的慕容部已经拥有了入主中原的能力，慕容儁听闻后赵大乱，便厉兵秣马，想要浑水摸鱼。冉闵和石祗恶战时，慕容儁选择按兵不动，坐山观虎斗，让冉石双方互相消耗力量。襄国被围，石祗以传国印玺为条件请求援军，慕容儁才派了一些骑兵参战。但得胜后，慕容儁发现石祗并没有印玺，印玺还在冉闵手上。

直到永和八年（公元352年），冉闵攻下襄国，慕容儁见时机成熟，才命弟弟慕容恪统领大军，大举南下进攻冉闵。冉闵得知鲜卑人进犯，立即集合了正在附近“游食”的几万名将士，准备与慕容恪决一雌雄。有部将连忙劝阻道：“鲜卑人锋芒正盛，而且敌众我寡，我们不应出战，应该暂且躲避坚守。等到他们骄傲懈怠之时，我们再增加兵力击败他们。”

但冉闵正沉浸在攻下襄国的大胜喜悦中，认为前燕军队不值一提，自己现在的兵马完全可以击败他们，便说：“我正要平定幽州，斩杀慕容儁。如今遇到慕容恪的人马就后退，天下人岂不是要小看我？”

冉闵不听劝告，率领麾下人马冒失地向中山挺进。他很快发现，慕容恪率领的前燕军是冉魏军的好几倍，而且有大量骑兵，冉闵自己的军队则因为缺粮早就没有了骑兵部队，几乎是清一色的步兵。

即便如此，冉闵也没有丝毫畏惧。他制定的作战计划是先带兵向南撤退，引诱前燕军分兵来追击，待其进入不利的地形，再发动反击打败他们。于是，冉闵带兵退守魏昌县（今河北无极北）。慕容恪中计，率领骑兵穷追不舍，一直追到了魏昌县的廉台（今河北无极东）。在这里，两军展开了激烈的战斗，前燕军进攻十次都被击退。

冉闵依旧身先士卒，勇猛无比。前燕军见到冉闵都十分畏惧，因而士气受挫，许多人不敢冲锋。慕容恪不得不激励手下士兵说：“冉闵有勇无谋，只能以一当一而已。他手下的士兵虽然装备精良，但饥饿疲惫，撑不了多久了。我们一定可以打败他们的！”

前燕军虽然十战皆败，但损失并不大，反倒是冉闵的魏军因缺少骑兵而伤亡不小。再这样打下去，冉闵再英勇，也扭转不了战局。冉闵便决定引军到附近的树林里，利用树木阻挡骑兵冲击，从而扬长避短消灭前燕军。

四月十六日，惊心动魄的决战爆发了。

冉闵按照计划，摆开阵形与前燕军对战。前燕军的骑兵冲过来，他立刻命令士兵们一边接战，一边往身后的树林撤退。

但是，他的意图被前燕军将领看穿了。慕容恪听取属下建议，只派遣一支轻骑兵追击冉闵军。这支骑兵跟在冉魏军后面，果然遇到了大片树林，无法发动有力的冲击。冉闵让麾下的步兵躲藏在树林中，用长矛长枪刺向前燕骑兵。前燕骑兵狼狈不堪，慌忙逃走。

冉闵以为自己的计策已然奏效，二话不说打马追了上去，打算彻底消灭前燕军。冉魏的将士们紧随其后，呐喊着往前燕军败退的方向扑去。

然而，当他们来到一片平坦的地域，前方突然出现了整齐的前燕军阵列。紧接着，漫天的箭矢呼啸而下，冲在前面的冉魏兵应声倒地。冉闵大惊，知道自己中了埋伏，连忙下令撤退。但此时已经晚了，前燕军从左右两翼发起攻击，把冉闵军团团围住。

一时间，箭如雨下，马蹄声震天，冉闵军崩溃大乱，在前燕骑兵的冲击下死伤无数。冉闵暴怒，他右手拿着双刃长矛，左手拿着钩戟，一人就杀死了三百多名敌人，鲜血染红了他和座下战马。他看见了慕容恪的中军旗帜，便不顾一切地骑马冲杀过去。

慕容恪已在前面布置了五千多名弓骑兵阻挡冉闵，他为了防止骑兵们因害怕冉闵而后退，还用铁链将他们的马匹连接起来。

这些弓骑兵还没来得及放箭，冉闵就冲进了他们的军阵。冉闵骑着名马朱龙飞快地向前冲刺，大吼着挥舞手中的兵器，扫向经过的前燕军，这些弓骑兵犹如木桩一样被一个个砍落马下。但他们被铁链束缚，无法后退，只能冒死一波又一波地围上来。冉闵杀得精疲力竭，也没能冲到慕容恪身边。

渐渐地，周围的厮杀声小了，冉闵发现自己的部下全都战死了，只剩下了他孤身一人。他知道自己不可能杀掉慕容恪了，只好掉头突围。朱龙马用尽力气载着主人飞奔起来，它跨过前燕士兵如林的长戟，躲过飞舞的箭矢，硬是冲破了重围。

突围后，多处受伤的朱龙马体力透支，但忠心耿耿的它仍然驮着冉闵狂奔二十多里，才倒毙在路上。在后面追击的前燕骑兵趁机一拥而上，但他们仍不敢近前，便扔出绳索套住冉闵，才把这位人人畏惧的豪杰俘虏。

四天后，冉闵被押解到蓟城。慕容儁兴奋地下令大赦。慕容儁让冉闵下跪屈服，但冉闵就是不肯跪，慕容儁便斥责道：“你不过是个卑贱的奴才，也敢妄自称帝！”

冉闵大骂道："天下大乱，你等夷狄禽兽尚且称帝。我乃中土英雄，怎么就不能称帝！"

慕容儁大怒，让人把冉闵拖下去打了三百鞭子，押往前燕都城龙城（今辽宁朝阳）。

前燕军歼灭冉闵主力后继续南下，进攻冉魏首都邺城。邺城此时由太子冉智和辅政大臣蒋干守卫，他们缺兵少粮，但仍然坚守不降。前燕军围攻数日也没能得手，心急的慕容儁连忙增派了两万兵力攻城。

此时的邺城宛如地狱，城中本就缺粮，被围城后很快粮尽，人们自相残食。蒋干派人突围向东晋送上投降书，请求晋廷派兵救援。但东晋对冉魏政权素无好感，回复要求蒋干先送上传国印玺再派兵。蒋干犹豫不决，东晋便派了一百多名勇士进入邺城，从蒋干那里骗来玉玺送往建康。

蒋干见东晋朝廷如此不靠谱，心灰意冷，便集中城中精兵孤注一掷，奋力突围，最终还是飞蛾扑火，全军覆没。

八月十三日，邺城守军的一名校尉打开邺城城门投降。前燕军攻入城内，俘虏了冉智及其他皇族成员，众多冉魏大臣在城破后自杀殉国。

立国仅两年八个月的冉魏国宣告灭亡。

就在冉魏灭亡的三个多月前，冉闵被斩首于龙城遏陉山，死时年仅三十二岁。

传闻，冉闵死后，前燕国就发生了旱灾和蝗灾，一直持续到年底。慕容儁认为是冉闵的鬼魂作祟，就派人祭祀冉闵，上谥号"武悼天王"。祭祀完毕，天空立刻便降下大雪。风雪漫天，为这位勇士哀鸣。

一代英豪结束了自己豪情万丈又充满争议的一生。他摧毁了一个暴虐的大帝国，但也将北方拖入了更动荡混乱的岁月。

时代在呼唤着另一位英雄，一位雄才大略之人。

第四部　淝水

1. 父仇

东晋咸和六年（公元331年），江东某地的一处普通民居里正在举办丧事。死者是这户人家的父亲，他有三个成年的儿子，全家人都在灵堂守丧。前来吊丧的宾客虽然不多，但也络绎不绝，灵堂上哭声不绝，哀乐低鸣。

这时，门外来了一位身穿丧服的少年，与其他满脸哀伤的吊丧宾客不同，他的脸上带着愤怒与仇恨。他偷偷地把一把短剑藏在衣服下，换上一脸悲伤的表情，走进灵堂。

灵位两旁跪着死者的三个儿子，他们哭声哀切，但还是把目光聚集在新来凭吊的客人身上。在他们眼中，这位少年似曾相识，但又记不起来是谁，至于他和死去的父亲有什么样的关系，就更加不清楚了。

在死者儿子们的注视下，少年不慌不乱，依礼进行祭拜。他的礼节与动作都相当规范，而且表情悲伤，看起来是在认真凭吊，这让死者的儿子们放松了戒备。

祭拜完毕，少年起身走到死者的长子身边，似乎要说一些安慰的话。长子见少年走来，正准备应答，但还没来得及开口，就感到自己的肚子一阵刺痛。他低头一看，少年不知何时已将一把短剑刺在他的腹部，鲜血正喷涌而出。

长子仔细看了看少年此时愤怒的脸庞，终于记起面前的这个人是父亲的仇家！

“是桓温！”

死者的家人们也明白了过来，女眷们纷纷大叫着逃走，死者的另外两个儿子连忙抽出事先藏在手杖里的刀子，冲上前去要和少年拼命。

少年为了复仇已经苦练了三年武艺，面对攻击毫不惧怕，他左躲右闪，利用对方的破绽反击。一阵搏斗后，少年将死者的三个儿子全部杀死，捣毁了死者的灵堂和棺椁后离开了。

事后，在士民的请愿下，当地官府得知少年此举是为了报杀父之仇，就没有追究他的刑责。

少年叫作桓温。这一年，他十九岁。

桓温，字元子，谯国龙亢（今安徽怀远龙亢镇）人。他的家族是龙亢当地望族，传闻是春秋首霸齐桓公之后，号称“谯国桓氏”。

桓温刚出生不久，名士温峤前来他家做客。温峤见到还在襁褓中的桓温，便说：“这孩子有奇骨啊！”听到桓温的哭声，温峤又说：“正是英雄的坯子啊！”

桓温的父亲桓彝见儿子得到温峤的夸赞，很是高兴，便在征得温峤同意后，为儿子起名“温”。温峤半开玩笑地说：“以后他可能会让我改姓咯。”

谯国桓氏虽说在当地是名门望族，但相较于其他世家大族地位不高。究其原因，乃桓氏家族是“刑门之余”，意思是祖上有犯罪之人。虽无确切史料说明是桓氏家族的哪一人犯罪，但有观点认为，在高平陵之变中协助曹爽而被司马懿处决的桓范很有可能就出自谯国桓氏。

沾染上了不光彩的污点让谯国桓氏一直被世家门阀排斥，仕途也充满坎坷。终西晋一朝，谯国桓氏名望很低，也没能获得重要官职。

这一情况到了桓彝这里才有所改变。这一时期，北方遭遇永嘉之乱，一部分名门望族在战火中遇害，更多的士族衣冠南渡。乱局中，士族的声望发生了变化，次序也随着东晋朝的建立进行了调整。

桓彝随着衣冠南渡的潮流，带领家族避居江东。他嗅探到了东晋王朝急需士族支持的机遇，积极参与政权的建立和管理，并且利用各种机会结交名士，提升家族声望。渡江之初，桓彝就成功进入江东名士圈，位列“江左八达”之一，与阮咸、羊祜等名族的子孙齐名。谯国桓氏虽然官职仍然不高，但地位已经上升。

东晋正式建立后，笼罩在琅邪王氏擅权的阴云下。桓彝坚决效忠晋室，拒绝了王敦的收买和征召。王敦第一次叛乱成功后，他愤而辞官，不为王敦出力。直到晋明帝司马绍要平定王敦第二次叛乱，他才出任散骑常侍，参与了引流民武装南下参战的密谋。事成之后，他以功受封为万宁县男，任宣城内史。在职期间，他政绩显著，得到士人广泛赞誉。

桓温的年少时期就是在父亲的忙碌和奔波中度过的。虽然父亲为提升家族地位不懈努力，但桓氏家族仍然势单力薄，不被高门名族重视，桓温结交不了大家族的朋友。缺少父亲管教的他经常混迹在市井之中，以打架和恶作剧为乐，还未成年就染上了赌博恶习。这让桓温与一般的士族子弟不同，养成了桀骜不驯的性格。

此时的桓温还能享受无忧无虑的幸福时光。直到十五岁那一年，他的家庭发生了重大变故。

咸和三年（公元328年），苏峻举兵叛乱。时任宣城内史的桓彝义无反顾地站在朝廷一方，坚决反对苏峻，还召集了一支义勇军抵抗叛军。宣城（今安徽宣城）距建康不远，苏峻击败庾亮占领建康后，便立即派兵向宣城发起进攻。

叛军兵力强大，周围郡县纷纷望风投降，只有桓彝率领数千义军抵抗。在兵力悬殊的情况下，桓彝放弃宣城，退到了泾县（今安徽泾县）坚守。

许多部下认为泾县城小，不可能守住，劝桓彝投降。但桓彝大义凛然地说："我蒙受国家重恩，理应为道义而死，怎能向逆贼投降！我若失败，也是天命！"

桓彝决心以死报国，率领部下死守泾县。叛军绕开桓彝在城北的防线，从南面包抄，将泾县团团包围。在叛军连续不断的攻打下，泾县最终被攻破了。桓彝率领幸存的部下突围，但在撤退途中，泾县县令江播为了活命背叛了桓彝，引导叛军将桓彝抓获。桓彝最终被叛军杀害。

父亲的死使桓温的家失去了顶梁柱，家境立刻衰落。年仅十六岁的桓温不得不承担起照顾四个弟弟的责任，虽然有朝廷的抚恤和亲友的援助，生活仍然窘迫。年少的桓温从事各种体力劳动来补贴家用，也想过靠赌博赢钱。有一次，桓温赌博输了钱，欠下了一大笔赌债，被债主追上门索要，幸得表哥袁耽帮他赢钱还清了赌债。

家庭变故让桓温对杀父仇人恨之入骨。那时，苏峻之乱已被平定，杀害桓彝的叛将也被正法，唯独做了叛徒的江播销声匿迹，没人知道下落。桓温就一边苦练武艺，一边四处打探江播的踪迹。为了不让自己松懈下来，桓温把剑放在枕头下，一觉醒来就立刻去习武。

终于，在三年之后，桓温得知了江播的下落。彼时，江播刚刚去世，三个儿子正在为他举办葬礼。江播的儿子知道父亲有仇家，在葬礼中也随身带着兵器。一心报仇的桓温只身前往，以同龄人少有的勇气完成了复仇。

这场复仇轰动了整个东晋，许多士族都称赞桓温的品格和能力，认为他绝非常人。名士刘惔（音tán）见到桓温，评价他说："桓温眼如紫石，须如猬毛，是孙权、司马懿那一类的人物！"

桓温的事迹甚至传到了皇宫，庾翼向晋成帝司马衍推荐收桓温为驸马，他说："桓温年少就有雄略，希望陛下不要把他当成普通人，也不要把他当作普通的女婿，而应该把国家重任托付给他！"

庾翼是庾亮的弟弟，此时已经接替哥哥，都督江、荆、司、雍、梁、益六州诸军事，任安西将军、荆州刺史，假节，镇守武昌。他举荐桓温为驸马，不仅是提拔人才，还有给予桓温恩惠，把桓温收为亲信的考虑。

司马衍对舅舅的举荐自然不会多说，更何况桓温长相英武、器宇不凡，确实是驸马的合适人选。

于是，司马衍便将妹妹南康公主嫁给了桓温，桓温就这样成了当朝驸马，不久又承袭了父亲的爵位。有了在士族间的口碑和权臣的提携，再加上驸马身份，桓温此后步步高升，成了东晋的一颗政治新星。

二十三岁，桓温便任琅邪内史，后升辅国将军。三十一岁，桓温又升为都督青徐兖三州诸军事、徐州刺史。寒门子弟付出一辈子的努力都不一定能获得的职位，桓温年纪轻轻就轻易得到了。

这种不寻常的官员任命在士族门阀鼎盛的东晋并不少见。东晋皇权软弱，门阀垄断，他们利用九品中正制，把官场变成自己圈子里的游戏，官职不过是他们圈子里的“特产品”而已。

出身名门望族的豪门子弟在获得名士点评和士族间的口碑后，就能平步青云，飞黄腾达。士族们的评价一般局限在血统纯正、品性纯良、具备文艺涵养甚或清谈能力这些方面，至于这个人的政治、军事等实用能力如何，则通常不予考虑。

这样一来，东晋社会就出现了奇特的现象。在朝中担任高级官职的都是世家大族的年轻子弟，其中很多人对政务、军事一窍不通，只会吟风弄月，满口老庄，具体事务只能由下属的寒门子弟处理。这些寒门子弟出身中小地主或平民，没有家族背景和名望，只能任劳任怨。他们即使才能卓越、功劳显赫，也极少获得提拔，就算幸运升了官，也被门阀们看不起，无法融入世家豪门的圈子。

豪门子弟中虽然不乏有抱负之人，他们愿意积极处理政务和军事，但他们人生缺少磨难，仕途太顺利，只是些志大才疏之人，没有足够的能力和经验完成使命，他们处事的结果不是事倍功半，就是一团乱麻。

在这种情况下，东晋王朝庸才辈出，面对统一北方的各个大好机会，一个个错失，只是在内斗中消耗着精力。

桓温却是这些士族子弟当中的异类。他狂放不羁，悍勇斗狠，活脱脱一个武人形象，有些高门士族因此讥笑他就是个“兵”。“兵”这种称呼在魏晋时代是侮辱人的，因为当时士兵的地位很低贱。但桓温却从未对此生气，他还努力结交这些门阀士族，融入他们的圈子，即使不擅长清谈玄理，他也装模做样地听别人讲。

桓温心里很清楚，自己家族的门第确实比不上人家，自己能有今天的地位，一方面是由于父亲舍身为国的义举和其当年苦心经营的朋友圈的支持，另一方面则是由于自己为父报仇的壮举。等风头一过，自己若没有让人记住的地方，就会很快被晾在一旁。

桓温不想一辈子和这些士族子弟一样，只会满嘴空谈，不干实务。刘惔对他的点评他一直记在心里，他要以孙权和司马懿为榜样，在这乱世中为谯国桓氏赢得一席之地，成为这片土地的真正主人。

永和元年（公元345年），位高权重的庾翼病逝。临终前，他上表朝廷请求把职位传给次子庾爰之。

东晋朝廷对庾翼的这一请求并未一口应承，因为庾翼和哥哥庾亮已经执掌了荆州十一年，也让东晋朝廷紧张了十一年。荆州刺史往往都督数州军事，控制着东晋军队的精锐，威胁到长江下游建康城的安全，东晋朝廷对这个尾大不掉的地方力量无可奈何。

庾氏家族一度权势熏天，但最终输在了后继无人。庾氏兄弟的后代要么早死，要么懦弱无能，居然没有一个人可以挑起家族重任。这就给了东晋朝廷千载难逢的好机会来插手荆州事务。

当时在建康主政的是何充，他是王导的外甥，又和晋明帝司马绍是连襟，在政治立场上倾向于琅邪王氏。庾翼未去世的时候，他不敢做出表态，但庾翼一死，他立马就对其继承人选表示反对，说：“荆楚是国家西面的门户，拥有人口百万，北有强胡环绕，西与劲蜀为邻，地势险阻盘曲，绵延万里。所任得才则可平定中原，所任非人则国家社稷可忧，正所谓陆抗存则吴国存，陆抗亡则吴国亡，庾爰之这个白面少年怎能当此重任呢！”

何充随后提出了自己的人选，说：“桓温才略过人，文武兼备。经略荆楚的重任，非桓温莫属。”

何充提出桓温这个人选经过了一番考量。首先，桓温的父亲死于国难，桓温是忠臣之后，又是皇家驸马，政治上应该靠得住；其次，桓温是庾翼的亲信，庾翼的部众对他比较熟悉，不会排斥他，从而保证了权力平稳交接；最后，桓温的家族势力不强，正好借此机会收买桓温，让他成为对抗庾氏的一支力量。

有朝臣提出庾爰之会抵抗桓温，何充信誓旦旦地保证道：“桓温足以制服他，诸位不必多虑。”

褚太后（晋穆帝司马聃之母，时穆帝年幼，由太后主政）听取了何充的提议，任命当时三十三岁的桓温为安西将军、持节都督荆司雍益梁宁六州诸军事，领护南蛮校尉、荆州刺史，代替庾氏镇守荆州。

桓温到任荆州后，庾爰之果然不敢反对，只有个别庾翼原部下发起叛乱抵制，但也很快就被平定。桓温顺利地接管了荆州。

坐镇东晋第一大军事重地，桓温一上任就宣布施行德政，废除酷刑，减轻刑罚。

一位官员因罪受杖刑，桓温下令轻打，木棒只从官服上擦过。有官员不明情况，对桓温说：“刚才我从官署门前经过，看到有人受刑，木棒举起时拂过云彩，落下时掠过地面。”他委婉地表示杖刑没有打到人。桓温却说：“我还担心打得厉害呢。”

桓温还一改其他士族高高在上的姿态，带头厉行勤俭节约，每餐只用几个茶果而已。他经常与下属一起吃饭，完全没有架子。

有一次，桓温和几个军官一同吃饭，一名参军用筷子夹蒸薤菜时，薤菜粘在一起夹不起来，同桌其他的人不但不相助，还哈哈大笑。

桓温见此情景，生气道："在一起吃饭的时候都不肯互相帮助，何况遇到危难时呢？"

于是，他将在座的人全部免职。

桓温的领导风格看似荒唐无意义，其实是为了提高名望，收买人心。他毕竟新官上任，又年纪轻轻，需要荆州士民与他同心同德，以便实施下一步行动。

以司马懿自比的桓温，要把荆州变成自己争夺天下的根据地。

2. 赌局

进行了一年的准备工作后，桓温开始向第一个目标——成汉发起攻击。

成汉即西晋末年流民首领李特、李流兄弟在四川地区建立的割据政权。其国号先为“成”，后来改为“汉”，史称“成汉”。

成汉此时已立国四十多年，历经七代帝王。这个与三国时蜀国颇为相似的国家，却没能如蜀国一样在乱世舞台上有活跃的表现，反而积贫积弱，逐渐边缘化。立国之初，成汉政治清廉，统治者安置流民，抵御外敌，使巴蜀之地远离战火，人民安居乐业。但中期之后，皇帝荒淫残暴，皇室成员争权夺利，朝政日益黑暗腐败，国力急转直下。

此时的成汉是李特侄孙李势在位，其较前任皇帝更加残暴荒淫，不理朝政，终日在后宫饮酒作乐。百姓家中有美貌的妻女，李势便杀死其家人，抢夺美女入宫。李势还肆意诛杀大臣，“刑狱滥加”“亲任小人”，导致成汉国中人心离散、社会萧条。

成汉的衰败与混乱桓温早已知晓，收复失地需先易后难，桓温认定成汉正是他突破的第一步。

但是，当他把讨伐成汉的想法公之于众时，却遭到了几乎众口一词的反对。众多朝臣将领纷纷表示不可行，区区荆州部众，怎么可能消灭一个国家？而且从荆州进入益州必须从三峡逆流而上，路途遥远，艰难险阻，粮草后勤无法保障，晋军孤军深入，万一被切断后路，就有去无回了。就算进入益州后进展顺利，万一北方胡人趁荆州空虚前来进攻，荆州就将陷入危险境地。因此，东晋君臣普遍认为讨伐成汉是极其荒唐的想法。

众人的普遍反对让桓温非常沮丧，他的宏图大愿看来难以实现了。就在他苦恼之际，建武将军袁乔站出来表示支持。他鼓励桓温说："攻取天下这样的大事，本来就不能按照常理思考。智慧高超的人在自己心中做决定就可以了，没必要让所有人都赞同。"

袁乔继续为桓温分析战略道："如今为天下祸患的只有胡、蜀（指成汉）二敌而已。如果准备除掉他们，应该先攻打容易攻取的一方。蜀国虽然地势险固，但力量比胡人弱，李势毫无道义，臣僚百姓离心，而且他凭借国家的偏远和天险，没有做交战准备。应该派一万精锐士兵轻装迅速开进，等到他察觉以后，我们已经穿越了险要之地，一次交战就可以擒获他。

"蜀地物产富饶，人口众多，诸葛亮用它与中原抗衡。如果我们占有了此地，对国家大有好处。谈论此事的人唯恐大军西进以后，胡人会乘虚图谋。这是似是而非的说法。胡人听说我们万里远征，一定会认为国内设有严密的防备，而不敢轻举妄动；纵然有所侵扰，沿长江布防的各路军队也足以抵御防守，肯定没有什么忧患。"

袁乔的话给了桓温一颗定心丸，桓温坚定了西征的决心，不再理会反对之声。

永和二年（公元346年）十一月，桓温上表朝廷请求西征成汉。他知道朝廷一定不予批准，就不等朝廷回复便开拔了。他从荆州兵马中挑选精兵，以袁乔为先锋，乘船逆长江而上，拉开了西征序幕。

只动用荆州兵马，从三峡逆流而上深入巴蜀腹地去消灭一个立国四十多年的国家，这事放在现在，也是极其冒险和疯狂的。可以说，桓温是在拿自己和属下将士的性命做豪赌。

行进途中，为了防止被成汉细作侦察到，桓温的部队不乘坐大船，船上也不树立军旗，并禁止沿途上岸的士兵进入村庄或城镇。

因为三峡地区航道曲折、滩多水急，又是逆水航行，桓温的船队足足行进了两个多月。他们一路上历经艰险，饱尝孤独，但也领略到了壮美的风光，看到了一生从未见过的奇观和陌生生物。

船队到达鱼复县（今重庆奉节）附近的一处沙滩时，众人看见一片石头垒成八行，每行的间距都相同。大家都不懂这是什么，唯独桓温看了看，说这是诸葛亮当年留下的八阵图之一——常山蛇势。

在三峡两岸的丛林中生活着成群的猿猴，他们终日吼叫。桓温的一名武官上岸时，捕捉了一只小猿带回船。母猿在岸边哀号，追随船队一直跑了上百里，后来更跳上船，大号了几声便死去了。有人把母猿解剖，发现它的肠子都因悲伤断成了许多节（成语“肝肠寸断”由此而来）。桓温得知此事后大为震动，下令把小猿放生，并将那名武官免职。

历经两个多月，桓温的人马终于穿越了三峡，来到了宽阔的四川盆地。腐朽不堪的成汉国果然没有在长江上设防，桓温军一路上没有遇到任何抵抗。他们继续西行，很快就抵达了青衣江口（在今四川乐山），距离成都不到三百里了。

直到此时，成汉皇帝李势才知道有外敌入侵，连忙派兵迎战。成汉军兵分两路，一路乘船渡江向犍为（今四川彭山）进发，企图在岷江东岸袭击晋军，另一路前往岷江西岸，在此埋伏等待晋军。但成汉军将领观点不一，各自为战，互不服从，这便给桓温军创造了机会将他们各个击破。

桓温召集众将商议进军路线。有部将提议兵分两路，分头并进，先锋袁乔反对说：“如今孤军深入万里之外，胜利则建立大功，失败则尽死无遗，应当聚合威势，齐心协力，争取一战成功。如果兵分两路，则众心不一，万一一方失败，讨伐成汉的大事就完了。不如全军下船轻装步行，扔掉炊具，只带三天军粮，义无反顾，肯定可以取胜。”

桓温非常信任袁乔，便听从他的建议，命令全军在彭模（今四川彭山东南）靠岸登陆。他让瘦弱的士兵留下看守船只和辎重，其余士兵则带上三天干粮，自己亲率，从陆路奔赴成都。

成汉军这一边，前往犍为的部队赶到目的地后好几天都没有发现敌人，主将担心成都有失，连忙撤退往回赶。岷江西岸的成汉军则发现了晋军在彭模的登陆点，一部分成汉军不顾坚守命令，擅自向守卫在此的晋军发起进攻。

守卫彭模的晋军虽然老弱，但背水而战，奋力抵抗，成汉军攻打好几日都没能成功。

桓温率领的晋军主力在步行前往成都途中也遭遇了成汉军。成汉军一再分兵，导致防御兵力不足，晋军轻易地将成汉军击溃，最终抵达距成都十里的一条河边。从犍为回防的成汉军见晋军已经打到成都，惊恐之下溃散了。

李势完全没有料到晋军这么快就打到了城下，慌忙集中全城的兵马出城迎敌。

激烈的战斗在笮（音zuó）桥（今成都西南南河上）上爆发了。桓温将所有将士集中在桥头，布置成严密的防守阵形，并亲自来到阵前督战。李势则凭借兵力优势，命令成汉军一批又一批地涌上笮桥，向桥头的晋军发起冲锋。

在震耳欲聋的喊杀声中，成汉军前仆后继，反复冲击晋军阵列。晋军则紧守阵形，拼命顶住成汉军的轮番攻击。桥面狭窄，成汉军无法展开队形，只能采用人海战术，许多士兵被挤入河中淹死，水面上漂满了尸体。

激战中，桓温身边的参军被流矢射死，桓温的坐骑也中了箭。处在前列的晋军伤亡巨大，防线有了崩溃的危险。桓温见敌军人数众多，心中畏惧起来，传令鸣金收兵。

这时，一个意外扭转了战局。

因为恐惧和紧张，鼓吏接到命令后没有敲打铜锣发出撤退信号，反而敲响了鼓，而鼓声是下令士兵进攻的。在前方指挥作战的袁乔趁机拔剑出击，指挥晋军向成汉军发起反攻。破釜沉舟的晋军犹如猛虎出笼，以一敌十，疲惫不堪、军心涣散的成汉军大败。

李势慌忙带着败兵退入成都城中。晋军紧追不舍，纵火焚烧成都的小城和各城门。成汉军丧失了斗志，纷纷弃械投降。李势自知成都不保，便弃城逃跑了。

桓温险胜，以几千人的兵力占领了成都。昏庸无能的李势放弃了抵抗，他逃到葭萌关（今四川广元西南），派人向桓温请降。

桓温原以为成汉其他地方还未平定，战事会拖延下去，没料到李势这么快就投降了。他同意受降，李势便反绑双手，带着宗族来到桓温的军营前。桓温怕夜长梦多，当天便把李势和他的家人送往建康。

消灭成汉后，桓温重新整顿了蜀地秩序，他选贤任能，罢免贪官污吏，废除苛政，当地百姓十分高兴。

但是，仍有不少成汉旧臣不服。三月，多名原成汉将领聚众数万人发动叛乱。桓温亲自率兵镇压，斩杀了两名叛将，仍有一些叛军未平。桓温担心荆州空虚，日久生变，便集合部下回国了。他在蜀地前后只待了三十天。

桓温临走前任命部将周抚为益州刺史，镇守蜀地。周抚不负重托，用了两年时间扫清了叛乱势力，蜀地大体归属了东晋。

桓温凯旋至荆州，受到士民们夹道欢迎。只身复仇之后，他又完成了一件几乎不可能成功的任务，东晋举国把他当作英雄，众口传颂他的事迹，他的威名更加隆盛。

东晋朝廷原本对桓温伐蜀持不同意见，听说桓温不经朝廷批准就出兵，大部分朝臣都准备看笑话。没想到，三个多月后，桓温就把成汉皇帝李势送到了建康，这震惊了朝廷上下。桓温立下了大功，朝廷不能不有所表彰。不久，褚太后下诏升桓温为征西大将军、开府仪同三司，封临贺郡公。

此时的桓温在朝廷眼中，已经不是“笑话”，而是“危险”了。桓温功劳大，威望高，又有荆州军队，万一他有异心，朝堂还能稳定吗？此时，何充已经去世，当政的是晋元帝司马睿的小儿子司马昱（音yù）。他知道自己在声望上抗衡不了桓温，就推举富有清名的殷浩入朝参政，并与褚太后的父亲褚裒（音póu）联合，共同掌控朝政。

殷浩是当时著名的清谈家，酷爱老庄，精通玄理，当时几乎没人能够在清谈方面胜过他，故而极受世人推崇。殷浩之前一直隐居不仕，即便权臣如庾亮、庾翼、何充等人征召他，他也一概拒绝。世人都称赞他有品行和风骨，将其比作管仲和诸葛亮。

在东晋门阀社会中，士族的口碑和名望是升官凭证，真才实干却是次要的。司马昱力邀殷浩出山辅佐朝政，恳请他“拯救”朝廷于水火之中。书生气十足的殷浩为了治国平天下，终于同意出仕，出任扬州刺史、建武将军。

殷浩身为清谈家，处理朝政并非所长，更何况他之前一直隐居，对此毫无经验。他只是在名气上与桓温旗鼓相当，政治和军事能力完全没法和桓温相比，东晋朝政在他的管理下愈加混乱和腐败。

桓温立下平蜀大功，却依旧被朝廷排除在最高决策圈之外，他心中极为气愤。但他得知是殷浩辅政，又非常不屑，因为他了解殷浩这个人不过徒有虚名而已，只不过现在国家无事，没有合适的机会扳倒他。

殷浩觉得己方的力量比较薄弱，需要更多世家大族的支持，便提拔了一批素有名望的士族子弟。其中就有书法家王羲之，他被任命为右军将军。

3. 书圣

王羲之，字逸少，出自名门琅邪王氏，父亲是王导的堂弟王旷。王旷是一位书法家，在父亲的影响下，王羲之自小就对书法非常感兴趣，对家中的各种书法作品爱不释手。王旷便着力培养儿子的书法技能，告诫他学书法一定要勤学苦练，一天都不能松懈。

王羲之在父亲的教导下，七岁时的书法就颇有风采。别的同龄人喜欢玩具，王羲之却独爱砚台，每天练习完书法，他都到家中的小池边把砚台清洗干净。久而久之，小池里的水都洗成了黑色。

少年时，王羲之拜师于著名的女书法家卫铄。卫铄向王羲之传授了许多书法技巧，使王羲之的水平突飞猛进。王羲之十分刻苦好学，乐于钻研，在卫铄教导之外，他多方研究和揣摩其他书法家的作品，取百家之长，用以改进和升华自己的书法技艺。

除了学习他人的经验技法，王羲之还善于通过观察大自然领悟书法的精妙。别人游山玩水只注意到优美的风景，王羲之却能把大自然中的各种奇观应用于书法创作。例如，看到高山坠石，他能体会墨汁接触纸面形成“点”；看到地平线上流动的云彩，他能体会书写过程中墨汁晕染渗透的样子。

传闻王羲之尤其喜欢鹅，他把鹅当作宠物，放养在自己的后园里，时常去观察鹅的动作细节。王羲之如此爱鹅，是因为他觉得鹅走路的神态和游水的动作与书法有相通之处，他要求自己执笔时像鹅头一样昂扬，运笔时像鹅掌拨水一样灵活。

这些从大自然得到的感悟使王羲之的书法神韵十足，写出来的字雄厚飘逸、刚中带柔。他刚二十出头，书法已达出神入化的境界，老师卫铄认为他是难得一见的书法奇才，将来必会超越自己。

据唐代张怀瓘的《书断·王羲之》记载，王羲之曾书写祭祀的祝版，他在木板上写好悼词后，木工按照他的笔画雕刻，发现一直刻到三分（大约一厘米）的深度，仍然可见字迹渗入的痕迹。消息传遍了建康城，士人都知道了这位名叫王羲之的青年人书法刚劲有力。这一典故便是成语“入木三分”的由来。

从古至今，书法都被世人看作一个人的个性和审美情趣的表达。在士族圈子中，书法更被当作一个人身体和灵魂的延伸，优秀的书法家被认为具有高贵的精神气质，品行是“纯良”“完美”的。王羲之因书法水平高超而名声大噪，加之他是郗鉴的“东床快婿”，身份本来高贵，很快就誉满天下。

王羲之步入仕途后，历任秘书郎、宁远将军、江州刺史、会稽内史，直到现在的右军将军。王羲之任右军将军的时间最长，故世人常称他“王右军”。

只不过，王羲之沉迷于书法艺术，钟情于自然风光，对处理政务实在是兴趣不大。殷浩提拔他时，他还一度予以拒绝，回信说：“我素来没有在朝廷做官的兴趣，王导丞相执政时，坚决要召我为官，我誓死不答应，回绝的书信手迹仍在。这种想法由来已久，并非足下执政我才怀出世之心。自从儿女成人后，我便打算学尚子平退隐山林……”

但最终，王羲之禁不住周围人对他“报效朝廷”的期望，应允了殷浩的征召。入朝参政后，王羲之发现殷浩处心积虑地与桓温做对，善良的他便规劝殷浩不要制造矛盾，要团结和睦，保持国家安定。但殷浩始终不听，这让王羲之感到非常失望。

永和五年（公元349年），后赵皇帝石虎病死，后赵陷入了诸皇子争权的内乱。桓温认为这是北伐的大好时机，立即在边境屯兵，准备进取中原。同时，他上表朝廷请求批准自己领兵北上。

司马昱不给桓温这个建功立威的机会，对桓温的奏请置之不理，并着手准备由朝廷掌控的北伐行动。

褚太后的父亲褚裒自告奋勇，请求担任北伐总指挥。司马昱犹豫了一番后，同意了请求。这年七月，褚裒被授予征讨大都督一职，率领三万军队自京口开赴彭城（今江苏徐州），向后赵的徐州地区进发。

桓温见朝廷已派人北伐，只好作罢。

然而，褚裒空有一腔报国之心，却没有实际的军事才能。北伐初始，因为后赵内乱，褚裒进展十分顺利，每天都有数以千计的北方士人、百姓归附，东晋朝廷一度以为光复中原指日可待。

但很快，回过神来的后赵军队开始阻击褚裒。李农率领两万后赵骑兵在代陂（位置不详）袭击晋军，褚裒大败，不得不退回广陵。他之前占领的土地全部丢失，有二十多万打算归附东晋的北方百姓则惨遭后赵军队屠杀。

从褚裒出发到败退回国，前后不到两个月。回国后褚裒声名扫地，又听见到处都是阵亡将士家属的痛苦声，惭愧愤恨之下病倒，几个月后便去世了。

褚裒死后，殷浩只能硬着头皮接替北伐指挥权，司马昱推举他为中军将军，都督扬豫徐兖青五州诸军事。殷浩对自己的军事指挥能力有自知之明，他一直按兵不动，准备找到适当的时机再北上。在这期间，朝廷封表面上归降东晋的氐族首领苻洪为氐王、征北大将军、都督黄河以北诸军事，让氐人在名义上替东晋征战北方。

但苻洪归降东晋只不过是权宜之计，他想带领部众返回关中，不得已才叛赵降晋，获取晋朝官衔来笼络北方士民。苻洪在晋朝的封号外，又自称大都督、大将军、大单于、三秦王。其部族后来占据了关中地区，便立刻抛弃了东晋封号，建立国家，史称“前秦”。

就这样，依靠给北方降者封官拜爵的方法，东晋在名义上“收复”了失地，却从来没有派兵实际控制那些“领土”。桓温见朝廷迟迟没有动静，心急如焚地接连上表请求北伐，但全被驳回。桓温不甘心北伐的大好时机就此错过，心急之下决定实行兵谏。

永和七年（公元351年）十二月，桓温再次上表请求北伐。送出奏疏后，他立刻召集了四万军队顺江而下，摆出要攻打建康的样子，企图逼迫殷浩就范。

桓温起兵的消息震惊了朝廷，殷浩打算辞职向桓温谢罪。但朝臣们普遍不同意殷浩辞职，他们商议之后，由司马昱出面给桓温写了一封信，向桓温说明利害。信中说：“寇贼发难，应该平定；时运到来，应该承接。这确实是为国家着想的长谋远虑、夺取天下的宏图大略，能够弘扬光大这种时运的人，除了足下还能有谁！但兴师动众，重要的是以雄厚的财力物力为基础。辗转运输的艰难是古人最头疼的事，不能从一开始就认为容易做到而不加以认真地考虑。近来我之所以对你的举动深以为疑，原因就在这里。对于出乎寻常的举动，人们都感到惊骇，所以近来各种议论说法纷至沓来，想必足下也稍有耳闻。如果贸然行动，很有可能让原来得到的东西也失去……我与足下，虽然任职有内外之分，但安定国家、保卫皇帝，这个目标是一致的。天下的安危与完美的德行相联系，应当先考虑使国家安宁，再图谋向外扩展，以使帝王基业兴隆昌盛，道义弘扬彰著。这就是我对足下的期望……”

这封信一方面褒扬了桓温的功绩和地位，另一方面也说明了朝廷的难处，让桓温无话可说。桓温看完了这封言语恳切的信，自觉兵谏北伐的理由站不住脚，这么做会破坏国家安定，便上书向朝廷谢罪，领兵回到驻地。

经过桓温的惊吓，朝廷总算加快了北伐节奏。此时北方的形势也更加有利于东晋。冉闵在襄国大败，损失大半兵马，又杀死部下王泰泄愤，导致人心离散，冉魏黄河以南的州郡大部分归附了东晋。而羌族首领姚弋仲在后赵灭亡后居无定所，只好率部众投降了东晋，获授使持节、六夷大都督、都督江淮诸军事、车骑大将军、仪同三司、大单于，封高陵郡公。

在大好形势下，第二年二月，殷浩上疏晋穆帝，称要北上洛阳修复故都陵园，正式开始了北伐行动。

殷浩认为褚裒北伐孤军深入、一战即败，他吸取教训，采取多路出击的方式，分派了另外两名将领率军与自己一起北伐。在北伐过程中，他慎之又慎，派先锋在前面开路，攻下一地确定安全后，自己才率领大部队开进。

此时北方风云变幻，前燕灭了冉闵的魏国，关中地区的前秦也在壮大，黄河南岸各州郡当起了墙头草，纷纷归降前燕或前秦。许昌守将就因与晋军不和，突然发起叛乱击退了殷浩的前锋。殷浩为了保存实力，便把晋军主力撤回寿春休整，直到五个月后才重新夺回许昌。这次北伐历时八个月就结束了，原定的目标洛阳还在数百里之外。晋军唯一有面子的收获，是从灭亡前的冉魏那里骗回了玉玺。

殷浩正准备下一场北伐时，得知被封为平北将军、都督并州诸军事、并州刺史、平乡县公的姚襄（在其父姚弋仲去世后统领羌族部众）正在历阳集聚钱粮、训练部队，对北伐既不关心又不出力。殷浩担心姚襄早晚成为祸害，便把姚襄的弟弟扣为人质，并多次派刺客刺杀姚襄，但始终没有得手。殷浩便一纸调令，把姚襄和他的部众调往北伐前线蠡台（今河南商丘）。

为了加快北伐步伐，平息朝中对他的不满情绪，殷浩收买了两名前秦将领去刺杀当时的前秦皇帝苻健（苻洪之子）。恰巧投降前秦的一些后赵军队叛乱，夜袭苻健，长安城大乱。殷浩以为刺杀计划成功，便派姚襄为前锋，准备趁乱攻取前秦控制下的洛阳。

但此时姚襄已经计划背叛东晋了，他在前进途中分散部众，在殷浩军必经之路上埋伏。当殷浩的人马进入埋伏地点时，姚襄的伏兵四出，消灭晋军一万多人，缴获了殷浩部队的所有辎重。

殷浩狼狈逃回谯城（今河南夏邑北），派遣其他部队讨伐姚襄，但都被姚襄击败。姚襄进而占领了淮河流域，驻守盱眙。

殷浩北伐失败使东晋丧失了大量的装备和粮食，还牺牲了数万将士的性命。殷浩因此名誉扫地，当年美名如同诸葛亮，如今却成了无能的代名词。朝臣和士族们对他极度失望，桓温趁机上表弹劾殷浩。司马昱没有办法，只好将殷浩论罪免职，贬为庶人，流放到浙西山区。

殷浩没有半句怨言，他神情自然，说自己反而有更多的时间吟诗学道了。他带着家人穷困潦倒地在流放地生活，虽然表面上不以为意，其实内心大受打击。他经常自言自语，用手在空气中写“咄咄怪事”四个字。他的一位外甥被朝廷征召，赴京任职，殷浩给他送行，途中吟道：“富贵他人合，贫贱亲戚离。”接着便不住地哽咽抽泣，泪如雨下。

殷浩最终在流放两年后去世，在最后的时光里，他一心礼佛，终日在念佛诵经中度过。

早在殷浩退守寿春准备重夺许昌时，王羲之就给殷浩写信劝阻。信中说：“如今我们占据着区区江左之地，天下人为之心寒已经很久了。力争战功，不是现在该干的事情。近来在朝廷内外任职的官员们没有深谋远虑，却任意挥霍摧残国家根基，每个人都追求实现自己的志向，最终却没有一桩战功可言，于是天下大有土崩瓦解的趋势。干这种事情的人，岂能推卸掉天下人的责难！如今在外军队打败仗，在国内资财被耗尽，保全淮南已经不是力所能及的了。不如回来确保长江的安全，督将们各自镇守旧地。长江以北的地区，保持联系就可以了。官员们引咎自责，重新实施良好的治理方法，减免赋税徭役，与百姓们一起从头奋斗，或许还可以解救千钧一发的危急局势。您出身布衣，承担天下重任，掌管督察统管之责，却失败落魄到如此地步，恐怕满朝贤士没人愿意分担责任。如果您觉得以前的事情考虑得不周到、细致，而应该再去追求分外之功，那么宇宙虽广大，恐怕也容不下您！这是我愚钝的头脑所不能理解的。”

王羲之劝说殷浩对江北之地保持“羁縻”，相当于让晋朝主动放弃对北方的掌控，让北方那些国家去闹腾吧，晋人只要多花精力保全江南之地就可以了。这切实反映了不少东晋士族子弟的想法。东晋王朝运行了三十多年，在南方土地上成长起来的士族子弟，大部分对北方那所谓的祖居地没有什么感情。在他们眼中，北方已是胡人和军阀四处杀戮的蛮荒之地，就算占领了，又有什么用呢？这种想法逐渐在东晋国内蔓延，真心支持北伐的人越来越少，反对之人越来越多。

王羲之原本就对政治不感兴趣，他把更多的精力放在自己的书法爱好和文人聚会上。永和九年（公元353年），王羲之与十几个朋友在会稽山兰亭聚会。酒会上，每个人都写了诗。众人把诗文集合在一起，称作《兰亭集》。

大家推举王羲之为这本诗集作序，酒意微醺的王羲之取来笔墨，在纸上一气呵成。这便是名流千古的《兰亭序》：

永和九年，岁在癸丑，暮春之初，会于会稽山阴之兰亭，修禊事也。群贤毕至，少长咸集。此地有崇山峻岭，茂林修竹；又有清流激湍，映带左右，引以为流觞曲水，列坐其次。虽无丝竹管弦之盛，一觞一咏，亦足以畅叙幽情。是日也，天朗气清，惠风和畅，仰观宇宙之大，俯察品类之盛，所以游目骋怀，足以极视听之娱，信可乐也。

夫人之相与，俯仰一世，或取诸怀抱，悟言一室之内；或因寄所托，放浪形骸之外。虽趣舍万殊，静躁不同，当其欣于所遇，暂得于己，快然自足，不知老之将至。及其所之既倦，情随事迁，感慨系之矣。向之所欣，俯仰之间，已为陈迹，犹不能不以之兴怀。况修短随化，终期于尽。古人云："死生亦大矣。"岂不痛哉！

每览昔人兴感之由，若合一契，未尝不临文嗟悼，不能喻之于怀。固知一死生为虚诞，齐彭殇为妄作。后之视今，亦犹今之视昔。悲夫！故列叙时人，录其所述，虽世殊事异，所以兴怀，其致一也。后之览者，亦将有感于斯文。

王羲之在《兰亭序》中感慨了人生苦短、盛衰无常。而他本人最终也看淡了权力和富贵，几年之后便辞官隐居，实现了当初"退隐山林"的本心。升平五年（公元361年），他在会稽（今浙江绍兴）安然去世。而他那份洒脱纯净的精神和出神入化的书法，成为不朽，永久流传着。

4. 官军

殷浩下台后，桓温如愿以偿的成了北伐总指挥，朝中再无人阻拦他出兵北上了。永和十年（公元354年）二月，殷浩被废仅仅一个月，桓温就迫不及待地率兵四万从江陵出发，乘船逆汉水而上，直奔武关（今陕西丹凤东南），目标直指前秦首都长安。

遗憾的是，曾在平蜀之战中立了大功的袁乔已在多年之前病逝了，桓温失去了一位冷静睿智的助手和参谋。

由于行动匆忙，桓温并没有准备充足的粮食，而且秦岭山区运粮不便，于是，桓温决定因粮于敌，到敌占区征收粮食。

此时前秦皇帝苻健刚刚平定叛乱，政局还不稳定，对桓温突如其来的攻击措手不及。仅一个月，晋军就攻下了武关、上洛（今陕西商洛）、青泥（今陕西蓝田南），生擒前秦的荆州刺史。接着，桓温军突破秦岭，进军到关中平原的蓝田（今陕西蓝田附近）。苻健连忙派兵五万前去阻击。四月二十二日，晋秦两军在蓝田爆发大战，前秦军向晋军发起凶猛的进攻。苻健第三子苻生身先士卒，单枪匹马在晋军群中来回冲杀数十次，砍杀上百人，晋军的防线眼看要被冲垮。

这时，桓温再次显示了临危不乱的品性。他严令士兵们不许后退，并亲自擂鼓呐喊，鼓舞将士们奋勇搏杀。在晋军的顽强抵抗下，前秦军队士气受挫，败下阵来。桓温指挥部下乘机反攻，大败前秦军，将战线推进到长安东郊的灞上，距离长安仅一河之隔了。

晋军大胜让关中地区的汉族百姓极为兴奋，许多人争先恐后地带着酒食前去慰劳。一些城镇居民夹道欢迎晋军，有些老人流着眼泪说："没想到今日还能看到官军！"

但关中地区的士族豪强却没有对桓温表示出热情，他们在坞堡里作壁上观，没有归附或主动帮助晋军。

桓温把军队驻扎在灞上后，并没有一鼓作气，立刻对长安发起进攻，因为苻健派出了最精锐的三万人马在长安郊外抵御晋军。晋军在人数上并没有优势，无法展开攻城行动。

由于长途跋涉，又连续经历苦战，此时的晋军将士已相当疲乏，粮草也出现了紧缺，桓温只能停下前进脚步，让士兵们稍事休整，并派人四处收集粮食。

在灞上与前秦军对峙期间，桓温遇到了一位奇人。

这是一位身穿粗布麻衣，浑身肮脏邋遢，毛发间还有虱子的街头小贩，他径直来到军营前求见桓温，声称想谈论一下时局大事。

桓温起先认为对方是个疯子，但见其相貌不凡、神情自若，似乎不是常人，便将他请进营帐，打算听听这个家伙有什么高见。

谈论中，桓温得知对方是一位落魄士人，原籍在青州北海郡剧县（今山东寿光），名叫王猛，字景略。因为世道混乱，战争频繁，王猛颠沛流离，靠贩卖畚箕为生。虽然生活艰苦，王猛依旧勤奋好学，他手不释卷，关注时局，一心匡扶天下。这次恰巧遇见北伐的桓温，便上门投效，以图施展抱负。

王猛向桓温谈论起天下大事，滔滔不绝，见地深刻。桓温啧啧称奇，便向他询问了自己心中的一个疑惑。他问道："我奉天子之命，统率十万精兵仗义讨伐逆贼，为百姓除害，关中豪杰却无人到我这里效劳。这是什么缘故呢？”桓温其实只带了四万士兵，此处他说带兵十万是向王猛吹牛。

王猛直截了当地回答：“您不远千里深入寇境，长安城近在咫尺，您却不渡过灞水将其拿下。大家摸不透您的心思，所以不来。”

王猛的回答一针见血，顿时化解了桓温心中的疑惑。他不禁赞叹道：“江东没有一个人比得上您的才干！”随即任命王猛为军咨祭酒，让他留在军中听候调遣。

然而，桓温很快令王猛大为失望。

晋军在灞上耽搁了这么久，使前秦军有机会重新组织力量发动反击。五月，前秦军在白鹿原（今陕西西安东）击败晋军，杀死晋兵一万多人。苻健采取了坚壁清野的策略，收走了地里所有的庄稼，搬空了粮仓，没有给桓温留下一粒粮食。虽然有不少汉族百姓奉献了家中的粮食，但对晋军来说是杯水车薪。晋军粮草耗尽，无法支撑接下来的战斗了。

桓温无心再战，决定带领三千多户关中百姓撤军。临走时，他授予王猛都护一职，希望王猛随他返回东晋。

但是王猛拒绝了。

王猛见此次北伐缺乏周详的战略规划，连后勤这么重要的问题都要靠赌运气来解决，料定桓温和东晋王朝的组织协调能力非常糟糕，跟随他们必定不能施展抱负。而且，王猛在晋军中一个月，看出晋人重视门第家世，轻视真才实学，预感出身贫寒的自己在东晋必然会遭到排挤。所以，他坚决推辞掉桓温对他的任命和邀请，悄然离开晋军，消失在了难民群中。

桓温在撤退途中多次遭到前秦军队尾随袭击，等到全部退回荆州时，人马已经伤亡过半。

虽然北伐失败，但毕竟打了一场胜仗，而且东晋军队第一次踏上了关中土地，还带回了三千多户百姓，多少取得了一些威望。因此东晋朝廷派人前往荆州慰劳桓温。

桓温休整了一年多，再次发起了北伐。这次，他将目标选择为相对容易进攻的河南地区。

此时河南正处于无主混乱的状态，这里虽然名义上属于东晋，但有一些原本投靠东晋的冉魏将领又脱离了东晋，率众自立，占据着部分城市。其中包括羌族的姚襄，他正盘踞在许昌。

桓温从关中回来后就上表朝廷，请求迁都到洛阳，实际上是要求司马昱带头去经营河南地区，收服那里摇摆不定的叛臣们。司马昱经过褚裒和殷浩的折腾，已经没有能力北伐了。但如果不回应，岂不是又让桓温有借口兵谏了？

于是，司马昱干脆把皮球踢给桓温，封他为征讨大都督，加督司冀二州诸军事，命他收复洛阳和许昌。

领受任务后，自信满满的桓温立刻展开行动。永和十二年（公元356年）四月，桓温率军从江陵出发，目标直指姚襄。

姚襄得知晋军来袭，连忙放弃许昌北撤，转而围攻洛阳。洛阳正被一名原冉魏将军控制，此人投降了东晋又反叛自立。姚襄想占据这座城市，作为自己的根据地，但攻打了三个月都没有成功。

八月，晋军抵达洛阳附近的伊水。姚襄连忙撤除对洛阳的包围，率众抵御晋军进攻。他想用诈降之计伏击晋军，但桓温没有上当。人困马乏的姚襄军抵抗不住晋军的猛攻，最终溃败，姚襄率领不足万人的部众逃往黄河以北。

桓温兵临洛阳城下，洛阳守军只好献城投降。进占洛阳后，桓温认真地拜谒了每一处皇陵，并对破损之处进行了修补。一些遗老们感动不已，觉得晋廷总算有人记得洛阳先帝之灵了。

然而，桓温很快让他们失望了。

夺取洛阳对桓温来说实在是得不偿失。这里饱经战乱，早已是百业萧条，遍地荒芜，在这里驻兵还要从南方运粮，耗费劳力，而且处于四战之地，周边几乎无险可守，极易被前秦和前燕攻击。

桓温又把皮球踢给朝廷，上表请求司马昱派人来镇守洛阳并迁都。司马昱无法表示反对，只能使出“拖字诀”。桓温等得不耐烦了，担心荆州大本营有事，只好留下两千兵力守城，带着这里的三千多户百姓返回了荆州。

洛阳又一次被晋人遗弃。

幸运的是，晋朝虽然没有把首都迁回洛阳，但前秦和前燕力量尚小，没有大举南下，洛阳在接下来的十年中还是处于东晋的控制下。

逃亡河北的姚襄重新集结人马，侵入了关中地区，占据了杏城（今陕西黄陵西南）。前秦出兵围剿姚襄，于升平元年（公元357年）大败姚襄，将其击杀。走投无路的羌人在姚襄弟弟姚苌的率领下投降了前秦。

收复洛阳再次令桓温声威大振，东晋朝廷对桓温封爵南郡公，连他的儿子也被授予县公的爵位。此时的桓温几乎占有了东晋王朝的半壁江山，轻而易举就能拿下建康。

权力的诱惑让桓温彻底迷失了，接下来的几年，他像变了一个人，忙于在朝中沽名钓誉，清除异己。北伐事业暂时搁置，刚立足的前秦和前燕政权获得了喘息之机，逐渐壮大起来。

前燕慕容氏最初一直与东晋友好，但消灭冉魏之后，霸占中原的野心立刻暴露出来。慕容儁在灭冉魏当年称帝，抛弃了与东晋的朝贡关系，接着定都邺城。东晋朝廷曾派人来联络他，慕容儁对使者说：“回去告诉你们的天子，我已经被中原人民推举称帝了。”

得知慕容儁称帝，东晋朝廷勃然大怒，断绝了与前燕的关系，双方随即兵戎相见。慕容儁派兵攻打东晋在黄河以北的领土，将其全部占领。永和十二年（公元356年），前燕趁桓温北上攻打姚襄之际派出大军渡过黄河，大举向青州进攻，将晋将段龛包围在广固（今山东青州西北）。前燕军以高墙深壕围困广固城十个多月，段龛被迫投降，青州全境陷落。

前燕军不断南下，东晋感受到了压力，向边境增兵。但东晋将领多是庸才，在战场上胜少败多，反而丧失了更多领土，兖州和豫州也被前燕占领。

连战连捷的慕容儁更加轻视东晋，他下令调查全国户籍，每户抽一丁，准备集结一支庞大的军队南下，一举灭亡东晋。但户籍调查工作还未完成，慕容儁便于升平四年（公元360年）病逝了，南征计划就此搁浅。

慕容儁的死让东晋暂时松了一口气。新即位的前燕皇帝慕容暐年仅十岁，由叔叔慕容恪辅政。少主新立，人心不稳，慕容恪遭遇了一些鲜卑老臣反对，政局动荡。

擅长见缝插针的桓温立刻趁乱出兵，夺回了之前被前燕占领的许昌。然而，胜利没能持续，平定了内乱的慕容恪重整旗鼓南下，不仅再次攻占了许昌，还派兵进攻晋朝故都洛阳。

桓温之前留在洛阳的兵力不过区区两千人，这点儿兵力根本不可能守住洛阳。此时的晋军被前燕军阻击，桓温又一心保存势力，始终未派遣有力支援，洛阳城再次陷入危机。

这时，一位年轻人挺身而出。他就是沈充的儿子沈劲。

沈充在二十年前做了王敦的党羽，参与了叛乱，家族由此被打入逆臣之列，在士族圈中备受冷落，年轻子弟难以进入仕途。沈劲立志洗刷家族污名，他散尽家财招募了一千多名勇士，向朝廷上书，自告奋勇去救援洛阳。朝廷随便封了他一个官职，同意他前去。

沈劲赶赴洛阳后，与守城官兵一起坚守，多次击退前燕军。面对前燕军接连不断的攻击，原来的洛阳守将惧怕了，以救援许昌为名弃城逃跑，守城兵将也大多逃散，只有沈劲和所率勇士留在洛阳宁死不降。沈劲见城池被围得水泄不通，自己几无生还的可能，仍然神情自若，与部下说笑道："我的志向就是临危受命，如今终于得到机会实现了。"

兴宁三年（公元365年）二月，前燕军对洛阳发起了总攻。沈劲率领余下的五百多名勇士奋战到最后一刻，最终力竭重伤被俘。慕容恪钦佩这位年轻人的勇气，打算赦免他，但部下劝谏说沈劲志向高尚，不可能为前燕所用，应该将他杀死免留后患。

慕容恪最终把沈劲处死了。

洛阳失守后，原司州地区的城市尽数被前燕占领，腐败无能的东晋毫无招架之力。而在这个多事之秋，东晋内部又爆发了一场叛乱。

梁州刺史司马勋经营汉中多年，拥有一支听命于他的强悍军队，在梁州横行无忌。东晋朝廷为了让司马勋镇守汉中防范北方胡人侵略，一直对司马勋听之任之。

司马勋跋扈久了，产生了南下蜀地割据自立的野心。兴宁三年（公元365年）十一月，他起兵南下，围攻成都。东晋的益州刺史连忙火速向晋廷告急，桓温立即派兵驰援成都。战至第二年五月，晋军终于击败叛军，斩杀了司马勋。

晋军忙于平叛，导致北方边境防守空虚，前秦和前燕再次南侵。前秦军攻占了梁州，威胁蜀地安全；前燕军则入侵荆州，攻下了军事重地宛城，前锋奔袭到了竟陵（今湖北潜江西北）。

东晋的领土范围被迫重新退回了淮河以南。这对于东晋来说，不啻于一场大溃败，之前因后赵内乱而获得的土地丢失殆尽。这一系列失败和桓温脱离不了关系。

此时的桓温五十岁左右，多年争权夺利的生活完全磨光了他奋发进取的锐气。在北方战况最混乱的时候，他就像一位老政客，北伐装装样子，摇旗呐喊很卖力，却只是将其作为提高声势的手段。东晋王朝为了不在声势上输给桓温，不得不把长江下游的兵力派往前线，再让能力不足的士族领兵，结果只能是一败涂地。

当其他士族因为北伐失败而声望跌落时，桓温却收获了满满的赞誉，朝中的士族们不再敢与桓温叫板。桓温荣升东晋朝的侍中、大司马，而且都督中外诸军事、录尚书事和假黄钺，离取得皇位只需除掉最后一个障碍——长江下游的流民武装。

苏峻之乱后，东晋朝廷有鉴于流民武装的重要性，着手对他们进行收买和分化。郗鉴坐镇京口，依靠经验和资望收拢聚居在京口、晋陵（今江苏常州）、广陵一带的北方流民，建立军队。这片地区正属于东晋侨置的徐州、兖州和青州，故而这三州的刺史便成为这支部队统帅的官衔。同样地，寿春一带属于侨置的豫州，此地的流民武装统帅便有豫州刺史的头衔。

寿春的流民军在北面阻挡胡人军队南下，京口的流民军在南面拱卫建康城的安全，它们成了东晋王朝所能倚仗的最后防线。当时这两支军队分别由徐、兖二州刺史郗愔（音yīn）和豫州刺史袁真掌管，这两人都不归属桓温指挥，必然会影响桓温篡位计划的实施。

如何才能吞并这两人的部队呢？桓温想到祭出北伐这面大旗，以北伐名义调动郗愔和袁真。如果他们听话，就送往前线去当炮灰；万一不从，则以国家大义为借口撤换掉他们。桓温自己也可以再次利用北伐捞取声望，为将来篡权夺位铺平道路。

既然要打，那就挑一个合适的时机出兵。桓温知道慕容恪势头正盛，不能强行与之争锋，便和当年的殷浩一样选择了按兵不动。直到太和四年（公元369年）三月，桓温才正式上表请求出兵北伐。此时，慕容恪已经去世两年了。

慕容恪临终前，向继承摄政大权的叔父慕容评举荐了自己的弟弟慕容垂，认为慕容垂“文武兼资”，媲美管仲和萧何，希望慕容评能委以重任。

但慕容评嫉贤妒能，没有听从慕容恪的建议，反而重用年幼的慕容冲（慕容暐之弟）为大司马，让他掌管军队，实际上把前燕的军政大权全部集中到了自己手中。

慕容评能力平庸，品行恶劣，凡事以维护鲜卑贵族的利益优先，打击甚至杀害改革内政、清查户口的官员，致使前燕弊政丛生、朝政腐化，“政以贿成，官非才举”。鲜卑贵族们大肆侵占良田，豢养食客和农奴，朝廷缺少土地和劳动力，从而财政紧张、军备废弛，国力骤然下降。

桓温瞅准了这个机会北伐前燕，并要求郗愔和袁真一起行动。

郗愔是郗鉴的儿子，为人老实，全然不知桓温正打着他手下军队的主意。他还写信给桓温，大义凛然地说要与他一同匡扶晋室，修复园陵。郗愔的儿子郗超在桓温幕下任参军，他深知桓温的心思，截获父亲的信后将它撕毁，代作一封，在信中自称老病，不堪世间争斗纷乱，请求到僻静地方过安定日子，并劝桓温接掌自己所统兵众。桓温得信后大喜过望，立刻转郗愔为冠军将军、会稽内史，由自己兼任徐、兖二州刺史。郗氏家族因此躲过一劫。

南方军队缺少马匹，因此北上最便捷的方式就是走水路。从淮河出发向北，溯泗水而上可达彭城，再从彭城向北，有两条水道可进入黄河：一条在今山东省境内，大致通过泗水和济水进入黄河，抵达邺城以南的枋头；另一条在今河南省境内，向西北方向走汴水，能抵达黄河的荥阳段，进而靠近洛阳。

东面的泗水—济水河道之前已被东晋军队疏通过，但西面的汴水航道年久淤塞，需要到荥阳打开石门（今河南荥阳北）引入黄河水，才能使用。东晋军队的北伐目标是前燕首都邺城，如果只走东面的泗水—济水河道，容易进入孤军深入的不利境地，因此需要通畅汴水河道来提供补给和援兵。

桓温将疏通汴水河道的艰巨任务交给了袁真，自己则率领主力走东面的泗水—济水河道，开始了北伐。

这年四月，桓温的北伐军从姑孰出发了，四万余人的队伍顺长江而下，在广陵附近进入邗沟，通过淮河和泗水进入彭城。袁真率领的豫州部队已先行出发，正在汴水沿线肃清前燕军的抵抗。

桓温的大军继续北上，六月便抵达金乡（今山东金乡）。但到了这里，大军动不了了。

原来，这一年该地大旱，水流稀少，无法承载晋军的船只驶入济水。桓温只能停止行军，派人到巨野（今山东巨野）开凿水道，把那里的湖水与河水引过来。所有士兵加班加点地挖掘，花了一个月才挖通了水道。

参军郗超感觉此战凶多吉少，因为晋军在这里耽误了时间，到了黄河以北就会是秋冬季了，将士们缺少冬衣，又劳累疲惫，与前燕军作战没有优势，而且济水航道水浅狭窄，运粮不便，一旦敌人切断运输线，后果不堪设想。

于是，郗超向桓温提出了两个建议：

第一个建议是晋军弃舟步行，轻装渡过黄河，直取前燕首都邺城。此举出其不意，一定会打得前燕君臣措手不及，望风而逃；就算他们坚守抵抗，深受前燕苛政之苦的百姓们也会支持晋军，易水以南的郡县就能轻易收入囊中。

郗超知道此策冒险，又向桓温提了第二个建议：晋军暂且按兵不动，在这里构建防线，等到第二年夏季水路畅通、前线粮草充沛之时再行北上，这样就能确保万无一失。

然而，桓温全部否决了郗超的建议。他北伐是为了消灭政敌，拉高声望，犯不着冲去拼命，或者在这里耗费精力地构建军事基地。自负的他认为前燕不堪一击，晋军定能在今年拿下邺城。于是，他率大军按照既定计划，开通水路后继续乘船向北，击败了几支前燕军后，于七月抵达枋头。

得知晋军逼近邺城，前燕朝廷人心惶惶，慕容暐和慕容评都有了北逃的打算。但慕容垂说道："不行。我请求出战。如果不能取胜，再迁都也不晚。"

慕容垂不畏战争的坚定意志平稳了众人的情绪，慕容暐派他率领五万大军前去抗击桓温。同时，前燕派人向前秦求援，以割让虎牢关以西的土地作为条件，请求前秦军队从侧翼攻击晋军。前秦同意了。

危急关头，前燕将士重振士气，顽强作战。桓温的晋军不仅坐失良机，而且因为粮草、内部分歧等诸多问题，军心浮动，成了强弩之末。仅仅过了一个月，战争的天平就倒向了另一边。

八月，晋军在两次与前燕军的交锋中败下阵来，士气大挫。九月，前燕军发现了晋军在金乡附近的运粮水道以及从石门引水的企图，便兵分两路，一路驰援石门，阻止袁真引水，另一路奔袭巨野，切断了晋军的粮道。

在枋头前线，桓温遭到了前燕军骑兵的反攻。战斗中，晋军中了前燕军的埋伏，死伤上万人。桓温正在焦头烂额之际，又得知了粮道被前燕骑兵切断的消息，而军中粮草已经耗尽。他自知北伐已无胜算，只能连忙下令撤军。

此时已是深秋，水流减少，无法承载船只，桓温便烧毁了所有船只和辎重，仓皇向南退去。晋军一溃千里，丢盔卸甲，他们担心前燕军在河水中投毒，沿路只好凿井取水，极其狼狈。

慕容垂则乘胜追击，他预判出了桓温退兵的路线，先行在襄邑（今河南睢县）附近设下伏兵。当晋军进入襄邑，前燕军前后夹击。晋军再次大败，损失三万人。桓温军逃离了襄邑，旋即又在谯郡遭到前秦军队袭击，阵亡一万多人。退入山阳（今江苏淮安）时，桓温军所剩已寥寥无几。

回国之后，桓温极其懊恼。他把所有的罪责都推给袁真，指责他没有及时打开石门引来黄河水，才使得北伐功败垂成。东晋朝廷只能遵从桓温的意思，将袁真论罪免职，贬为平民。

袁真大呼冤枉，上表辩驳，并斥责桓温蛮横霸道、祸国殃民。但东晋朝廷畏惧于桓温，不敢回复。袁真便据守寿春反叛，并向前燕和前秦请降。桓温大怒，派兵围攻寿春。

在这期间，袁真病死，叛军由其儿子接手。晋军击败了前秦派来的援军，在一年之后平定了袁氏叛乱，诛杀了袁真全族，豫州就此落入桓温手中。

5. 九锡

桓温此次北伐惨败葬送了数万北伐将士的性命，而且没有收回一寸土地。桓温陷入了和褚裒、殷浩过去一样的处境，遭到了士民们的批评和指责。原本人人敬佩的超级英雄，一时间沦落为千夫所指的罪人。

名誉跌落令桓温极为沮丧。这么多年来，他几乎是顺风顺水，声望、权力步步高升。他原本计划在北伐战场上立功，回国后凭借声势得到九锡，成就至高无上的荣耀，但这场大惨败让他的愿望泡汤了，晋廷没有赐予他九锡。

年近六十的桓温感觉自己时日无多，位极人臣的愿望渐行渐远了。他因此大受打击，在家中静养了好几天。他一直以来都以司马懿父子作为偶像，如今终日自言自语说："如果一直这么默默无闻，将来死后定会被景帝司马师和文帝司马昭笑话的。"

忽然之间，桓温想明白了一个道理，一个可以作为自己人生信条的准则："一个人若不能流芳百世，难道也不足以遗臭万年吗？"既然不能通过获取名誉的途径取得至高权力，那就只能通过非正常的手段达到目的了。

参军郗超明白桓温的心思，向他献计说："明公要承担天下重任，如果不做出伊尹放逐商王太甲、霍光废黜昌邑王的事，就无法建立声威服众。”

桓温对此深以为然。既然那些批评者们对自己口诛笔伐，那就靠废立皇帝来震慑住他们，让他们闭嘴。

此时的东晋皇帝是海西公司马奕，晋明帝司马绍之孙。明帝之后的几位东晋皇帝都英年早逝，基本没有留下子嗣，皇位便一直在皇帝的弟弟和侄子中流传。司马奕即位时已经二十多岁，和前几任皇帝一样在宫中无所事事，只能当一个傀儡。

司马奕品行比较端正，即位后一直小心翼翼，没有犯过错。桓温要把司马奕废掉，似乎没有适当的理由。

桓温就想了一个歪招，在民间制造流言，说司马奕阳痿，嫔妃们生的孩子极有可能不是他亲生的。这种宫闱床第之事难以查证，会让皇室颜面扫地。

果然，这事在民间流传开来后，闹得沸沸扬扬。桓温便上表当时还在世的褚太后，以司马奕让嫔妃与别人通奸生子、玷污皇室血统为由，请求废黜司马奕。褚太后畏惧桓温的强权，不得不表示同意。

桓温随即召集群臣上殿，宣布废立皇帝。但晋朝没有废立皇帝的先例，桓温找不到规章典籍，一时紧张得汗流浃背。就有人建议他按照《汉书·霍光传》上的记载一五一十地照搬执行，桓温便依此实行。众大臣都唯唯诺诺，没人提出反对。

废司马奕为东海王后，桓温立司马昱为帝，是为晋简文帝，改年号咸安。这一年是公元371年。

司马奕被废后，桓温为了坐实他不能生子的传言，将司马奕所生的皇子连同生育他们的嫔妃全部勒死。随后又提出将司马奕废为庶人。但褚太后坚持反对，最后双方妥协，降司马奕为海西公，迁到吴县（今江苏苏州吴中区）居住，并派专人监视。

司马奕终日活在会被杀的恐惧之中，只能闭门不出，每天靠酒精和女色度日。他生怕当权者来找麻烦，就把生下的孩子全部溺死，不给自己留下后代。如此苟活了十几年，他最终在太元十一年（公元386年）去世，终年四十四岁。

当上皇帝的司马昱的情况也没好到哪儿去。此时他已经五十多岁了，在晋室亲王中，他是辈分最大、声望最高的，他之前一直主导东晋朝政，一心想保护晋廷的威严，但和桓温斗争了这么久，最后无奈还是功亏一篑，自己反而成了桓温擅权的工具。司马昱无力回天，面对桓温的逼迫，只能痛苦地忍受着。

司马昱在朝中多年，多少有些势力。桓温为了让司马昱彻底成为自己手中的傀儡，便大肆诛杀司马昱的亲信和司马皇族。武陵王司马晞在朝中担任太宰一职，平日里喜好武艺。桓温担心司马晞作乱，便以司马晞招纳轻浮好斗之人为门客、危害社会安定为由，先行将司马晞父子免职。

殷浩之子殷涓和庾冰之子庾蕴素来厌恶桓温，与司马昱过从甚密。桓温忌惮殷氏和庾氏两大家族与司马氏联合，便逼迫新蔡王司马晃“自首”。司马晃“承认”自己与司马晞父子合谋，联合了殷涓和庾蕴的两个弟弟意图谋反。桓温便要求新即位的简文帝司马昱将这些人全部处死。

司马昱看出是桓温陷害这些人，便据理力争。但桓温强烈坚持，司马昱只能以退位相威胁，迫使桓温做出让步。最终的结果仍然是残酷的：司马晞父子被贬为庶人，软禁在新安郡（今安徽黄山）；新蔡王司马晃也被废为庶人，发配到衡阳（今湖南湘潭西南）；殷涓、庾蕴的两个弟弟被灭族，庾蕴在恐惧之下服毒自杀。

桓温害死庾蕴三兄弟的行为引发了庾氏家族的激烈反弹，第二年（公元372年），庾蕴的哥哥庾希和弟弟庾邈聚众叛乱，袭击京口，意图起兵诛杀桓温。这场叛乱很快遭到了镇压，庾氏家族几乎灭族。

这一事件后，桓温更加权势熏天。司马昱自责无能软弱，抑郁成疾，在庾氏叛乱被镇压一个月后就去世了。

司马昱在位时间仅仅八个月，因害怕桓温逼他禅让，就一直没有立太子。直到生命的最后一刻，司马昱才壮着胆子在遗诏中立年仅十岁的司马曜为太子，并传位于他。

桓温更加愤怒。

桓温以为凭借他对司马昱的拥立之功，司马昱会把皇位禅让给他，至少也会留遗诏命他摄政。而司马昱在临终前，也确实在第一份草拟的遗诏中声明让桓温摄政。但朝中有三位出自名门望族的大臣阻止了司马昱这么做，他们分别是太原王氏的王坦之、琅邪王氏的王彪之和陈郡谢氏的谢安。桓温表露出篡权夺位的野心，让士族们心生警惕，世家大族更是激烈反对。他们担心桓氏取代了司马氏，会打破士族与皇室共治的局面，损害广大士族门阀的利益。

因此，当司马昱准备公布遗诏时，担任侍中草拟诏书的王坦之当着司马昱的面把诏书撕毁了。他对司马昱说："天下是宣帝（司马懿）和元帝（司马睿）的天下，陛下怎可擅作主张？"

司马昱只好修改了遗诏，将让桓温摄政的内容，改为命桓温如诸葛亮、王导一样辅政。

摄政和辅政一字之差，其地位高低却大为不同。摄政是代替皇帝行使国家权力，地位与皇帝相当；辅政却是帮助皇帝处理政务，仍是皇帝的臣属。

司马昱去世后，群臣惧怕桓温，不敢举行让太子登基的典礼。他们想观望一阵儿，看看桓温会不会直接夺取皇位，有人还提出"当须大司马（桓温）处分"。担任尚书仆射的王彪之则严肃地说："天子驾崩，太子代立，大司马怎有资格提出异议！如果事先向他询问，一定反而会被他责备。"

在王彪之的推动下，朝廷当天就决定奉太子司马曜继任皇帝位。

但是，即便大臣们生米煮熟饭，抢先把皇位定了下来，还是有人害怕桓温找茬。司马曜即位时，褚太后以皇帝年幼为由，提出让桓温摄政。王彪之予以坚决反对，说："这等大事，大司马如此德高望重的人一定会审慎考虑，不会轻易答应的。而且新帝即位，还有很多重要的大事要做，事事去找大司马定夺，会耽误时间。我们不如先修缮好先帝的陵墓再说。"

此时的桓温正在姑孰。虽然废立皇帝之后，他权倾一时，而且在名义上掌握着整个东晋王朝的军队，但他一直以来都很少出现在建康的朝堂上，而是在城外遥控朝政。桓温给出的理由是自己生病了，需要在外调养身体，他实际的想法却是惧怕遭人暗算。

桓温心里很清楚，北伐前燕失败，加上废立皇帝的行为，令他的名声变得很差，只不过大家畏惧于他的权势，不敢说什么。他要是整天待在建康，身边都是厌恶他的人，万一碰到亡命之徒，自己怎么死的都不知道。

而且，桓温感觉得到，至少自己这一代是不可能篡位成功了。国家民生凋敝，外患严重，士族们又不支持自己，就算强行登基，也是坐不稳天下的。与其将来被人清算，祸害子孙，倒不如在这个时候保持低调，退一步海阔天空。

所以，当桓温得知摄政之事被搁置后，除了怒气冲天地大骂王家和谢家搞鬼之外，并没有采取什么行动。他规规矩矩地待在姑孰，连简文帝司马昱的葬礼都没参加，朝廷诏令他入朝辅政，他也表示推辞。

但是，奋斗了一辈子，要在这最后关口拱手放弃吗？桓温心里还是有万般的不甘。终于，在宁康元年（公元373年）二月，桓温以晋见新帝、拜谒先帝陵墓为由，上表请求进入建康。

得知桓温要来，建康城顿时人心惶惶，人们都说桓温这次来一定会杀掉两王和谢安，夺取帝位。王坦之听到传言，打算逃跑。谢安却从容不迫。他拦住了王坦之，说："晋朝的国祚，就看这一次了。"

谢安知道，桓温现在不敢乱杀士族以绝天下人望。不如趁这个机会做出友好姿态，去迎接他，让他无计可施。

谢安领百官出城迎接桓温。桓温乘坐高大的马车，带着大队兵士，耀武扬威地接受百官叩拜。许多官员吓得浑身发抖，王坦之更是满头大汗，面如土色。

桓温入城后部署重兵守卫，然后邀请朝中大臣见面。王坦之以为桓温要诛杀自己，更加惊恐不已，连手版都拿倒了，双脚瘫软得无法行走。谢安却镇定自如，如往常一样行礼就座，与桓温谈笑风生。

说话时，谢安看出墙后布置着甲士，便说："谢安听说帝王诸侯政治清明，便会得到人民的拥护，不会发生内患。明公哪里用得着在墙后布置甲士啊！"

桓温笑着说："我这也是迫不得已啊。"

说完他便撤去了甲士。

桓温入城后，只在建康城居留了十几天，就因为病重而返回姑孰了。此时的桓温已经六十一岁了，老病缠身，没有什么精力去和谢安这些后辈们周旋了。他自知命不久矣，迫切希望临终前了却心愿，便指使朝中党羽催促朝廷赐予他九锡。

谢安自然不会满足桓温这个僭越无礼的要求，聪明的他知道桓温时日无多，就与王坦之、王彪之商量，表面上同意赐予桓温九锡，并且开始拟诏书，却以桓温位高权重，诏书不可马虎为由，反反复复地修改文稿，一直拖延了十几天都没有定稿。

桓温在这拖延中，最终没能等到他梦寐以求的九锡。宁康元年（公元373年）七月十四日，桓温在姑孰去世，他的宏图壮志也随之化为了尘埃。东晋君臣们终于可以长长地舒一口气了。

桓温去世时把权力交给了四弟桓冲继承，桓温儿子和桓温其他弟弟产生不满，桓氏家族因此爆发了内讧，暂时不会威胁到羸弱的东晋朝廷了。

在褚太后的主持下，与桓温周旋有功的王坦之、王彪之和谢安三人被众臣推举为辅政大臣。王坦之和王彪之在几年内先后去世，谢安总揽朝政，成了东晋朝廷的实际负责人。

谢安，字安石。他的家族陈郡谢氏是名门望族，但在西晋时名望不高，直到东晋时，依靠对琅邪王氏的支持，谢家的声望才逐渐提升。

谢安年轻时酷爱清谈，与王羲之等名士是好友，他们效仿竹林七贤，游山玩水，写诗饮酒，不愿出仕为官。直到年已四十，谢安才在众人不断的请求和劝说下入朝为官。

当时，谢安的弟弟谢万在北方与前燕军作战时大败，被朝廷免去官职，谢家的名望和权势遭到了削弱，谢安为了重振谢家的声威而出山做官。谢安原来隐居之地名叫“东山”，有人就调侃谢安说：“足下屡次违背朝廷旨意，高卧东山。众人常常议论说，谢安石不肯出山做官，将怎样面对江东百姓？而今，江东百姓又将怎样面对出山做官的谢安石呢？”

这就是“东山再起”这个成语的典故。

清谈家出身的谢安并不是一个徒有其名的草包。为官不久，他就一鸣惊人，从容地与桓温周旋，并且用拖延战术使桓温没能得到九锡，朝臣们都对谢安称赞有加，谢安有了足够的声望主持朝政。

谢安学习王导的执政风格，实行德政，宽容仁慈地对待士族和百姓，缓和世家大族之间的矛盾，努力维持着东晋社会的和谐与稳定。谢安的品格和才干很快得到了东晋上下的广泛认可，东晋的政治面貌焕然一新，社会环境安定下来。

对东晋朝廷威胁最大的桓氏家族，因为桓温去世不得不暂时退出中枢。桓冲表示自己的气量和涵养都不及谢安，而且自己是将领，军事才能不适用于宰相职务，先后让出了扬、徐、豫三州刺史的职务，带着桓氏势力退回了荆州。东晋王朝的政局终于重回平静。

然而，这样的平静局面仅仅维持了几年，一场险些吞灭东晋王朝的风暴就从北方席卷而来了。

6. 神童

这场风暴来自于前秦皇帝苻坚。

苻坚，字永固，苻健之侄。他本来不是前秦君主苻健的指定继承人。永和十一年（公元355年），苻健去世，传位于儿子苻生。

苻生是苻健的第三子，当初桓温北伐前秦时，苻生亲自带兵冲锋，单枪匹马砍杀晋军上百人。他因此英勇之举获得了许多皇族成员的青睐，最终成了苻健的继承人。

但苻生只是一介武夫，不懂施政，却残暴好杀，每逢接见大臣，都让侍从箭上弦、刀出鞘，铁钳、钢锯等摆放在跟前，看谁不顺眼，就杀掉谁。哪位大臣劝谏，就视为诽谤，杀之；有人说句奉承话，就视为献媚，亦杀之。他即位几个月就杀了五百多人，八个辅政大臣也杀了四个。而且他杀人，往往采用酷刑。

苻生的残暴使前秦人人自危，许多人把对新君的期待寄托在了苻坚的身上。

苻坚与苻生个性截然相反，他不像苻生那般凶残，而是非常温和善良，而且才能和韬略远胜其他皇室子弟，他早已是一些人心目中的理想国君。

苻坚在七岁时就表现出了神童气质，他能言善道，聪慧异常，懂得靠施舍和宽容收买人心。他经常陪伴在祖父苻洪身边，观察祖父的言行举止，然后私下里对祖父的举措提出建议。苻洪惊叹道："这孩子面相不凡，品性过人，一定不是个平常人物。"

除了能说会道，幼年的苻坚还酷爱学习。他不像别的兄弟只爱饮酒和练武，八岁时就主动提出要聘请老师给自己传授典籍。他在习武之余学遍了几乎所有的汉人经典，逐渐成长为既可领兵打仗又能出口成章的文武全才。

苻氏家族领导的氐族原是聚居在陇南、川北地区的少数民族。他们自战国时就居住在当地，两汉时接受中原政权的管辖。三国时，天下大乱，氐族趁机兴起，在陇南地区称王。氐族处在魏蜀两国交界地带，所以经常和相邻的羌族一起，被魏蜀两国争相拉拢。三国历史中，时常出现他们的影子。

但当他们没有了利用价值，或是过分强大，威胁到地方安全时，讨伐军就来了。魏国多次派出大军攻打氐族和羌族，杀死其首领，强行把其居民迁徙到别处与汉人杂居，因此氐族部落的汉化程度相对于其他民族较高。

氐人与中原王朝的矛盾最终在西晋时期爆发了。晋武帝去世后，氐族在关中地区制造了大规模叛乱，还杀死了西晋猛将周处。这场叛乱最终被镇压，但造成了关中地区的难民大量流徙到蜀地。流民首领李特和李雄父子趁机占据成都，成立了成汉国。

西晋末年，氐族和羌族加入了混战行列，成了关中地区一支不可小视的割据力量。后赵石虎为防止氐人和羌人作乱，把氐羌两族迁徙到黄河北岸，让他们为都城襄国和邺城提供劳动力与粮食。

苻坚的祖父苻洪（即蒲洪）被石虎任命为氐族首领，率领两万多户氐族百姓居住在枋头。苻洪一直想带领氐人回到关中建立自己的国家，他表面上对石虎顺从讨好，实则忍辱负重，一心寻找着机会。

石虎死后，后赵内乱，苻洪终于等到了机会率众西归。他假意投降东晋，趁着冉闵忙于和羯人厮杀之际，计划率领麾下的氐人部落前往关中。但他还未出发，就被后赵叛将毒死。其子苻健继续带领部众，冒着沿途的战火和屠杀，向关中地区前进，各地流民纷纷响应，前来归附。苻健最终于永和七年（公元351年）在长安称帝，立国号“秦”，史称前秦。

前秦立国的前几年，内忧外患，处境非常艰难，国内有后赵军队叛乱，国外又遭到东晋进攻，桓温率领的东晋北伐军一度打到了长安近郊，差点儿消灭前秦。但在苻健君臣的努力和坚持下，前秦终于稳稳地站住了脚跟。

在这一系列征战中，苻坚得到了淬炼。他爱兵如子，赏罚分明，将士们都信服他。苻坚还擅长结交，他四处网罗人才，礼贤下士，豪爽大度，重用人才从来不问种族和出身，远近的贤人策士都愿意投奔到他的门下。

苻生即位后滥杀无辜，残酷暴虐，苻坚无论才能还是品德都远胜苻生。一些谋士暗中怂恿苻坚推翻苻生，苻坚也有意取而代之。这时，他认识了王猛这位旷世奇才。

出身贫寒的汉族士人王猛离开桓温后，有幸得到他人举荐，面见了苻坚。二人一见如故，畅谈起天下大事，句句投机，观点几乎完全契合。苻坚当场对王猛予以重用，让他留在自己身边出谋划策；而王猛觉得这么多年总算找到了自己满意的君主，视苻坚对自己有知遇之恩，倾全力辅佐苻坚。两人的关系在外人看来如同当年的刘备与诸葛亮一样。在王猛的谋划下，苻坚一步步地向最高权力迈进。

升平元年（公元357年），被桓温击败的羌人首领姚襄重新集结部众，图谋关中。四月，姚襄率兵西渡黄河，占据了黄洛（今陕西铜川南）。苻生派苻坚与苻黄眉率领步骑兵一万五千人前去迎战。而姚襄拥有两万七千名士兵，且身经百战，并不容易对付。

有部将建议苻黄眉不正面与姚襄对战，而是佯装战败，率兵后退，设置埋伏打败他。姚襄连遭败绩，迫切需要一场胜利来提升军心，他一定会倚仗兵力优势对前秦军主动发起进攻的。

苻黄眉听从建议，以弱兵示敌，姚襄果然主动发起进攻。前秦军且战且退，当姚襄指挥追兵进入预定的埋伏圈后，苻黄眉和苻坚率领伏兵从前后左右杀出，将姚襄军团团包围。姚襄军大败，姚襄被当场击杀，幸存的羌人部众在姚襄弟弟姚苌的率领下，尽数投降了前秦。

然而，残暴自私的苻生没有赐予在这场战斗中立功的将士任何赏赐。立了大功的苻黄眉气得要谋反，苻生得知情况后将他杀死灭族。一些王公大臣被牵连，也遭到了杀害。

苻生特别喜欢喝酒，喝起来就不舍昼夜，甚至一连数月不临朝，臣属们的奏章也搁置不理。由于天生独眼，他非常忌讳“残、缺、偏、只、少、无、不全”一类词，因误说了这些字眼而被杀死的人不计其数。他喜欢看剥皮，就经常命人在大殿上活剥牛羊的皮，看其惨死，还曾剥去死囚的脸皮。

苻生的胡作非为激怒了王公贵族和文武大臣们，苻坚身边的谋士再次劝说他发起政变。王猛也觉得时机已经成熟，劝说苻坚行动。但苻坚感到时机未到，不敢轻易动手，只在暗中谋划。

此时苻生隐约察觉到苻坚要对自己不利。有一天，他酒醉后对身边的侍女说：“阿法（指苻坚哥哥苻法）兄弟俩不可信，明天我就要除掉他们。”

那侍女连忙把这个消息告诉苻坚，苻坚决定提前动手，和哥哥苻法带领数百名士兵冲进皇宫。皇宫守卫早已不满苻生，纷纷为苻坚等人开门让道。苻坚的兵众基本未遇抵抗，就冲进了苻生的宫殿里。

苻生还在酒醉之中，看见有人闯入，就问身边的人：“这些人何故闯入？”

身边人答：“是反贼。”

苻生醉醺醺地说道：“既然是反贼，为何不下拜？不拜的人斩！”

苻坚命人把苻生从床榻上拖下来，送到别处关押，将他废为越王，后来又派人把他勒死。

政变成功后，苻坚将帝位让给庶兄苻法，但苻法以自己是庶出而不敢受。苻坚便在群臣的劝进下即位，并谦虚地降帝号为天王，称“大秦天王”。从此他成为前秦和氐族新的领导者。

前秦此时已经占据了关中和陇东南地区，以及黄河东岸的部分地区。苻坚的伯父苻健在位时，为了改善民生，采取轻徭薄赋、通关贸易的政策，使前秦社会秩序稳定，商品经济繁荣，国库日益充实。

新即位的苻坚并不满足于前秦做一个固守一方的小国，他早已立下王霸之志，希望一统天下，终结乱世。

苻坚知道，要实现统一天下的宏愿，必须先使国家富强；而要使国家富强，就必须改革体制，实现政通人和，让国家和人民充满无限的活力和生机。由此看来，充分的改革是实现统一的先决条件。

因此，苻坚即位后，立刻着手进行大刀阔斧的改革。措施大致如下：

礼仪文化方面：修整一些名实不符的官职，恢复已绝的宗祀，上礼神祇，下扶鳏寡孤独和年老无依者；设立学校，推广经学，褒扬称颂有特殊才行、孝友忠义、有德业的人。

人才选拔方面：要求各地方官员上举具孝悌、廉直、文学、政事四项才德的人才。若真的是人才就予以赏赐，否则降罪。

民生方面：鼓励农业，开垦耕地，开发山泽，所得资源不限于官府，平民也可用，令官仓充实，人民温饱而盗贼减少；朝廷尽量爱惜民力，非不得已，不轻易发动战争；将金玉锦绣等贵重物品散发给有功军士；遇灾害时减省膳食，暂停奏乐，并命后宫省俭服饰。

当时，前秦最大的弊端在于中央集权程度不足。因为常年征战和迁徙，氐族部落形成了半兵半农的军事组织结构，平民和贵族的依附关系紧密，贵族因而有着强大的权力：他们拥有大量部众和土地，还豢养奴隶，圈地围猎却不事耕种，致使大量耕地抛荒；他们参与朝政议事，妨碍君王和朝臣商定、推行政策；他们不受法律约束，胡作非为，纵容部众殴斗，破坏社会治安。

苻坚任命王猛为中书侍郎，后升尚书左丞，分掌机要大事，用以对抗那些跋扈的贵族们。

王猛以一介汉人寒士忽然身居高位，很快就引起了氐族贵族的强烈不满。氐族大臣樊世是三朝老臣，曾辅佐苻健建立前秦，立有大功。他公然辱骂王猛，认为他是窃取氐人建国成就的汉人小贼，斥道："我们耕种，你坐享其成吗？"

王猛不甘示弱，反驳说："不仅让你耕种，还要让你做成熟食！"

樊世大怒，道："一定要把你的脑袋悬挂在长安城门上，不然，我就不活在人世！"

苻坚得知樊世如此辱骂王猛，说："一定得杀掉这个氐族老夫，群臣百官才能恭敬从命。"

樊世第二次在朝堂上辱骂王猛时，苻坚果真下令将他推出去斩首了。

氐族贵族与王猛发生矛盾时，苻坚自始至终支持王猛。他又任命王猛为京兆尹，掌管首都地区的治安，赐予他对违法的贵族先行处决的权力。

长安是氐族贵族们聚居的地方，一直以来，这些贵族横行霸道，没人敢管。获得生杀大权的王猛不避权贵，依法进行严惩，一个月内就处决了二十多名犯罪的权贵。太后（苻健的妻子强氏）的弟弟强德醉酒杀人，还夺人财物，被王猛抓获。苻坚本想看在太后的面子上赦免强德，但王猛以执法必严为由，在苻坚的诏书送来之前就把强德斩首示众了。

经过一系列新政改革和铁腕执法，前秦面貌焕然一新，"奸猾屏气，路不拾遗"，"庶绩咸熙，百揆时叙"，"兵强国富，垂及升平"。关中大地上出现了一片欣欣向荣的景象，一个新兴的帝国迅速崛起。

7. 仁君

新政极大地触动了氐族贵族们的利益，加上苻坚是依靠政变即位的，一些对苻坚心怀不满的宗室与反对者们联合在一起，给崛起中的前秦制造了一场又一场叛乱。

兴宁二年（公元364年），汝南公苻腾（苻健第七子）阴谋制造叛乱，事泄之后被杀。第二年，征北将军、淮南公苻幼（苻健第十二子）趁苻坚前往北方边境安抚匈奴部落时起兵攻打长安，兵败被杀。

起兵之前，苻幼曾经联络晋公苻柳（苻健第八子）、赵公苻双（苻坚同母弟），只不过两人一时犹豫，没有立即响应他。事后，苻坚念在苻双是自己的同母弟，苻柳深受自己的伯父苻健喜爱，没有追究他们的责任，也没有把事件公开。

苻坚希望用宽容和仁义换取苻柳和苻双的忠心，但二人却毫无悔改之意，他们又联系魏公苻廋（苻健第十子）、燕公苻武（苻健第十一子）作乱。太和二年（公元367年）十月，四人在各自的领地同时发兵反抗苻坚。

四兄弟同时叛乱让苻坚备感震惊，但他念在血缘关系上仍希望和平解决矛盾。他派使者分别到四人处，劝说他们只要罢兵，就不予追究，一切如故。苻坚还特意送上信物，表示决不欺骗。

但四兄弟根本不理睬苻坚的苦心劝告，继续领兵进攻。苻坚无奈之下，只好派王猛等人统帅大军前去平叛。经过一年的战斗，这场叛乱才平定下来，四人皆被处死。

消灭了这些反叛的宗室，苻坚稳定了政局，牢牢掌握了国家大权。他可以放心地推动自己的统一大业了。

他的第一个目标，是东边的前燕。

此时的前燕早已没了入主中原之初的那股锐气。前燕君臣离开苦寒之地，南迁到中原富饶的土地上，便迅速地腐化了。慕容暐长大成年后不愿意亲政，把朝政都交给叔叔慕容评处理，自己则躲在深宫中醉生梦死。他的后宫有佳丽四千、奴仆数万人，每日的花费多达万金。

慕容评更是利用手中的权力搜刮民脂民膏，残害忠良。他垄断了国中的山川资源，不允许百姓无偿使用，要想到山中伐木取水，得先向他交钱。有大臣呼吁改革弊政，减轻课税，慕容评就打击报复，将对方下狱或处死。

鲜卑贵族们上行下效，肆意侵占良田，逼迫百姓当自己的农奴，国境之内民怨沸腾。

国库在腐败的政治下日益空虚，朝廷无法支付军费，连士兵的服装和兵器都难以补充，因而军心混乱，战斗力下降。

在这样的情势下，苻坚和桓温都把这个腐朽的帝国作为自己进取的目标。

桓温抢先一步，在苻坚平定四公叛乱的一年后（公元369年）就发动了对前燕的北伐，一度打到了前燕首都附近的枋头。危急之下，前燕连忙以割让虎牢关以西的土地作为条件向前秦求援。

苻坚召集大臣们商议。许多人说："过去桓温讨伐我们到达了灞上，燕国并没有来救；如今桓温讨伐燕国，我们为什么要去救援？更何况燕国从未向我们称藩，何必去救他们？"

王猛则劝说苻坚一定要接受前燕的求援请求。他说："燕国虽然强大，但慕容评不是桓温的对手。如果桓温消灭了燕国，占据了河北，坐拥四州的土地和粮食，那么陛下统一天下的目标就实现不了了。所以，我们不如和燕国联合打退桓温。桓温撤退后，燕国必然疲敝，那时我们再消灭他们。"

苻坚觉得王猛的观点更有道理，便同意了前燕的请求，派遣精锐骑兵两万多人，经洛阳进攻颍川，从而牵制了桓温北伐军的侧翼，为前燕军最终击败桓温提供了帮助。

桓温退兵后，前燕国内果然爆发了内讧。立下大功的慕容垂功高震主，遭到了摄政王慕容评嫉恨。慕容评密谋杀害慕容垂，慕容垂听闻风声，不得不逃亡到前秦，请求苻坚庇护。

苻坚之前一直计划进攻前燕，唯独忌惮慕容垂。得知慕容垂前来投奔，他大喜过望，亲自到郊外迎接。见到慕容垂后，苻坚拉着他的手说："上天降于人世的贤杰一定会携手共创大业的，朕最期待的就是和你共同平定天下啊。一统天下的那一天，我一定让你返回故土，封你世代居住在幽州。"

慕容垂则谦卑地回答道："寄居他人屋下，能被免罪已是大幸，怎敢奢望世居故国的荣耀？"

为了让慕容垂的才能为自己所用，苻坚赐予慕容垂和慕容令父子大量赏赐，每次召见他们都注目端详。这是一般的人臣不能得到的礼遇。

王猛看出慕容垂不是简单的人物，劝苻坚说："慕容垂父子是不能被驯服的，一旦遇到合适的机会，他们就会脱离控制。应该趁早除掉他们。"

但爱才的苻坚不忍心，说："我正要招揽各路英雄来扫清四海，怎能杀掉他们而寒天下人之心？而且我已经答应收留他们，庶民百姓尚且不能食言，更何况朕这样的万乘之君？"

苻坚这一回破天荒地没有听从王猛的建议，还封慕容垂为冠军将军、宾徒侯。

失去了慕容垂的前燕再没有什么能让苻坚担心和惧怕的了，他立刻着手准备对前燕的进攻。

前燕的慕容评确实是个蠢材，在关键时刻主动为苻坚送上了一个讨伐借口。

之前为了让前秦出兵协助反击桓温，前燕曾许诺割让虎牢关以西的土地，慕容评现在却反悔了。苻坚派使者索要土地时，慕容评回答说："那是使者自作主张，言辞失当。不过他是为了救援自己的国家而已，请贵国见谅。"

苻坚大怒，正好趁这个机会与前燕绝交，随即于太和四年（公元369年）十一月派王猛等人率领步骑兵三万出征，拉开了攻打前燕的帷幕。

王猛真可谓智谋之士，只用了两个月就逼降了前燕的洛阳守将慕容筑。但进军途中，王猛不放心投降的慕容垂父子，担心他们留在前秦会谋反背叛。为此，他决定施行离间计，让慕容垂父子露出原形。

王猛在出兵之前，以需要向导为由，经苻坚同意，让慕容令随行担任参军。临行前，王猛特意到慕容垂的府邸拜访，与慕容垂饮酒话别。二人聊到动情处，王猛说："我此次远走，兄弟却无什么东西可以睹物思人，未免遗憾。"

说完，他送给慕容垂自己最爱的一方镇纸作为纪念。慕容垂大为感动，想也不想就解下家传宝刀送给王猛。

大军抵达洛阳后，王猛收买了慕容垂身边亲信，让他拿着那把金刀，对慕容令假传慕容垂的话："你我父子之所以投奔秦国，无非避祸而已。如今王猛心胸狭隘，数次排挤我们，而苻坚表面上对我们礼让有加，其心实在难测，估计我们父子仍然难免一死。最近听说燕国皇帝于我们走后颇有悔意，我们父子不如立刻逃回燕国。我现在已经在逃亡路上了，你有机会也赶紧走。”

慕容令听后又惊又疑，慕容垂赠王猛金刀的事情他并没有听说，父亲企图二次叛逃也没有丝毫征兆，但这位来传话的人曾经在慕容垂府中打过下手，又有金刀为证，言之凿凿，不由得不信。慕容令急得六神无主，又无法与千里之外的父亲联系求证。

思前想后，慕容令最终觉得，现在秦燕交战，自己身为慕容氏，在前秦军中身份尴尬，而王猛仇视他们父子也是众人皆知的事情，眼下还是宁可信其有，不可信其无，先保命要紧吧。

于是，慕容令只带了几名随从，谎称打猎，逃出了前秦军大营，奔回前燕。

王猛见慕容令中计，立即上奏苻坚称慕容令叛逃。前秦国内的慕容垂得知消息，生怕受牵连，慌忙出逃，但在途中被截获。

然而，王猛小视了苻坚的仁慈。苻坚得知情况后，没有一点要处罚慕容垂的意思。在他看来，慕容垂是百年不遇的人才，无论如何都要留为自己所用。而且有慕容垂在，将来也方便收拢前燕的人心，劝降慕容家的王公大臣。于是，他命属下不得对慕容垂押送和捆绑，将其礼送到皇宫。然后，苻坚像往常一样礼遇慕容垂，并好言宽慰他说：“你因为自家和朝廷争斗，投靠于朕。你的儿子心不忘本，仍然怀念故土，这是人各有志，不值得深究。然而，燕国行将灭亡，不是慕容令所能拯救的，只是可惜他白白地进了虎口而已。况且父子兄弟，罪不株连，你何必过分惧怕而狼狈到如此地步呢？”

苻坚不仅释放了慕容垂，还保留他的所有官爵，待遇也一如从前。

但逃回前燕的慕容令就没有那么幸运了。慕容评认为他随父亲叛逃后又逃回，即使不是反复无常的小人，也一定是前秦派来的奸细，便把慕容令流放到了边境上的沙城（今辽宁朝阳东北）。慕容令不愿受此羞辱，收买了几千名戍边的士兵发动了叛乱。很快就被镇压，慕容令遭到部下杀害。

王猛的离间计虽然没有成功除掉慕容垂，但还是成功了一半：慕容令被除掉，慕容垂失去了一个得力的助手和继承人。他的计策天衣无缝，当时没有一个人察觉出是他的谋划。

攻打前燕的战事还在继续，苻坚又派王猛率领六万精兵，于太和五年（公元370年）七月进攻邺城西面的军事要地壶关和晋阳。昏庸无能的慕容评以为前秦军人数少，一定攻不下壶关天险，就没有及时出兵驰援。结果，王猛用了一个月的时间就攻下了壶关，抓获了前燕的上党太守，附近的郡县纷纷望风投降。

九月，王猛全力围攻晋阳，但晋阳城墙坚固，兵多粮足，前秦军攻城受挫。王猛便转用土攻，挖掘地道直通晋阳城内，经过数天鏖战终于攻下了晋阳。

慕容评正率领三十万大军前去救援晋阳，得知晋阳失守，他不敢继续前进，便在潞川（今浊漳河）一带驻防。王猛也进军潞川，与前燕的大军展开了对峙。

大敌当前，慕容评再一次昏招频出。他认为王猛孤军深入，必然不能持久作战，就打算用长期对峙的方法来拖垮前秦军。他下令坚壁清野，封山闭泉，又贩卖粮食和柴火给受影响的百姓和士兵，赚取了大笔钱财。士卒百姓们都对他深恶痛绝，几乎没有人肯为他卖命了，三十万前燕大军一下子成了没有斗志的乌合之众。

王猛得知慕容评的所作所为后轻蔑地说："慕容评真是一个奴才！就算他有亿兆的士兵也没用，我今天就能在这里打败他！"

王猛派了五千名骑兵绕道前燕军背后，烧毁其粮草辎重。火光被邺城的慕容暐看见了，他派人斥责慕容评贻误军机，命令他立刻出战。慕容评只好硬着头皮向王猛下战书。

十月二十三日，秦燕两军展开了决战。战斗仅仅持续了半天就结束了，在六万前秦军的猛攻下，三十万前燕军一败涂地，有十五万人被杀或俘虏，慕容评只身一人逃回邺城。

王猛乘胜追击，很快包围了邺城。为了招揽前燕军民的人心，他下令军队秋毫无犯，并在占领区简化法令，废除苛捐杂税。前燕百姓们都对王猛交口称赞，归附前秦的人络绎不绝。

几天后，苻坚亲自率领十万军队前来增援，前秦军对邺城发起总攻。战至十一月七日，部分前燕军向前秦投降，打开了邺城北门，前秦军随即攻入城内。混战中，慕容暐和慕容评带领几名王公大臣在数千近卫骑兵的保护下突围，往故都龙城的方向逃去。

慕容暐一行慌不择路，许多随从和护卫失散了，慕容评也不见了踪影。逃到最后，慕容暐身边只剩下了十几个人。失魂落魄的他躲在墓地里休息，不承想又遇到了强盗，他的随从为了保护他全部被杀，行李和马匹也被强盗夺走。慕容暐只能一个人步行逃跑，最终被前秦追兵俘获。

慕容评抛弃了慕容暐后，带人奔往辽东的高句丽。高句丽人不愿得罪前秦，就把慕容评绑了送到苻坚那里。苻坚宽大为怀，赦免了慕容暐、慕容评以及其他被俘的前燕皇族成员，然后把他们连同四万多户鲜卑人迁往长安居住。

入主中原仅仅十八年的前燕国灭亡了。

苻坚吞并前燕后，清点州郡和人口，总计获得了四州一百五十七郡、二百四十六万户、九百九十九万人。前秦的国土和人口扩大了一倍还多，他兴奋无比，下令重赏立功的将士，并宣布大赦天下，举国同庆。

消灭了前燕，北方的割据政权只剩下仇池、前凉和代国了。苻坚决定一鼓作气，将这些国家消灭，完成当年石勒都没完成的功绩。

仇池也是氐族人建立的，因其首都在仇池山附近而得名。仇池国人口不过百万，国境处于今四川、陕西、甘肃三省交界处的崇山峻岭中，只有两个郡的领土，但其建立时间比前秦还要早许多年。

西晋惠帝元康年间（公元291—299年），关中地区的氐族叛乱，一部分氐族人在首领杨茂搜的率领下在仇池山一带割据自立，自称辅国将军、右贤王。内乱不断的西晋朝廷无力征讨躲藏在大山中的杨茂搜，就干脆“招安”，封他为骠骑将军、左贤王，允许他在当地发展。仇池国就此建立。

杨茂搜和子孙们一直统领仇池国，氐人们控制着包括武都和阴平两郡在内的部分陇南地区。石勒的后赵和苻坚的前秦崛起时，仇池国向其称臣朝贡，获取了几十年的和平。但仇池国两头讨好，也向东晋称藩，东晋朝廷敕封了仇池国的两任国君为“仇池公”。

但到了前秦灭亡前燕的这一年，情况发生了改变。新继任的仇池公杨纂因为家族内斗而倒向东晋，断绝了与前秦的臣属关系。

苻坚当机立断，在平定前燕后立即出兵仇池。太和六年（公元371年）四月，前秦军侵入仇池。杨纂连忙向东晋求援，东晋朝廷就近从梁州派遣了一千多名骑兵火速驰援。但士气正旺的前秦军不是仇池国和东晋骑兵所能抵挡的，大战下来，前秦军完胜，杀敌两万多人，还击杀了东晋援军的将领。

杨纂只好向前秦投降。苻坚将他和杨氏族人迁往长安，将仇池直接纳入前秦的管辖范围内。

消灭了仇池国，苻坚的下一个目标是盘踞凉州七十多年的前凉国。

前凉是由原西晋凉州刺史张轨建立的汉族割据政权。在西晋末年大动乱期间，张轨和儿子张寔、张茂保全了凉州的土地。父子三人在凉州境内发展农业，铸造钱币，兴办学校，并安置前来避难的流民，使原本蛮荒的凉州在战乱中崛起为一方繁荣安宁之地。

张轨父子一直忠心于晋室，在西晋灭亡后仍使用晋愍帝的建兴年号。东晋建立后，张茂向司马睿臣服，尊奉他为皇帝，后世的张氏族人也基本上遵守了这一原则。但由于距离遥远，东晋朝廷无法真正管辖。

凉州虽然没有正式立国称帝，但实际上是一个独立的王国，后世称之为“前凉”。

张茂和侄子张骏在位时，击败了刘曜和石勒的进攻，但畏惧于对方强大的实力，他们先后向前赵国和后赵国称臣纳贡。东晋太宁元年（公元323年），前赵刘曜封张茂为凉王，前凉自此开始称王。后来，张骏和儿子张重华一起把前凉国推向了极盛。在他们父子二人的领导下，前凉向西扩张，把西域诸国都纳入自己的版图，西部边境一度到达葱岭。

张重华死后，前凉陷入内乱，国力日渐衰落。经过十多年的争权夺利，张骏的小儿子张天锡获得了凉王之位。张天锡沉迷酒色，理政无能，却又好大喜功，四处征战。他即位不久，就出兵讨伐割据陇西的军阀李俨。李俨向前秦求援，苻坚派王猛带兵袭击前凉军队，张天锡大败。

张天锡见自己不是苻坚对手，恐惧之下只好退兵。但苻坚没有放过他，之后几乎每年都来进攻。张天锡不得不派人向东晋的桓温求助，但桓温鞭长莫及，根本没有办法支援他。无奈之下，张天锡只能向前秦俯首称臣。

太元元年（公元376年）七月，苻坚决定给张天锡以最后一击，派出十三万大军征伐前凉。出兵的同时，苻坚又派使者前去要求张天锡投降。张天锡大怒，斩杀了使者，举全国之兵迎战前秦。

但此时的前凉军队早已不同以往，政治腐败，内乱频发，前凉的士兵百姓们已经对这个国家失望无比。而且面对曾多次击败自己的前秦军队，前凉军队充满了恐惧，毫无士气可言。两军一交战，就有一万多名前凉士兵向前秦军投降了。

前秦军一路势如破竹，攻城略地，打得前凉军没有还手之力。前秦军攻入前凉首都姑臧（今甘肃武威），张天锡只好自缚双手，出城投降。这个唯一的北方汉人政权就此灭亡。

消灭了前凉，前秦的西部国境推进到了敦煌，但没有继续把西域纳入版图。这是因为前凉衰落，西域诸国已经独立，而此时前秦军人困马乏，无力深入茫茫戈壁继续作战，远征西域诸国的行动只能暂时搁置下来。

在做了七年的充足准备后，太元八年（公元383年），苻坚精选了七万精兵，任命吕光为都督西域征讨诸军事，率军远征西域。吕光率领前秦远征军从长安出发，穿越戈壁沙漠，沿着天山北麓向西进军，沿路消灭或招降了焉耆、鄯善和龟兹等国。

历时一年半，吕光不仅平定了西域诸国，还从龟兹国获得了名闻天下的高僧鸠摩罗什。鸠摩罗什精通佛经，通晓多个民族的语言，他在西域致力于弘扬佛法，翻译源自印度的佛经，为佛教典籍的传播做出了巨大的贡献。吕光善待鸠摩罗什，利用他的巨大影响力，增进了西域诸国对前秦的归附。

在灭亡前凉的当年，另外一支前秦军队从幽州出发，向北方草原进发，目标是拓跋部鲜卑人建立的代国。

代国是一个形式松散的国家，它的建立者是在北方草原上游牧的拓跋部鲜卑人。这些未来北魏王朝的建立者，此时还大致过着游牧渔猎的原始生活，活动于燕山和阴山以北广大的草原和荒漠中。

西晋末年，风雨飘摇的西晋王朝为了打击匈奴，决定怀柔北方的鲜卑人，给各部的鲜卑人都赐予爵位和封号。拓跋部的首领被授予大单于和代公之位，后来又晋升为代王。拓跋部鲜卑人参照中原制度，置官署，设郡县，代国就此建立。

拓跋部的汉化程度较浅，远不如段部和慕容部，即使建立了政府，绝大部分民众也还是在各自酋长的带领下逐水草而居，过着原始部落的生活。代王不过是他们的部落联盟首领的对外称号而已，设置的郡县和官署多是摆设。

经过几十年发展，代国从一个默默无闻的草原国家成长为长城以北的重大边患。代国国土广大，人民骁勇彪悍，善于骑射，他们不断地南下劫掠，蚕食中原政权的北方边境。到了拓跋什翼健统治时期，代国抵达长城一线，都城在盛乐（今内蒙古自治区和林格尔县北），对广袤的中原土地虎视眈眈。

为了保证北方边境安宁，在灭亡前燕的当年，苻坚就把北伐代国提上了日程。他利用幽州和并州的产马区蓄养了大量战马，同时，还发挥冀州产粮区的作用，修建粮仓，积累军粮。经过多年准备，前秦终于有了一支可以北征草原的军队。

太元元年（公元376年）十月，代国对聚居在河套地区的匈奴人再次发起进攻。当地的匈奴人首领刘卫辰向前秦求援，苻坚抓住时机，以援救刘卫辰为由，命令幽州和并州的前秦军出动进攻代国。

做了充足准备的前秦军在石子岭（今内蒙古自治区和林格尔西南）大破代军，代王拓跋什翼犍向北逃窜到漠南地区（今蒙古国境内）。前秦军追击不上，只好撤回国内。拓跋什翼犍见前秦军退，重新回到盛乐。

不到一个月，代国发生了内乱，拓跋什翼犍诸子争权，庶长子实君杀死了弟弟们和父亲拓跋什翼犍。苻坚得知消息，命令前秦军立即趁乱进军。前秦军攻下盛乐，俘虏了实君，将其送往长安车裂处死。代国就此灭亡。

面对代国广大而蛮荒的土地，前秦无法按照中原方式设置郡县管理。苻坚采纳了臣下的建议，采取分而治之的策略，将代国原来的土地和人民一分为二，西部由匈奴人刘卫辰统领，东部由拓跋什翼犍的外甥刘库仁统领。刘卫辰和刘库仁素来不和，苻坚正是利用他们的矛盾来制衡和削弱拓跋部，使他们不会对中原构成威胁。

消灭代国、远征西域，苻坚统一了北方，完成了伟大的事业，超越了以往的许多统治者。前秦国土“东极沧海，西并龟兹，南包襄阳，北尽沙漠”，周边的高句丽、新罗、西南夷等政权都畏惧前秦的强大，纷纷派遣使者朝贡。

可惜的是，苻坚没能把这股艰苦奋斗的精神保持下去，他骄傲、虚荣、急功近利等诸多缺点开始暴露出来。

苻坚灭亡代国后，下诏封赏所有官吏，并给远征的将士赐爵位三级，免赋税五年。他还昭告天下，夸耀自己“俘降百万，辟土九千，五帝之所未宾，周、汉之所未至，莫不重译来王，怀风率职”。

苻坚并非完人，虚荣和好面子的缺点他一直有，过去年轻，且事业处于起步阶段，他还能自我约束，加上有王猛的辅佐和规劝，苻坚能及时改正错误，不至于引发更严重的后果。

但是现在，苻坚在实现既定目标的基础上，完成了众多古人做不到的伟业，他已年近五十，变得越来越自负，越来越固执，听不进去周围人的建议和规劝了。

唯一能劝阻苻坚的只有王猛了。可惜王猛比苻坚还要年长十三岁，这位百年不遇的将相之才敌不过病魔的侵袭，寿命在宁康三年（公元375年）走到了尽头。王猛病重期间，苻坚每日派人询问他的病情，稍有好转就下令大赦天下。

王猛自感时日不多，强撑着身体给苻坚上了最后一道奏表，议论时事和政务，提出见解和建议。王猛在文末写道：“陛下威烈震慑八方荒远之地，声望德化光照六合之内；九州百郡，十居其七；平燕定蜀，如拾草芥。然而善作者未必善成，善始者未必善终，古来明君圣王深知创业守成之不易，无不战战兢兢，如临深渊。恳望陛下以他们为榜样，则天下幸甚！”

王猛生怕苻坚会骄傲自满，苦口婆心地劝他一定要谨小慎微，善始善终。

七月，苻坚亲自来到王猛病床前探望。王猛在生命的最后时刻仍在担忧苻坚可能会犯下错误，他用尽最后的力气对苻坚说：“晋朝虽然僻处江南，但为华夏正统，而且上下安和。臣死之后，陛下千万不可图灭晋朝。鲜卑、西羌降伏的贵族贼心不死，是我国的仇敌，迟早要成为祸害，应逐渐铲除他们，以利于国家。”

说完这些话不久，王猛就去世了。苻坚悲痛万分，下令以汉代霍光的礼仪安葬他，举国哀悼三日。入殓之时，苻坚前来哭拜三次，痛心道：“老天爷是不想让我统一天下呀，怎么这样快就夺去了我的景略啊！”

然而，王猛临终遗言的良苦用心并没有被苻坚接受，苻坚在骄傲自负的路上再也回不了头了。

随着前秦国力日益强盛，苻坚已然开始享受起了生活，他大兴土木，营造宫殿，器物用金银装饰，服装也日益精美。苻坚还扩充了后宫，征集了数千美女入宫供自己享乐。

前燕皇帝慕容暐有一个妹妹和一个弟弟，分别是清河公主和慕容冲，年纪分别是十四岁和十二岁，都生得秀美俊俏。苻坚不避讳自己的双性恋取向，将姐弟二人都收入后宫，恩宠一时。当时有长安民歌唱道：“一雌复一雄，双飞入紫宫。”人们把此事当作宫廷丑事谈论，但苻坚不以为意，我行我素。

苻坚还逆转了过去王猛限制王公贵族特权的努力。前秦占领了大片土地，境内的人数和民族成分大为增加，给管理带来了难度。苻坚就重新走上分封的老路，将宗室子弟和氐族权贵分封为王公，令其带领一定数量的氐族百姓迁居到封地殖民。这些贵族王公们承担着弹压当地异族反抗的责任，拥有数量不少的军队。当地的赋税和产出，他们也能享用一部分。

如此分封确实起到了在短时间内有效掌控广大国土的作用，却造成了更严重的后果。

这相当于让氐族人成为当地的特权阶层，高出当地人民一头。当地百姓对氐族人只有厌恶，没有喜爱，久而久之必然会起来反抗。

苻坚把氐族人分散送往各地，但他每消灭一个国家，就把当地的皇族和都城百姓迁到长安附近居住。这就造成关中地区异族遍布，氐族人却因为外迁和征战日益减少，给首都长安带来了安全隐患。

王猛如果在世，一定会竭力反对苻坚这种削弱王朝权威，分散氐族力量的做法。可惜他已经去世了，再也阻止不了什么了。

阻止不了的还有苻坚依旧重用投降的鲜卑族和羌族贵族。慕容垂、姚苌等人表面上对苻坚恭顺，暗地里则一直联络党羽，积极谋划复国。

苻坚对这些隐藏危机毫不在意，他还在畅想着一统天下的宏伟理想。放眼天下，只有南方的东晋王朝未被消灭了。他觉得自己年事已高，不能再听王猛的建议等待下去了，应该借着前秦大军横扫北方的锐气，一口气平定南方，成为统一天下的伟大帝王。

8. 北府

苻坚根据过去的经验和晋军的战斗表现，认为东晋朝廷由一群腐朽的豪门士族掌控，朝政腐败，将帅无能，军队战斗力低下，完全不是对手。为了验证自己的判断，苻坚曾派出少量部队南下，侵袭东晋边境。

宁康元年（公元373年），苻坚派兵五万从汉中出发，穿越蜀道和剑阁，进攻东晋的梁州和益州。仅仅两个月，东晋军队就被击溃，前秦军队开进成都，占领了蜀地。

太元三年（公元378年），苻坚命庶长子苻丕率兵十七万进攻荆州重镇襄阳。前秦军遭到了顽强抵抗，围攻了将近一年才占领襄阳，俘虏了襄阳守将朱序。苻坚认为朱序死战不降，是个有气节的人，就不顾众臣反对，授予朱序度支尚书一职，让他在前秦军中效力。

进攻襄阳的同一年，苻坚又派彭超、俱难等人南下进攻彭城、淮阴（今江苏淮阴西南）和盱眙（今江苏盱眙东北）。这一路前秦军也遭到了晋军的顽强抵抗，战至第二年五月才攻下这三座城市。

彭超率领前秦军乘胜进军，准备一口气夺取东晋的江北重镇广陵（今江苏扬州）。危急之下，东晋宰辅谢安派弟弟谢石和侄子谢玄率领水陆精兵五万人迎战。前秦军孤军深入，将士疲惫，在三阿（今江苏宝应）被谢石和谢玄击败。

彭超退守盱眙，后又退守淮阴，谢玄派奇兵深入前秦军后方，烧毁彭超囤积的粮草和渡河浮桥。前秦军军心大乱，在君川（今江苏盱眙北）再次大败，几乎全军覆没，彭超仓皇逃回彭城。愤怒的苻坚下诏将彭超交付廷尉治罪，彭超畏罪自杀。

与此同时，苻坚还派兵攻打魏兴（今陕西安康西），杀死前来救援的晋军七千多人。东晋魏兴太守吉挹（音yì）被俘后，拒绝苻坚的招降，绝食殉国。

苻坚本打算继续加大对东晋的军事压力，但此时前秦的幽州刺史苻洛发动了叛乱，苻坚只好暂停对东晋的攻势，转而派兵前去平叛。秦晋边境暂时获得了安宁。

此番前秦进攻中，东晋上下表现出了极其难得的团结和顽强，这是因为东晋对前秦入侵已经做了充分的准备。在前秦统一北方的进程中，东晋的士族和百姓们也在逐渐警醒，他们知道苻坚最后的目标一定是自己，如果再像过去一样浑浑噩噩，那这仅剩的偏安之地也会被踏平。

在亡国危机面前，东晋全国空前团结在一起，士族们不再勾心斗角、醉生梦死，百姓们不再事不关己、高高挂起，他们放下生死，抛弃恩怨，联手应对前秦的侵战。朝臣和后宫妃嫔节衣缩食，士族们贡献金钱和粮食，百姓们积极参军训练。

时任骠骑将军、录尚书事的谢安实际掌管着东晋朝政。他一方面利用自己的智慧和人格魅力维护士族团结，使所有人一致对外；另一方面致力于组建新军，为王朝提供安全保障。

之前桓温解散了原本拱卫建康的京口流民武装，谢安决定在郗氏家族旧部的基础上，在京口重建一支流民军队。他把这个任务交给了自己的侄子谢玄，任命他为兖州刺史、建武将军，领广陵相，监江北诸军事，负责组建新军。

这在朝野引起过一时非议，一些人批评谢安任人唯亲。但谢安不以为意，认为谢玄的军事才能无人能出其右，他举贤不避亲，不在乎别人的看法。

谢玄不负叔父的重托，在广陵和京口一带集合流民勇士，以正规军的要求进行编制和训练，仅仅用了一年时间就建成了一支强悍的军队。这支新军在京口成立，因为当时晋人多称京口为“北府”，所以这支军队被称作“北府军”。

北府军的第一次亮相，是在太元四年（公元379年）于三阿和盱眙大破前秦军。当时的北府军刚组建一年多，就一战成名，击溃了不可一世的前秦军。此战证明了谢玄的军事才华，令东晋全国上下振奋无比。

东晋的团结和革新并没有引起苻坚充分重视。自负的苻坚对东晋国情的认识仍旧停留在从前，彭超战败，他也觉得不过是晋军侥幸获胜而已，如果自己亲率大军进攻，东晋必定不能抵挡。

太元七年（公元382年），苻坚把攻灭东晋的行动正式提上日程。这年十月，苻坚在长安太极殿召集群臣，宣布说：“朕从继承大业以来，将近三十年了。四方大致平定，只有东南一角还没有蒙受君王教化。朕粗略计算了一下国内可调动的兵力，能有九十七万。朕准备亲率大军东伐。你们以为如何？”

听到苻坚这番话，朝臣们立刻分成两派。一部分人当即表示支持，一位名叫朱肜的大臣逢迎苻坚道：“陛下遵从上天的旨意，这次远征一定会不战而胜，晋朝皇帝不是自缚双手前来投降，就是仓皇出逃，葬身于江海。陛下随后让那些流落南方的士人百姓返回自己在北方的故土，恢复他们的家园。这是功德无量的事啊！”

苻坚高兴地说：“这正是朕的志向！”

但更多大臣表示反对，大臣权翼说：“过去商纣王无道，但微子、箕子、比干三位仁人在朝，周武王尚且不予讨伐。如今晋室虽然衰微软弱，但谢安和桓冲都是江南才智卓越的人才，他们君臣和睦，内外同心。以臣看来，晋朝不可讨伐！”

大臣石越也说：“晋朝有长江天险，而且百姓们都听命于朝廷，讨伐恐怕不能取胜！”

苻坚不高兴地说：“夫差和孙皓全都据守江南，国内人才济济，不也照样灭亡。况且朕有百万兵众，让他们投鞭于长江就能断绝水流，长江天险有什么可畏惧的！”

成语“投鞭断流”即来源于此。

石越连忙说：“夫差和孙皓都是因为荒淫无道，才被轻易地打败。如今晋朝虽然失道，但并没有大的罪恶。愿陛下暂且按兵不动，囤积粮草战船，等待他们灾祸降临再讨伐！”

支持和反对的大臣们在大殿里无休止地争论，始终无人服众。苻坚不耐烦起来，说：“朕若要平衡各方的观点再做决定，不知要等到什么时候。就好比在道路两旁建设房屋，总是要很久才能完成。朕要亲自做决断！”

苻坚遣散众臣，留下最信任的弟弟苻融，打算通过兄弟俩的交心探讨决定是否伐晋。他没想到苻融也劝他不要出兵，说：“如今讨伐晋朝有三难：天道不顺，此其一；晋国自身无灾祸，此其二；我们频繁征战，士兵疲乏，百姓怀有畏敌之心，此其三。群臣当中说不能讨伐晋朝的，全都是忠臣。希望陛下听从他们的意见。”

苻坚脸色一变，生气地说：“你也是如此，朕还能寄希望于谁呢！朕有强兵百万，资财兵器堆积如山。我虽然不是完美的君主，但也不是昏庸之辈。乘着捷报频传之势，攻击垂死挣扎之国，还怕攻不下来？怎么可以再留下这些残敌，使他们长久地成为国家忧患呢！”

苻融连忙说：“晋朝无法灭掉是非常明显的。如今大规模地出动疲劳的军队，恐怕是不会获得成功的。况且臣弟所忧虑的还不仅于此。陛下宠爱鲜卑人、羌人、羯人，让他们布满京师，这些人都对我们有深仇大恨。如果陛下率大军出征，仅有太子和数万弱兵留守京师，臣害怕有不测之变出现在我们的心腹地区。臣的愚妄之见，确实不值得采纳，但王猛是英明杰出之人，陛下常常把他比作诸葛亮，为什么不铭记他的临终遗言呢！”

苻坚极为扫兴，二人不欢而散。接下来的几天，苻坚不断收到朝臣反对伐晋的奏表。

苻坚不解地说：“以我们的力量攻打晋朝，比较双方的强弱之势，就像疾风扫秋叶一样。然而朝廷内外都说不能攻打，这确实令我百思不得其解！”

太子苻宏也说：“如今木星在吴地分野，再加上晋朝国君没有罪恶，如果大举进攻而不能取胜，在外威风名声受挫，在内资财力量耗尽，这正是群臣们不同意南征的原因！”

苻坚斥责道：“过去我消灭燕国，也违背了木星的征兆，但取得了胜利，天道本来就是难以确定的。秦灭六国，六国之君难道全都是有罪恶的吗？”

只有心怀异志的慕容垂上表支持苻坚，他说：“弱被强所并，小被大所吞，这是自然的道理与趋势，并不难理解。陛下神明威武，适应天意，威名远播海外，拥有强兵劲旅百万，又有韩信、白起那样的良将布满朝廷，江南弹丸之地，独敢违抗王命，岂能再留下他们而交给子孙后代呢！《诗经》云：‘出谋划策的人太多，因此事情不成功。’陛下自己做出决断就完全可以了，何必广泛地征询众朝臣的意见！晋武帝平定吴国，所倚仗的只有张华、杜预等两三位大臣而已，如果听从众朝臣之言，还能有统一天下的功业吗？”

苻坚看过之后大喜，回复说：“与我共同平定天下的人，只有你而已。”下旨赏赐慕容垂五百匹帛。

苻坚的宠妃张夫人也来劝谏，说：“如今朝野之人都说晋朝不可讨伐，唯独陛下一意孤行，妾不知道陛下是顺应了什么天意。妾听说君王出动军队，一定要上观天道，下顺人心。如今既然人心不同意讨伐晋朝，请您一定要验证一下天道。”

苻坚不高兴道：“军国大事，不是妇人该过问的！”

苻坚最受宠爱的小儿子苻诜也劝父亲说：“我听说国家兴亡与对贤明之人的弃用相联系。如今阳平公苻融是国家主谋，然而陛下却不听他的意见；晋朝有谢安、桓冲，然而陛下却要讨伐他们。我私下里感到大惑不解！

苻坚斥责道：“天下大事，小孩子懂什么！”

最终，苻坚决定不理会周围人的反对，力争在有生之年完成统一大业。

太元八年（公元383年）七月，苻坚正式下诏攻晋。为了尽快结束战争，苻坚要在兵力上压倒东晋。他下令在全国征召男丁，平民中每十个成年男子出一丁，贵族子弟中二十岁以下勇武者，编入御林军。

经过一个多月，苻坚一共集结了九十多万军队，号称百万大军，浩浩荡荡地向南方开进。

直到出征前，仍然有许多大臣反对苻坚出兵，只有慕容垂和姚苌等人支持和鼓励苻坚。苻融再一次劝谏哥哥说：“鲜卑、羌族的虏臣是我们的仇敌，经常盼望着风云变化以实现他们的心愿，他们所陈献的办法，怎么能听从呢？如今陛下相信并采纳了他们的话，轻率地进行大规模行动，臣恐怕既不能成就战功，还会产生后患，悔之不及！”

但一意孤行的苻坚还是不听。

前秦军的南征战略是效仿当年晋武帝的灭吴布署，兵分三路：东路征发幽州和冀州部队，经彭城南下，攻取盱眙、三阿和广陵；西路由龙骧将军姚苌率领蜀地的前秦军，经汉水东下进入长江，攻取江陵、夏口；中路的主力大军六十多万人由苻坚亲自指挥，苻融为前锋都督，指挥二十五万人先行，攻取寿阳（今安徽寿县）、历阳。三路大军扫清长江沿岸的晋军后，再一同进攻建康。

这支庞大的军队绵延上千里，旌旗蔽日，震惊天下。其东起彭城，西到汉水，在长达万里的战线上水陆并进，仅运输军粮的船只就多达万艘。

面对前秦声势浩大的进攻，东晋朝野惊恐万分，迁都或是投降的议论再次喧嚣起来。为了稳定众人的情绪，谢安依旧和往常一样办公、宴饮，甚至登山游玩一夜不归。无论周围人如何恐慌和焦急，谢安还是镇定得如同什么事都没有发生一样。

谢安的侄子谢玄心急如焚地向他请示迎敌之策，他却镇定地回答："朝廷自会有命令！"

荆州刺史桓冲担心建康城防守薄弱，提议派遣三千精兵增强建康城防。但谢安婉言谢绝道："朝廷已经有了处理办法，士兵、武器都不缺乏，你还是把军队留在荆州之地以作防备吧。"

谢安的镇定使东晋君臣逐渐平静下来，他们不再喧闹，各司其职，抵御前秦军队的入侵。

十月，苻融率领的前秦军前锋二十五万人抵达淮河沿岸，进攻东晋重镇寿阳。围攻了十八日后，前秦军攻下寿阳，俘虏了当地的太守和守将。

随之，苻融推进到硖石（今安徽凤台西南），包围了东晋龙骧将军胡彬率领的部队。硖石是淮河中游的一处隘口，淮河穿硖石山而过，将山峦劈成两半。因此，当地是淮河水运交通的战略要地。前秦军如果能攻下硖石，就能在淮河上畅通无阻，迅速夺取东晋的淮河流域地区。

苻融知道硖石的重要性，对这座要塞势在必得。他包围硖石后，派将军梁成率兵五万到洛涧（今安徽怀远南）布防，阻止晋军救援硖石。

东晋的征讨大都督谢石和前锋都督谢玄率领的北府军北上驰援，抵达洛涧以东二十五里之处。得知前秦军在洛涧设防，谢石停止了前进，就地扎营，商讨应对之策。此时在硖石的胡彬粮草即将耗尽，谢石的援军却迟迟不来。他焦急之下，派人向谢石送信，催促他赶快来救。

但这封信被苻融截获了，他由此获知硖石守军兵粮不足，便向苻坚报告了这一情况，认为晋军现在疲弱，可以加紧攻势，将他们一举歼灭。

苻坚连忙率领八千骑兵飞速赶到寿阳与苻融会合，准备利用苻融的二十五万先头部队，将硖石的晋军连同谢玄的北府军一起消灭，为提前进军建康扫清阻碍。为了显示仁义，苻坚派人去谢石的军营中劝降，而这位前秦使者不是别人，正是四年前被俘的东晋襄阳守将朱序。

然而，苻坚实在是选错了人。朱序一直心念故国，不愿意为前秦效命。他到了谢石军营后，不仅没有劝降，反而把前秦军队的底细全部告诉谢石，并说："如果秦国的百万兵众全部抵达，确实难以与他们抗衡。如今应该趁着各路军队尚未会集，迅速攻击他们。如果打败他们的前锋部队，他们就丧失了士气，最终可以攻破他们。"

谢石听说苻坚已到寿春，十分惊恐，不敢出战，只想固守阵地，等待秦军疲惫而退。但在侄子谢琰等人的劝说下，决定奋力一搏，趁前秦大军没有集合完毕，立刻突击洛涧，在寿阳和硖石附近与前秦军前锋决战。

十一月，作为前锋的谢玄派刘牢之率领五千名北府军精锐，趁夜色突袭洛涧。前秦军队自恃兵力优势，对晋军突袭疏于戒备，在北府军的突然砍杀下阵脚大乱。北府军只用了一个晚上便攻破了洛涧的防线，斩杀梁成以下的前秦军将领十人。驻守洛涧的前秦军队失去了主将，崩溃大乱，纷纷向寿阳逃跑。途中，他们遭到晋军追击，死伤惨重，有一万五千人掉入附近的河流淹死。

谢玄把战线推进到淝水（今安徽寿县东南）附近，临近寿阳郊外。寿阳城内的苻坚难以相信自己在洛涧的军队居然会一败涂地，以为是晋军偷偷调集了大军，才一举攻破洛涧的。他登上城墙，看见远方的山丘上插着晋军旗帜，以为山上晃动的草木是晋军人影，就说："这是强敌啊，怎么能称其软弱呢！"（成语"草木皆兵"即由此而来。）

见晋军逐渐逼近，苻坚聚拢各部，沿着淝水布阵，准备决一死战。

为诱使晋军渡河决战，前秦军在阵中只树立小将旗帜，假装没有大将坐阵。但晋军没有中计。秦晋两军隔着淝水布阵，双方都不渡河作战。谢玄抓住苻坚急于求战的心理，派人向苻坚下挑战书，里面写道："您孤军深入，然而却紧逼淝水部署军阵，这是长久相持的策略，不是迅速交战的办法。如果您能移动兵阵稍微后撤，让晋朝军队得以渡河，以决胜负，不是很好吗？"

听了晋使请求，前秦军将领们纷纷表示不能答应。他们对苻坚说："我众敌寡，应该遏制他们，使他们不能上岸，这样万无一失。"

自负的苻坚却不以为然，他说："只带领兵众稍微后撤一点，让他们渡河渡到一半，我们出动铁甲骑兵奋起攻杀，没有不胜的道理！"

苻融也觉得苻坚的这个办法可行。

于是，苻坚下令全军后退数十里。

然而，苻坚忘记了，半渡而击的前提是做好埋伏，而不是临时退却。前秦军队人数众多，兵种庞杂，加上新兵众多，缺少训练，从而号令不灵，一旦大规模移动，必定会造成混乱局面，再排好阵形将十分困难。

撤退命令下达后，前秦军后军看不到前军，左军看不到右军，士兵们不知道后退的原因是什么，所有人闹哄哄地挤在一起，你问我，我问你，都不明白发生了什么事。

就在士兵们疑惑不解的时候，朱序趁机高声呼喊："秦军败了！秦军败了！"一些前秦士兵见将官这样说，信以为真，丢下武器逃跑。谣言迅速在前秦军中扩散，广大被强征来的各族士兵们本来就不想打仗，一听军队战败，立马一哄而散。

前秦军大乱失控，谢玄立刻指挥晋军全线出击。苻融看见士兵们纷纷逃跑，连忙策马在军中奔驰呐喊，企图稳定军心，组织抵抗，但逃跑的士兵们根本不理睬他。苻融在混乱中被人群冲倒落马，为攻来的晋军所杀。

苻坚见自己的大军居然不战自溃，简直难以置信。他还想指挥将士们作战，但已经无济于事了。晋军一阵猛攻，很快就冲到苻坚的护卫附近，对着苻坚的车马和华盖射出一阵箭雨。苻坚的众多卫士和随从被乱箭射死，他本人被保护着带离战场。

主将战死，皇帝逃离，前秦军队彻底陷入崩溃瓦解的状态。逃跑的士兵们自相踩踏，尸体铺满了方圆上百里的山川平原。侥幸逃离战场的人听到刮风的声音和鹤的鸣叫声，都以为是晋军将要来到（成语“风声鹤唳”由此而来）。他们晚上也不敢停歇，慌不择路地逃散，许多人被晋军追兵或当地百姓杀死。正值冬季，这些逃亡的前秦将士们风餐露宿，冻饿交加，死者十有七八。苻坚在逃跑途中和卫士随从们失散，为流矢所伤，单骑逃到淮河北岸。

晋军夺回寿阳，并且解救了硖石的守军。降将朱序重新归附东晋。苻坚仓皇逃跑时丢弃了自己的车马和大量的财宝、文件，这些东西全部被晋军缴获。至于其他几路前秦军，得知淝水大败后，要么就地溃散，要么撤回了出发地。这场声势浩大的“统一之战”，就这样在短短的三个多月里稀里糊涂地失败了。

9. 瓦解

苻坚身边逐渐聚拢来一千多人，他们狼狈逃回国内。其他各路大军都溃散或退走，只有慕容垂率领三万多人的队伍从前线返回，前来接应苻坚。苻坚大为感动，连连称赞慕容垂是忠臣。

其实，慕容垂的儿子们和亲族们都劝他趁这个机会杀掉苻坚，制造混乱，借机复辟燕国。但慕容垂考虑到复国时机尚未成熟，杀害苻坚会招来整个前秦围攻，便说："他以一片赤诚之心把自身安全交给我，为什么要伤害他！假如上天抛弃他，不用担心他不灭亡。不如在危难中保护他以报答他的恩德，慢慢地等待灾祸降临于他，再图谋他。这样既不违背往日的心愿，又能够以道义征服天下。我过去为太傅慕容评不容，无处安身，逃到了秦国，秦国君主像对待国中才能出众的人那样对待我，恩义礼遇备至。后来我被王猛出卖，无法自辩，秦国君主却偏偏能够明察。这样的恩情怎么能忘记呢！"

慕容垂没有听从身边人的劝说，不仅没有谋害苻坚，还把自己率领的三万人马交给苻坚指挥，保护他返回长安。

但是，慕容垂并没有忘记复国心愿。要是跟着苻坚回到长安，他就没机会逃出去了。于是，一行人到达渑池后，慕容垂对苻坚说："北方边远之地的百姓听说您的军队出师不利，互相鼓动作乱，我请求去镇抚他们，顺路去拜谒先帝的陵庙。”

苻坚被慕容垂忠心耿耿的表象骗过，没多想就答应了。慕容垂怕苻坚突然反悔，立刻收拾东西，带领亲族离开渑池北上。

大臣权翼听说苻坚放走了慕容垂，连忙进谏说：“我国军队刚刚战败，四方全都有离心倾向，应该征召集合名将，把他们安置在京城，以稳固根基，安定枝叶。慕容垂勇猛无比，谋略过人，世代都是中原以东的豪杰，不久前因为躲避灾祸而前来归附，他的本心难道仅仅是做一个冠军将军吗？他好比苍鹰，饥饿的时候依附于人，听到狂风骤起，就有飞越云霄的志向。陛下应该紧闭藩笼，岂能放纵他，听任他为所欲为呢？”

苻坚觉得权翼说得有道理，但仍对前秦的强大很有自信，认为河北地区有儿子苻丕镇守，慕容垂应该掀不起多大风浪，便不在意地说：“朕已经答应了他。一般人尚不食言，何况是万乘之主呢！如果天命要发生废兴之事，本来就不是靠智慧与力量所能改变的。”

权翼见苻坚迂腐地拘泥于“守信”，不禁叹息道：“陛下重视小的信誉而轻视国家政权。依我之见，他一定是去而不返，关东之乱，从此就要开始了。”

权翼决定自作主张，暗中派人截杀慕容垂。但慕容垂早有防备，让人化装成自己的模样在大路上行走，自己则假扮成平民走水路，逃脱了搜捕。

慕容垂回到河北后联络旧部和各地的鲜卑人，在第二年（公元384年）正月正式举兵，进攻守卫邺城的苻丕，拉开了前秦各地大规模叛乱的序幕。

得知慕容垂举兵，滞留在关中地区的慕容暐之弟慕容泓也纠集当地鲜卑人发起叛乱。苻坚本以为慕容垂的叛乱是个意外，没想到，一场规模更大的叛乱在自己的家门口发生了。他连忙派兵镇压，但因为主帅轻敌，加上关中地区氐族力量薄弱，接连失败。羌族首领姚苌见前秦军队已不成气候，也在当年五月聚众自立，号称大将军、大单于、万年秦王。一时间，关中地区战火四起。

苻坚的男宠慕容冲在慕容泓叛乱后，带领八千多名鲜卑人投奔了他。慕容泓兵马日益壮大，就派人到长安给苻坚送书信挑衅。信中说：“吴王慕容垂已经平定了关东，你应迅速准备车驾，奉送家兄慕容皇帝（慕容暐）。我将率领关中的燕国人护送皇帝返回邺都。我们燕国将与秦国以虎牢为界，永远结为友邻。”

苻坚阅后大怒。大臣们纷纷劝说他将留在长安城中的慕容暐与其余鲜卑人一并处死，防止他们作乱。但苻坚仍坚守仁义，不杀他们，只是把慕容暐叫来责骂了一顿，然后说：“事情是慕容垂、慕容泓、慕容冲三个家伙干的，不是你的过错。”

慕容暐只能战战兢兢地向苻坚叩头请罪并谢恩。

苻坚又让慕容暐给慕容垂、慕容泓、慕容冲三人写信，打算用亲情劝说他们投降。

但这样做必然没有任何效果。慕容暐表面上按照苻坚的要求写了信，暗中又托人向慕容泓带话说：“我是笼中之人，肯定没有回归的道理；况且我还是燕王室的罪人，不值得你们再顾念。你们努力建成大业，让吴王慕容垂做相国，中山王慕容冲做太宰兼大司马，你可以做大将军兼司徒，秉承我的旨意封爵授官。听到我死了的消息，你就可以即皇帝尊位。”

听到兄长这么说，慕容泓更加无所顾忌，下令改年号为燕兴，进军长安。

此时的长安，北面有姚苌率领的羌人叛军，南面有慕容泓率领的鲜卑叛军，形势岌岌可危。面对首都被围的困境，赶来勤王的前秦地方军队却寥寥无几。

函谷关以东有慕容垂的叛军，还有北伐的东晋军队，当地驻军自身难保，根本无法出兵救援长安。陇西鲜卑人在乞伏国仁的率领下反叛，牵制了河西走廊和西域的前秦军队。河套地区的匈奴人刘卫辰备受苻坚的恩义，此时却宣布中立，坐山观虎斗。

一年多以前雄踞北方的超级大国前秦，如今只剩下关中不足十个郡县还在直接控制下。苻坚亲手缔造的伟大帝国，转瞬间就走到了瓦解的边缘。

苻坚只能依靠手中有限的兵力来对抗南北两支叛军的进攻了。

面对困局，苻坚决定先易后难，首先出兵尽快消灭力量相对弱小的姚苌，然后回过头来攻打慕容泓。六月，苻坚亲自率领二万精兵进攻北地（今陕西耀县东南）的姚苌军。

姚苌部下多是羌族百姓，兵力较弱，战斗力无法和前秦正规军相比。双方交战多次，姚苌大败，弟弟姚尹买也被前秦军斩杀。苻坚指挥前秦军把姚苌及其部众团团包围，切断水源，企图困死他们。

恰巧这时候天降大雨，姚苌的军营里充满了积水。苻坚的企图落空，他叹息道："上天在保佑他们啊。"

苻坚认为姚苌有神灵相助，便放弃了继续围攻，带兵返回长安。姚苌得到喘息之机，继续召集部众，发展强大起来。

而慕容泓这一边，他由于威望不足且为人严苛，被部下杀死。鲜卑部众们推举了慕容冲为新首领。这位原来的少年男宠率领十多万鲜卑叛军，向自己过去的主人发起了复仇之战。

七月，慕容冲军逼近长安近郊的骊山。苻坚先后派出八万大军前去迎战，但根本不敌一心复仇的鲜卑人，两战下来，两员秦将战死，八万人马大半被歼灭。苻坚只能收缩兵力，躲藏在坚固的长安城中死守。

慕容冲乘胜纵兵屠掠了长安郊外的村镇。九月，鲜卑叛军包围了长安，众多兵马铺满了城外的平原。城墙上的苻坚看见慕容冲有如此多的人马，吃惊道："这些敌虏是从哪里出来的呢？"

在苻坚心中，慕容冲还是那个面貌清秀的男宠少年，不值一提，他领兵来攻打自己，是以下犯上，狂妄放肆！

苻坚派人向城下的慕容冲喊话说："你小子何苦来送死！"

慕容冲回答："我厌倦了我的困苦，想捉拿你来代替！"

苻坚还想用过去的恩情来感化慕容冲，就让人送他一件穿过的锦袍。慕容冲派人回复说："我如今的志向在于夺取天下，岂能看得上锦袍这样的小恩小惠！贵国的君主臣下若知天命，就应该停止抵抗，及早把慕容皇帝送来，我自会宽恕苻氏以酬报过去对我的好。"

苻坚怒道："我没有听从王猛和阳平公苻融的话，使你们胆敢放肆到这种地步！"

慕容冲指挥鲜卑叛军猛攻长安城，但城池坚固，一直打到十二月都没能突破，只得采取长久围困的策略。此时，长安城中的一千多名鲜卑人蠢蠢欲动，慕容暐希望尽快打破僵局，回到慕容冲军中。

经过一番谋划，慕容暐决定以儿子结婚为由，邀请苻坚来自己家中做客，趁机将他杀死，接着率领城中的鲜卑人暴动，打开城门，接应慕容冲。

慕容暐做了充分的准备，并按计划邀请苻坚参加婚礼。苻坚没有多加怀疑，就欣然同意前往。然而，人算不如天算，婚礼当天天降大雨，苻坚出行不便，没有来参加。而参加宴会的前秦大臣们察觉到慕容暐府上的异常情况，向苻坚做了报告。

愤怒的苻坚急召慕容暐入宫质问，说："我待你们怎么样？你们反而有这样的企图！"

慕容暐吓得语无伦次，但还在尽力辩解。随行的慕容暐的堂兄弟慕容肃觉得阴谋已经败露，多说无益，就大骂苻坚道："宗族国家事关重大，有什么感情义气可谈！"

苻坚大怒，下令将慕容暐和慕容肃拖出去斩首，城中的一千多名鲜卑人也不分男女老幼一并处决。这位前燕的亡国之君，最终还是落得个不光彩的下场。

太元十年（公元385年）正月，长安城已经被围困了四个多月，城中粮食耗尽，人相食。长安城外，慕容冲得知慕容暐遇害，便自立为帝，改元更始，史称西燕。

攻防双方此时都失去了耐心，城中守军一心突破困境，城外的鲜卑军队一心为故主报仇，两军战斗愈加激烈起来。

当月，苻坚亲自率兵出城反攻慕容冲。两军恶战了三场，前秦军先胜后败，苻坚差点儿被慕容冲俘虏，得属下拼死保护才幸免于难。苻坚率领败兵退回城中，西燕军乘胜夜袭长安，但被守军击败，弃尸八百多具。这些尸体很快被饥肠辘辘的长安军民分食。

接下来，慕容冲再次连番发起大规模进攻，但都没有成功。负担着被西燕军围困的巨大压力，苻坚越来越心烦意乱。想到自己一直仁义相待的慕容家族全部背叛了自己，苻坚暴躁难安。儿子苻晖屡次被慕容冲击败，苻坚狠狠地责骂道："你是我儿子中有才能的，带领众多兵众与人家稚嫩小孩作战，反而屡屡失败，活着还有什么用呢！"

苻晖不堪辱骂，愤而自杀。

在这无休止的战乱中，最受苦的还是关中地区的百姓。慕容冲的西燕军队或出于报复心理，或出于作战需要，在关中地区四处烧杀抢掠。过去在王猛和苻坚的努力下营造出来的繁华城镇在战火中毁于一旦，无数百姓流离失所，许多人暴尸荒野。

关中的士族豪强们再次修建起坞堡壁垒自保。不少士人感怀苻坚的恩义，组织了义勇军对抗慕容冲，还冒着生命危险往长安运送粮食，但大部分运粮队都被西燕军截杀了。

苻坚得知许多关中士民为了给长安送粮而失去生命，感动不已。他劝幸存下来的运粮者不要再来了，说："如今敌寇制造的祸难繁多，不是靠一个人的力量就能解决的。你们若来，只能是白白地相继落入虎口，有什么好处！你们应该为了国家而自我保重，积蓄粮食，训练军队，等待天时。总会有一天否极泰来的！”

有几千名被西燕军掳掠为奴的百姓打算给苻坚做内应，他们派人联络苻坚，计划以放火为号，引导前秦军夜袭慕容冲的大营。苻坚一开始认为此举很难成功，没有同意，但在使者的不断请求下，苻坚派了七百多名骑兵去参加行动。

当晚，这些为奴的百姓成功引燃了大火。然而，由于没有考虑到风向，大火没有烧到慕容冲，反而烧向了他们自己。这些百姓中的大部分葬身大火中，其余人都被西燕军杀害。得知消息后，苻坚痛哭不已，亲自设坛祭祀他们。

五月，西燕军在城西大败前秦军，俘虏了猛将杨定，重挫前秦军士气。但长安守军奋勇抵抗，西燕军没能攻入城中。此时的苻坚已经在自责、烦躁和悲伤中煎熬了八个多月，精神几近崩溃，他对守住长安失去了信心，对国家前途感到深深的绝望。

苻坚只能终日占卜，希望神灵能给他指点和安慰。有一天，他在一本谶（音chèn）书上看见了“帝出五将久长得”七个字，认为是神明指示他前往五将山（今陕西岐山东北）才能得到长久的安宁。

于是，苻坚不顾众人的一致反对，决定出奔五将山。他带上宠妃张夫人、小儿子苻诜、两个女儿苻宝和苻锦，由数百名骑兵护卫出城。临行前，他令太子苻宏带领百官和军队留守长安，对他说：“上天引导我外出。你好好地守卫城池，不要与寇贼争锋，我去陇地招集兵众运送粮食供给你。”

但是，苻坚这一走，彻底动摇了长安的军心，官员、百姓和士兵们认为国君出逃，也四散逃命去了。苻宏无法控制长安的局势，只好带领家人和数千人马弃守长安。苻宏一走，长安便成了无主之城，慕容冲随即率领西燕军将其占领，在城中大肆劫掠。

三个月后，苻坚一行到达五将山。但他们的行踪早就被羌人首领姚苌所掌握，姚苌派兵包围了五将山，将苻坚和他的家人抓获，押往新平（今陕西彬县）的一座佛寺中关押。

关押期间，姚苌多次向苻坚索要御玺，企图登基称帝，改朝换代。但苻坚拒绝交出御玺，并大骂姚苌说：“小羌胆敢威逼天子！五胡的次序中没有你羌族的名字。传国印玺已经送到晋朝，你是无法得到了！”

索要御玺不成，姚苌又威逼苻坚把皇位禅让给他。苻坚又骂道：“禅让是圣贤的事情，你是叛贼，怎么能让你继位！”

苻坚愤恨于姚苌背叛他，多次痛骂姚苌。他知道姚苌不会善罢甘休，自己和家人早晚一死，担心自己死后两个女儿会被姚苌侮辱，就亲手勒死了她们。

八月二十六日，姚苌发现苻坚的女儿已经身亡，苻坚独自坐在囚室之中。只见这位昔日的霸主面容憔悴，发须苍白，他一面大骂姚苌，一面哈哈大笑，疯疯癫癫地等待末日到来。姚苌知道苻坚只求一死，就命人把他带出去吊死，并赐张夫人和苻诜自尽。

在被送上绞刑架时，苻坚看了一眼围观的姚苌军将士，发现很多人过去曾是自己的部下，只是因为羌人的身份而投靠了姚苌。这些羌族将士曾经受过苻坚优待，不忍心看见苻坚被处死，许多人都低下头为之流泪。

刽子手把绞索套在苻坚的脖子上，奋力拉紧索套。在绞索勒紧的那一刻，苻坚感觉一阵窒息，周围的一切顷刻间模糊了。恍惚之间，他仿佛回到了年轻时，王猛正一边挠着虱子，一边和自己议论着天下事，弟弟苻融则在一旁喝着酒，谈笑风生。两人上前拉起苻坚的手，说着笑着，带他走向了远方。

第五部　采菊

1. 勇士

东晋隆安三年（公元399年）十二月，虽已将近新年，但在浙江（今钱塘江）两岸的城镇和村落里，一点也感受不到新年的喜悦。这里的士族和百姓们正惊恐地举家逃难，大路小道上都是带着家人和行李的难民，拥挤的人群占据了所有的路面，到处是女人和小孩的哭号声、愤怒男人的叫骂声。

这些居民们之所以逃难，是因为一群被称作“妖贼”的五斗米教叛军正从东面的海上杀来。叛军已经攻下了会稽郡的治所山阴（今浙江绍兴），他们沿路杀死地方官员，劫掠妇女财物，摧毁房屋园林，甚至砍伐树林，填埋水井。

在源源不断的逃难人群中，忽然出现了一支晋朝官军。这是一队侦察兵，人数不过几十人，打着北府军将领刘牢之的旗号，为首的是一位三十多岁的武官。他们朝着与难民逃跑相反的方向走去，沿途不停地向难民们打探叛军下落。

渐渐地，这些官兵们远离了难民，来到人烟稀少的河岸边。正当他们对叛军的具体位置困惑不明时，忽然间，不远处人嚷马嘶，一大群叛军士兵大叫着向他们冲来。

逃跑已经来不及了，带队的武官拔出佩刀，带着士兵们径直往叛军冲去。但是，叛军足足有上千人之多，很快就把这区区几十名官兵包围了起来。

这些官兵无愧于“北府精兵”的称号，毫不畏惧地和蜂拥而上的叛军们展开厮杀，他们训练有素，武艺高强，在战斗中以一敌十。叛军的成分则主要是农民和土匪，战斗力底下，他们的尸体很快铺满了战场。

但是，叛军毕竟人多势众，他们前仆后继地冲来，这些官兵渐渐体力不支，难以抵挡。官兵们一个接一个地战死，最后只剩下了那位带队的武官。

那武官仍然奋战不降，他且战且退，一直退到了河边。河边正好有个斜坡，他一脚踩空，从斜坡上滚落下去，掉进河中。叛军们仍不肯停止追杀，他们从斜坡上冲下去，企图扑到水中把武官杀死。

情急之下，这名武官血气爆发，大吼着从水里冲了出来，把刚下坡的几名叛军士兵砍翻在地。接着他爬到坡顶，又砍杀了数名敌人。

叛军们震惊于此人如此勇猛，再次蜂拥扑来。在这生死存亡之刻，官军的大部队杀到了。原来，北府军将领刘牢之见自己派出去的侦察小分队迟迟未归，便派儿子刘敬宣带兵寻找。

叛军连忙撤退逃走了，那位孤身血战的武官幸而得救。经此一战，他名声鹊起，许多人知道了他的名字——刘裕。

刘裕，字德舆，小名寄奴，出身于一个没落的士族家庭。他的祖先号称是西汉楚元王刘交的后代，但历经了几百年，其家族早已与一般的城市平民无异。到了刘裕父亲刘翘这一代，他们居住在彭城郡绥舆里（今江苏徐州铜山）。

刘翘在彭城郡担任功曹，只是一个负责文书的小吏，一家人靠着他微薄的薪水勉强度日。彭城地处南北要冲，是四战之地，在这个动荡混乱的时代，彭城反复易手，饱经战火，刘裕一家难以生存，便随着南渡的难民潮迁徙到了京口。刘裕就出生在京口的难民区。

刘裕有一个艰辛的童年。他刚出生不久，母亲就因为生急病无钱医治而去世了，父亲一时没有工作，无力负担家庭开支，一度心灰意冷，打算把刚出生的刘裕抛弃。幸运的是，刘裕的姨母得知消息，极力劝阻了刘翘。她正好也生育了两个儿子，便充当起乳母的角色，把刘裕抱到家中，当作亲生儿子喂奶哺育，刘裕这才活了下来。

生活在这样一个贫苦的家庭，刘裕自然没有机会接受正规教育，只是在父亲的教导下粗通文字。因为家境贫寒，他从小就要肩负起赚钱养家的责任，他砍柴、种地、打渔、卖草鞋，什么活都干过。

为了钱，刘裕少年时参与过赌博，希望能赢点钱补贴家用，但往往输多赢少，有一次还欠了当地豪族刁逵三万钱赌债，被刁家人抓起来暴打了一顿。幸好王谧（王导之孙）好心替他还了这笔钱，他才得以脱身。

贫贱困苦的生活使刘裕形成了刚强、有主见，且重情义的性格。他极为孝顺哺育自己长大的姨母，对继母和家人也颇为照顾，任劳任怨。他性情豪放，不拘小节，喜欢结交豪杰，与志同道合之人称兄道弟。

长大后的刘裕体型高大，身形健壮，在京口一带颇有名声，被一些人视为风云人物。曾替刘裕还赌债的王谧也觉得刘裕气度不凡，勉励他说："你日后当会成为一代英雄！"

谢玄在京口组建北府军时，健壮魁梧的刘裕是当兵的苗子，加上他北方流民后代的身份，非常顺利地加入了北府军。他粗通文字，又有胆有谋，没多久就被提拔为低阶武官。此后他又几次得到提升，在镇压五斗米教叛军时，已经是将军刘牢之的司马（参谋类型的中阶军官）了。

虽然打赢了一场小小的遭遇战，但此时的东晋王朝所处的局势险恶更甚以往。这个先天不足的王朝在跌跌撞撞地勉强维持了八十多年后，终于要走到了生命尽头。它就像一个在天空中飘荡的破风筝，经历了一轮又一轮狂风暴雨，直到断线。

刚刚立下战功的北府军军官刘裕，就是最终扯断风筝线的那个人。

十六年前，当淝水大捷传回建康时，谢安正在府中与客人下棋。下人把捷报传递给谢安，谢安只是随便看了一眼，就放在一旁。客人问发生了什么事，谢安轻描淡写地说：“是小子们打败了贼兵。”

棋下完，客人离去后，一向冷静的谢安没有忍住心中的喜悦，在内室来回踱步，把脚上穿的木屐都踢坏了一个木齿。

淝水之战的胜利一扫过去东晋的颓势，谢安的声望达到了顶峰。前秦陷入内乱后，晋廷任命谢安为都督十五州军事，赐黄钺，令其代替天子执行征伐大计，起兵北伐中原。晋军一路收复了兖州、青州、司州、豫州、梁州和益州，夺回了洛阳，整个黄河以南地区再次归入了东晋版图。

然而，功高震主的宿命还是落到了谢安身上，北府军由谢家一手缔造的情况更加剧了朝廷对他的猜忌。

对谢安不满的大多是晋朝宗室。这些司马皇族们一直不甘心于自己的家族被士族门阀们架空，在东晋的权力斗争中总能看见他们的身影。过去因为权臣们强势，他们难有作为，而如今谢家威望太大，又掌握着北府军兵权，其他士族担心谢家成为第二个桓家，都对谢安予以排斥，他们便抓住有利局面，对谢安火力全开，想尽一切办法抹黑诽谤。

他们当中，带头之人便是晋孝武帝司马曜的同母弟弟——会稽王司马道子，他收买了谢安的女婿王国宝，利用王国宝收集谢安的信息，再捕风捉影地造谣生事。司马曜出于维护皇权的需要，也猜忌和疏远谢安，而且在权力上掣肘谢安，阻碍他推行一些政策。

面对宗室毁谤和君王猜忌，谢安深感愤怒和失落。但重视清誉的他不愿意和小人争斗，也明白急流勇退的道理，如果自己和广大的士族及皇族针锋相对，很可能会重蹈王敦、庾亮和桓温的覆辙。因此，他重拾归隐东山的初心，决定远离这个是非之地，为陈郡谢氏留一条后路。

太元十年（公元385年），谢安以救援苻坚为由，主动向司马曜交出主政权力，随后带领家人和部曲出镇广陵，打算暂时在此地栖身。在广陵期间，他让人制造了船只，准备等朝政安定之后乘舟泛海。

然而，一场大病终止了谢安的这个愿望。他自感寿命不长，但仍然惦念着国家大计，便抱病给司马曜上书，为他分析时局，认为应该暂停北伐，各军据守战略要地，防备敌人反扑。

司马曜念及谢安年老，特批准他回建康养病。谢安回到建康不久，就因病去世了，享年六十五岁。

这位挽救东晋王朝于危亡，并将其带向中兴的名臣，身后获得了应有的尊荣。司马曜连续三天亲自到灵堂上哭拜，赐其棺木、朝服一具，葬衣一套，钱百万，布千匹，蜡五百斤，葬礼规格依照桓温，并追赠谢安为太傅，谥号“文靖”，封庐陵郡公。谢安也以广阔的胸襟、风流不凡的名士气度，赢得了后世的爱戴和仰慕。

谢安过世后，司马曜任命司马道子为司徒、录尚书事、扬州刺史、都督中外诸军事，执掌朝政，一步一步地将谢氏家族成员排挤出朝堂。东晋王朝的大权重新回到了司马家族手中。

然而，当司马曜以为自己能成为东晋王朝第一位真正拥有实权的皇帝时，又有一个人阻挡在了他的面前。这个人不是别人，正是他的亲弟弟司马道子。

司马曜大权旁落的诱因，主要还是出在他自己身上。他自以为打赢了淝水之战，又赶走了谢安，便骄傲自满，疏于朝政，沉迷于酒色。拥有宰相职权的司马道子乘机独揽大权，在朝中安排亲信，时常不服从司马曜的命令，甚至觐见时连礼数都没有。

恼怒的司马曜生怕弟弟哪一天心血来潮把自己赶下台，便任命了两位他认为可靠的士族为地方大员。一位是太原王氏的王恭（王皇后之兄），令其担任兖州刺史，接管北府军；一位是陈郡殷氏的殷仲堪（司马曜的好友），令其担任荆州刺史，从桓家手中收回荆州的控制权（淝水之战后桓冲病逝，桓氏族人都年幼或平庸，无法掌控荆州）。司马曜以为地方上有士族强藩作为外援，谅司马道子不敢把自己怎么样。

然而司马曜的这一安排，又成了东晋王朝下一场叛乱的导火索。

司马曜在世时，众人尚且保持克制，相安无事。但太元二十一年（公元396年），司马曜因酒后羞辱嫔妃张贵人，而被张贵人谋杀（后世对此事颇有争议，有观点认为是司马道子指使）。新即位的晋安帝司马德宗寒暑不分、口不能言，还不如晋惠帝司马衷，政局便开始失控了。

朝政大权完全落入司马道子手中。一人得道，鸡犬升天，其亲信王国宝升任尚书左仆射，领导官员的选拔任免工作。他升官后大肆卖官鬻爵，收受贿赂，又向司马道子提议“削藩”，即削弱地方刺史的权力。王恭和殷仲堪得知后大怒，第二年四月以讨伐奸臣王国宝为名，从各自的领地起兵。

见事情闹大，王国宝顿时手足无措，一会儿想挟持晋安帝出征，一会儿提出谢罪辞职，一会儿又想官复原职，带兵讨伐王殷二人。司马道子见王国宝如此荒唐无能，干脆丢卒保帅，将其当替罪羊处死，并向王恭和殷仲堪致歉。二人师出无名，只好退兵。

但王恭和殷仲堪怎会善罢甘休，隆安二年（公元398年）七月，两人再次以讨伐司马尚之为由，起兵作乱。

司马尚之是晋室皇族。王国宝死后，司马道子打算重用族人，便将司马尚之和自己的儿子司马元显收为心腹。两人同样主张削藩，对士族强藩采取强硬的态度。王恭和殷仲堪便以此作为把柄再次向司马道子发难。

然而，这一次情况不同于去年。

司马道子预料到王恭和殷仲堪肯定会再叛，提前征兵买马，在建康周边要地布置好防御力量，又派司马元显和司马尚之分别领兵抵抗王恭和殷仲堪。叛军的第一轮进攻被阻挡下来。

司马元显深知王恭并无才能，所倚赖的只是刘牢之率领的北府军而已。他打探到王恭自以为出身名门望族，对门第低下的刘牢之十分傲慢，两人不和，这次王恭举兵，刘牢之并不赞同。

司马元显抓住机会，派人游说刘牢之倒戈，答应事成之后让其接管王恭的职权。刘牢之早就对王恭不满，当即领兵倒戈，转而进攻王恭。王恭仓皇出逃，途中被人抓获，送往建康斩首示众。刘牢之如愿以偿地都督兖、青、冀、幽、并、徐、扬七州及晋陵军事，成为北府军的最高统帅。

消灭王恭后，北府军被调往建康驻防。殷仲堪的计划被全盘打乱，担任前锋的桓玄和杨佺期惶恐之下，连忙从建康城外撤退到了蔡洲（原建康城西南方向的一处江心洲，现已并入长江南岸）。

但是殷仲堪的兵力仍然十分强大，建康的危险未能解除。司马道子听取了部下的建议，利用殷仲堪名望低、能力差，无法驾驭部下的弱点，采用离间之策，给殷仲堪的一些部下加官进爵，促使其内讧。

当时，殷仲堪所倚重的有两人：桓温的幼子桓玄（在荆州经营多年的老牌士族）和杨佺期（来自雍州的流民统帅）。司马道子以朝廷的名义把桓玄和杨佺期分别升为江州刺史和雍州刺史，却把殷仲堪贬为偏远的广州刺史，使三人不再有隶属关系，然后要求他们撤军并前往任职地上任。

司马道子的计策很快奏效，桓玄和杨佺期高升之后都不愿再战，完全无视殷仲堪要求他们进攻建康的命令，差点儿爆发内讧。殷仲堪不得不以桓、杨部下家属的性命为要挟，并与两人歃血为盟，才勉强维持住自己的统帅地位。司马道子知道殷仲堪已成强弩之末，就给他一个台阶下，允许他继续担任荆州刺史一职，并既往不咎。殷仲堪这才悻悻地带兵回去了。

但殷仲堪与桓、杨二人的矛盾从此激化。两年后，桓玄依靠家族威望和狡猾的手段，火并殷仲堪与杨佺期，夺回了荆州的控制权。

平定王恭之乱这一年，司马元显年仅十六岁，他年纪轻轻就以高超手腕平定了内乱，威望暴涨。司马道子则每日醉酒，又有疾病，在朝中失去了人望。司马元显就暗示朝廷解除父亲的职务，由自己统领朝政。司马道子无奈，只好同意让司马元显录尚书事，替自己处理国政，他自己则躲在府中酗酒礼佛，做一个甩手掌柜。司马元显因此成了东晋王朝的实际掌舵人。

东晋中央和地方的军政要员重新洗牌，但内战并没有停息，一场规模更大的战争来临了。

2. 民变

这场战争的源头并非权贵和军阀，而是东晋社会的最底层——农民和奴婢。

由于东晋门阀贵族政治的特性，整个社会等级森严，剥削严重，世家大族们逍遥安逸的生活建立在对农民和奴婢的压榨上。

士族们享有政治特权，不用纳税，赋税基本上由农民承担。但良田和水利设施都被士族们占有，山川湖泊也被豪强们圈占，农民们无法免费使用山川资源，守着贫瘠的土地，既要向士族们支付各种费用，又要向朝廷上缴赋税，故而生活贫困。一旦出现天灾或战乱，他们就朝不保夕，只能卖儿鬻女。

奴婢的处境更加悲惨，他们要么是战俘，要么是贱民，毫无自由和地位可言。他们只能依附在士族门下，或者在庄园里做苦工，或者当仆人供使唤。他们是士族的“私人财产”，士族们可以任意转让、赠送他们，也可以肆意欺凌、惩罚他们，就算打死打伤也不用承担责任。

贫困和悲惨的生活让这些底层百姓们怨声载道。东晋前期，南方的土地还有大量未被开发，百姓们通过辛勤劳动还能安宁度日，因而没有民变发生。但到了东晋后期，朝政腐败，人口增加，士族们生活腐朽，豪强们兼并土地，在各种社会问题的积累下，农民和奴婢们的负担愈加沉重。许多农民破产，众多奴婢逃亡，他们成了流民和盗匪，增加了社会的不稳定性。

民众一旦变得贫困不安，宗教就开始滋生蔓延。

五斗米教又称天师道、正一道，是道教的分支，因入教之人需交纳五斗米而得名。其创始人传说是东汉的张道陵，三国时传承给了汉中的张鲁。张鲁投降曹操后，五斗米教开始在全国范围内传播。

五斗米教以老子为教主，基本经典是《道德经》和张道陵编写的《老子想尔注》，其道术主要是通过章表、符咒招神驱鬼，以及引导教徒炼丹行气，追求强身健体、长生不老等。其在士族中也大为流行，他们把道术作为追求长生不老的手段。八王之乱时期的司马伦和孙秀，以及王羲之父子和此时掌权的司马道子，都是五斗米教的信徒。

由于道士们能替信徒上章向三清、玉帝、三官等神许愿求福，驱鬼治病，挣扎在饥饿边缘的贫苦百姓们纷纷把五斗米教作为精神寄托，他们以宗教活动为由，组织了各种团体，定期集会，互相帮助。

随着信徒们越来越多，有一位宗教领袖的野心开始膨胀。他觉得有如此多对朝廷不满的百姓汇集到自己门下，对自己一呼百应，言听计从，何不借此“民气”夺取天下？

这位别有用心的首领名叫孙泰。

孙泰是寒族出身，祖上是司马伦的党羽孙秀。依靠孙秀的手段，孙家一度显赫，几乎挤入士族圈子，但孙秀死后，孙家声名狼藉，立刻遭到士族排斥。孙家南渡后，名望进一步下降，在东晋朝中彻底边缘化，只能依靠传授五斗米教谋生。

因为世代习教传教，孙家在五斗米教众中的声望十分高。孙泰被推举为教首，百姓们将他视作神明，向他进献财物和子女。孙泰逐渐拥有了数万名忠实信徒。

民众对孙泰的狂热引起了东晋朝廷的担忧，司马道子将他流放到广州。没想到，孙泰的名声早已传播到了广州，当地百姓十分欢迎他，就连广州刺史也不得不善待他，封他做太守。见孙泰声名远扬，司马道子只好“招安”，将他从广州召回，封为徐州主簿，迁新安太守。

东晋朝廷如此软弱的做法让孙泰有恃无恐，他看出了这个王朝早已腐朽不堪，决心起兵谋反。

隆安二年（公元398年），王恭举兵讨伐司马尚之，孙泰便以讨伐王恭为名，召集教徒准备起义。但他的阴谋泄露，起义尚未发起就遭到镇压。晋廷诱捕了孙泰和他的六个儿子，将他们全部斩首。

孙泰的侄子孙恩成了漏网之鱼，他带领部分教众逃亡到东海的一个海岛上。孙恩为了给叔父一家报仇，散布消息说孙泰没有死，而是“蝉蜕登仙”，并把教中事务全部托付给自己。信徒们信以为真，纷纷转投孙恩门下。

孙恩在海岛上积蓄力量，伺机向东晋朝廷复仇。机会很快就来临了。

此时东晋的社会矛盾已经达到了难以调和的程度，一点小火星就会引爆动乱的火药桶。点燃这颗火星的，正是当权的司马元显。

平定了王恭之乱后，司马元显觉得北府军的骄兵悍将难以驯服，朝廷有必有再建立一支新军与之抗衡。司马元显采取了野蛮的抓壮丁方法征兵，将江东地区本身或父祖是奴仆、已经被赦免为佃客的壮丁全部押解到建康，让他们世代从军，拱卫首都。此令一下，立刻引发了江东地区，尤其是浙东（今钱塘江以东）地区的骚动。

浙东地区是许多世家大族的聚居地，这里庄园遍布，佃客众多，因而成了抓壮丁的重灾区。许多佃客为了逃避兵役而和官府对抗，当地的士族也对朝廷的命令十分不满，认为这样做减少了自己庄园里的劳动力，因而支持佃客们反抗。浙东地区一时陷于暴乱之中。

孙恩趁此机会，于隆安三年（公元399年）十月率领部众在上虞（今浙江上虞）登陆，攻下了上虞，杀死了县令。浙东的乱民、匪徒和五斗米教徒纷纷前去投奔孙恩，孙恩的队伍短时间内暴增到十万人。

孙恩乘胜包围了会稽郡首府山阴（今浙江绍兴），要求同为五斗米教信徒的会稽内史王凝之投降。王凝之是王羲之次子、谢安的侄女婿，虽然也信奉五斗米教，但他不愿与孙恩为伍，拒绝投降。

然而，王凝之虽有骨气，却愚昧无能。敌人兵临城下，他既不设防也不出兵，而是求神问仙，对属下声称自己已经从神仙那里借来鬼兵十万，可保山阴城无虞。结果，孙恩很快就攻破了山阴，杀死了王凝之和他的儿子们。

山阴失守，名门之后王凝之被杀，消息震动了整个浙东。由于浙东太平日久，官员士族们都不知兵，纷纷望风溃逃，孙恩的起义军轻而易举便攻占了八个郡，杀死世家大族十人，其中包括谢安的两个侄子。一些饱受排挤的弱小士族也加入了孙恩麾下，起义军队伍扩张到了几十万人。

然而，缺乏崇高目标的孙恩起义军很快就违背了自己的口号，蜕变为暴虐的匪军，在占领地烧杀抢掠，对平民也不例外。他们将不愿意加入起义军的百姓满门杀害，连婴儿都不放过。

孙恩随后在会稽自称征东将军，任命投靠的士族为属官，称自己的士兵为“长生人”。他又公开向晋安帝司马德宗上书，历数司马道子和司马元显父子的罪状，声称要替天行道讨伐他们。

震恐之下的司马道子父子不得不重新启用谢氏家族和北府军，任命谢安之子谢琰为会稽内史，都督吴兴、义兴二郡军事，又调刘牢之的北府军前去浙东一起镇压孙恩。当时已经升任司马的刘裕随军出征，被指派担任侦察任务，结果与孙恩的起义军遭遇，便发生了本章开头的一幕。

在谢琰部队和北府军的攻击下，孙恩的起义军连吃败仗，多名将官被斩杀。孙恩觉得和东晋的正规军硬碰硬没有胜算，便下令全军退回海岛，等待时机。

孙恩一声令下，起义军裹挟了二十多万百姓开始撤退，刘牢之率兵追击。孙恩军沿路抛弃财物和妇女，引起北府军官兵哄抢，使其放慢了追击速度，这才全身而退。

起义军撤退后，北府军平定了浙东。当地百姓以为官军到来，可以过上安宁的日子了，没想到，北府军军纪也很差，刘牢之放纵部下大肆劫掠，还随意诬陷百姓通匪而大加屠戮。昔日繁荣的浙东被反复蹂躏，村庄化为废墟，城市里人烟断绝。

见孙恩的起义军这样轻易就被击败，司马元显觉得对方不过是一群草寇，不足挂齿，远不如来自荆州的桓玄危险。于是，为了确保建康城安全，司马元显让刘牢之带领北府军主力返回京口，而让谢琰驻防会稽。

谢琰的能力和智慧实在远不如他的父亲谢安。他镇守会稽期间，既不安抚百姓，也不积极备战，而是过着闲云野鹤般的逍遥生活。部下劝谏他要提防孙恩反扑，谢琰不以为然，说："苻坚的军队有百万之多，还在淮南落得个送死的下场，孙恩这个小小的蟊贼，惨败之后逃到海中，怎么还能再跑出来呢？"

谢琰很快就为自己的自负和愚蠢付出了代价。隆安四年（公元400年）五月，孙恩卷土重来，从浃（音jiā）口（今浙江镇海东南）登陆，一路连克余姚、上虞，一直打到邢浦（今浙江绍兴北）。谢琰连忙带兵出战，却中了起义军埋伏，全军覆没，他与两个儿子被叛变的部下杀害。

攻下山阴后，孙恩指挥起义军改变方向，南下进攻临海（今浙江临海）。司马元显连忙派宁朔将军高雅之带兵镇压。高雅之的晋军在余姚与起义军遭遇，被打得大败，将士阵亡十之七八，残兵狼狈退守山阴。

司马元显不得不再次派出刘牢之的北府军，他任命刘牢之为都督五郡军事，让他尽快南下平乱。得知北府军赶来，孙恩再次溜之大吉，带领部众退回海上。

起义军撤退给刘牢之出了个难题，因为无法推测出孙恩会在什么时候、什么地点再次登陆。北府军没有水军，刘牢之只好分散兵力，沿着海岸布防，防备孙恩。

北府军人数本就不多，这样一来，兵力大为分散，单个据点的守兵只有几千人。之前一战成名的刘裕也得到刘牢之的指派，率领为数不多的士兵守卫句章（今浙江宁波西北）。

句章是一座小城，城墙低矮，不利于防守，但它距离孙恩上一次登陆地点浃口不远，是浃口附近的一处战略要地。刘裕到了句章后，立刻巩固城防，整顿军备，加强戒备。

许多人认为，孙恩上一次从浃口登陆，这一次肯定不会再从这里上岸了，刘裕如此警戒没有必要。刘裕没有理会他们，他觉得孙恩极为狡猾，很有可能故技重施，打官军一个出其不意，自己不能放松警惕。

刘裕的猜测没错，孙恩的大军果然再一次出现在了浃口的海面上。

隆安五年（公元401年）二月，孙恩再次在浃口登陆，指挥数万人马围攻小城句章。但刘裕早有防备，他在句章构建了坚固的工事，而且他的士兵每天都训练如何守城，因此对起义军的围攻应付自如。战斗中，刘裕身先士卒，激励部下奋战，硬是扛住了孙恩将近一个月的进攻。

孙恩见句章久攻不克，担心再拖下去，刘牢之率领的北府军主力赶到，便下令撤出浃口，退回海上，寻找新的登陆地点。

孙恩与部下们商议认为，北府军在浙东沿海布防，那么钱塘江口到长江口沿岸地区一定防守薄弱。于是，起义军转而向北。

为了寻找适合的登陆点，起义军的船队离岸不远，几乎是沿着海岸线航行。他们的行踪被一直监视的刘裕掌握了，刘裕自告奋勇率兵对起义军展开追击。他们跟着孙恩的船队狂奔数百里，一路跟到了海盐（今浙江海盐）。

刘裕立刻让手下士兵进入海盐城布防，依靠城墙抵挡起义军。孙恩原本以为海盐防守空虚，打算在此地登陆，没想到刘裕已经带兵抢占了海盐城。他气急败坏，命令手下一定要打下海盐，擒杀刘裕。

起义军每天向海盐城发起进攻，而长途跋涉到此的北府军仍然作战勇猛，将起义军的攻势全部击退。刘裕还亲手斩杀了一员起义军将领，大挫起义军士气。

多日激战后，刘裕的部下伤亡惨重，许多人都担心坚守不下去。但刘裕坚持死战不退，硬守伤亡大，他就用计谋取胜。

一天夜里，刘裕下令放倒城中所有战旗，让士兵们隐藏起来，第二天早上，又派一些老弱士兵打开城门。

起义军正准备在清晨发起进攻，忽然发现海盐城门大开，城中只有老弱残兵，便派人询问这些老弱。老弱士兵按照刘裕的交待，欺骗起义军说部队在头天晚上弃城逃走了。起义军信以为真，蜂拥入城。刘裕立即指挥伏兵杀出，大败疏忽大意的起义军，斩杀数千人。

孙恩知道自己不是刘裕的对手，便又退回海上，继续北上，进攻沪渎（今上海青浦东北）。这次，孙恩得手，攻下沪渎，杀死了吴国内史袁山松。

起义军在当地劫掠一番后，再次入海，进入长江口，进攻丹徒（今江苏丹徒）。丹徒距建康只有上百里之遥，起义军逼近令京城震动，内外戒严。司马元显连忙命令刘牢之的北府军火速北上救援。但刘牢之此时还在山阴，来不及赶去，他就命令在海盐的刘裕立即去阻击孙恩。

经过之前的恶战，刘裕手上兵马不到一千，但他还是带领部下日夜兼程急行军，赶到丹徒。

此时的丹徒人心惶惶，守军也没有斗志。起义军登上江边的一座山，摇旗击鼓，威吓城中守军。刘裕见山上有孙恩的旗号，就带兵冲上山去，直扑孙恩。起义军之前与刘裕对阵连吃败仗，对他充满了恐惧，看见刘裕带兵冲来，吓得四散逃跑，许多人从山崖上滚落，掉进江中淹死。

孙恩慌忙逃回船中。他实在是被刘裕吓怕了，便下令全军放弃围攻丹徒，继续逆流而上，直取建康。但此时建康已经集结了重兵，原本在历阳一带防御桓玄的司马尚之也带兵赶来。得知情报的孙恩料定建康无法攻取，便调转回头，攻下广陵，杀死当地守军三千多人。

由于刘裕在对抗起义军的战斗中表现突出，司马元显决定重用他，任命他为建武将军、下邳太守，并给他增兵，命他去广陵驱逐孙恩。

刘裕有了足够的兵马后，主动向孙恩的大军发起进攻。起义军很快大败，不得不退出长江口南撤。刘裕仍旧穷追不舍，又在沪渎和海盐大败起义军，歼敌数万人。

孙恩仓皇逃回海上，在海面上漂泊了四个多月。由于无法登陆获得给养，起义军内缺水缺粮，死伤大半。第二年（公元402年）三月，孙恩不得不冒险进攻临海，但被当地守军击退，部众只剩下几千人，孙恩忧愤之下投水自杀。

起义军余众推举了孙恩的妹夫卢循为首领。为了给部下一条活路，卢循接受了东晋朝廷的招安，担任永嘉（今浙江温州）太守。起义军在永嘉获得了一片栖息之地，这场民乱暂时平息。

3. 叛乱

孙恩起义虽然暂时停息，但这场战乱给东晋王朝造成的破坏是极其严重的。东晋朝廷所能直接掌控的地区只有扬州而已，而其中三吴地区更是朝廷的经济命脉所在。这些地方带海傍湖，良田万顷，商业繁荣，但经过起义军和官军的反复争夺、劫掠，这里的繁华已经荡然无存，城市和村镇残破不堪，人烟稀少，商旅断绝，昔日的富庶之地一片荒芜。

江东败落使东晋朝廷处境艰难，急需其他地区援助。掌握荆州的军阀桓玄见此情景，不但不施以援手，还打起了谋反篡位的主意。

桓玄，桓温幼子，深受桓温喜爱。桓温去世时，桓玄年仅四岁。桓温去世后，桓氏家族衰落，桓玄二十二岁才被征辟，担任太子洗马，后来任义兴太守。

心高气傲的桓玄对太守这类小官不感兴趣，渴望像父亲一样权倾朝野。为此，他郁郁不得志，时常对人说："父为九州伯，儿为五湖长！"

桓玄辞去了职务，回到其封地南郡（今湖北江陵）。途中经过建康，拜见司马道子。司马道子酒喝多了，当着众人的面对他说："你父亲桓温晚年想当贼，你怎么看？"

桓玄吓得跪地流汗不止，从此无比痛恨司马道子。他回到老家后，结交父亲和叔父们留下的人脉，逐渐在荆州形成不小的势力。荆州刺史殷仲堪因为名望不高，在当地没有根基，需要桓氏家族为自己撑场，便让桓玄在自己的幕府中任职。

后来，殷仲堪参与王恭叛乱未果，司马道子为了分化殷仲堪的力量，任命桓玄为江州刺史。桓玄趁机扩大实力，推翻了殷仲堪，又吞并了杨佺期的军队，重新建立起桓家在荆州的统治。此时东晋朝廷正忙于镇压孙恩起义，只能采取绥靖态度，下诏以桓玄都督荆司雍秦梁益宁七州诸军事、后将军、荆州刺史、假节，后来又加都督江州及扬州豫州共八郡诸军事，领江州刺史，几乎恢复了桓温当年的势力。

此时桓玄才三十岁，过早且轻易成功令他更加轻狂，他决定完成父亲未竟的理想，实现改朝换代、登基称帝的野心。为此，他一边招兵买马，一边寻找着进入长江下游的机会。孙恩起义时，桓玄上表请求勤王，但遭到了司马元显拒绝。

司马元显对桓玄十分忌惮，觉得他迟早是个祸害，平定孙恩起义后，便打算趁此威势一举打败桓玄，重塑东晋王朝的权威。

元兴元年（公元402年）正月，司马元显正式让朝廷下诏斥责桓玄的罪状，任命刘牢之为前锋都督，命他率领北府军讨伐桓玄。桓玄不甘示弱，下令荆州地区不得向下游的扬州运送任何物资，并封锁长江，切断水路交通，试图以禁运困死司马元显，让他不能出兵。

在桓玄的封锁下，饱经战乱的江东地区物价飞涨，饥荒蔓延，朝廷只能拿谷皮和橡果充当军粮。但即便如此，司马元显仍坚持发兵，并限定了出兵日期。桓玄见司马元显铁了心要和自己作对，便上表历数司马元显的罪状，举兵东下。

不过，这两位年少轻狂的公子哥儿都没有上阵厮杀的勇气。司马元显名为征讨大都督，喝完晋安帝司马德宗给他摆的壮行酒，登上战船后居然迟迟不敢出发，导致晋军没能及时展开作战布署。桓玄也害怕谋反不成，身死族灭，一路上缓慢前行，还时常有退兵的打算。直到经过寻阳，他发现朝廷军队还没来迎战，才胆子大了些。

二月二十八日，桓玄军抵达姑孰，进攻历阳。赶来阻击的司马尚之不是荆州军的对手，被桓玄击败生俘，历阳随之陷落。

此时的刘牢之却率军在不远处按兵不动，坐视司马尚之被击败。原来，刘牢之一直与司马元显不和，之前司马元显举兵讨伐桓玄他就不赞成，在晋安帝的壮行宴会上，司马元显对他不够礼遇，开战后司马元显又日夜酒醉，从来不和他商议作战对策，他对司马元显实在是没什么好感。

更为重要的是，刘牢之感到忧虑：自己如果出手消灭桓玄，一定会功高震主，而且整个王朝就只有他执掌重兵了，司马元显的下一个目标肯定会是自己。

所以，刘牢之权衡利弊，认为不如坐山观虎斗，让桓玄消灭司马元显，自己再找机会除掉桓玄。

见上司首鼠两端、按兵不动，随军的刘裕非常不满。他觉得刘牢之这样做无异于引火烧身，桓玄哪儿会那么笨，等着被刘牢之讨伐，他定会先下手为强，挟持天子，剥夺刘牢之的兵权，到时候北府军岂不是成为他人的案上鱼肉？

刘裕不断地劝说刘牢之遵守朝廷旨意发兵，但刘牢之始终犹豫不决。此时的桓玄也发觉了刘牢之的不寻常表现，便派人去游说刘牢之道："司马道子父子都是凶狠残暴、愚蠢昏庸的主上，您无论有没有打胜仗，都不可能得到善终，还不如反过来投靠桓玄，永远保住自己的荣华富贵。桓玄与您并没有任何宿怨，他一定不会亏待您的！"

当时，司马尚之的人马在历阳被击败，恐慌情绪在人群中蔓延，刘牢之便基本同意了使者的游说，与桓玄暗中保持沟通。得知消息的刘裕更加不高兴，他联系刘牢之的儿子刘敬宣和外甥何无忌一起向刘牢之说明利害，力劝他不要倒戈。刘牢之不耐烦了，大骂道："我怎能不知道这些利害关系！我今大消灭桓玄易如反掌，但是，扫平桓玄之后，你让我如何对付骠骑大将军司马元显？”

刘牢之一意孤行，派人向桓玄送上降表，正式投靠了桓玄。接着北府军离开防线，放桓玄军长驱直入建康。

三月初三，桓玄军进入建康，司马元显的军队尽数溃散。司马元显没有料到刘牢之会临阵倒戈，根本来不及逃亡，他和父亲司马道子及家人、党羽全部被桓玄俘虏。桓玄命人把司马元显绑在船头，一一数落他的罪状。司马元显大哭求饶道：“我只不过是被身边的人迷惑了呀！”

桓玄并没有因司马元显懦弱而动恻隐之心，他将司马元显、司马尚之及其党羽满门诛杀。至于司马道子，桓玄认为他沉迷修佛，酗酒昏聩，不成气候，就暂时留下他的性命，贬放外地，不久又将其下毒杀害。

桓玄随后自任都督中外诸军事、丞相、录尚书事、领扬、荆、江、徐四州刺史，掌控了东晋的最高权力。为了扫清隐患，他决定过河拆桥，除掉反复无常的北府军统帅刘牢之。

桓玄任命刘牢之为会稽内史，将他调离京口，并剥夺他的兵权。刘牢之大为惊恐。部下劝他即刻起兵反对桓玄，一旦拖延会让桓玄做好应战准备。但刘牢之却犹豫不决，打算先逃到江北去，以长江北岸为根据地来对抗桓玄。他怕部下不从，便叫来刘裕商议。

刘裕见老上级一错再错，这么做只能是死路一条了，对刘牢之说：“将军以拥有几万精壮士卒的实力，对桓玄只听见风声就去投降臣服，他由此得以实现目标，声威震动天下，从朝廷到民间，人心都已经归附到他那里去了。您要去广陵会合部队，怎么可能顺利呢？我可要脱去军服，换上百姓穿的衣服，回京口去了。”

刘裕不久之后就脱离了刘牢之，带着自己的部下，以及包括刘牢之外甥何无忌在内的一些北府军将领，逃往京口避难去了。

刘牢之在刘裕离开后召集剩余的将领开会，打算据守江北反对桓玄。但将领们都对他失去了服从之心，认为刘牢之“一人三反，何以自立”，一哄而散了。刘牢之又派人去京口把自己的家人接过来，但很长时间都没等到消息。他以为谋反的事情已经泄露，便在惶恐之中上吊自杀了。

为了杀一儆百，桓玄下令对刘牢之剖棺斩首，曝尸示众。刘牢之的儿子刘敬宣、女婿高雅之等怕受牵连，仓皇投奔后秦。桓玄为了打压和肢解北府军，又下令诛杀了与刘牢之关系密切的数名北府军高级将领，并将北府军各部拆分，交给桓氏家族成员统领。显赫一时的北府军至此解散。

作为北府军中的后起之秀，刘裕却在桓玄的大清洗中活了下来，而且由于战功卓著，在北府军中有些声望，得到了桓玄的延揽。桓玄任命堂兄桓修担任右将军、徐兖二州刺史，镇守京口，征召刘裕担任参军，协助桓修管理北府军旧部。刘裕明哲保身，同时也想了解一下桓玄的为人和气度，便接受了其征召。

然而，在桓修手下任职的一年多时间里，刘裕渐渐发现，桓玄根本不是自己所期望的英明之主。

自从司马德宗即位以来，东晋接连不断地遭遇天灾人祸、动乱战争，士族和百姓们迫切希望能有一位明君带给他们安宁。桓玄刚进入建康时，罢黜小人，选拔贤明，士民们一度非常高兴，以为终于盼来了英明的执政者。

但是，当异己者都被铲除之后，桓玄便暴露了骄奢的本性。他放纵享乐，政令变化无常，对东晋朝廷更是大加凌辱，对皇家御用的车马轿乘、供奉的食品用具等随意裁减，皇帝司马德宗经常挨冻受饿。桓氏党羽们在桓玄的庇护下胡作非为，争权夺利，东晋朝政更加混乱腐朽。

当时，江东地区的大饥荒还在持续。桓玄虽然下令赈灾，但并不尽心，没有准备充足的粮食，使得一大半人口都被饥荒夺去了性命。会稽郡的人口减少到十分之三，临海、永嘉两地更是十室九空。当地一些富裕之家，就算有钱也买不到粮食，只能穿着绫罗绸缎，抱着金银珠宝饿死。

底层百姓的苦难，身为豪门子弟的桓玄是体会不到的，他考虑的只有他自己。自以为万事俱备的他准备改朝换代，实现自己的皇帝之梦了。

元兴二年（公元403年），桓玄上表请求率军北伐后秦。其实他本无意北伐，纯粹装装样子捞取名誉而已，因此暗示朝廷下诏不准。桓玄又指使党羽让晋安帝司马德宗册命自己为相国，加九锡，封楚王，并暗中草拟禅让文告。同时，桓玄还派人到处假造祥瑞，找人冒充隐士出山，为改朝换代制造声势。

为了树立新朝气象，桓玄又下令废除旧币，更改法令。但他没有改革经验，一系列变革措施乱七八糟，不仅毫无作用，还给社会和经济制造了混乱，百姓们怨声载道。

当时，桓玄堂兄桓谦想试探一下北府军旧部对桓玄称帝一事的态度，就问已经升任彭城内史的刘裕："楚王（桓玄）功勋卓著，德高望重，朝中大多数人都希望举行禅让大殿，拥立楚王为帝。你怎么看？"

刘裕假意吹捧道："楚王是宣武公（桓温）的儿子，功勋和仁德都超越了世上所有人。如今晋室衰微，百姓们期望改变，楚王顺应天命接受禅让，代替司马氏为帝，有什么不可以的？"

刘裕这么一说，桓谦就放心了。他觉得刘裕在北府军仅存的将领中威望最高，只要刘裕不反对，北府军旧部应该都不会反对了。

但肯定会有反对者的，一些殷仲堪的余党在荆州聚众叛乱，宣称要替司马氏讨伐桓玄。这些人最终都被桓玄镇压了下去。

在确定不再有人反对后，桓玄于这年十二月正式"接受"司马德宗的禅让，登基称帝，改国号为"楚"，改第二年的年号为"永始"。他追封父亲桓温为宣武皇帝，贬司马德宗为平固王，将其迁往江州首府寻阳囚禁，其余的晋室亲王则全部降为县公或者县侯。

桓玄称帝后，煞有介事地做出一副"仁君"和"明君"的样子。他下令大赦天下，把所有罪犯无论罪行轻重全部释放；他外出巡游时，遇见路边的乞丐，就下令赏赐钱粮。桓玄在处理奏章时，会对其中不合体的字句进行批评，以显示自己博学和明察秋毫。当时，有一位官员不小心写了个错别字，桓玄就将所有经手这份奏章的官员全部降级。

桓玄的这点小恩小惠和吹毛求疵的本事，根本无法扭转官员和百姓们对他的厌恶。他的诏令和政策繁多杂乱，朝廷规章制度又十分混乱，官员们难以应付和办理，因而政府效率低下。桓玄又贪图享乐，没有毅力和耐心处理国政，经常外出打猎游玩，有时候一天要出去三五趟，使未处理的公文奏章大量积压，朝政几乎陷于瘫痪。

理政无能也就罢了，桓玄还不顾民间疾苦，追求奢靡。他大兴土木，准备在建康营造一座更宏伟的皇宫居住。他征集众多民夫，给工程下达了严苛的期限和标准。本就苦难的百姓在他的鞭打下没日没夜地辛苦劳动，所有人都在咒骂这个新王朝和新皇帝，期盼一位英雄能带领大家反抗。

但放眼现在的南方大地，还有谁能与桓家抗争呢？

以往能和桓家平起平坐的世家大族，有琅邪王氏、太原王氏、陈郡谢氏、陈郡殷氏和颍川庾氏。但琅邪王氏、太原王氏和陈郡谢氏已经腐化堕落，族人平庸无能，大多投靠了桓玄；陈郡殷氏和颍川庾氏则连续遭到桓氏杀戮，家族衰落，已不能与桓玄抗衡。至于其他的世家大族，实力弱小，族人懦弱，又都畏惧于桓玄的淫威，不值一提。

乱世之中，高门士族不作为，便给了下层士族崛起的机会。

敢想敢做的刘裕抓住了这个机会。

4. 复辟

桓玄意图篡位之时，刘裕就暗中与一些对桓玄不满的人联络，密谋起兵了。桓玄称帝后，一系列行为不得人心，许多中下级官员主动和刘裕联系，参与谋反计划。刘裕的周围聚集了许多人物，其中有北府旧部刘怀肃（刘裕的表兄）、何无忌（刘牢之的外甥），以及仕途失意的下级军官刘毅和诸葛长民等。

刘裕在谋划反叛期间依旧表现出对桓玄尽忠职守的样子。桓玄被刘裕的沉稳蒙蔽，每次召见刘裕都格外亲切，赏赐丰厚。唯有桓玄的妻子刘氏劝谏自己的丈夫说："刘裕走路龙行虎步，眼神也异于常人。我觉得他不像是会久居人下的，你应该尽早除掉他。"

桓玄却说："我还要出兵扫荡中原，这样的重任只有刘裕能够胜任。等平定了中原再对此做打算吧。"

在桓玄的信任下，刘裕的计划非常顺利，他与参与兵变的军官们做好了分工：自己和何无忌在京口兵变，杀死徐兖二州刺史桓修；弟弟刘道规和刘毅在广陵发起兵变，杀死青州刺史桓弘；在历阳的诸葛长民同时兵变，杀死豫州刺史刁逵。随后三路军队会合进攻建康，留在建康城中的内应官员趁机响应。

兵变的时间，定在元兴三年[1]（公元404年）二月二十八日清晨。

二月二十七日，刘裕以外出打猎为名与何无忌一起离开京口，在城外召集了一百多名忠心的部下，预备在第二天进城。二十八日清晨，京口城门刚一打开，何无忌就按照预定计划，穿着朝廷钦差的衣服，自称是皇帝使者，带着手下士兵闯入城中。何无忌领兵直接冲进桓修府中，将刚起床的桓修杀死。

城中的文武官员和守军闻讯赶来，刘裕连忙登上城墙，对众官兵喊道："江州刺史已经重新拥立晋室皇帝了，皇上在寻阳恢复了正统，我们这些人得到皇上的密诏诛杀叛贼。桓玄的脑袋想必已经挂在建康城里了。你们难道不是大晋的臣子吗？现在到这里来打算干什么？"

这些官员和守军们无法及时查验刘裕所说的真伪，半信半疑，逐渐散去了。刘裕和何无忌趁机控制了整个京口，将赞同兵变的官员拉入己方阵营，将怀疑和不赞同的官员杀死。

在广陵，刘毅和刘道规的兵变也十分顺利，杀死了桓弘，控制了当地的北府军人马。在历阳的诸葛长民则因为粗枝大叶贻误了时机，导致兵变失败，他本人被刁逵活捉。

刘毅率领广陵的兵马前去京口与刘裕会合。参与兵变的文武官员一致推举刘裕为盟主，全权负责接下来的行动。

京口和广陵的兵变顺利成功，唯独诸葛长民迟迟没有消息，刘裕感觉到历阳那边出了问题。但自己现在名为义军盟主，帐下兵马却只有区区一千七百多人，要对抗桓玄的大军，可谓以卵击石。

但刘裕自从军以来，在战场上一直和人数多于自己的敌人交手，几十年的血海厮杀中，他早就把恐惧抛在了九霄云外。只有这区区一千七百人，他也要主动向桓玄发起进攻。

---

① 桓玄篡位后使用的年号不被史家承认，此处依旧使用晋安帝的年号。

刘裕很快整合军队，第二天就发兵建康。他还派人向全国发布讨伐桓玄的檄文，声称益州刺史和江州刺史都已经响应他，希望全国各地的军政官员也来和自己一起讨伐逆贼。

刘裕出兵前，派人联络了在建康城中担任内应的东晋官员。此时桓玄还不知道兵变，但负责组织建康城内兵变的刘毅哥哥刘迈因为恐惧而背叛了义军，向桓玄告发了刘裕起兵及建康城中有内应之事。桓玄大惊，下令将城中所有的北府军将领全部捕杀，做了叛徒的刘迈也没得到好下场，被一并处死。

桓玄立刻调集军队，准备迎战刘裕。许多人都劝说桓玄凭借兵力上的优势，全力攻击刘裕军。但桓玄对刘裕和北府军旧部心存畏惧，反而下令全军在覆舟山设防，按兵不动，打算以逸待劳对抗义军。在周围人的不断苦劝下，桓玄才勉强派了一支部队去进攻刘裕。

三月一日，出击的桓玄军与刘裕率领的义军遭遇。刘裕依旧身先士卒，手持长刀，大喊着率领士兵们冲锋。桓玄军吓得纷纷退让。刘裕率先冲入敌阵，当场砍杀了一名敌将，击退了桓玄军前锋。

桓玄军的后续部队赶来，将人数不多的义军团团包围，双方继续展开激烈的厮杀。刘裕身边有多名将官战死，但刘裕毫不畏惧，孤身一人力敌数十名敌军。桓玄军一波又一波地冲上来，刘裕就背靠大树继续奋战。

桓玄军领兵的主将见刘裕被围，便骑马上前，意图亲手杀死刘裕这个“匪首”。刘裕怒目圆睁，大声斥骂，居然把他吓得后退。这时，刘裕的部下赶到，用箭把对方射下马来。刘裕趁机冲上去，一刀砍下了那人首级。主将一死，桓玄军随即溃败，刘裕再次以少胜多，打赢了起兵后第一场战斗。

第二天早上，刘裕下令全军吃完早饭后，把剩余的粮食全部扔掉，以破釜沉舟之心进攻桓玄军主力所在地覆舟山。为了制造声势，刘裕派一些老弱士兵到附近的山上插满军旗，并击鼓呐喊。

桓玄看见周围的山上遍布军旗，喊杀声震天，以为义军的人数超出了他原先的预计，吓得魂不附体，连忙把后备军队全部派往前线增援。而桓玄军中有不少人原是北府军成员，他们都十分敬畏刘裕，所以，刘裕的义军发起进攻后，这些人立马倒戈或逃跑了。

刘裕率领义军以一敌十，越战越勇，接连攻破桓玄军多处壁垒。但毕竟桓玄军人数众多，义军一时难以取胜。恰好此时刮起了东北风，刘裕便下令顺风放火，以火攻山。在浓烟烈火中，桓玄军最终全线崩溃，残兵败将逃回了桓玄坐镇的建康。

此时桓玄仍有一万多人马，但他怕极了刘裕，无心坚守，便在当天带了几千亲兵乘船逃离建康。建康守军随即溃散，刘裕在当天傍晚率军进入建康。

刘裕占领建康后，严明军纪，下令不许掳掠和骚扰百姓，还派人封存皇宫和仓库中的财物与档案典籍。刘裕也不在皇宫居留，而是在城外的石头城升帐立幕府。他又设立了临时管理建康的官衙，任命有才能的文武官员维护城中秩序，让建康百姓各安其业。士族百姓们都对刘裕心悦诚服。

刘裕派人捣毁了供在太庙里的桓氏牌位，制作晋室牌位放在太庙里供奉，并拥立武陵王司马遵为临时摄政。城中残留的桓氏族人和桓玄党羽被清查出来诛杀，桓玄制定的不合理律令也被废除。之前兵变失败而被杀害以及在战斗中阵亡的义军将领，刘裕追认他们的功绩，厚待其家人。

曾担任过桓玄司徒的王谧率领一帮朝臣推举刘裕为扬州刺史，总管朝政。

王谧在桓玄篡位时投靠过去，还亲手把御玺交给桓玄，被不少人唾弃。但他曾帮刘裕还过赌债，刘裕一直感念他的恩情，没有把他视作桓玄党羽。刘裕辞谢了扬州刺史一职，转而把这个职位授予王谧，并加授他为侍中、司徒、录尚书事，由他主持政务。刘裕的这一举动不仅展示了自己重情重义，而且获得了琅邪王氏的支持，消除了世家大族与他的隔阂。而对于一些不肯合作的士族门阀，如太原王氏的王愉，刘裕则杀鸡儆猴，以谋反为由将其一家处死。

自东晋立朝以来，建康城每次易主，都伴随着残暴的劫掠和倒行逆施的暴政。只有刘裕基本做到了仁义与正道直行。天下人在见识到他高超的军事才能后，又领略到他高明的政治智慧，慕名投奔到他帐下的人才络绎不绝，东晋人心逐渐汇聚在这位仅仅粗通文字，不会书法，也不会吟诗的武人身上。

不过，刘裕现在所能控制的不过是建康以东的地区而已，建康以西仍然是桓玄的地盘，那里有许多州府依旧听从桓玄号令，推翻桓玄政权的目标还没有真正实现。

战争还要继续下去。

接下来的战斗，刘裕没有亲自上阵。他留在建康，派弟弟刘道规和刘毅、何无忌共同领兵西征。这支军队由刘毅负责指挥，刘道规在军中只是副将。

其中的原因，除了刘裕需要守护和管理京城外，也与刘裕和其他义军将领存在矛盾有着密切的关系。

刘裕起兵时在义军中的身份是“盟主”，说明他并非义军说一不二的绝对领袖，而是义军的主导者而已。参与兵变的其他义军将领各有忠于自己的人马，他们是不会完全听命于刘裕的。

刘裕在攻取建康的战斗中表现极为抢眼，以刘毅为首的一些共同起兵的军官很不服气。他们担心刘裕再领兵打下去，会抢走他们的风头，收服更多的人才和地区。这样一来，他们就无法获得声望和地盘，刘裕会一家独大。

因此，很有可能当刘裕准备西征桓玄时，何无忌和刘毅等人强烈要求由他们出兵，让刘裕留守建康。刘裕没有办法，只能同意，但派了弟弟刘道规以参谋身份协助并监控他们的行动。

何无忌和刘毅率领部队开始了西征。他们首先到达历阳。

之前诸葛长民在这里兵变失败，被驻守当地的桓玄党羽刁逵活捉。刁逵本想把诸葛长民押往建康听候桓玄发落，没料到还没到建康，桓玄就一败涂地，向西逃跑了。押送诸葛长民的官兵随之倒戈，把诸葛长民释放回历阳。刁逵弃城逃跑，但在途中被叛变的部下扭送到了建康。刘裕记恨于刁逵过去在赌博之事上欺凌他，就下令把刁逵和他的子侄全部斩首，把其家族资产分给当地百姓。

义军不久之后在桑落洲（今江西九江东北）击败桓玄军阻击，攻克了江州首府寻阳。这里原来是晋安帝司马德宗的关押地，但桓玄西逃时经过寻阳，把司马德宗带到自己的老巢江陵去了。

退回荆州后，桓玄对兵败郁闷难消，觉得声望受损，担心部下不愿听令，就推行更严苛的法令来统领部众，部下犯了一点小错都会遭到严厉惩罚。但他这样做反而激起了部下更多的不满。有人劝谏桓玄宽以待人，桓玄却生气地说："现在众将不守规矩，百姓和小人难以管控。天时对我们不利，就应该用严刑峻法来约束他们！"

桓玄我行我素，他的自负和愚蠢很快就将他送往穷途末路。

四月二十七日，桓玄得知刘毅和何无忌领兵来攻，便集结了两万兵力顺江东下，主动向义军发起进攻。五月十七日，双方在峥嵘洲（今湖北黄冈西北）遭遇，随即爆发了一场大水战。峥嵘洲附近的江面上鼓声大作，杀声震天，箭矢、投石和标枪漫天飞舞，鲜血染红了江水。

刘毅率领的人马不足一万人，不及桓玄军的一半，将士们都有些畏惧。但刘道规认为"决机两阵，将雄者克"，力主进攻，并率军先行。刘毅等人怕刘道规抢了头功，也率部冲锋。桓玄军士气原本就低落，桓玄本人又贪生怕死，临战之前特意在自己的旗舰旁边准备了小舟以备逃命。将士们见此更加没有斗志，在义军的猛攻下节节败退。刘毅借着江风放火，烧毁了桓玄军众多战船。桓玄军一败涂地，桓玄带着千余名士兵仓皇逃离了战场。

峥嵘洲一战彻底摧毁了桓玄军主力，桓氏家族在荆州积攒的家底损失殆尽。众多原本依附桓氏的将领和士族见桓玄大势已去，纷纷叛降到义军这边。刘毅率军一路西进，沿路的郡县大多望风而降。殷仲堪的堂弟殷仲文原本在桓玄幕府效力，他趁乱将晋安帝司马德宗的太后和皇后救出，带着她们投奔了义军。

五月二十三日，桓玄逃回江陵。有部将劝他利用桓家在当地多年的名望，在江陵与义军决一死战。但桓玄不想死，还想保命逃亡汉中。文武官员们见他如此窝囊，纷纷弃他而去，桓玄下达的号令几乎没有人听从了。

第二天，江陵城的百姓风闻义军将至，纷纷出城逃难，城中大乱。桓玄也惊恐不已，他撇下了司马德宗，带着一百多名亲信匆忙骑马出城，打算乘船西逃。

他刚出城门，身边的一部分亲兵忽然叛变，企图杀死他向义军投诚。所幸桓玄没有被刺中，逃过一劫。亲兵们随后自相残杀，尸横遍地。桓玄狼狈逃离，逃到接应的船上时，身边随从只剩下了一个。

这艘船上还有一些亲信保护桓玄，一群人在江上惊恐地漂了一天一夜，没人有信心顺利赶到汉中。穷途末路之际，桓玄最后的亲信们也开始有人为自己的前途考虑了。

有人劝桓玄西行入蜀，在那里割据自立，活命的机会大一些。桓玄应允，便改变了既定的逃亡路线，准备过三峡入蜀。但没过多久，他们就遭遇了一支益州（首府在今重庆奉节东）官兵。益州一直忠于晋室，不服从桓玄，这些官兵看见是桓玄的船，立刻冲上去攻击，将桓玄和其族人尽数斩杀。

桓玄临死前，还对来人说："你是什么人？我可是当朝天子！"

对方不屑地答道："我是杀天子的叛贼罢了。"

说完，一刀砍下了桓玄的脑袋。

桓玄被杀时，刘毅率领的义军还未抵达江陵。江陵的一些士族和官员得知桓玄败亡，便宣布反正，拥立司马德宗复位。

刘毅得知消息，认为大事已定，就放慢了行军速度，加上遇到西风，船队逆水逆风，行进缓慢，过了整整十天还没有到达江陵。

在这十天里，情况突然发生了变化，一些桓氏族人和桓玄余党集结起来作乱，重新占领了江陵城。何无忌率领的义军轻敌大意，进攻江陵时受挫，阵亡一千人，不得不退回寻阳休整。义军于十月重新发起反攻，经过七个月战斗才将荆州地区的桓氏余党肃清。

至此，盘踞荆州六十年，长期窥视晋廷的桓氏家族灰飞烟灭。司马德宗在第二年（公元405年）三月被接回建康，东晋王朝复辟。

5. 北伐

之后的论功行赏并没有出现皆大欢喜的局面，司马皇族压制义军领袖，义军内部又争权夺利，导致官爵分配一变再变。经过长时间的讨价还价，到第二年，主要义军统帅获得的职位大致如下：

身为盟主的刘裕，拜爵豫章郡公，封侍中、车骑将军、徐青兖三州刺史，都督中外诸军事，掌管东晋所有的军队，并把京口纳为根据地；刘毅拜爵南平郡公，封左将军、豫州刺史，都督淮南等五郡军事；何无忌拜爵安成郡公，封右将军、江州刺史，都督荆、江、豫三州八郡军事，加散骑侍郎，进镇南将军；刘道规为华容县公，任辅国将军、荆州刺史，领护南蛮校尉，都督荆宁秦梁庸六州及司州之河南诸军事；诸葛长民封新淦县公，都督淮北诸军事。

刘裕和弟弟刘道规坐镇一头一尾两大军事重地，即便有司马皇族和一些士族门阀的牵制，刘裕也已经把王朝大权掌控在自己手中了。

然而，东晋王朝的局势还远未达到安定，各地战乱此起彼伏，内忧外患日益严重：西蜀豪强谯纵在内乱中赶走了东晋的益州刺史，在蜀地割据自立；卢循率领的起义军重新壮大，流窜东南沿海地区，占据了广州；青州、巴州和梁州的军阀不服刘裕，接连发起叛乱。

刘裕派兵镇压了青、巴、梁三州的叛乱，但进攻益州的谯纵却遭到失败，军队损失大半。他不得不暂时放弃益州，对盘踞广州的卢循也采取安抚政策，任命他为广州刺史。

而在北方，新兴的政权南燕、北魏和后秦趁乱袭扰东晋边境，蚕食领土，掳掠人口和财物。刘裕一面指挥抵抗，一面与他们议和，想方设法保持边境地区的安宁。

外患易除，内贼难防。刘裕努力维持着王朝的安宁，可还要面对内部的政治斗争。

由于在平定荆州的战斗中立了功，刘毅有了向刘裕叫板的资本。他处心积虑地拉拢门阀士族以及司马皇族，要削夺刘裕的权力，把刘裕排挤出朝廷。

义熙三年（公元407年），刘裕的恩人王谧去世，刘裕失去了一位可靠的政治盟友。之前，王谧担任扬州刺史，在朝中录尚书事，与刘裕一文一武掌控朝廷。现在王谧一死，朝政没有人主持了，刘毅趁机排挤刘裕，提出让琅邪王司马德文（晋安帝司马德宗之弟）担任司徒，原尚书仆射孟昶掌管朝政，原中领军谢混为扬州刺史，刘裕则外屯丹徒，任扬州牧。

刘裕当时正在京口，得到朝廷的通知后连忙召来幕僚刘穆之商议对策。刘穆之劝说刘裕千万不能同意，他一旦远离朝廷中枢，失去了对朝政的控制权，就会被边缘化，逐渐失去权威和声望，将来会被刘毅等人消灭吞并。但是朝廷的指示不好当面拒绝，不如回复说宰辅职权关系重大，需要当面商量，然后强行入京，朝廷里的人就不敢搞小动作了。

刘裕便断然拒绝了刘毅的提议，坚持入朝商议。朝廷只好任命刘裕为侍中、车骑将军、开府仪同三司、扬州刺史、录尚书事，将主持朝政的权力也交予刘裕。刘裕集军政大权于一身，成了东晋王朝真正的主宰。

刘裕此举引来了许多人不服和质疑。一直以来，大权在握者都是士族门阀，刘裕出身低贱，凭什么把世家大族压制下去？

在众人的质疑声中，刘裕觉得自己平定内乱、再造晋室的功劳不能让这些人闭嘴，他需要一项更伟大的功绩来提升威望。而且，前段时间晋军讨伐蜀地的谯纵失利，刘裕迫切需要一场军事胜利来鼓舞士气。

刘裕想到了北伐。

北伐收复失地已经是晋人们遥不可及的梦想了，但这个梦想仍然是东晋王朝长久以来自我标榜的事业和用以团结士民的手段。只要有人提议北伐，就会受到全国上下的关注和讨论。东晋立朝以来，众多豪杰壮士、权臣高官，都曾为这个梦想努力过。虽然成果和结局不尽相同，但他们都凭此提升了声望和知名度。

因此，欲在东晋王朝成就大事，必须主导一场北伐。

有了桓温的前车之鉴，刘裕知道北伐一定要认真对待，只许成功，不许失败，要是再打败仗回来，自己就只能下台了。

既然要成功，就要选择一个相对容易的目标。

刘裕选择了南燕。

南燕是苻坚的前秦帝国崩溃之后，慕容部鲜卑人建立的一个割据政权。当初，慕容垂在河北起兵，占领黄河以北地区，复辟燕国（史称后燕）。不承想，慕容泓和慕容冲也在关中地区起兵，打出复兴燕国的旗号（史称西燕），还逼走了苻坚，占领了长安。

西燕的鲜卑人一心要返回故土，慕容冲却贪图长安的繁华，打算在长安定都。西燕因而发生内讧，慕容冲被杀，西燕人随后向东迁徙到了中原，与同族的后燕发生了矛盾。双方都称自己才是燕国正统，因而战争不断。最终，在太元十九年（公元394年）八月，西燕被后燕消灭。

后燕处境也不太好。北方草原上原被称为“代国”的拓跋部鲜卑人兴起，首领拓跋珪改国号为“魏”（史称北魏），不断南下侵扰后燕，双方也多次发生大战。

太元二十年（公元395年），后燕在参合陂（今内蒙古自治区凉城东北）之战中惨败给北魏，将近十万人的军队所剩无几。慕容垂于第二年亲率大军伐魏，攻陷平城，进逼拓跋珪，但因见参合陂堆积如山的燕兵尸体，忧愤至极而发病，无奈退兵，回师途中病逝。

慕容垂死后，后燕失去了优秀的领导者，北魏军便长驱直入，进攻后燕腹地。隆安元年（397年）十月，后燕首都中山（今河北定州）被北魏攻占，后燕瓦解。

虽然首都失陷，但后燕还没有真正灭亡，后燕皇帝慕容宝逃亡到龙城，在慕容氏故土辽西延续国祚。但慕容宝不得人心，这个流亡政权接连发生内乱和政变，皇位更替频繁，直到义熙五年（409年），最后一位慕容氏皇帝慕容云在一场兵变中被杀，兵变首领冯跋自立为燕天王，后燕才终告灭亡。

流散在中原的慕容氏皇族们自寻出路。后燕范阳王慕容德原本镇守邺城，中山陷落后，他为了自保，率领部众两万多人南下迁徙，在滑台（今河南滑县东）自立为燕王，设百官，这便是南燕的立国雏形。

慕容德随后又迁徙到青州和兖州地区，定都广固（今山东淄博东）。他在当地精心治理，善待汉族，终于在青、兖一带站稳了脚跟，在山东半岛形成了一个小国。

但这个南燕小国并不安分，义熙元年（公元405年）慕容德去世后，鲜卑贵族们立刻暴露出野蛮和享乐的本性。继任王位的慕容超不理朝政，沉迷游猎和宴饮。为了拥有更多的乐妓和奴仆供自己和贵族们享乐，慕容超经常派兵南下侵扰东晋，屠杀当地官员和守军，劫掠财物和百姓，东晋军民对他恨之入骨。

综合考虑，无论从实力上，还是从道义上来看，南燕都是北伐的首选目标，刘裕决心亲手消灭他们。

6. 金戈

义熙五年（公元409年）二月，慕容超又先后两次派兵南下掳掠。刘裕愤怒之下，上表晋廷请求讨伐南燕。毫无意外，大部分朝臣都提出反对，这些人要么是刘毅的党羽，要么不看好北伐，他们以各种理由批驳刘裕北伐是劳民伤财之举。

刘裕发动亲信制造舆论，向朝廷施加压力，晋廷最终同意了刘裕的北伐要求。

四月十一日，刘裕亲率大军出征。他的军队包含水军、步军、骑兵、车兵等诸多兵种。晋军以战船走水路运送士兵，于五月抵达下邳。

得知东晋大军逼近国境，慕容超连忙召集群臣商议对策。会议上，武卫将军公孙五楼提出，南燕的兵力少于东晋，应该凭守大岘山（今山东临朐东南）的天险不出战，让晋军无法北上。等晋军疲惫之时，再从左右两翼出兵，一路截断晋军粮道，一路从背后袭击晋军，这样一定能把晋军击退。如果不守大岘山，就应该坚壁清野，搬走或烧毁野外的所有庄稼和粮食，让各地守军坚守不战，等晋军粮尽，他们自然会撤退。

但慕容超全盘否定了公孙五楼的建议，一来此时布防大岘山已经来不及了，二来坚壁清野破坏性太大，会让南燕失去当季粮食。慕容超对鲜卑人的骑兵非常有信心，他说："今年，上天的吉星一直高照在我们齐地之上，按照天道推测，就算不用作战我们都能取胜。虽然敌我兵力悬殊，但他们远道而来，疲惫不堪，不值得惧怕。我有精锐骑兵数万，怎么可以坚守不战、烧毁庄稼来向敌人示弱呢？不如放他们进入大岘山，然后我再派骑兵践踏他们，何愁不胜？”

众将苦苦相劝，慕容超就是不听，他下令加固都城广固的城墙，并将各地驻军全部调往广固集中。

而在下邳，刘裕也集合了部队，将船只和笨重的物资留下，然后带领全军步行北上。部将们担心南燕军会固守大岘山，封锁晋军北上的道路。但刘裕胸有成竹地说：“这个问题我之前就考虑过了。这些鲜卑人生性贪婪，没有长远的打算，他们前进时只想着多掳掠，后退时又会吝惜田里的庄稼。慕容超以为我们孤军深入，必不能长久作战，一定会集中守卫他们的重镇，不会据险而守、坚壁清野的。”

话虽这么说，刘裕还是小心谨慎，所过之处都修建堡垒，派兵驻守，以保障后勤通道和撤退路线。直到全军都通过了大岘山，看见南燕境内的农田里还有禾苗，他才长长地舒了一口气，露出了喜悦的神色。

通过大岘山后，刘裕立刻指挥晋军向附近的临朐城发起进攻。临朐距离广固不到百里，是广固的东南门户。慕容超起先在这里驻守了五万人马，得知晋军通过大岘山后，又亲自带领四万精锐步骑前去增援。

临朐城西有一处名为巨蔑的小河，这是方圆唯一的取水处，公孙五楼在这里布防。刘裕便派五千精兵攻打巨蔑，争夺水源。晋军在战死一员将领的代价下将公孙五楼击退，为接下来围攻临朐城提供了水源。

六月十二日，刘裕在临朐附近布阵，准备迎战南燕的主力骑兵。军人出身的刘裕改变了晋军以往的战术，他尤其重视战车和阵形的使用，以四千辆战车布置在步兵队列的两侧，战车以帷幔包裹，防范箭矢，车上有甲士手持长槊，防御骑兵，步兵方阵手持盾牌，在战车内侧行进，机动骑兵则在阵列的后面跟进，军阵极为严整。

晋军行进到临朐城南数里时，慕容超派出的一万多名骑兵出城，从晋军前后夹击。城内大批守军也跟着冲出，与晋军展开激烈的攻杀。双方恶战了将近一天，从上午一直打到傍晚，仍然胜负未分。

这时，一名部将向刘裕建议，南燕军出城作战，临朐城一定守军不多，趁此机会分兵袭取临朐，定能改变战局。刘裕听从建议，派出数千名奇兵绕道南燕军背后，对临朐城发动突袭。南燕守军的注意力一直在城外，没有提防晋军会从背后偷袭。而攻城的晋军号称是从海路乘船而来的东晋援军，更令南燕军大惊失色。

经过不长的战斗，晋军占领了临朐城墙，在城墙上竖起己方旗帜。原本在城中坐镇的慕容超大吃一惊，以为东晋援军真的从海上杀来了，慌忙逃离了临朐城。而城外的南燕军以为城池陷落，军心大乱，纷纷失去战意溃逃。刘裕趁机发起反攻，大败南燕军，斩杀敌将十人。慕容超率领败兵仓皇逃回广固。

占领临朐后，刘裕指挥晋军马不停蹄地继续进攻，于十九日包围了广固城。

面对晋军的围攻，有部下建议慕容超在这生死存亡之际，把王宫和国库里的钱财全部分发给守城将士，鼓励他们决一死战，或许还有取胜的可能。但慕容超贪恋财宝，不愿出钱犒赏士兵，而是听从了另一位大臣的建议，向后秦求援。但后秦也正陷于战乱之中，除了派使者游说刘裕退兵外，没有给予南燕任何援助。

刘裕斥退了后秦的使者，下令加紧对广固围攻。广固城极为坚固，晋军攻城一个多月也没能突破。

这时，有人向刘裕举荐了一位名叫张纲的工匠，说他善于制造攻城器械。此人正好是南燕派往后秦的使臣，当时刚从后秦返回，刘裕便叫人将张纲绑架过来，命他制造攻城器具。张纲原本就是汉人，他已然厌倦了昏庸无能的慕容超，便答应为刘裕效力。

在张纲督造攻城器具的这段时间，刘裕也对广固城展开了心理战。每当有南方援军赶至，无论人数多少，他都会大张旗鼓地在城下欢迎，制造晋军源源不断来此的假象，恫吓守城的南燕军。同时，刘裕向南燕其余地区进军，在占领地选贤任能，善待投降者，使得归附晋朝的南燕军民越来越多。晋军在当地征集的粮食已经足够食用，便停止了从后方运粮。

慕容超见此，只好派人向刘裕求和，以割让大岘山以南的土地为条件，向东晋俯首称臣。但刘裕看出慕容超已穷途末路，拒绝了他的请求。

到了十月，张纲的攻城器具终于全部造好了。这些攻城器具大多是高大的楼车，配备了众多武器和机关，外面以防火的材料包裹。晋军用这些楼车攻城，虽然没有立刻攻破城墙，但也杀伤了大量南燕守军。慕容超愤恨于张纲投敌，将他留在城中的母亲杀害。

刘裕一边继续攻城，一边派人劝降慕容超。但慕容超和城中的鲜卑人就是不降，顽抗到底，拼死打退了晋军多次进攻。他们知道，广固是他们在中原最后的落脚点了，要是广固失守，他们就再也没有立足之地了，只有走向灭族。

转眼到了第二年（公元410年）正月，广固城还在死守，但它在晋军的猛攻下已经残破不堪，城中粮食也已耗尽。许多汉族军民纷纷逃到城外投降了晋军，城里的守军越来越少。慕容超感到末日降临，终日在宫中与嫔妃们痛哭流涕。有大臣主张投降，但慕容超仍旧不允，反而将对方下狱。

公孙五楼组织兵力挖掘地道，到城外偷袭晋军，但很快就被击败。刘裕知道城中守军已经不多，决定集中所有兵力对广固发起最后的总攻。

二月初五，晋军所有部队从四个方向同时对广固发起进攻，在晋军汹涌的攻击人潮前，南燕军最后的防线崩溃了。晋军士兵们涌进城中，将逃跑的慕容超抓获了。

慕容超随后被押送到刘裕面前，无论刘裕用什么话斥责他，他都神色平静，一言不发。慕容超的冷淡激起了刘裕的愤怒，加上怨恨于广固城久攻不下，刘裕下令将城中男子全部坑杀，妇女和儿童分发给立功将士为奴。

一位投降的南燕汉臣劝阻了刘裕。他说："晋室迁徙到南方后，中原地区混乱不堪，士族百姓们无依无靠，只能依附在异族强力政权下。他们既然做了人家的臣民，就只能为人家效力。今天，王师前来讨伐异族，解救他们，却要把他们当作敌人活埋，那从今往后，北方士民还愿意前来归附吗？"

刘裕立刻向对方表示了歉意，并收回了屠城命令。但刘裕还是难以释怀，下令将南燕王公以下三千余人屠杀，将一万多人罚没为奴，并将广固城墙拆毁。慕容超则被押往建康斩首。

至此，最后一个以燕为国号的慕容氏政权灭亡。慕容部鲜卑人流散各地，逐渐被其他民族同化，最终湮灭在历史的长河中。

7. 铁马

就在刘裕还在南燕故地处理一系列战后问题时，一封告急文书从建康送到了他的手上。刘裕拆开一看，惊出一身冷汗。文书上写着，广州的卢循趁晋军北伐期间再次发起叛乱，已经侵入江州和荆州，即将逼近都城建康。

卢循，孙恩的妹夫，东汉末年名臣卢植之后，出身名门范阳卢氏。八王之乱中成都王司马颖的谋主卢志就是卢循的高祖父。西晋末年大动乱中，范阳卢氏没有南迁，被迫在北方的动乱中艰难生存着。卢循的曾祖父卢谌曾在后赵和冉魏任职，但冉闵兵败襄国时，卢谌也于乱军之中被杀。卢循的祖父卢勖只能带着家人南渡，来到东晋定居。也有一部分卢谌后人选择留在北方，继续为慕容氏、拓跋氏等鲜卑政权效力。因此，范阳卢氏有了南祖和北祖两个支系。

由于曾在少数民族政权任职，南渡后，范阳卢氏的地位一落千丈，沦落为无足轻重的小士族，根本没有机会入朝为官。卢氏家族只好信奉了五斗米教，和同样沦落的孙泰家族结为儿女亲家，共同致力于传教。

虽然家道中落，但卢循依旧保持着先人名士的风采，史书载其“神采清秀，雅有材艺”。他不仅擅长书法，而且棋艺精湛，堪称风流雅士。正是这样一位儒雅少年，成了孙恩起义军中的二号人物，在作战中经常为大舅子孙恩出谋划策。

卢循不仅出身好，有智慧，还为人和善，孙恩滥杀无辜时，他会去规劝，因而他在起义军中人缘极好。孙恩死后，大家推举他为新领袖。

卢循刚接任领袖之位时，起义军正处于极其危急的境地，部众只剩下了几千人，而且缺水少粮，没有立足之地。正好此时桓玄意图篡位，为了收买人心，安定局势，他招安卢循，封为永嘉太守。卢循从长远考虑而接受，带领部众在永嘉居住下来。

经过一段时间的休整，起义军恢复了元气，但一些将士匪气不改，又开始四处劫掠，卢循则对部下放任自流，这引起了桓玄不满。桓玄指派刘裕去镇压起义军，刘裕很快就把起义军打得大败，卢循不得不退出永嘉，渡海逃到晋安（今福建泉州）。刘裕领兵追击到晋安，卢循出海继续逃遁。

在东南沿海做了几个月海盗后，起义军趁刘裕和桓玄忙于厮杀之际，于元兴三年（公元404年）九月在广州沿海登陆，攻占了防守力量薄弱的番禺城（今广东广州），随后又北上占领了始兴（今广东韶关西南）。

卢循占领广州全境后，自称平南将军，摄广州刺史事。刘裕此时刚刚执掌东晋，还在忙于和桓玄余党作战，无暇南顾，只能行缓兵之计，认可了卢循自封的身份，还加封卢循的姐夫徐道覆为始兴相。作为交换，卢循释放了原广州刺史吴隐之和当地的一些世家大族。

广州地区商贸繁荣，百姓们也欢迎五斗米教，卢循在这里稳定下来，成了“土皇帝”，渐渐有了割据广州自立的想法，打算在此了却余生，不去管天下的纷争了。

但他的想法遭到了姐夫徐道覆的反对。

徐道覆，出身不详，能与卢氏家族联姻，估计也是一位下层士族。孙恩指挥起义军时，徐道覆就作战勇猛，敢想敢干，与刘裕颇有几分相似。之前他们接连败给刘裕，让徐道覆深知刘裕这个死敌极其危险，如果再不奋力一搏，等刘裕平定四方后腾出手来南下，他们就成了待宰的羔羊。

为此，徐道覆在广州的五年期间没有闲着，而是四处采购和收集木料，打造战船，计划走水路，从赣江和湘江入长江，进攻建康。他觉得卢循备战不积极，一定是丧失了进取心，贪图享乐，便多次上书卢循，阐述自己的作战计划，劝说卢循千万不要太过安逸。

义熙五年（公元409年），刘裕率领东晋大军北伐南燕的消息传到广州，徐道覆认为时机已到，立刻写信给卢循劝说他倾举大军北上。但谨慎的卢循觉得起义军的实力还不足以打败刘裕，便回信拒绝了徐道覆。徐道覆只好亲自到番禺城中找卢循，一遍遍地给卢循做思想工作。卢循在非常不情愿的情况下，勉强同意了徐道覆的请求。

卢循下令集结部队北上，但此时已经是义熙六年（公元410年）二月了，刘裕已经攻下广固，灭亡了南燕。

虽然卢循延误了最佳战机，但这次起兵还是给刘裕制造了极大的麻烦。因为东晋的大部分兵力都随刘裕北伐，国内的防御力量相当薄弱。起义军兵分东西两路，分别由卢循和徐道覆率领，卢循走西路从湘江进攻长沙，徐道覆走东路从赣江进攻寻阳。沿路郡县不是投降就是逃跑，起义军仅仅用了一个多月就逼近了长江。

此时建康还没有收到刘裕攻克广固的捷报，晋廷连忙派人向刘裕告急，要求他立刻带兵回国。

刘裕接到告急文书后火速领兵南下，但距离遥远，他一时半会儿无法赶到。而此时在豫章（今江西南昌），何无忌和徐道覆的部队发生了战斗。

何无忌是江州刺史，驻守寻阳。起义军进犯后，有部下认为官军人数太少，应该坚守寻阳和豫章两座城不出战，阻碍起义军顺江东下，等援军赶来再出兵。但何无忌骄傲轻敌，认为卢循和徐道覆的手下还是当年那帮在江东流窜的土匪和海盗，自己的几千人马足以把他们撵跑。

何无忌不听建议，亲自带领寻阳的守军乘战船南下豫章，准备迎战起义军。直到亲眼见到起义军的阵容，何无忌才后悔了。

此时的起义军已今非昔比，部队中很多人是在江东作战时幸存下来的老战士，身经百战，经验丰富。在广州期间，起义军又招募了许多当地的少数民族，这些人凶狠好斗，极富战斗力。而且，徐道覆这些年苦心积虑，打造了许多高大优良的战船，性能超越了官军的船只。双方一交战，其结果可想而知。

三月二十日，何无忌和徐道覆的部队在豫章附近的赣江水面上交战，何无忌很快大败。他拼死力战，但仍旧挡不住起义军的凶猛攻势，最终壮烈战死。豫章及寻阳两城随后失守。

何无忌殉国的消息传到建康，朝廷上下惊恐万分，一些人甚至提出迁都。所幸不久发现起义军距离建康尚远，朝臣们才安心了一些。

原来，卢循和徐道覆的战略理念不一致。卢循希望稳扎稳打，先夺下荆州，再顺江而下攻取建康；而徐道覆希望横冲直撞，直接从赣江北上长江，直取建康，打朝廷一个措手不及。两个人谁也说服不了谁，导致起义军兵分两路。徐道覆这一路兵力不足，打败何无忌后无力扩大战果，刘裕因而有了时间从广固撤军。

刘裕从广固前线十万火急地赶回来。为了加快回国速度，刘裕留下了所有辎重，只带几千精兵先行赶回。他们觉得乘船太麻烦，就日夜兼程地步行前进。到最后，刘裕干脆只带十几名亲随骑马疾驰，赶到长江北岸时，他很担心地向路人打探建康城的情况，得知起义军还未临近，他的心情才安定下来。

四月初二，刘裕终于进入了建康。此时的建康城已经涌进了各地来的勤王军，包括诸葛长民和刘毅堂弟刘藩的部队。刘裕本想坐镇建康，统筹全国军力一起剿灭起义军，却收到消息说，在姑孰的刘毅带领本部人马准备前往迎敌。

刘毅自作主张是因为他不服刘裕，不甘心受其指挥，他也生怕胜利后功劳归刘裕，使得刘裕的声望更加高涨。他想抢一份头功。

刘裕得知刘毅的水军即将出动，连忙写信劝阻，又派刘藩亲自前往姑孰劝说。刘毅勃然大怒道："当初起义的时候，大家不过是临时推举他为盟主，你真的以为我不如他刘裕吗？"

说完，刘毅把刘裕的书信扔在地上，带着自己的部队出发了。他自信领兵多年，还平定过荆州的桓氏家族，收拾徐道覆那些小毛贼绰绰有余。

徐道覆知道刘毅的指挥能力和部队的战斗力都胜于何无忌，是个不容易对付的敌人。于是，他立刻派人联系卢循，请求他赶来增援。

此时卢循刚刚攻下长沙，正准备北上进攻江陵。行进间，得到了徐道覆的求援信，信上说："刘毅的部队很强大，我们成功与否就看这次战斗了。只要能打败刘毅，建康就唾手可得，江陵也就不值得担忧了。"

卢循认识到此战的重要性，便立刻集合了部队东进。

另一边，刘毅挥师猛攻，徐道覆故意节节败退，将他引到寻阳附近。卢循的部队赶到后，起义军立即对刘毅军展开了包围夹击。

五月七日，刘毅与起义军在桑落洲展开了决战。卢循率兵从背后袭击刘毅军。刘毅陷入了腹背受敌的窘境，最终大败。他扔弃了所有的船只和武器辎重，只带领几百人上岸逃走，其余部下尽数阵亡或被俘。

虽然取得了大胜，卢循却并不开心。原来，他从俘虏口中得知，刘裕已经从北方回来了，而且还灭掉了南燕。卢循一想到接下来要和刘裕交手，顿时脸色大变，打算退守寻阳，向西攻取江陵，不再去攻打刘裕防守的建康了。

但徐道覆竭力劝说卢循，认为刘裕北伐归来必定士卒疲惫，兵力不多，起义军应该乘胜东进，一鼓作气拿下建康。卢循犹豫了几天后，最终同意了徐道覆的建议。

刘毅的败报传到建康，建康再次陷入了巨大的恐慌中。由于刘毅不服指挥，带走了姑孰守军，导致建康的守卫力量不足，西面的门户姑孰也失守了。许多人再次提议迁都，但刘裕没有同意。

刘裕知道，一旦弃守建康，自己将威信不存，起义军则会士气大涨，将来的胜负就难以预料了。因而，他顶住压力下令坚守，发动建康百姓加固周边的要塞和城墙，又不吝赏金招募敢死之士，准备与起义军决一死战。

五月十四日，卢循和徐道覆率领起义军抵达建康城郊。建康城内外戒严，刘裕则坐镇石头城，将守军布置在建康外围的堡垒中。人们看见地平线上绵延不绝的起义军船队，心都提到了嗓子眼。

刘裕最担心的问题是他匆忙之下来不及给建康布置一道坚固的城防，尤其是城南防守薄弱。如果起义军在附近登陆，以新亭（一说在今江苏南京雨花台区软件大道一带，一说在今江苏南京雨花台区西南靠近长江一带）为据点攻击建康城南，刘裕就必须弃守石头城、回援城区了。

刘裕每天都焦虑不安地在石头城高处观察起义军的动向。当他发现起义军没有在城南上岸，而是继续前进，在石头城对面的江心洲下锚时，他的神情一下子便放松下来。刘裕知道，起义军暂时没有登陆作战的打算。

起义军之所以没有登陆，是因为统帅卢循畏战不前。当时，徐道覆建议他弃舟上岸，利用起义军的兵力优势立即攻城，兵分多路突击，说这样一定会让晋军分身乏术。但卢循拒绝了。他听说建康城里有官员自杀，以为晋廷人心惶惶，说不定马上就要崩溃了，不如再等等看，等建康守军自行溃乱，届时，起义军就能用最少的伤亡获取胜利，也不用担心进攻途中遭遇刘裕的埋伏。

徐道覆见卢循如此多疑少决，坐失良机，只能无可奈何地叹息道："我终将被卢公耽误，事情一定不会成功了。如果我能有幸为一位英雄效命的话，天下早就平定了！”

卢循这么一等，就给了刘裕加固建康各处城防的时间，刘裕连忙在原本薄弱的城南和秦淮河沿岸构筑了坚固的阵地。同时，他源源不断地调集各地军队充实防御，其中包括他灭亡南燕后收降的一支鲜卑骑兵。他让这些鲜卑骑兵身披五彩皮甲，绕着城池巡行，从心理上震慑起义军。

眼看建康城没有一点溃乱的迹象，而且兵马越来越多，卢循终于有点慌了。他连忙派出十艘战舰对石头城附近的木栅发起进攻。但刘裕早有准备，在木栅后面配备了威力强大的巨弩。起义军的船只靠近后，晋军弓弩齐发，当场击沉数艘起义军战船。卢循只好下令起义军撤回。

水战不成，卢循这才想到陆战。他采取声东击西的策略，派遣老弱士兵乘船北上，扬言要攻打城北的白石垒，但他让精壮士兵上岸埋伏在城南的秦淮河附近，等晋军调兵城北的时候发起进攻。

卢循的计策骗过了刘裕，刘裕给城南留下少许部队，自己带领大军北上增援白石垒。起义军当即在城南展开进攻，纵火焚烧了查浦（今江苏南京清凉山南），并攻到秦淮河边的张侯桥（今江苏南京长干里附近）。晋军试图发起反击，但遭到起义军伏击，伤亡一百多人。剩余的晋军只能依靠秦淮河沿岸的木栅殊死抵抗，暂时挡住了起义军的猛攻。

在这万分紧急的时刻，刘裕带领晋军主力撤回了城南。他派出一千多名长矛手前往秦淮河支援，最终击退了起义军。

进攻失利，卢循更加没有了取胜信心。接下来的时间里，起义军再也没有组织起强有力的进攻，战斗断断续续又打了一个多月，起义军除了劫掠了几个空无一人的村镇以外，没有任何收获。

此时起义军的粮道已被晋军切断，军中开始缺粮。卢循心灰意冷，觉得建康注定是攻不下来了，便对徐道覆说：“我军已经疲惫，不如返回寻阳，然后合力攻取荆州，占据天下三分之二的土地，再和刘裕慢慢抗争。”

徐道覆见部下疲惫、士气不振，只好同意了卢循的提议。

七月十日，起义军从建康撤退，刘裕连忙派兵尾随追击。几天后，刘裕又组织了一支人马，乘船从长江口入海，南下奔袭番禺，要端掉卢循的老窝。

由于缺少战船，刘裕还不能对起义军发起反攻，起义军仍然在长江水道上畅行无阻。而盘踞蜀地的谯纵和关中的后秦见东晋内乱，也欲浑水摸鱼，联合派兵入侵东晋，声势浩大地对荆州发起了进攻，东晋王朝仍旧岌岌可危。

当时守卫荆州的，正是刘裕的弟弟刘道规。

刘道规是刘裕的异母弟（刘裕继母的儿子）。刘裕从来没有排斥过这个弟弟，相反，一直把他当作亲兄弟带在身边照顾。而刘道规虽然武艺比不上自己的哥哥，但天资聪颖，精读史书，常常在关键时刻为刘裕出谋划策，排忧解难，从而深得刘裕的信任。

荆州位置重要，刘裕通过多番政治斗争，才让刘道规担任了荆州刺史。刘道规在任上兢兢业业，一面不遗余力地清扫残余的叛乱分子，一面改革法令，公正赏罚，使大部分荆州士民都归顺于他。

卢循之前从广州北上进攻荆州，差点儿就打到了江陵，却中途放弃，转而和徐道覆一起东下建康，心里一直很不甘。这次他集中起义军的所有兵力，与谯纵和后秦的军队遥相呼应，从东、西两个方向合围荆州。

强敌压境，荆州人心惶惶，刘道规却临危不乱。他根据起义军、谯纵军和后秦军互不协调、各自为战的弱点，集中有限兵力各个击破。他首先向北，在枝江（今湖北枝江西南）击败了力量最弱的谯纵军；随后向南，在江津（今湖北江陵南）击败了冒进的后秦军。

谯纵军和后秦军原本就是来趁火打劫的，并不打算死战到底，所以他们被击败后，觉得得不偿失，很快就撤退了，而卢循的大军此时还在江州境内。

得知后秦军队覆灭，卢循连忙派徐道覆领兵三万火速西进，进攻豫章口（今湖北江陵东）。刘道规亲率部队抵抗。激战中，官军前锋被起义军击败，起义军几乎要杀到刘道规的跟前。在这关键时刻，刘道规事先安排的另一支部队突然从起义军背后杀出，起义军阵脚大乱。刘道规指挥部队前后夹击，终于把起义军击败。

徐道覆狼狈撤退，三万军队几乎全军覆没。这些人集中了起义军中的精兵强将，此战失利让起义军元气大伤。卢循只能退守现有的占领区，不敢发起任何进攻了。

起义军大势已去。

十月，刘裕造好了战船，他重整军队，亲自带兵自建康西进，对起义军发起反攻。十一月，刘裕的大军挺进到雷池（今湖北黄梅南）。卢循率领起义军倾巢出动，数万大军乘船塞江而下，船队前后望不见头尾。刘裕也出动所有战船，利用水流和风向快速逼近起义军的大船，双方随即爆发大战。投枪利箭四处飞舞，大小船只横冲直撞，破裂的战船倒塌倾覆，物体碎片和尸体飘满了江面。

战斗中，刘裕使用威力强大的弩箭进行射击，接连打沉起义军的战船。这时刮起了东北风，起义军的船只都被吹到长江南岸，早已埋伏在江边高地的官军将事先准备好的火把和火箭投向起义军的战船。起义军的船只纷纷起火，浓烟冲天，许多士兵在混乱中跳入江中淹死，最终全军大败。

卢循带领剩余的军队向东突围，顺江逃到寻阳，准备再沿赣江逃回广州。刘裕穷追不舍，一直追到左里（今鄱阳湖与长江交汇口），遇到了正准备撤退的起义军。起义军在湖口修建了木栅阻碍官军，刘裕便以火船开道，强攻起义军的防线。

激烈的战斗持续了将近一天，起义军拼死力战，但还是无法阻挡刘裕军的凌厉攻势。官军最终突破左里，斩杀起义军一万多人。卢循和徐道覆带着残兵败将轻装南逃。

但卢循哪里料到，自己的老窝番禺早在两个月前就被刘裕派出的海上远征军占领了。他急冲冲地赶到番禺城下，发现这里大门紧闭，城门上已经树立起官军旗帜。暴怒不已的他下令包围番禺城，日夜猛攻，但守城的官军坚守死战，抵挡住了起义军二十多天的围攻。

在这二十多天里，南下追击的官军也赶到了广州。义熙七年（公元411年）二月，官军攻占始兴，斩杀了徐道覆。起义军失去了一位重要将领，又陷入了腹背受敌的境地。卢循不得不放弃围攻番禺，带领部下向西撤退。

起义军一路经过当时蛮荒无人烟的广州西部（今广西壮族自治区中部），军中疫疾流行，又连遭官军袭击，只剩下三千多人。卢循最终逃到了交州的龙编（今越南河内东），有五千多名当地土著俚獠族人加入了起义军。

龙编距离当时的交州首府极为接近，时任交州刺史的杜慧度为了平定起义军，拿出家中所有财产激励官兵，将卢循包围在了龙编南面的渡口，与之展开了决战。官军向起义军的船只投掷火炬，又用密集的弓箭射击，起义军船只尽毁，士兵无法登岸，最终全军覆没。

最后一刻，卢循见部众彻底溃败，自知无法卷土重来了。绝望中，他将妻妾子女全部毒杀，自己则投水自尽。这一天，是义熙七年（公元411年）四月二十四日。

杜慧度派人把卢循的尸体打捞上来，割下首级，连同其余几名起义军将领的头颅一同送往建康报捷。至此，这场历时十一年、席卷整个东晋的五斗米教叛乱终于彻底结束了。

8. 气吞

五斗米教起义军这个老对手终于消灭了，整个东晋再也没有能撼动刘裕的敌人了。依靠平定卢循的功绩，刘裕加受太尉、中书监等官职，更加位高权重。

集团外部的大敌已然扫除，集团内部便到了最终摊牌的时刻。

刘裕将下一个目标指向了当初的战友——刘毅和诸葛长民。

刘毅，早年经历不详。年少时他不爱劳动，一直胸怀大志，渴望建功立业，曾在桓弘手下任中兵参军属。但他不愿在桓氏门下当一辈子小角色，便加入了刘裕的义军阵营

刘毅自视甚高，和刘裕在一起共事，不可避免地产生瑜亮之争。他始终不服刘裕，处处与其比较、作对，还拉拢了一批司马皇族和世家大族与刘裕抗衡。刘裕对他忍无可忍，但碍于国家多事，一直没有对他下手。

在与起义军作战中，刘毅惨遭失败，声望下跌。刘裕毫不客气地将他贬为后将军，剥夺了他的兵权，将他留在后方处理杂事。刘毅对此怀恨在心，他每次读史书，读到蔺相如屈让廉颇，总认为那是不可能的。为了与刘裕一决高下，他决定想办法扩张势力。

义熙七年（公元411年）四月，刘毅上书要求加督江州，得到了朝廷同意。刘毅到了江州后，立刻把江州府衙上下全部换成自己的亲信，使得

属于刘裕派系的江州刺史庾悦基本丧失了权力。庾悦气病而亡后，刘毅成为江州刺史，加上原来的豫州刺史一职，他掌管了两个州的军政大权。

一年后，荆州刺史刘道规病重，刘裕不得不把他从江陵召回建康调养。得知荆州刺史的职位空缺，刘毅立刻派人到京城和朝廷游说，想接替这个重要职位。

刘裕察觉到了刘毅此举的意图，但他为了让刘毅的谋反野心更加暴露，便欲擒故纵，同意刘毅担任荆州刺史，还给他升职为卫将军，加督荆、宁、秦、雍四州诸军事，条件是刘毅必须放弃豫江二州。

刘毅觉得荆州这个大州远比豫江二州有价值，便同意了刘裕的条件。利欲熏心的他完全没有想到，刘裕和刘道规兄弟俩给他下了一个圈套。

豫江二州虽然面积较小，但位居长江下游，距离建康不远。刘毅将这块战略要地放弃，使得刘裕顺利控制了整个长江下游，有了足够的战略缓冲地抵挡荆州军攻击。刘道规在荆州经营多年，有许多故吏旧部，他将这些人全部留在荆州，使得刘毅在荆州难以建立根基。

刘毅失去了朝中大权，到一个遥远陌生的地方外镇，实际上是一笔亏本买卖。但心高气傲的他自以为得势，觉得地盘扩大了就是赚到了。到荆州不久，刘毅又感到区区一个荆州不能满足胃口，又上书请求兼管广、交二州军事。

刘裕也答应了。

掌握了东晋半壁江山的军事大权后，刘毅狂妄起来，自以为是全天下举足轻重的英雄。

但他没能骄狂多久，在荆州刺史任上不过五个月，刘裕就突然向他发起了进攻。

刘裕当然不会那么傻，任凭刘毅在荆州发展壮大，他其实是一直在等待一个合适的机会对刘毅出手。

义熙八年（公元412年）九月，刘毅忽然生了重病。由于之前他来荆州时，带来了从江州、豫州抽调出来的部下和军队一万多人，这些人和荆州当地官员产生了矛盾，喧嚣不止，使荆州当地秩序一直安宁不下来，刘毅担心自己病重无法控制局势，就上书请求朝廷把时任兖州刺史的堂弟刘藩调到荆州，担任自己的副手。

刘裕决定抓住这个机会，一口气解决掉刘毅和刘藩两兄弟。他假装答应了刘毅，让刘藩到建康朝见皇帝，接受任命书。刘藩毫无戒备地赶到建康，被刘裕派人拿下。

刘裕以皇帝的名义下诏，历数刘毅的罪状，指出他意图和堂弟刘藩及一部分大臣联合起来谋反。刘裕随即在建康展开全城搜捕，将刘毅的党羽全部抓捕，然后将他们和刘藩处死。

三天后，刘裕亲自领兵从建康出发进攻刘毅。为了不打草惊蛇，他封锁了刘藩等人被杀的消息，并派归附了东晋的王猛之孙王镇恶带领一百艘小船先行，日夜兼程奔袭刘毅所在的江陵城。

王镇恶打着刘藩的旗号，说是刘藩的船队，正赶往荆州上任，一路骗过了沿途刘毅的军队。他们不分昼夜地狂奔了二十多天，终于赶到了距离江陵城二十多里外的豫章口。王镇恶让士兵们在此下船，烧毁了停泊在附近的刘毅军战船，然后步行赶往江陵，沿途依旧声称是刘藩部下。

他们抵达江陵城外五里时，被偶然撞见的刘毅部下看出了破绽。刘毅部下没见到刘藩，又发现江上的船只被人烧了，这才明白来者不善，慌忙逃入江陵城中告变，并急忙关城门。

王镇恶立马挥兵进攻，抢在城门关闭之前冲进城中，与城内敌人展开巷战。刘毅军没有防备，作战不利，只能躲进内城。

王镇恶给内城的刘毅投送了刘裕亲笔写的劝降书，刘毅看都不看就烧掉了，依旧指挥部下拼死抵抗。王镇恶率军猛攻，从中午一直打到傍晚，最后在一位江陵本地人的指引下，通过内城东门外的一处地道攻入了内城。晋军重重包围了刘毅的官府，但他仍然不愿投降，指挥左右亲兵继续顽抗。

一直杀到黑夜，王镇恶怕天黑误伤到自己人，就停止了进攻。刘毅趁机突围逃出城外，试图躲藏在江陵城北的一座佛寺中，但寺庙里的僧人拒绝收留他。刘毅感到穷途末路，便在树林中上吊自杀。

刘毅的尸体被发现后，王镇恶命令将他的首级砍下，又搜捕刘毅的家人和兄弟子侄，将他们全部斩首。刘毅在荆州的党羽也被一一抓获，尽数处死。

十一月十三日，刘裕才率领大军抵达江陵。他在荆州驻停多日，计划一鼓作气，乘胜去进攻蜀地的谯纵。但他又担心留在建康的诸葛长民会趁机作乱，便派心腹干将朱龄石带兵去进攻谯纵，自己则返回建康诛杀诸葛长民。

此时的诸葛长民确实已经有了谋反打算。诸葛长民能力平庸，却一直骄横放纵，贪腐奢侈，经常被人参劾。诸葛长民也一直担心自己会因行为不法而被刘裕惩罚，刘毅死后，他更是兔死狐悲，感到自己将会成为下一个目标。

诸葛长民对身边的人说："前年杀彭越，今年就要杀韩信了啊！"

但他胆小懦弱，虽有心谋反却始终没有付诸行动。他的弟弟劝说他尽快采取行动，不然等刘裕回来就来不及了。但诸葛长民还是犹豫不决，反而叹气说："贫贱的时候想着要富贵，富贵之后又有了危险。现在想做一个普通百姓，却又不可能了。"

忧惧之下，诸葛长民找过留在建康的一些权势人物，包括刘裕最信任的幕僚刘穆之，旁敲侧击地试探这些人会不会支持自己谋反。结果自然可想而知，所有人都没把他当一回事，反而把他意欲谋反的消息报告给了刘裕。

诸葛长民迟迟不肯动手，给了刘裕充分的时间从荆州赶回。刘裕为了防备诸葛长民可能的谋害，将部队的辎重船隔三岔五地提前送回建康，造成自己不日就要返京的假象。他又多次派人告知自己要返回建康的日期，让诸葛长民等朝臣数次前往城外迎接，却又次次落空。这样一来，诸葛长民始终紧张于刘裕马上要回来了，他的谋反行动也就无从计划了。

义熙九年（公元413年）二月三十日晚上，刘裕乘坐小船突然回到建康。三月初一的早晨，诸葛长民得知消息大吃一惊，匆忙赶去刘裕府上。

刘裕事先派武士埋伏在密室里，等诸葛长民来后故意屏退左右，邀诸葛长民到密室内商谈要事。密室中，刘裕故意和诸葛长民套近乎，谈论一些以前未谈及的话题。诸葛长民很高兴，放松了警惕。埋伏起来的武士便乘机走出来，把诸葛长民打死了。

刘裕随后抓捕了诸葛长民的几个兄弟和亲信，将他们处死。建康城中从此再无能和刘裕对抗的义军统帅了。

与此同时，朱龄石率领的两万晋军在开赴蜀地的途中。他们出发之前，刘裕给他们定好了作战部署。

刘裕知道这次伐蜀不能像桓温当年一样赌运气，要想尽快消灭谯纵，就得用计谋。他让朱龄石通过白帝城后兵分三路，一路由老弱士兵乘坐高大的战船伪装成主力，从内水（今涪江）向黄虎（今四川射洪东南）进发；一路偏师作为疑兵，从中水（今沱江）攻取广汉（今四川双流境内）；另一路主力乘坐小船，轻装从外水（今岷江）进攻成都。

朱龄石按照刘裕的部署分派军队，果然把谯纵的主力都吸引到了成都东北的涪城（今四川涪城）。朱龄石随即带领晋军主力从成都南面发起突袭，攻克了坚固的彭模城（今四川彭山东北），作为偏师的另一支晋军又在牛脾（今四川简阳）打败了成都外围的谯纵守军，晋军很快便兵临成都城下。

谯纵军军心动摇，纷纷溃散。谯纵也只得弃成都而逃，躲藏了一段时间后自杀。朱龄石进入成都后将谯纵宗族尽数诛杀。蜀地遂告平定，再次被纳入东晋版图。

平定了谯纵后，刘裕可以说完全消灭了南方所有的割据力量，使东晋王朝真正实现了统一，其威势和影响力完全超过了东晋建立以来所有的主政者。

过去，东晋王朝名为汉人正统、南方士民共同认可的朝廷，实际控制力却很弱，有效管理的只有江东的扬州一带。其他地区，尤其是荆州和广州，几乎是国中之国，当地百姓只听命于当地的士族豪强，向他们缴纳赋税，却很少给东晋朝廷纳税。蜀地的益州和梁州则长期被少数民族或叛军占据，更加疏离于晋廷之外。

刘裕的这一系列战争，名义上是平定东晋内乱，实际上是在实现东晋的“再统一”。他的军队深入荆州、广州、益州，消灭了叛乱分子，也打击了当地的豪强势力，使尾大不掉的士族门阀无力再对抗朝廷。

然而，颇为讽刺的是，东晋王朝依靠刘裕第一次实现了对南方领土的强力掌控，国力也比以往更加强大，但大权早已不在司马氏这里，更不在琅邪王氏、谯国桓氏、陈郡谢氏等门阀士族的手里，而是全部集中到了下层士族刘裕的手中。

大晋王朝只剩下了一副躯壳，门阀政治也即将走到终点。

刘裕掌握了整个东晋的军政大权，其威望和权势远超王导、桓温和谢安，比以往任何一位主政大臣都更强势。他离登基称帝、改朝换代只有一步之遥了。

刘裕未尝没有这个野心，当权力和声望越来越大，接近顶点之时，一个人的欲望，以及身边追随者的期盼，都会促使他必然迈出这最后一步。

但在篡位之前，刘裕还必须清理掉最后一批抵抗者，这些人就是晋室皇族。

晋朝宗室历经了一百多年纷乱，遭到少数民族和士族、豪强多次诛灭，已经所剩无几，当中最有能力和声望的只有司马休之了。司马休之是司马尚之的弟弟，当年曾帮助哥哥共同对抗桓玄。桓玄谋逆成功后，将司马尚之杀害，司马休之外逃流亡。他先后去了后秦、北魏和南燕，希望向这些国家借兵讨伐桓玄，但都没有成功。等到刘裕推翻桓玄后，他才从北方回国。

因为司马休之一直与桓玄为敌，立志匡扶晋室，所以他在皇族中威望极高，追随者甚多。当时主持朝政的司马遵封他为监荆益梁宁秦雍六州诸军事，领荆州刺史，借用他的名望去讨伐荆州的桓氏余党。后来又转封他为后将军、会稽内史。

讨伐刘毅时，刘裕把司马休之抬出来，授予他平西将军、荆州刺史，用以收揽荆州地区的人心。但刘毅被消灭后，司马休之留在荆州不肯走了。他已然察觉出刘裕篡位的图谋，打算利用荆州为根据地与刘裕抗衡。

司马休之在荆州期间施行各种惠政，受到荆州士民广泛欢迎，这让刘裕感到紧张。刘裕决心尽快除掉司马休之，但对方是堂堂皇族，又没有明显的过错，刘裕一时找不到借口，难以下手。

司马休之处事谨慎，但他的儿子们就没有这般稳重了。司马休之的长子司马文思性情粗暴，爱争斗，又喜欢结交游侠，经常目无法纪，在建康城内斗殴伤人。终于有一天事情闹大，把一位官吏给打死了。

刘裕立刻借此大做文章，让朝廷下诏将司马文思的仆役和结交的游侠抓起来处死，然后将司马文思交给司马休之，要求他严厉惩罚，实际上是让司马休之把这个儿子杀了。司马休之爱子心切，不愿牺牲儿子的性命，只是上书道歉，请求废司马文思为庶人。

刘裕便以此为借口，于义熙十一年（公元415年）正月以朝廷的名义下诏讨伐司马休之。他把司马休之留在建康的次子和侄子杀死，然后亲率大军进攻荆州。

司马休之毫不示弱，上表公开刘裕的罪行，集结了四万人马迎战。由于司马休之在荆州施政赢得不少声望，加上刘裕这些年对异己者大量诛杀，不少荆州官员愿意响应，就连雍州刺史鲁宗之都站在司马休之这一方。

刘裕发起的这场军事行动并不轻松，双方前锋交战，刘裕军大败，包括刘裕女婿徐逵之在内的几位将领战死。

刘裕得知消息后大怒，率领大军横渡长江，直攻江陵。司马休之派兵沿着长江岸边陡峭的山崖布防，居高临下用弓箭射击刘裕军，使其无法攀崖上岸。刘裕更加愤怒，气得要穿上战甲亲自攀登，身边将领奋力阻拦，他才作罢。

最后，刘裕和众将想出了办法，派敢死队用尖刀在悬崖上凿出用以攀爬的小洞，历经艰险才把大军送上悬崖。

经过一场血战，刘裕最终击败了司马休之的军队，占领了江陵城。司马休之带着家人和鲁宗之先逃到襄阳，但襄阳守军不纳，他们只好向北逃。

刘裕派追兵追捕司马休之一行，但荆州百姓感怀司马休之的恩惠，掩护和帮助司马休之等人逃亡，刘裕的追兵一无所获。司马休之等最终逃至后秦。

司马休之的反抗点燃了一些晋室皇族抵抗刘裕的火焰。刘裕在荆州期间，一位晋朝宗室派人将刘牢之之子刘敬宣刺杀。建康城内也多次发生骚乱，经常有百人规模的乱民袭击官府和兵营。这些事件令刘裕怒不可遏，他将追查出来的晋朝宗室成员全部处死。

在对付刘毅和司马休之的这些年，刘裕还抽出时间对王朝的政治制度进行了改革。

东晋自从建立以来，朝廷纲纪松弛紊乱，士族门阀互相兼并，频繁的战乱导致百姓流离失所、生活贫困。因此，刘裕改革的主要内容是整顿规章制度，严明法纪，对百姓轻徭薄赋，同时限制士族门阀的特权，以争取底层民心；同时，他大力推行“土断”，把南迁人口纳入政府户籍，废除过去给予他们的免税权，取消一部分侨置地郡县，并严厉打击那些隐匿人口的士族豪强，为自己独揽大权、充实国库创造条件。

再也没人可以撼动刘裕的地位了。

9. 万里

义熙十二年（公元416年），刘裕五十三岁了，在古代已经属于老年了。他自感时日无多，迫切希望能在生命的最后阶段实现称帝理想。但是，他毕竟是个出身下层士族的武官，在门第观念浓厚的晋朝，他的血统不够高贵，贸然称帝无法服众。即便刘裕声称自己的祖上是汉朝皇族，也难以改变人们对他的质疑。

要让天下所有人都闭嘴，刘裕只能再次祭出北伐这杆大旗，凭借一场空前的军事胜利成为国家和民族的超级英雄，从而当之无愧地登上帝位。

后秦，成了他这次北伐的目标。

后秦是关中的羌族首领姚苌建立的国家。羌族在商代就出现在了西部草原上，因为擅长养羊，所以被华夏族称为“羌”。而在早期中原文化语境中，羌人是西部游牧民族的泛称，他们部族众多，语言互不相通，中原人往往把居住在西部草原上的羌人、戎人、夷人、氐人混为一谈。直到汉朝之后，中原人深入接触了西方地域，了解了这些民族，才根据语言和习俗的差异渐渐把他们区分开来。

羌族在漫长的历史岁月中多次内迁，许多部族融入汉族。西晋末年大动乱期间，聚居在关中地区的羌族在首领姚弋仲的率领下起兵自立。但因为力量弱小，姚弋仲不得不先后依附于前赵的刘曜和后赵的石勒。

石虎当权后，为了充实首都邺城附近的人口，管控日趋强大的氐族和羌族，把关中这两个民族的大部分强行东迁，让氐族聚居在枋头，羌族聚居在滠头。

在后来的后赵国内战中，羌族首领姚弋仲做出了与氐族首领苻洪不一样的选择。苻洪选择投降东晋，趁乱西迁，姚弋仲则留下来和石祗并肩战斗，一起对抗冉闵。姚弋仲为人豪迈，与石虎关系良好，所以他愿意帮助石祗。儿子姚襄打了胜仗但没捉到冉闵，姚弋仲还气得打了他一百杖。

石祗被冉闵消灭后，姚弋仲也因病去世。此时的羌族失去了抢占关中的先机，走投无路下，姚襄带领部众投降了东晋，获得殷浩重用。但姚襄壮大势力后很快背叛东晋，在河南一带流浪，攻打过许昌和洛阳。后来他被桓温击败，逃入关中，又为苻坚所败，战死在了军中。

姚襄的弟弟姚苌统领羌族部众，投降了氐族建立的前秦。苻坚给予他们善待，还任命姚苌为扬武将军，让他统领羌族军队为前秦帝国征战。

但姚苌在关中建国的理想从未消失，他和慕容垂一样，一面为苻坚效力，一面暗中积极培养势力，谋划建立属于羌人自己的国家。前秦在淝水之战中惨败，终于给了姚苌这个机会。他借讨伐慕容泓之机带领羌人脱离前秦自立，也立国号为秦，史称后秦。

姚苌在陕北高原坐山观虎斗，静观苻坚和慕容冲厮杀，然后抓住苻坚出逃五将山的机会将苻坚杀害。

姚苌杀害苻坚的行为激怒了氐人。鲜卑人离开关中后，苻坚的族孙苻登集合前秦残余势力，发动氐人向羌人发起复仇战。姚苌虽然占有了长安和安定（今甘肃泾川北）等大城市，并在长安称帝，但始终无法消灭苻登，反而多次被苻登打得狼狈而逃，自己也在太元十八年腊月（公元394年年初）病逝。

姚苌之子姚兴继承帝位后，团结关中地区的其他羌人领袖集中力量攻击苻登，最终将其击败杀死。姚兴率领后秦扩张，向西消灭了西秦（鲜卑人乞伏乾归建立的国家）、后凉（前秦西征西域的武将吕光建立的国家），占据了河西走廊部分地区；向东渡过黄河，占据了西燕残部控制的河东地区，设立了平阳郡和河东郡（今山西临汾到运城一带）；向南攻打东晋，占领了洛阳，将国境线一直推进到淮河北岸。

在扩张的同时，姚兴也在内政上尽心尽责。他重用汉族士人，公正刑法，废除酷刑，使关中地区的社会秩序很快稳定下来。姚兴也注意发展农业，为了解放劳动力，他下令将战争期间被掳掠为奴婢的人全部释放，让他们以平民身份从事生产。这一举措得到了许多百姓称赞。

姚兴不仅重视内政和生产，还非常关注文化教育。他在国内大兴儒学，鼓励儒士们开课收徒，闲暇之时，也会亲自请经学博士给自己讲解儒家思想。

姚兴在消灭后凉国后，命人把原本在吕光身边的西域高僧鸠摩罗什请到长安，尊奉他为国师。在姚兴的支持下，鸠摩罗什为中原土地培养了众多佛教弟子，将《金刚经》《维摩经》《法华经》等近三百卷佛教经典翻译成汉文，为佛教在中国的广泛传播做出了不可磨灭的贡献。鸠摩罗什最终在长安圆寂。

无论能力还是品行，姚兴都称得上一位杰出君王，后秦在他的带领下达到了国力鼎盛。

可惜，后秦自建立以来就处境尴尬，四邻都是强敌，后燕、北魏、南燕，乃至东晋的刘裕都不是简单角色。这意味着后秦无法得到安宁的生存环境，终究不能成为雄踞北方的强盛帝国，只能把领土维持在关中地区。

姚兴性格上的缺陷和一些错误决策，也给后秦过早败亡埋下了伏笔。

姚兴的第一个错误是重用匈奴人赫连勃勃。

父亲姚苌收留了反叛拓跋珪的没弈干部落，导致北魏和后秦反目。

姚兴即位后为了与北魏争雄，不顾大臣们的反对，又收留了被北魏打败的赫连勃勃。

赫连勃勃原名刘勃勃，刘卫辰之子。刘卫辰当年被苻坚任命为西单于，统领代国西部故地。前秦分裂后，北魏消灭了刘卫辰部，刘卫辰本人也被杀死。赫连勃勃只好向南流亡，最后逃到了后秦。

姚兴见赫连勃勃身材魁梧，机智善辩，非常喜欢，认为对方是个人才，一定能帮助后秦对抗北魏。于是，他在义熙二年（公元406年）任命赫连勃勃为安远将军，封阳川侯，让他守卫河套地区，并把刘卫辰旧部以及当地的匈奴人和其他杂夷交给他统领。

落魄的赫连勃勃被姚兴重用后，一跃成了河套地区的军阀。他截留抢夺后秦的赋税和物资，吞并周边的弱小部族，仅仅一年之后就叛离后秦自立，自称天王、大单于，设立了百官和年号。他自认是夏启后代，故定国号为"大夏"（另有"胡夏""赫连夏"等称谓）。

从此之后，后秦不仅要应对其他地方的敌人，还要抗击大夏的进攻。后秦军多线作战，苦不堪言。赫连勃勃极其残忍狡猾，一面杀降屠城，一面招降后秦军中的人才，后秦因而人口锐减，经济不振，人才纷纷流失，国力日趋衰落。姚兴为了应对战事，对百姓加征赋税，更加激化了社会矛盾。

姚兴的另一个错误是轻易放弃领土。元兴二年（公元403年）他打败了后凉，占领了后凉首都姑臧。但姚兴认为以姑臧为中心的河西地区土地贫瘠，距离长安遥远，统治和管理不便，有意放弃这片土地。南凉（鲜卑人秃发乌孤建立的国家）当时臣属于后秦，向姚兴进献了三千匹战马和三万头羊，姚兴就把这片土地让给了南凉管理。这不仅使得后秦失去了河西走廊这块战略要地，而且让小国南凉获得了壮大的机会，后秦从此之后再也无法打败南凉。

刘裕推翻桓玄后，派人出使后秦言和，并且请求归还南乡（治所在今河南淅川西南）等郡。姚兴为了稳住南方的东晋，集中力量向西部用兵，就慷慨地归还了东晋十二个郡，使得洛阳城南面的屏障尽失，后秦在中原地区的力量大减。

姚兴更致命的错误在于没有处理好继承人的问题。他立长子姚泓为太子，却喜欢三子姚弼，这导致了姚泓与姚弼结党内斗，朝臣和其他皇子们分成两派，互相倾轧，朝政日非。姚弼为了夺取皇位，多次在姚兴病重期间密谋发动政变，但姚兴念及父子亲情，一直没有予以严惩。

义熙十一年（公元415年），姚兴再次病重。姚弼认为父亲即将去世，迫不及待地再次策划政变，但还未发起就被姚兴逮捕了。第二年二月，姚弼的党羽误信姚兴已死的传言，发兵攻打皇宫。皇宫内外混战惊动了姚兴，姚兴痛心之下不得不勉强支撑病体，出面宣布将姚弼赐死以平息叛乱。他因此精神大受打击，第二天便去世了。

太子姚泓继任了皇位，此时的后秦已经是内忧外患，国力大不如前了。姚泓本人性格温和，体弱多病，缺乏宏才大略，更加无力掌控国家。在这内忧外患之际，后秦偏偏又招惹了最不该招惹的敌人——刘裕。

司马休之在迎战刘裕之初，曾派人向后秦和北魏求援。后秦和北魏各自派出一支军队南下，但在中途得知司马休之战败，两国军队只好返回。后秦皇帝姚兴不甘心，在第二年（416年）正月又派兵进攻襄阳，掳掠荆州北部。一个月后，姚兴就生病去世了，后秦军只好撤退。

后秦多次趁乱南下，并且收留司马休之等刘裕的敌人，让刘裕有了攻打这个国家的口实。五十三岁高龄的刘裕决定发起他人生中最后一场，也是规模最大的一场征战。

北伐后秦，收复洛阳和长安！

义熙十二年（公元416年）八月，就在姚兴去世半年之后，刘裕举全国之力，集结了晋军精锐，水陆并进，正式发起了北伐后秦的战争。

有桓温的教训在先，刘裕对这次北伐后秦做了精心谋划。他放弃了过去桓温翻越秦岭直扑长安的做法，认为这样后勤补给困难，风险太大，而是采取了稳扎稳打、先易后难的战略，先集中力量攻取后秦的河南地区，利用河南地区的水道运送粮草，然后在来年春夏涨水之际溯黄河而上前往关中。假如作战失利，从河南地区撤退也能更为迅速。

按照刘裕的部署，晋军前锋兵分三路先行出发，攻取后秦的河南地区，并畅通两大水道：一路由王镇恶率领，从淮河一带向西进攻许昌和洛阳；一路由沈林子率领，从汴水经荥阳，掘开石门水口，开通汴水河道；一路由王仲德率领，自彭城沿泗水河北上，开通泗水—济水河道。

与此同时，刘裕指派沈田子（沈林子的哥哥）为将，作为疑兵进攻武关，做出要通过秦岭进攻关中地区的假象。另派一路由朱超石率领，自新野（今河南新野）北上进攻阳城（今河南登封东南），辅助王镇恶攻取洛阳。

刘裕在这几路大军都出动后，亲自率领主力大军和辎重粮草从建康出发，坐镇彭城，计划等水道开通后进入黄河，到洛阳与王镇恶、沈林子和王仲德三路军队会合，一起进攻潼关。

得知晋军大举入侵，姚泓连忙召集文武百官商议对策。当时，大夏军正在围攻后秦的安定，有大臣建议放弃安定，把兵力集中在关中与晋军决一死战。但也有大臣反对这一建议，认为放弃安定会使大夏军侵入关中，现有的兵力足以抵挡晋军进攻，只要紧守重要城市和关隘，晋军并不容易取胜。

姚泓觉得后者说得有理，便没有收缩战线固守关中，从而使后秦军陷入两线作战、顾此失彼的被动处境。

虽然后秦国力衰落，但晋军前期的进展并不怎么顺利，开掘河道的工作尤其令晋军士兵吃尽苦头。由于南北对峙上百年，黄河以南地区反复易手，战乱频繁，汴水河道和泗水河道无人维护，早已淤塞损毁，甚至长出了茂密的树丛。负责开掘这两条河道的沈林子和王仲德不得不让士兵们人力挖掘，但寒冷天气下土地封冻，加大了工程难度，两条水道迟迟不能畅通。

只有王镇恶这一路比较顺利。由于赫连勃勃对后秦威胁巨大，后秦军主力被布置在了西面，没有在河南地区驻屯太多军队，王镇恶的部队次月就攻取了许昌，附近郡县和盗匪武装纷纷望风归降。姚泓连忙派兵一万三千人前往增援洛阳，但尚未赶到洛阳就已失陷，这支后秦军便停止了前进。到这年十月，潼关以东的后秦国土大部分被晋军占领。

此时，隆冬降临，晋军按照原计划停止了作战，在洛阳城内集结，只有担任疏浚河道任务的部队还在快马加鞭地劳作，刘裕则带领主力船队继续在彭城等待。

在这期间，后秦不但没有向晋军发起反击，反而陷入了内战。

驻守陕津（今河南三门峡西北）的姚懿（姚泓弟弟）突然率领部下发起叛乱，自称皇帝。这场叛乱刚平定不久，驻守安定的姚恢（姚泓堂弟）又率安定的三万八千镇户举兵，自称大都督、建义大将军，声称要入长安清君侧。姚泓不得不把守卫潼关和黄河渡口蒲阪（今山西永济西南）的军队调回一部分，费力将姚恢的叛军消灭。

两场叛乱虽然很快就被平息，却把后秦内部的动荡不安暴露无遗，也使得后秦潼关一带的防线出现了漏洞。距离潼关最近的王镇恶得知消息后，认为这是攻克潼关天险的大好时机，便不理会刘裕在洛阳等待主力的命令，带兵疾驰潼关。沈林子生怕灭秦功劳被王镇恶独吞，也跟着带兵前往攻打蒲阪，试图强渡黄河，进入关中。

然而，王镇恶和沈林子没有料到，兵力薄弱的潼关和蒲阪仍然极其坚固，晋军围攻数月都没能攻下。不久，后秦军主力回援，更加强了潼关和蒲阪一带的防御。

王镇恶和沈林子擅自行动，打乱了刘裕原本的作战计划。恰在此时，东线的王仲德部终于挖通了泗水河道，心急如焚的刘裕连忙带领船队北上，在义熙十三年（公元417年）三月进入黄河。但晋军一进入黄河，就遭到北魏军队骚扰。

滑台原本是北魏在黄河南岸的一处桥头堡，晋军北伐后，当地守将就弃城逃跑了，晋军便占领了滑台，这一举动让北魏产生了不满。刘裕在进入黄河前，为了稳住北魏，遣使向北魏言和，并请求黄河水道通行权，而后秦此时也派人向北魏求援。

北魏此时正发生饥荒，粮草不足，北方又被游牧民族柔然袭扰，无法参与大规模战争。皇帝拓跋嗣举棋不定，大臣崔浩便提议同时应允东晋和后秦两边的请求，然后派步骑兵十万驻屯在黄河北岸，监视晋军船队，防备晋军渡河北犯，万一刘裕战败，北魏便南下切断晋军后路，兑现援秦的诺言。这样一来，两边都不得罪，也保证了北魏的安全。

拓跋嗣听从崔浩的建议，派兵在黄河北岸监视。北魏骑兵跟随晋军沿黄河西进，晋军船只和士兵一旦不小心漂流到北岸，就会被这些北魏骑兵掳掠或杀害。晋军登陆北岸反击，这些北魏骑兵迅速逃离；等晋军回到船上，这些骑兵又回来跟随。

刘裕被北魏骑兵搅得心烦意乱，就在此时，王镇恶等人派来使者求粮。原来，因为汴水河道没有开通，王镇恶和沈林子的部队无法从南方运来粮食，而河南一带地广人稀，难以筹措粮草，使得在潼关作战的晋军陷入饥饿，王镇恶只好硬着头皮向刘裕请求增加兵力和粮食。

此时刘裕根本无法派出援军和粮食，他打开船舱窗户指着北岸的北魏军说："我让你们不要擅自行动，急功冒进。现在岸上的情况是这样，你让我怎么支援？"

他非常生气王镇恶不听指挥，把使者大骂了一顿，让王镇恶自己想办法。

王镇恶无奈，只好暂停进攻，派人四处动员劝说周边的士族和百姓，请求他们捐助粮食。在当地百姓的帮助下，王镇恶的晋军渡过了缺粮难关。

刘裕对北魏骑兵的骚扰忍无可忍，派自己的卫队七百人带一百辆战车登陆北岸，在一处平原地带摆下了北魏军从未见过的阵法——却月阵。

晋军把战车布置在阵前，阵形两端抱河，中间向外隆起，形成一个半圆形。每辆战车上有七名武士使用长矛保卫战车。

北魏骑兵从未见过这个阵形，不敢轻举妄动。刘裕便让朱超石（*朱龄石的弟弟*）率领两千人进入阵中，布置大弩和挡箭板。北魏骑兵见晋军布置好了阵法，便围拢上来发起进攻，他们排成密集的队形冲锋，激烈的马蹄声震动了大地。却月阵中的晋军身经百战，经验丰富，临危不乱，他们先使用强弓杀伤敌人，等北魏骑兵快速逼近，便拿出威力巨大的大弩。

这种大弩原本用在战船上，需要四个人拉动，弩箭就有三四米长，每次发射要用铁锤重击。晋军将这些弩从船上拆下来，布置在却月阵中，当敌人进入射程时，立即锤击大弩射击。

在一阵狂风般的呼啸声中，弩箭飞射出去，贯穿了三四名北魏骑兵。从未领教过如此大杀器的北魏军顿时阵脚大乱，而此时他们已经冲到了战车前，一时难以后退，几乎成了晋军的活靶子，死伤一片。许多人甚至跌落马下，被己方战马踩死。

晋军奋勇射击，当场击杀俘虏北魏骑兵上千人，领兵的北魏冀州刺史阿薄干也死于阵中。晋军阵前堆满了北魏骑兵的尸体，幸存的北魏骑兵惊慌失措地四散逃命。得知消息的拓跋嗣只好撤走这些骑兵部队，再也不敢前来骚扰晋军了。

击退北魏军后，刘裕带领大部队加速西进，于四月到达洛阳。虽然有了主力部队的支援，晋军仍然对潼关天险束手无策。刘裕在洛阳待了大约三个月，派人向洛水上游探索，试图寻找能够绕开潼关的路线。同时，他让沈田子部穿越秦岭骚扰关中，意图分散潼关守军的兵力。沈田子所部原本是负责佯攻武关的疑兵，只有一千人左右。

七月，刘裕得知开辟洛水航道无望，便带领船队驶出洛阳，准备强攻潼关。与此同时，他担心沈田子兵力薄弱，会被后秦军歼灭，便让沈林子率部往西南方向行进，接应自己的哥哥。

刘裕抵达潼关前线不久，忽然收到了沈田子那一路晋军传来的大捷消息。

原来，沈田子带领一千多名晋军不畏艰险，突破了武关，进军到青泥（今陕西蓝田南）。姚泓见晋军侵入关中，便亲自带领大军前去阻截，意图先消灭这小部晋军，再全力与刘裕军决战。

此时沈林子的援兵尚未赶到，许多人都劝沈田子坚守不战。沈田子却认为后秦内外交困，军队士气低落，姚泓本人也并非将才，完全有可能击败他们。他说："用兵贵在出奇制胜。他们以为我们兵力少，一定不敢出战，就不会防备我们的突袭。如果等到他们结好阵形，建好营地，那时我们才真的是无处可逃了。"

沈田子带领全军出动，冲进后秦军中与之搏斗。姚泓没料到晋军竟敢主动发起进攻，被打了一个措手不及，但他依仗自己人多，将这一千多晋军团团包围起来。危急时刻，沈田子鼓舞将士们说："各位不畏艰险远道而来，不就是为了参与今天这样的决战吗？封爵升官的大业就看现在了！"

历经多年战争的晋军士兵本就是百战余勇，他们在鼓舞下士气高涨，大声高呼着奋勇杀敌，最终突破重围，把数万后秦军打得落花流水。区区一千晋军竟斩杀后秦军一万人，还缴获了姚泓的马车和服装。

不久，沈林子的援兵赶到，兄弟二人合兵一处，对后秦军发起反攻。姚泓狼狈逃到灞上，沿路的后秦郡县纷纷投降了晋军。

捷报传到刘裕这里，众人都兴奋无比。但眼下大军无法突破潼关，单靠沈田子兄弟的人马很难攻下长安，大家对此焦急万分。

这个时候，了解关中风土的王镇恶提出了一个冒险的想法。他提议由自己率领一支精兵乘船绕过蒲阪和潼关，由黄河进渭河，直扑长安。此时正值八月雨季，渭河水位暴涨，可以保证小型船只通行。

刘裕批准了王镇恶的行动。

王镇恶便在晋军中挑选了一批敢死之士，乘坐艨艟溯流而上。艨艟是一种尖头狭长的冲锋舟，水手躲在船舱中划船，船的外侧用牛皮遮蔽，可以防火，船的两侧有狭小的窗孔，可供船中士兵射击弓弩。王镇恶早在数月前就在附近采伐树木，打造了一支艨艟船队。

由于艨艟外形狭长，吃水很浅，晋军在河道中航行速度很快。而不习水战的后秦军从未见过这种船，有些人甚至以为是神仙下凡，他们只能在岸上奔跑追赶，根本拦不住晋军。王镇恶顺利地从黄河进入渭河，又击败了在泾水河畔阻击的后秦军，于八月二十三日凌晨抵达长安北郊的渭桥。在这里，晋军全部下船登岸。渭河水流湍急，艨艟都被冲走了。王镇恶就对士兵们说道："你们的家乡都在江南，而这里是长安北门，距离故乡有万里之遥。现在船只、衣服、粮食都被水冲走了，今天我们发起进攻，战胜就可以建功立业，战败了就尸骨无存，没有第三条路可以走！"

士兵们齐声高呼，表示要血战到底。

王镇恶身先士卒，带领部下向长安城外的后秦军发起进攻。此时长安城外还有数万后秦军，但他们士气低落，在晋军的狂暴进攻下很快就溃不成军。姚泓带领城中人马前去增援，刚出城门就被前方的败兵冲击践踏，不战而溃了，姚泓只好仓皇逃回皇宫。

晋军趁势攻入长安。后秦军已彻底丧失了斗志，士兵们全都四处逃散。姚泓在数百名骑兵的保护下逃到石桥（今陕西泾阳西北），再也无路可去，他抱着自己的妻子儿女痛哭流涕，决定向晋军投降。但他十一岁的儿子姚佛念说："晋人势必要随心所欲，我们即便投降也必定难免一死，不如自杀。"

姚泓沉默许久，没有回答。姚佛念便跳下宫墙，为这个立国三十三年的国家殉葬了。

姚泓不久便带着家人和剩余的文武官员向王镇恶投降，王镇恶将他们收押，随后出榜安民，宣扬晋朝恩威，并约束士兵，严明军纪，使长安城很快恢复了秩序。

长安附近驻守的后秦军赶去救援，但见长安失陷，便在途中溃散了。刘裕带领晋军主力长驱直入，进入长安城。他收缴了后秦宫中所有的礼器和典籍，全部运往建康，其余财宝则封赏给立功将士。一百多名投降的后秦皇族并没有得到宽恕，被刘裕全部处死，姚泓也被押往建康斩首。

后秦宣告灭亡。

10. 如虎

消灭后秦后，刘裕的声望达到了顶峰。出兵之前，他就已经被任命为太尉，获得了剑履上殿、入朝不趋、赞拜不名的特权，并且一人都督青、冀、幽、并、司、郢、荆、江、湘、雍、梁、益、宁、交、广等二十二州诸军事，完全掌握了东晋的政治和军事大权。占领长安后，东晋朝廷下诏封刘裕为宋王，刘裕一时谦让，没有接受。

意气风发的刘裕打算再接再厉，一鼓作气消灭北魏，实现天下一统。但在此之前，他需要先处理好与西北各国的关系。

晋军虽然攻下了长安，但占领区还是局限在关中的平原地带，原属后秦的其他高原地区全部投降了赫连勃勃的大夏国。大夏一举成了西北最强大的国家，威胁长安周边。

后秦灭亡也令西北地区的少数民族感到恐慌。自从建兴四年（公元316年）西晋末代皇帝司马邺在长安被匈奴人刘曜俘获，长安和关中地区处在少数民族的占领下长达一百多年，他们已经把这片土地视作自己的领土，此时突然被晋人占领，他们难以接受。北凉国君沮渠蒙逊（匈奴人）得知刘裕占领长安，气愤不已，下令斩杀了一位衣着喜庆的汉人官员。

西北的少数民族对晋军普遍抱有敌意，他们纷纷支持赫连勃勃。赫连勃勃暗中厉兵秣马，让士卒们充分休息，时刻准备对关中的晋军发起进攻。

刘裕却判断失误，认为赫连勃勃与后秦仇杀多年，此番帮他消灭了劲敌，赫连勃勃应该感到高兴才对，和他结好没有问题。

于是，刘裕派人出使赫连勃勃，和大夏约为兄弟之国。赫连勃勃的态度也非常友好，怕在晋使面前失礼，特意让人先写好语句文雅的回信，背诵下来后当着晋使的面口授给舍人书写。刘裕读了赫连勃勃言辞优美、引经据典的回信，不禁对他刮目相看，也更加相信大夏目前不会构成威胁。

虽然刘裕不担心大夏国，但接下来发生的诸多问题让他感觉征讨北魏难度巨大。

首先是晋军长年作战，疲惫不堪。长途跋涉而来的晋军将士们经历了多场恶战，伤病满营，已经成了强弩之末，面对得到充分休息的十几万北魏铁骑，实在难有胜算。而且，来自南方的晋军将士们已经离开家乡一年多了，纷纷思念起故土，吵闹着要回家。单是坚守长安，刘裕都面临着巨大的压力。

其次是东晋流亡分子不断骚扰。原本逃亡后秦的司马休之、桓氏族人及刘裕其他一些政敌此时投奔了北魏，被北魏授予高官厚爵。北魏借用这些人的名号，收集匪徒骚扰黄河和济水一带，人数一度达到两万，晋军赖以运粮的泗水河道有被切断的危险。

重重困境之下，一个噩耗传到了刘裕这里——留守建康的心腹刘穆之病逝了。

刘穆之和刘裕一样，也是来自北方的南渡侨民，世居京口。不同之处在于，刘穆之的家族南渡较早，经济条件比刘裕家族好，且刘穆之酷爱读书，年纪轻轻就博览群书，通晓各种知识，在建威将军府中担任主簿。

刘裕起兵对抗桓玄时，何无忌向刘裕推荐了刘穆之，认为他才华出众，可以领导军中的文职工作。而刘穆之也不负重托，改革法令，稳定治安，把所有事情都处理得一丝不苟，井井有条。

刘裕是武人出身，对一些内政问题不太了解，刘穆之能及时向他提出正确的建议。当初王谧去世后，刘毅企图把刘裕排挤出朝廷，幸得刘穆之的建议，刘裕强行入京，才获得了统领朝政的权力。

刘裕因此十分倚重刘穆之，将他视为首席幕僚。一开始，他把刘穆之带在身边，为自己出谋划策，后来将他任命为留守建康的官员，自己率兵出战时，让他全权负责后方事务，并监视东晋朝廷的一举一动。

所以，刘穆之去世，意味着刘裕的后方出现了空虚。一旦有人兴风作浪，或者断绝关中晋军的物资供应，刘裕和他手下的几万晋军将死无葬身之地。

无奈之下，刘裕不得不做出痛苦的决定——带领晋军主力南归。

但是辛苦占领的关中不能随便放弃，刘裕决定带大部队回去，留下少量精锐部队驻守关中。反正大夏国是兄弟之国，这些人马守住关中应该问题不大。守将他也决定好了，就是率先攻入长安的王镇恶。

王镇恶，前秦名相王猛的孙子。因为出生于五月初五这个被古人认为不吉利的日子，由祖父王猛亲自起名“镇恶”。王镇恶的幼年经历并不如意，尚未懂事时，祖父王猛便去世了。十三岁时，前秦灭亡，关中地区大乱，王镇恶不得不随着族人颠沛流离，最后跟着叔父投奔了东晋。

在东晋有了安定之处后，王镇恶发挥了家族好学的遗传基因，读遍诸子百家，尤其是兵家典籍。但他不擅骑马和武术，是一位书生气十足的儒将。

刘裕为了积蓄力量，大力招揽人才，王镇恶便在他人的推荐下进入刘裕幕府。刘裕对王镇恶十分器重，认为他是名将之后，必然也是一位将才。王镇恶最初只是做一些出谋划策的参谋工作，后来在平定刘毅的战斗中，他担任先锋，一鸣惊人地迅速打败了刘毅。刘裕对他更加刮目相看，让东晋朝廷封赏他为汉寿县子，食邑五百户。

此后，王镇恶继续在刘裕军中立功。在北伐后秦的战斗中，他石破天惊地攻破长安，刘裕对他更是赞赏不已。刘裕认为王镇恶才智超群，又是王猛之孙，容易招揽和安抚关中地区的人心，绝对是镇守关中的不二人选。

但是，刘裕对王镇恶并没有真心信任。

一方面是因为王镇恶的私德并不好，他性格贪婪，打完胜仗后喜欢把各种战利品据为己有，贪污受贿也毫不在意。这次攻打后秦，进入长安后，王镇恶同样把后秦皇宫和国库中的不少珍宝和美女据为己有，连姚泓车子上的黄金都给抠下来。刘裕念在他立功的份上，没有计较，但还是不免对他的人品产生了怀疑。

另一个原因更为重要：关中士民敬重王猛，对王镇恶也抱有好感。刘裕担忧王镇恶镇守关中期间，收揽人心的工作做得太好，关中士民只认王镇恶，不认南方建康朝廷，这样一来，关中地区就不能被他刘裕掌握了。

为了避免王镇恶可能的背叛，刘裕决定实行权力制衡。

首先，他把关中地区的最高权力交予儿子刘义真，任命刘义真为都督雍、凉、秦三州诸军事，安西将军，领雍、东秦二州刺史。王镇恶为司马，凡事要向刘义真汇报。

但是，刘义真只有十岁，根本无法压制住王镇恶。刘裕就任命文官王修为长史，协助刘义真；武将沈田子等人为参军，负责一部分军事，用以牵制王镇恶。

刘裕认为这样一来，就可以确保关中万无一失了。做完这些安排后，他便率领大部队南撤了。从他进入长安到离开，前后不过三个月。

南归路上，刘裕为了防止东晋朝中有人作乱，要求朝中大事不远万里都要向他奏报，经他批复才能施行。他把全部的注意力都放在了建康那片方寸之地，却没有料到自己辛苦打下的关中很快就不攻自破了。

自古以来，君主安排人事上的权力制衡，没有一次是不出现问题的。即便雄才大略的刘裕，也不得不咽下这个苦果。

王镇恶是北方人，性情贪鄙，早就被晋军中的南方将领所厌恶。此番他立下不世之功，获得镇守一方的重任，更引发了许多南方将军的嫉恨。其中，最嫉恨王镇恶的莫过于沈田子了。

沈田子在攻打后秦的战斗中率领南线的佯攻部队，在青泥一战中，以区区一千兵力大破姚泓的大军，加快了晋军攻下长安的进程。沈田子自认为功劳卓著，觉得王镇恶是靠自己在南线的胜利才打下长安，纯粹是捡便宜的无赖，所以更加看不起王镇恶，想找机会除掉他。

当时留守关中的晋军南方将士普遍不喜欢王镇恶，而沈田子也有听命于自己的人马，这便给了他杀掉王镇恶的底气。

义熙十四年（公元418年）正月，刘裕南撤后不久，赫连勃勃的大夏就背信弃义，开始向关中腹地发起进攻。沈田子率兵迎战，但畏惧大夏军人多势众而停止不前。使者回报消息时，王镇恶当着使者的面责备了一通沈田子，然后亲自带兵赶赴前线，想要逼迫沈田子随自己出战。

沈田子得知王镇恶在背后责骂自己，憋了一肚子气，便以共同商讨退兵之策为由，邀请王镇恶前来议事。会议上，沈田子趁王镇恶不备，派人将他斩杀，然后拿着王镇恶的首级，带领几十名随从奔赴长安，打算向刘义真报告王镇恶谋反。

沈田子原以为刘义真不过是个小孩，一定认可自己的行为，但他忘记了刘义真身边还有辅政的王修。王修得知沈田子杀死了王镇恶，惊恐万分，觉得沈田子吞并了王镇恶的部队，很有可能是要谋反。就算沈田子没有这个打算，他在大敌当前擅杀大将，扰乱军心，无视法度，也是极其严重的罪行。

于是，王修说服刘义真逮捕沈田子，将其斩首处决。这一举动被报告给了撤退到彭城的刘裕，刘裕认可了王修的做法，认为沈田子“滥杀忠良”，并让东晋朝廷追赠王镇恶为左将军、青州刺史。

关中的晋军虽然痛失两员大将，但还没有陷入失控状态，有王修的坐镇，身经百战的晋军将士经过一番恶斗，暂时打退了大夏军的进攻。但好景不长，由于王修处事节俭，经常劝阻刘义真不要随意赏赐财物，刘义真的左右随从对他极为怨恨。年少的刘义真听信了一些小人的谗言，把王修处死了。至此，关中晋军群龙无首，陷入混乱，各地守军各自为政，根本不能抵抗大夏军。刘义真只好把军队全部调入长安，放弃了其余地区。大夏军随即长驱直入，包围了长安。

得知消息的刘裕连忙任命亲信朱龄石为都督，带兵前去接替刘义真管理关中。十一月，朱龄石长途跋涉，终于到达长安。见换防部队赶到，刘义真的部下更加没有了斗志，他们在长安大肆劫掠，在随行的车子上装满了财物，然后向南撤退。

刘义真的部队带着笨重的财物行进，所以行军速度极为缓慢。有部将建议刘义真赶紧下令抛弃财物辎重，轻装疾行，防备大夏军骑兵的追击，但刘义真没有听从。

很快，大夏军的追兵就杀到了。刘义真的部队在抵抗了几天后，最终在青泥大败，全军覆没。只有刘义真跑在前面，趁着夜色逃离了大夏军的追捕。晋军之前在长安劫掠来的财物全部被大夏军夺走，残忍的赫连勃勃下令将所有晋军俘虏全部斩首，将头颅堆成小山。

滞留在长安的朱龄石也自身难保。由于刘义真部下的劫掠，长安百姓极其厌恶晋军，纷纷驱逐他们。朱龄石见长安不能坚守，便烧毁了宫殿，带兵向潼关撤退。

不久，大夏军占领了长安。赫连勃勃为了免除后患，派兵继续追击朱龄石，最终将其包围在曹公垒（今陕西潼关东北）。大夏军切断了这座城堡的水源，全歼晋军，朱龄石和弟弟朱超石被押往长安杀害。

大夏军至此占领了整个关中地区，赫连勃勃在长安称帝，改元昌武。

关中仅仅被晋军收复十六个月，就重新落入他人之手。晋军损失了王镇恶、沈田子、朱龄石等多名重要将领，两万多名将士遭到杀害，这造成了十分沉重的打击，晋军再也不能发起大规模的北伐作战了。

刘裕虽然痛心疾首，但也无力回天了。好在潼关以东的河南地区没有遭到入侵，这场北伐还是保住了部分成果。

此时刘裕已经五十五岁了，他没有心思和力量把统一大业进行下去了，他唯一关心的事情只剩下一件——称帝。

整个东晋王朝，乃至整个天下，没有人的声势威望能比得上刘裕这样。

他自北府军底层做起，靠镇压孙恩起义发迹，历经几十场大小战斗，南征北战，东征西讨，足迹遍布南北，消灭了各种各样的敌人，为东晋朝打下了最广大的领土。拿他的丰功伟绩和晋朝开国的司马昭父子相提并论，也不为过。

声望、功绩和权势都达到了巅峰，君临天下就是必然的结果。

已成朽木的晋王朝终于到了落幕之时。

义熙十四年（公元418年），刘裕正式接受相国、总百揆、扬州牧的官职，以十郡建宋国，受封为宋公，并受九锡殊礼。

当年十二月，刘裕为了实现谶书上“昌明之后，尚有二帝”的预言，派人将晋安帝司马德宗杀害，立司马德宗的弟弟司马德文为帝，是为晋恭帝，改元元熙。

元熙元年（公元419年），刘裕再次进封为宋王，获加皇帝规格的十二旒冕、天子旌旗等一系列殊礼。又等待了一年多，刘裕最终逼迫司马德文禅让于自己。

元熙二年（公元420年）六月十四日，是一个令所有晋室宗亲和晋朝遗老伤心流泪的日子。这一天，在建康南郊的祭坛上，司马德文向刘裕奉上了传递一百五十四年的晋朝玉玺，就像当年曹魏末代皇帝曹奂向他的祖先司马炎奉上玉玺一样。相似的场景，相似的礼仪，相似的流程，只不过换了人物，换了地点而已。

刘裕在众人的欢呼声中驱车进入建康的皇宫，他登上原属于晋朝皇帝的宝座，宣布大赦天下，改国号为宋，改年号为永初。

晋王朝永远被抛弃在了落寞的尘埃之中。

不幸成为末代皇帝的司马德文最终没有获得同样禅让的汉献帝那样的好结局。刘裕出身低下，被门阀士族鄙夷，他担心那些士族会拥立司马德文对抗自己，就派人将司马德文用棉被捂死了。

晋王朝的末代之君以悲惨的方式结束了生命，晋王朝从此再也没有任何帝王留存于世，彻底终结了。

11. 归去

就在刘裕改朝换代，在建康欢庆荣登帝位之时，在寻阳的一处乡野茅舍中，一位诗人把自己的名字改为“潜”，以示自己终生不再出仕，永远隐逸在这片山水之中。

这位诗人，就是陶渊明。

平定苏峻之乱的功臣陶侃是陶渊明的曾祖父。陶侃以七十五岁的高龄去世，身后留下儿子有十七人之多，陶氏家族在东晋一时也是名门望族。但由于子孙过多，陶家发生内斗，加之其他家族如庾氏的排挤，到了陶渊明父亲这一代，家境已经大不如前。

陶渊明的父亲名字不详，娶名士孟嘉之女为妻，生下了陶渊明。陶渊明八岁之时，父亲去世，家道中落，生活陷入困顿。陶渊明一家搬到祖地寻阳居住，以务农为生，一家人彻底沦落为破落士族。

陶渊明的少年时期便是在寻阳的农村度过。家中除了母亲孟氏，还有一位小妾生的妹妹，只有他一个男丁。

生活艰辛让陶渊明自小就学会了农活，帮助母亲分担家务。这段农村生活经历也让他习惯于在乡野中生活，享受着不被打扰的宁静，他内心的才情被秀丽的山川熏陶，逐渐萌发出诗人情怀。

在亲族的资助下，陶渊明完成了学业。在儒家经典的教导下，陶渊明接受了士人的人生目标乃是“修身齐家治国平天下”的理念。他联想到自己的曾祖陶侃有过平定内乱、安守一方的伟业，年轻的他跃跃欲试，期盼着能走出乡村，实现安邦定国、光宗耀祖的理想。

作为士族，出仕的机会总是有的；但作为破落士族，出仕的机会却不常有。

陶渊明家境贫寒，又无名望，不能从军打仗，只会提笔写文章，加上他性格放浪，中正官们对他的评价普遍不高。这让成年后的陶渊明很长时间都轮不到官缺，只能继续在家务农。

漫长的等待让陶渊明十分心寒。他看出来，这个世道看的是家世，看的是名气，看的是对别人有没有利用价值，什么才能和理想，在别人眼里一钱不值。

心情苦闷的陶渊明只能借酒消愁，从而染上了嗜酒的毛病，只要有饮酒的机会，他往往喝得大醉。在务农和饮酒之余，陶渊明无所寄托，便作文写诗，抒发心中怨气。

偶尔，他也会自嘲。因为家的旁边有五棵柳树，陶渊明就自号“五柳先生”，给自己写了一篇小传，名《五柳先生传》：

先生不知何许人也，亦不详其姓字，宅边有五柳树，因以为号焉。闲静少言，不慕荣利。好读书，不求甚解，每有会意，便欣然忘食。性嗜酒，家贫不能常得。亲旧知其如此，或置酒而招之。造饮辄尽，期在必醉；既醉而退，曾不吝情去留。环堵萧然，不蔽风日，短褐穿结，箪瓢屡空，晏如也。常著文章自娱，颇示己志。忘怀得失，以此自终。

赞曰：黔娄之妻有言：“不戚戚于贫贱，不汲汲于富贵。”其言兹若人之俦乎？衔觞赋诗，以乐其志，无怀氏之民欤？葛天氏之民欤？

在这篇小短文中，陶渊明嘲笑自己无名、贫穷又嗜酒。他也在开导自己，认为不如就安贫乐道，以诗文作伴，自由自在快乐过完一生。

这是二十多岁的陶渊明的真实写照，此时的他已经显露出了自由奔放的真性情。

命运似乎觉得陶渊明还未得到充分的磨砺，在这个时候和他开了个玩笑。

由于作品文采飞扬，陶渊明的诗文广受赞誉，他出了点儿小名。中正官开始重视这个一文不名的“农民”作家，提升了他的品级。陶渊明在二十九岁那年终于获得了官职，出任江州祭酒。

陶渊明本以为这辈子都要流连乡村，与诗文作伴，如今得到这样的喜讯，非常高兴。他觉得这个社会还是有盼头的，自己的远大理想还是可以实现的。

陶渊明很快打起行囊，到江州首府报到。然而，工作了一段时间，他的内心再次充满了失望。

此时担任江州刺史的是王羲之的次子王凝之。王凝之出身豪门琅邪王氏，又是书法名家之子，而且妻子是谢安的侄女谢道韫。

拥有如此显赫的背景，王凝之却是个不折不扣的纨绔子弟。他不懂政务，思想愚蠢，而且迷信五斗米教，想法和行为总是异于常人。就连妻子谢道韫都感叹：“不意天壤之中，乃有王郎。”

有这样一位荒唐愚蠢的上司，陶渊明的心情可想而知。

琅邪王氏是堪比皇族的名门大族，陶渊明这样的小人物根本不能与之对抗，要想在官场上继续走下去，只有服从和谄媚，但陶渊明不愿意这么做。

与其改变自己去迁就，不如以自由坚守操守。

陶渊明不觉得王凝之是可以帮助自己实现理想的人。

他选择了辞职，他做这份工作前后不过几个月。

回到农村老家，陶渊明心情不太好，他感觉自己的满腔热血再一次被泼了冷水，有些不甘心。他想明白了，要实现理想，就得去有为的领导下面工作。没有这样的领导，他宁愿在家务农。

陶渊明坚定了这个想法，在家待了几年。期间，州里又征召他去担任主簿，陶渊明予以拒绝。

没有了工作，陶渊明家的经济状况回到了老样子。但他的家人都十分理解和支持他的决定，他的妻子追随他在田地里劳作，没有丝毫怨言。她是陶渊明坚持自我的坚强后盾。

在这几年的时间里，东晋政局发生了巨大的变化。晋孝武帝司马曜去世，司马道子和司马元显父子专权，引发了王恭的两次叛乱。随后浙东爆发了孙恩领导的民变，大敌当前，陶渊明的老上司王凝之却请鬼兵相助，结果被起义军杀死。

动乱中，桓温之子桓玄脱颖而出。他占据了江州，为了给将来谋朝篡位做准备，假扮成贤明之主，对百姓施以小恩小惠，并广招天下人才。

听到了桓玄的相关传闻，陶渊明眼前一亮。年轻有为的桓玄不正是自己一直等待的贤君吗？在他的底下做事，一定能拯救这个腐朽的社会。

当有人举荐他到桓玄幕府中任职时，陶渊明毫不犹豫地答应了。他再次收拾行囊来到了寻阳，兴致勃勃地做了一名幕僚，处理文案工作。

但是时间一久，他发现自己被桓玄骗了。

桓玄不过是另一个纨绔子弟而已，他只有小聪明，并没有大智慧，他虚伪做作，朝令夕改，不会把握大方针，只喜欢在细节上吹毛求疵，陶渊明在他手下工作得十分不顺心。

无聊的工作、虚伪的官场，让陶渊明深深感到了厌倦。每个辗转难眠的夜晚，每次外出郊游，陶渊明都在怀念自己的家乡。那里有美好的风光，有淳朴善良的人，有清闲自由的生活。

陶渊明在犹豫和苦恼中挣扎，最终靠母亲出了这片苦海。

他的母亲孟氏在隆安五年（公元401年）病逝。

陶渊明和母亲有着极深的感情。母亲身为大家闺秀，却甘愿忍饥挨饿，独自一人含辛茹苦地把陶渊明兄妹抚养成人，其中的心酸和苦痛，陶渊明深有体会。

得知噩耗，陶渊明大哭了好几天。他立即向桓玄提出回家为母奔丧，并丁忧三年。陶渊明的请求合乎礼法，桓玄只能批准。

陶渊明终于逃脱了这个囚禁他身心的牢笼，回到家乡后，他下定了决心，再也不去桓玄底下做事了。但对于报国理想，他还是心存希望的，盼望着丁忧结束后，能找到一位明主。

在陶渊明丁忧期间，桓玄起兵诛杀了司马元显，随后篡位，不久刘裕便在京口起兵，联合北府军旧将推翻桓玄。桓玄兵败被杀，所幸陶渊明此时已离开了他。

刘裕的胆魄和义举让陶渊明相当佩服，他觉得自己要找的明君或许就是刘裕。于是，在丁忧期满后，陶渊明再次接受他人举荐，去往京城建康，在刘裕麾下担任参军。

过往的经历让陶渊明有了看透时事的能力，他很快就察觉出刘裕也是一个野心勃勃的人。

在陶渊明看来，刘裕不断地发动征战，只是为了消灭异己，建立功勋，从而实现称帝的野心。刘裕和桓玄是同一类人，都是人面兽心的窃国大盗。而建康城中的那些士族大夫，个个只知争权夺利，完全没有把天下苍生放在心上。

陶渊明彻底对这些人死心了。他等待了这么多年，寻找了这么多年，到头来发现掌权者全都那么自私，他们只关心自己的名利和权势，没有一个人真心为朝廷，为国家考虑。

陶渊明的理想终于破灭，他一心想拯救病入膏肓的晋王朝，却无能为力。什么“修身齐家治国平天下”，什么安邦定国、光宗耀祖，都是不切实际的空话。这个腐朽混乱的时代不允许他实现自己的人生价值。

陶渊明陷入了巨大的苦痛。他无心留在京城，想回到故乡，回到田园。他申请调往老家江州，在现任江州刺史刘敬宣麾下担任参军，作为回归田园生活的过渡。

在返回老家的路上，陶渊明心情大好，他感觉自己摆脱了囚笼，获得了心灵上的自由。于是他写道：

我不践斯境，岁月好已积。晨夕看山川，事事悉如昔。
微雨洗高林，清飙矫云翮。眷彼品物存，义风都未隔。
伊余何为者，勉励从兹役？一形似有制，素襟不可易。
园田日梦想，安得久离析？终怀在壑舟，谅哉宜霜柏。

——《乙巳岁三月为建威参军使都经钱溪》

在江州刺史府上任职没多久，陶渊明就辞官了，带着家人回到了家乡。但一家人失去了经济来源，生活又陷入贫困。陶渊明感到愧对家人，便在叔叔的引荐下于几个月后再次出仕，担任彭泽（今江西九江北）县令。

因为心情苦闷，陶渊明的酒瘾越来越重。担任县令期间，按制度他有一百亩的公田养家，但陶渊明嗜酒，打算把公田全部种上高粱，方便以后酿酒。在妻子的劝说下，他才同意拿出五十亩种植稻米。

高粱刚种下去两个多月，就有上级官员前来巡查。下属官员提醒陶渊明穿戴整齐，准备好礼品，在督邮面前一定要恭恭敬敬。

听到这些话，陶渊明顿时火冒三丈。他早已厌烦了官场的虚伪和腐败，如今还要向督邮这样的小官点头哈腰、送礼行贿，这简直是羞辱。

陶渊明便大骂道："吾不能为五斗米折腰，拳拳事乡里小人邪！"

痛骂之后，陶渊明忽然明白了，自己一心想改变这个世界，最终却什么都改变不了，不愿屈服，就要做到自己不被这个世界改变。

这个世道如此污浊，自己的良心绝对不能再受污染了。

什么理想，什么圣贤教义，都随他去吧。

陶渊明决定坚守本心，回到家乡的田园和茅舍，做一个简单的农夫。虽然生活艰苦，至少活得明白，活得自由。

于是，陶渊明挂印而去，带上家人乘船返乡了。

这是陶渊明第五次出仕，也是他人生中最后一次出仕，这个县令他前后只做了八十多天。

思想如同涅槃重生，陶渊明心情十分欢畅，写下了著名的《归去来兮辞》：

归去来兮，田园将芜胡不归？既自以心为形役，奚惆怅而独悲？悟已往之不谏，知来者之可追。实迷途其未远，觉今是而昨非。舟遥遥以轻飏，风飘飘而吹衣。问征夫以前路，恨晨光之熹微。

乃瞻衡宇，载欣载奔。僮仆欢迎，稚子候门。三径就荒，松菊犹存。携幼入室，有酒盈樽。引壶觞以自酌，眄庭柯以怡颜。倚南窗以寄傲，审容膝之易安。园日涉以成趣，门虽设而常关。策扶老以流憩，时矫首而遐观。云无心以出岫，鸟倦飞而知还。景翳翳以将入，抚孤松而盘桓。

归去来兮，请息交以绝游。世与我而相违，复驾言兮焉求？悦亲戚之情话，乐琴书以消忧。农人告余以春及，将有事于西畴。或命巾车，或棹孤舟。既窈窕以寻壑，亦崎岖而经丘。木欣欣以向荣，泉涓涓而始流。善万物之得时，感吾生之行休。

已矣乎！寓形宇内复几时？曷不委心任去留？胡为乎遑遑欲何之？富贵非吾愿，帝乡不可期。怀良辰以孤往，或植杖而耘耔。登东皋以舒啸，临清流而赋诗。聊乘化以归尽，乐夫天命复奚疑。

陶渊明的身心得到了解放，他的人生翻开了新的篇章。

他的心情愉悦到了极点，他再也不用被儒家教义的条条框框束缚，不会被官场的污浊之气污染，不用为金钱名利操心，想干什么就干什么，想写什么就写什么，真正活出了自我。

他浑身充满了力量，每天兴致勃勃地整理茅舍，翻垦田地，空闲的时候喝喝酒，看看书，欣赏宁静的乡野风光。他可以慢慢地生活，慢慢地游走，还可以在不经意间等到一位亲朋旧友来访，然后一起开怀畅饮，秉烛夜谈。

这段时间，他写出了许多脍炙人口的诗篇，包括《归田园居》五首、《杂诗》十二首。

但在田园隐居的生活并非一帆风顺。几年后，陶渊明的家失火，茅屋和家当全部被烧毁，陶渊明一家只好暂居在朋友的船上。那段时间，他们一家只有稀饭和野菜果腹。

营造了新家后，陶渊明的家境逐渐恢复。但到了义熙十四年（公元418年），寻阳地区连续发生旱灾和水灾，陶渊明家颗粒无收，生活陷入困境，一家人靠借贷和亲友救济才渡过了难关。

虽然生活穷困，耕作辛苦，但陶渊明依旧保持乐观洒脱的心态。没钱没粮了，就向别人借贷乞讨，他从来不感觉这有什么不好意思；有钱有粮了，他就准备好酒好菜招待亲友，一醉方休。

空闲时间里，陶渊明写作、弹琴、看书、旅游、会友，每天都过得很充实，很快乐。他写下了《饮酒》一诗：

结庐在人境，而无车马喧。
问君何能尔？心远地自偏。
采菊东篱下，悠然见南山。
山气日夕佳，飞鸟相与还。
此中有真意，欲辨已忘言。

陶渊明的名气越来越大。当时隐居的名士不少，但像陶渊明这样的并不多。陶渊明没有躲藏在深山老林里隐姓埋名，而是一直居住在自己老家的村子中，只是不去做官而已。

刘裕多次征召陶渊明出仕，他一概拒绝。江州刺史王弘为了结交陶渊明，在陶渊明去庐山旅游时在山路上设酒席等待。他让陶渊明的朋友庞通之出面迎接陶渊明，自己则换上便装偷偷躲在一旁。陶渊明来到后，与庞通之边喝边谈，兴致很高。王弘觉得时机已到，才走出来与之相见。陶渊明与王弘聊得投机，就交了这个朋友。

一段时间后，王弘请陶渊明到他的刺史府上喝酒，陶渊明答应了。走到半路，陶渊明的一只草鞋坏了，他干脆把另一只也扔了，光脚走进刺史府。酒席上，王弘看见陶渊明没有鞋子，就打算给陶渊明做双鞋子。陶渊明就随意地伸出脚来，一边吃喝一边让人量尺寸。

酒席结束，王弘问陶渊明怎么回去。陶渊明直接就说："我的脚有病，还是坐竹轿吧。"

王弘就派人用竹轿把他送回去了。

陶渊明就是这样率真洒脱，不拘泥于礼法。来拜访他的人，只要能聊在一起，陶渊明不论对方是官是民，是富是穷，都诚心相待。但如果话不投机，陶渊明也不管对方是什么人，直接不给好脸色。尤其是劝说他出仕的，陶渊明会直接把对方轰走。

陶渊明是快乐的，他无拘无束，没有烦恼，没有压力，完全按照自己喜欢的方式生活。同时期的军阀和士族们，虽然衣食无忧，权柄在手，但有几个人是真正自由快乐的呢？

刘裕以寒族身份在血海中杀出一条路，最终君临天下，打破了过去门阀士族对东晋政治的垄断，但高高在上的他，哪能享受到一天轻松和安宁？

无数国家大事在等待着他去处理和决策，本应安度晚年的他每天都殚精竭虑，经常处理各种事务到深夜，即使疲惫，也不敢有一天休息，生怕一松懈就会出乱子。

即便当了皇帝，刘裕也不能随意地花费。因为国家遭遇了多年战乱，国库空虚，人民贫困，刘裕只能带头节俭。他皇宫中的卧室还是如同农家一样，睡的是简易的木床，床头上有土帐，墙上挂着葛布制的灯笼及麻制蝇拂。他也不使用珍宝，禁止大臣进贡昂贵的物品，也不营造新的宫殿。

刘裕也没有感情自由。北伐后秦时，他获得了美女姚氏。但姚氏是姚兴的侄女，是羌人，刘裕对她的宠爱引来了大臣们的非议，刘裕只能忍痛割爱，把姚氏送出宫去。

改朝换代之后，刘裕一直提心吊胆，生怕有人造反。因为自己出身下层士族，刘裕非常不信任那些豪门士族，不允许他们掌兵，而是像晋武帝司马炎那样把地方军政大权交给皇族。这样做反而为刘宋王朝将来的内乱埋下了祸根。

刘裕拥有至高无上的的权力，但他的生活充满了阴谋和算计，心情只有压抑和焦虑。他的人生被权力束缚着，没有自由。

统治了东晋一百多年的士族门阀们，日子也难说逍遥。

在整个东晋王朝，他们一直过着尔虞我诈的生活，为了争夺名望、权力和田地而争吵不休，先渡江的排挤后渡江的，本地的排挤外地的，北方的排挤南方的。士族们为了提升名望，往往采取联姻手段攀龙附凤，以与低阶士族联姻为耻。

正是在这样的时代背景下，出现了梁山伯与祝英台的爱情故事。虽然梁祝的故事是虚构的，却真实反映了东晋社会士族联姻的风气。祝家宁可棒打鸳鸯，逼死一对有缘人，也不允许女儿嫁给一个没落士族，梁祝两人的爱情只好依靠化蝶来成全。

士族门阀们结婚看名望，当官也看名望，每个家族都为了名望的升降操碎了心。整个社会弥漫着虚伪之气，每个人都势利冷漠。寒族和贫苦百姓则一直被打压和剥削，不满之气积蓄久了，就发生民变。

虽然以刘裕为代表的下层士族最终取得了胜利，打破了门阀对仕途的垄断，但门阀士族并没有消亡，他们反而愈加孤高，看不起后起的下层士族和寒门人士。

门阀世家继续在自己的圈子里联姻，依靠声望做评定。为了显示高贵的血统，防止后起的下层士族假冒身份，他们大造家谱，标明家世和郡望。在结婚和封官之前，先检查对方的家谱，确定血统纯正与否。在这种风气下，研究家谱的“谱学”兴盛一时。

后起的下层士族们为了获得门阀支持，提升政治地位，对门阀士族采取逢迎和保护的态度。时间一久，他们蜕变成了新的门阀。于是，九品中正制依旧施行，士族政治仍旧牢固不破。

在这个血腥动荡的乱世，在这个压抑扭曲的士族政治环境中，众多枭雄豪杰不过是这个时代的牺牲品。他们没有改变时代，只是成为这个时代的几朵浪花而已。

唯有陶渊明没有被这个时代摆布，他是唯一的胜利者。

他在山野田园中嬉笑怒骂，早已看穿了世人的虚伪和做作，任凭世间喜怒哀乐、富贵贫贱，他自逍遥快乐。就算是生老病死，他也早已看淡。

他在《形影神三首》诗中写道：

三皇大圣人，今复在何处？彭祖爱永年，欲留不得住。
老少同一死，贤愚无复数。日醉或能忘，将非促龄具？
立善常所欣，谁当为汝誉？甚念伤吾生，正宜委运去。
纵浪大化中，不喜亦不惧。应尽便须尽，无复独多虑。

那些圣人、帝王们功高盖世，到最后还是和普通人一样成为一抔黄土。人固有一死，何必要这么累，追求不切实际的长生不老或者虚无缥缈的六道轮回呢？不如活在当下，过好现在的生活。享受生命的每一刻，就足够了。

从不纠结于名利，到不纠结于生死，陶渊明这辈子活得真实，活得透彻。

元熙二年（公元420年），刘裕篡晋立宋后，陶渊明改了名字，决定以晋朝遗老的身份永远隐居下去。他觉得自己是晋朝的官，就要为晋朝效忠到最后一刻，坚决不受周围人影响，向新王朝献媚。

为此，陶渊明写下了脍炙人口的《桃花源记》。

在陶渊明的心中，桃花源是他的理想国，那里僻静安宁，风景秀美，人们安居乐业，热情好客，没有士庶之分，没有战乱争斗。外面的世界朝代更迭，帝王将相们轮番登台，也根本影响不了桃花源的人们，他们就这么自由快乐地生活着。

刘宋元嘉四年（公元427年），在刘裕去世五年后，陶渊明在自家的茅屋中安详地离开了人世。他离去时，没有一丝悲伤和留恋，而是带着笑容和洒脱离开了。

他的一生，看似平淡，却无比“繁华”。

他摆脱了无数人无法摆脱的时代魔咒，把人生过成了自己想要的样子。

坚守自我，活在当下，这是陶渊明留给我们最大的财富。

参考书目

（按书名音序排序）

《陈寅恪魏晋南北朝史讲演录》，万绳楠整理，贵州人民出版社，2007年

《东晋风云》，孙峰著，中国文史出版社，2019年

《东晋门阀政治》，田余庆著，北京大学出版社，2012年

《二十四史全译·晋书》，许嘉璐主编，汉语大词典出版社，2004年

《哈佛中国史02·分裂的帝国：南北朝》，［美］陆威仪著，李磊译，中信出版社，2016年

《晋武帝司马炎》，［日］福源启郎著，陆帅译，江苏人民出版社，2020年

《南北战争三百年》，李硕著，上海人民出版社，2018年

《三国志》，陈寿撰，浙江古籍出版社，2000年

《世说新语》，刘义庆编撰，沈海波译注，中华书局，2009年

《宋书》，沈约撰，中华书局，1974年

《陶渊明集》，逯钦立校注，中华书局，1979年

《陶渊明传》，钱志熙著，中华书局，2012年

《田园将芜胡不归：陶渊明诗传》，吕明光著，天津人民出版社，2011年

《魏晋南北朝史》，王仲荦著，上海人民出版社，2003年

《魏晋南北朝史札记》，周一良著，中华书局，1985年

《魏晋之际的政治权力与家族网络》，仇鹿鸣著，上海古籍出版社，2012年

《昭明文选》，萧统编，吉林文史出版社，2007年

《中国战争史（五）》，武国卿著，金城出版社，1992年

《资治通鉴》，司马光编纂，岳麓书社，2009年